本书是国家社科基金重大项目
"中国传统价值观变迁史"
（14ZDB003）
阶段性成果

下学集腋

李景林／著

李景林学思小集

自 序

今年五一，我正式退休了。退休生活开始于劳动节这一天，好像是要暗示，作为一介劳动人民，我可以不再劳动了。不过，自己一生的劳动，主要是一种思想的劳作。人活着总要思想，在这个意义上，我的"劳动"，似亦无法因退休而戛然中止。当然，它须换一种方式来进行。

不管怎样，退休总可说是人生历程一个重要的节点。它仿佛是长途跋涉中的一爿驿站，到了这里，休整一下，然后再重新鼓舞前行，走完剩下的旅程。这样看来，退休，还是有一种特别的纪念意义的。

学生们听说我突然退休，感觉有些不易接受。这段时间，不时有学生或来看望，或通过电话、微信向我致意：眷恋、不舍、惋惜、失落——言默间所流露出的师生情谊，令我感动。家星、程旺二君则搜罗我平时的一些片段、短篇文字，集成一编，题曰《下学集脞》，略分札记、短论、演讲、对话、序跋、书评、琐语数目，以表纪念。

孔门重学。夫子言"下学而上达"，于日用常行的"下学"中，指点出"上达"之一几。朱子亦云："下学者事也，上达者理也。理只在事中，若真能尽得下学之事，则上达之理便在此。"（《朱子语类》卷四十四）由"下学"而"上达"天命，上契天理，乃孔子所奠立的为学教化之道。书名《下学集脞》，"下学"，取其当下、原初与切近身心义；"集脞"，意谓此集乃由一些零碎片段的文字，而非大块的学术论文组成。学术论著要有逻辑的严整性，正因为如此，它也远离了其思想的源发地。而如古人《容斋随笔》《日知录》那种笔记、札记类的文字，既言学术而又不失其思想缘构之初几，故常能葆光不蔽，于从容涵泳中启人以思。"下学集腋"所录文字，只鳞片爪，点点滴滴，如"札记"一栏所记，或录自阅读之灵感、闲谈议论之偶得、学苑漫步之散思、即席即兴的发言、答问学生时的灵机乍现，甚或寤寐间之冥想感悟，原初、随机、当下之情境意象，蕴而未离。其中有些想法，或已拓展成为论著，而失其原初的情态和意谓。时过境迁，今复读之，颇有一种游子归里，故旧相逢之欣喜，其时思想灵感之涌动，亦由是以临在焉。"短论""序跋"的文字，亦多为顺乎意兴而流注笔端所成，与一般论文之用心略异。《易》言"原始要终"。此集实略偏于"原始"，而意非在"要终"。

集腋以成裘，跬步以致远，下学上达以契会天命，非曰必至，心向往之也已！

家星、程旺二君倡议编辑此集，不仅为之付出了辛勤的劳动，也寄托了他们自己和诸位仁棣的一份深情厚谊，云龙、崔翔等同学，亦为本书资料的收集做了不少工作。永奇君对此集的编辑体例，提出了很多很好的建议，更为其编定出版，给与了鼎力支持。在此，我要一并向各位致以深挚的谢意！

李景林

辛丑孟夏　谨识于北师大励耘九楼寓所

目 录

札 记 / 1

麦金太尔对学院派哲学史的批评及其道德价值论 / 3
教化的概念及其存在的方式 / 10
孔孟荀之关系 / 13
"三无"与慎独之关系 / 14
中与中节 / 15
中或诚作为本体 / 17
哲学概念的外延与内涵 / 18
六艺之教 / 19
具体概念 / 21
"前知" / 23
"贤贤易色" / 26
朱子追迹宋代理学至周敦颐之意义 / 28
儒家生死观 / 33
诸子与经学之关系 / 34
道统与政统 / 35
哲学、艺术、宗教与科学的区别 / 36
述作与闻见 / 37
先秦儒家的气论 / 38
自我认同 / 40
孔子论君子 / 41

情和气 / 43

关于道德选择 / 46

回到生命原点说 / 47

生活世界与科学 / 50

关于时间问题 / 51

朱子万物一理之涵义 / 53

文明与自然的交汇点 / 57

儒家的宗教性问题 / 59

儒家的政治理念 / 64

人生的平等 / 65

消极道德与积极道德 / 67

传统价值观研究与中国哲学研究的关系 / 68

现代"技术世界"的本质 / 69

孟子不忍恻隐之心的一个特征 / 70

关于阴阳、"认识德性"和心灵论问题 / 71

读《古代宗教与伦理》/ 75

孔子论"丧" / 77

关于普遍主义、集体主义 / 78

"名"之意义 / 80

"天下为公" / 81

"三思"与"再思" / 82

国学概念之大小与名实 / 83

由旁通而上达 / 88

"开窍" / 89

马一浮先生与金老的学术传承 / 90

短　论 / 93

重视中国传统哲学的个性 / 95

人惟求旧，器惟求新
　　——理解科学与信仰关系的一个视角 / 98

在"进"与"止"之间保持张力 / 102

善用生活中的加减法 / 108

德、艺、知简说 / 112

人性论的论域暨价值取向 / 118

孔子"忠恕"符合现代精神 / 121

诚信的本真涵义是什么 / 126

儒家的教育精神及其现代重建 / 133

张东荪多元认识论简析
　　——兼述张东荪对康德认识论的倒退 / 141

存在主义与道家哲学之异同 / 150

《老子》首章新诠 / 157

《老子》二章解义 / 163

以百姓心为心 / 168

庄子"齐物"新解 / 171

讲　演 / 177

文化焦虑浅议 / 179

儒家的道德精神及其现代意义 / 185

孔孟之道及其现代价值 / 201

教化观念与儒学的未来发展 / 213

教化的民间性 / 234

守住教师的本分 / 241
我的"一贯之道" / 246
在燕翼堂义塾成立大会上的讲话 / 251
经典传习的意义与学术的民间化 / 255
哲理与生命存在的内在统一 / 259

对　话 / 263

儒学的现代命运与未来发展 / 265
今天为何要读经典
　　——谈当代经典阅读与体系构建 / 281
孔子思想及其现代价值 / 285
一条最合度的道路
　　——"中庸智慧"再思考 / 301
关于儒学宗教性问题的讨论 / 305
吉大七十·哲林人物专访 / 325

序　跋 / 335

《教养的本原》自序 / 337
《教化的哲学》绪言 / 342
《教化的哲学》后记 / 361
《中国哲学概论》绪言 / 362
《教化视域中的儒学》后序 / 368
《教化儒学论》前言 / 370
《孔孟大义今诠》自序 / 373
《孟子通释》后序 / 375

《教化儒学续说》绪言 / 377

《教化的观念》自序 / 389

《朱子论"曾点气象"研究》序 / 391

《教化与工夫：工夫论视域中的阳明心学系统》
　　序 / 400

《性情与礼教：先秦儒学立人思想研究》序 / 408

《二程道学异同研究》序 / 412

《德性、政治与礼乐教化：〈礼记〉礼乐释义研究》
　　序 / 417

《经学与实理：朱子四书学研究》序 / 424

书　评 / 431

中国儒学和文化精神的新阐释
　　——读《先秦儒家哲学新探》/ 433

《周易》研究的新进展
　　——读《周易——古代中国的世界图式》/ 438

《周易》哲学精神的新诠释
　　——读《周易阐微》/ 442

玄学研究的一部力作
　　——读《王弼评传》/ 446

玄学与理学研究的一个新视界
　　——读朱汉民教授新著《玄学与理学的学术思
　　想理路研究》/ 450

读《钱穆评传》/ 456

儒家讲学传统的复兴
　　——在郭齐勇教授《中国文化精神的特质》新书
　　研讨会上的发言 / 463

"草根"之学：重建开放的儒学观 / 465

历史精神与文化复兴 / 469

阴阳哲学与情感主义
　　——斯洛特阴阳哲学平议 / 473

琐　语 / 485

居仁堂宗谱序 / 487

双石碑纪念苑记 / 489

中国哲学学术研究与理论创造的内在关联性 / 490

在中国计量大学国学院揭牌仪式上的致辞 / 493

以情应物的心物观 / 496

坚持儒学作为哲学或形上学的研究方向 / 501

名士为表　儒士为里
　　——我领教过余敦康式话语 / 506

祝贺《儒家邮报》创刊百期 / 512

儒家网创办十周年贺词 / 514

冬日偶成（二首）/ 515

碑铭、挽辞、唁函 / 516

札记

麦金太尔对学院派哲学史的批评及其道德价值论

一

作者在《德性之后》第一章提出一个虚构的联想，由此描述了一种道德的状况：

> 我想要提出的假设是，我们所处的现实世界的道德语言，同我所描绘的想象世界的自然科学语言一样，处于一种严重的无序状态。如果这个论点是正确的，那么我们所拥有的也只是一个概念体系的残片，只是一些现在已丧失了那些赋予其意义的背景条件的片段。而我们确实所拥有的是道德的假象。我们仍在继续使用许多关键性词汇。但在很大程度上（如果不是全部的话），我们在理论和实践（或道德）两方面都丧失了我们的理解力。（4页—5页）①

---

① （美）A·麦金太尔著，龚群、戴扬毅等译：《德性之后》，中国社会科学出版社，1995年版，下同。

作者在第二章对学院派哲学的批评：

当代哲学家在著述和讲授两方面以一种固执的非历史的态度对待道德哲学。我们现在仍然过多地把过去的道德哲学家看作是对某一相对不变的课题的一次讨论的贡献者，把柏拉图、休谟和密尔既看作是同一时代的人，又把他们全看作我们的同代人。这致使将这些著述家从他们思想和生活的文化和社会环境里分离出来，所以，他们的思想史虚假地相对独立于文化的其他部分。康德不再是普鲁士历史的一个部分，休谟不再是一个苏格兰人，因为从道德哲学的立场（恰如我们所认为的那样）来看，这些特征是无关紧要的。经验的历史是一回事，哲学则完全是不同的另一回事。（15页）

当然，麦金太尔认为这种分离仅仅是现代学院课程的产物：

政治和社会变化的历史（由大学历史学系中的一组学者按一套标题进行研究）与哲学史（由大学哲学系中完全不同的另一组学者按另外一套完全不同的标题进行研究）的分离完全是我们现代学院课程的思想习惯造成的，这种习惯一方面赋与思想观念一种虚假的自身独立性，另一方面把政治和社会行为表现为一种独特的、毫无思想内容的东西。（79页，第五章）

景案：这正说明了西方哲学学术的特点：即是从单纯理论和概念分析的角度讲哲学史，把它与整个的历史分开来看。这一点，古代即是如此，但现代以来更加突出了。中国哲学的研究受此点影响很大。可以说，比其他学科大。因为，中国的史学和文学虽也有一个从传统向现代学术转变的问题，但毕竟中国传统史学是有它的体系的，从广义上说，与现代哲学史相关的传统学术史也属于史学。但现代中国哲学学科的建立却要完全由西方引进概念框架。冯友兰先生关于这一点说得很有意思。他说，中国传统思想里与西方哲学相当者是"义理之学"。我们本也可以按此标准作一个《中国义理之学史》《西方义理之学史》，之所以不能这样做，而只能做一《中国哲学史》，是因为现今之学术规范出于西方。如作一《义理之学史》，则无法说明中国传统思想在现代学术中的地位。这就表现了中国哲学学科受西方学术规范的影响更大。故当下中国哲学研究的民族性的问题也更突出，这是可以理解的。

二

在《德性之后》中，麦金太尔分析了启蒙运动对道德合理性的论证。其中主要分析了狄德罗、休谟、康德和克尔凯郭尔（第四章）。

狄德罗的论证诉诸欲望，麦金太尔说：

> 在《拉摩的侄儿》中，那个显然被老年狄德罗作为自己化身的哲人……提出的观点是：如果在现代法兰西我们能开明地从长远观点出发来追求自身欲望，那么我们便会看到，保守的道德规则基本上就是可以通过诉诸欲望和激情的基础来成功证明的规则。（《德性之后》，62页）

在狄德罗的思想中可以看到的是，由于我们的欲望的多样和相互矛盾，"因此，那些能够使我们对不同欲望要求作出抉择和安排的规则本身——其中包括道德规则——不可从欲望中引出，也不可能参照这些欲望来合理论证，而规则必须裁决欲望"（63页）。狄德罗又区分了"自然的欲望"与"人为形成的和腐败的欲望"（63页）。

休谟则诉诸激情来理解道德，麦金太尔说：

> 促使休谟得出道德必须通过情感和欲望在人类生活中的位置来理解、解释和证明这一结论的是他这样一个原初假定：道德要么是属于理论的事情，要么是属于激情的事情；休谟本人的最终论证显然是它不可能出自理性。从而，他不得不作出结论说，道德是激情的产物。（64页）

当然，休谟也承认进行道德判断要诉诸一般的规则，这是因为，这些规则可以帮助我们达到激情所确立的目的。这仍是以规则与激情相互外在。为了弥补这一点，他又提出同情这一动机。

康德拒绝激情、欲望、幸福原则，而求诸于理性来确立伦理道德的基础。但当他的道德律在排除了理性之外的内容之后，就完全成了一个形式的规定：我们一致地愿意每个人都永远遵从它。在康德诉诸理性的地方，克尔凯郭尔则诉诸选择。克尔凯郭尔提出一种"根本的选择"概念。当我们选择一种生活方式时，如果我们是根据一种理由去做选择（比如为了健康），那我们就必须首先确定我们是否要看重这一理由，他必须选择他肯定这一理由的第一原则。这第一原则乃是在理由之链中先于其他原则的，故没有任何终极的理由被用来支持这些第一原则。第一原则是无理由的。克尔凯郭尔的矛盾性表现在，一方面，他把根本选择看作是无标准、无理由的，另一方面，他又有着传统的伦理观念，希望通过无理由的基本选择提供伦理原则的权威性。在这里，他和康德一样，亦是把具有理由的任何内容，都看作是私人性的态度、偏爱。权威与感情的不相干，是他建立权威的一个前提。

把情感与理性，原则与实质看作对立的两面，这是现代价值相对主义的根源所在。

作者在第五章分析了论证道德合理性启蒙运动失败的原因：

（欧洲在从12世纪始的很长时期内的道德体系）其基本结构就是亚里士多德在《尼可马克伦理学》中所分析的那种结构。在这种目的论体系中，存在着一种"偶然成为的人"与"一旦认识到自身基本本性后可能成为的人"之间的重要对照。伦理学是一门使人们懂得如何从前一种状态转化到后一种状态的科学。因此，根据这种观点，伦理学必须以对人的潜能和行动的说明为前提条件，以对作为一个有理性动物的本质的解释为前提条件，更重要的是以对人的目的的一定阐述为前提条件。告诫人们建树各种德性、禁绝各种恶行的戒律，教导我们如何从潜能过渡到行动，如何认识我们的真实本性，如何达到我们的真正目的。……这样，我们就有了一个有三方面构成的体系。"偶然形成的人性"（未受教化状态下的人性）与伦理戒律最初不相符合，相互差异，并因此需要受到实践理性和经验的指导，以便转化为"当人认识到自身目的后可能形成的人性"。这个由三种因素构成的体系中的每个因素的地位和功能——未受教化的人性概念、合理伦理戒律的概念和认识到自身目的后可能形成的人性概念——都必须参照另外两种因素才能正确理解。（67页—68页）

作者认为，这个体系在神学信仰的框架内虽然变得更复杂，但本质上未发生变化。只不过在神学系统中，伦理戒律不仅被理解为目的论的禁令，而且要理解为神所规定的律法。其中，加上了"罪"的概念，神的律法要求一种新的尊敬和敬畏。人的真正目的不再可能在此世完全达到，而只能于另一世界完成。（68页）

作者指出，启蒙时期的哲学和道德思想发生一系列的变化。麦金太尔的说法比较零乱，归纳其说，可以看到以下变化：

首先，是对传统的"理性"概念作出限定。新教和天主教詹森教派认为,由于人的堕落,理性不能真正理解人的真实目的。17世纪的哲学、科学思想,对亚里士多德的理性概念作了种种的限制。认为理性仅限于计算、确定事实的真假、看到数学上的关系。(69页)康德与休谟都强调,理性无法察觉作为物理学研究对象的客观世界的本质特征和目的特征。(70页)

其次,启蒙思想家走向了这样一条原则,"没有任何有效论证能从纯粹事实性的前提中得出任何道德的或评价性的结论"(72页)。休谟是这样。[①]康德亦认为从任何关于人的幸福或上帝意志的陈述中都不可能推出关于道德律法的命令。(73页)简单说,就是从事实推不出道德。

其三,对新教和天主教神学的否定和对亚里士多德哲学观念的摒弃,导致了对"认识到自身真实目的后可能成为的人"这一概念的取消。这样,未经教化的人性观念与道德禁令(启蒙思想家并未放弃传统的道德要求)便处于一种不相符合和对峙的状态。(70页—71页)

其四,启蒙运动所导致的道德世俗化也使人对道德判断作为神圣律法的表述的地位产生了疑问。(77页)

另外,作者还详细分析了亚里士多德传统中人性的目的论和功能性意义,以说明真实与好的固有统一关系。作者从功能性概念这一角度,说明事实("是")可以推出评价性("应该")判断。比如从"这块表走得不准且不稳定"和"这块表重得不好携带"这类事实前提中,可以正确地得出"这是一块坏表"的评价性结论。作者分析说,这种论证之所以正确,是因为"表"这类概念是"功能性概念",就是说,我们通过"表"被通常期望发挥的特有功能或特有目的来限定"表",由此可知,表这一概念不可能完全独立于"好表"概念而加以限定。

由此思路出发,作者指出:

[①] 〔英〕休谟著,关文运译:《人性论》,商务印书馆,1980年版,第509页。

处于古典的亚里士多德传统中的道德论证——不论在其古希腊形式中还是在其中世纪形式中——都至少包含一个功能性概念，即被理解为具有本质特性和本质目的或功能的人这一概念；并且，当且仅当这种古典传统在整体上遭到基本否定时，道德论证的特性才被改变，从而落入某种形式的"是"前提中得不出"应该"结论这一原则的范围之内。……亚里士多德认为，和"竖琴师"与"竖琴弹得好"的关系相似，"人"与"生活好"的关系构成了伦理探讨的始点。……这种用法实际上植根于古典的传统理论家们所要表述的社会生活形式。这是因为，根据这一传统，成为一个人也就是扮演一组角色，其中每一个角色都有其自身的特征和目的：家庭成员、公民、战士、哲学家、上帝的仆人等等。只有在把人视为先于和分离于这全部角色的独立个体时，才可能不再把"人"作为功能性概念。（75页）

景案：麦金太尔这一说法很有启发意义。但是，麦金太尔把这一点仅限于"功能性概念"，"人"作为功能性概念亦仅限于它在社会中具有角色意义时才是如此。但实质上，西方的思想在其目的性的观念中，已经具有了这种分离的根源。比如，质料总是趋向于它的形式因。这种形式，实质上就是柏拉图的理念，理念世界总是纯形式的，而现实的世界乃是其摹本。这最终要达到的即是一个抽象的"人"的概念。中国儒学强调的是"是"与"应该"的本原一体性。所以，首先，任何物皆是其"是"，就是其"应该"；其次，人不能被下一个抽象的定义。儒学中"诚"的概念即很好地表明了这一点。所以，与西方人对道德律的形式性界说相反，孔子给出的即是一内容上的揭示。

记于 2003 年 1 月 3 日

教化的概念及其存在的方式

我们谈中国文化精神，需要先对文化精神这一概念作一些反省。

文化精神的核心当然是"教化"。这教化之本在西方文化为宗教所担当，在中国传统上是由中国的哲学，尤其是占据主流地位的儒家哲学来担当。

教化，既要具备一套核心的教化的理念或教化之道；同时，还要有一种作为这教化之道或理念的现实实存性（现实的人格化）的体现。

而作为一文化精神之体现的教化之道，本质上是一种理想性的存在，它应与现实的世界尤其是政治的、政权的运作相互保持间距。这一点，是人类文明在其发展过程中逐渐认识到的。

作为文化精神的教化之道既要与现实政治解构，又要有其现实实存性的体现者。这一点，使中国文化精神在当代文化建设中面临一种困境。

在历史上，各个文明系统大都存在过所谓"政教合一"的阶段。教化之道本体现着一种理想性。这理想当然不能脱离人的现实存在，因此这教化之道总在对现实世界起着一种奠基和赋予价值或价值本原的作用。也正因为如此，人们总是比较容易地把二者混淆起来。欧洲中世纪以教会干预世俗政治，此即有所谓神权与王权的斗争。这是政教不分的一个显著例证。中国历史上也存在过此种情况。儒家内圣外王的理想，原本是以内圣为本，但到了汉代独尊儒术之后，便被倒过来了，谁是君王，谁也就成了圣者（圣上）。这种理想与现实的混淆，或现实理想化，理想现实化的状况，造成的严重后果是有目共睹的。

现实的世界是一个定在，现实中所发生的事情皆具偏执和偶然性的特性。黑格尔把宇宙过程看作一个恶的过程。他讲，理性和精神有一种"狡计"，它自身可以藏于背后，安坐不动，不受影响，而让各种私利动机出场，在它们的相互斗争中去实现自己。所以，现实与理想的混同，现实的权力，一旦能够代表一种理想性的理念来说话，并行使这权力的话，就不仅"污染"了这理念，同时，也造成了人的越界或僭越，因而造成人类历史上一种野蛮的、甚至灾难性的后果。这种情形，中西方历史上都出现过。人们批评儒学，说中国历史上的"以礼杀人"应该由儒学来承担罪过。但是，我们同样可以从西方的历史上看到过一个"黑暗的时代"那"以神杀人"的情形。当然，现在我们能够认识到，这"杀人"，既不是"礼"的罪过，也不是"神"的罪过，而是我们把理念的东西与现实尤其是与政治和国家权力相混淆的结果。从这个角度，我们实可以把西方近代、现代化的过程看作一个文明的教化理念或教化之道与现实政治事务和世俗权力逐步解构的过程。

解构后，教化不再是政治的事务，而成为一种直接与人的个体精神生活相关的事务，成为一种社会的事务。中国社会的现代转型，亦经历过这样一个解构的过程。但这个解构的过程，却是在外力的作用下进行的，由此产生了一系列负面的结果。

教化本质上具有社会和民间的特性，现代社会政与教的解构是一种历史的进步，它也为儒学的现代发展提供了一种新的契机。儒家教化的现代转化，需要在现代社会政与教、教化之道与政治分离的前提下，重建其自身与社会生活的内在关联性。一方面，中国传统和儒家思想需要通过一种诠释原则和方法向自身内容的回归，以建立其当代性的形态，切合民众的现实生活。另一方面，应着力于社会生活人文教养之体制性保障的重建。不可否认，中国传统和儒家教化与政治体制有着密切的关系，但这教化的存在性基础不仅在政治体制。儒家的教化理念，依存于作为传统社会生活样式的礼乐和礼仪礼俗、宗族乡党邻里聚居的生存形态、以经典传习为主要内容的教育体制等方式，密切关联于社会生活。这是中国传统社会落实其教化理念的存在性和体制性基础。把这两个方面结合起来，中国传统和儒学的教化理念才能构成为一种活在当下的精神传统，中国文化的当代发展才能有一个光辉的未来。

记于 2003 年 11 月 26 日

孔孟荀之关系

荀子在哲学上以宗孔子、子弓，反对思孟为职志。其反思孟，主要是反对其以天人合一为前提的性善说。思孟言天人合一，主反身内求，此表现了孔子后学思想发展的主要趋向。孔子本主内外之合，不偏于一边。荀子由乎其反思孟之旨，把孔子所主内在性之基础一并弃之，则其所宗之孔子，亦非其本真矣。

记于 2003 年 11 月 26 日

"三无"与慎独之关系

吾曾作《帛书〈五行〉慎独说小议》，以《礼记·孔子闲居》所云"无声之乐""无体之礼""无服之丧"释"舍其体而独其心"之义。《孔子家语·六本》记孔子论"三无"，其义更精。其言曰：

> 孔子曰：无体之礼，敬也；无服之丧，哀也；无声之乐，欢也。不言而信，不动而威，不施而仁，志夫。钟之音，怒而击之，则武；忧而击之，则悲。其志变者，声亦随之。故志诚感之，通于金石，而况人乎？

《说苑·修文》所记与此略同：

> 孔子曰：无体之礼，敬也；无服之丧，忧也；无声之乐，欢也。不言而信，不动而威，不施而仁，志也。钟鼓之声，怒而击之，则武；忧而击之，则悲；喜而击之，则乐。其志变，其声亦变。其志诚，通乎金石，而况人乎？

《礼记·孔子闲居》之言"三无"，亦以至诚感通天下万物为义，但未明言"诚"。《家语》《说苑》所记，则明确指出，超越形式之内心情感的至诚，乃可感通人、物。是至内者，乃有至外感通之效也。此正是儒家言"慎独"之内在根据。

记于 2003 年 11 月 26 日

中与中节

《中庸》言中、和、中节。中是本体。中之义犹"诚",乃事物在其自己,事物是其所是。事物各是其所是,就是绝对的真、真实。不过,"诚"是克就普泛的事物而言的,所以说"诚者天之道","诚者物之终始,不诚无物"。一般的物皆未离开自己,故皆是诚。人亦物中之一,故也是诚。但人的诚,须要有曲折,即"其次致曲,曲能有诚"。

这个曲能有诚,就是《中庸》首章所谓的"中和"。中、和皆在"情"上说,所谓"喜怒哀乐之未发"与"发"。就人而言,其存在首出的方式和内容,即是"情"。情之未发之"中",在人即为其"诚"。这在人,是其绝对的真实。情之发,乃有限制。人是具体的存在,故为一有条件之定在。其情之发,便处身于人与人、人与物的各种关系中。这些关系又因每一人之个性特质和所处时空环境而形成某种历史性的境遇。人之本真性和真实性,由此而有限定,此即所谓"节"。节就是对人的真实性存在的限定,是限定性中的真实,其表现,即是"和"。

说"中"是天下大本,是克就人而言"诚"。"天下"指人类存在的总体而言。依此"天下之大本""达道",人会拓展自身于宇宙之真实的实现,即"致中和,天地位焉,万物育焉"。"致"有推致、到达之义。推致中和至其极,即有合外内之道的实现。所以,《中庸》有真理的观念,但区分出诚与诚之二层。人只是由限定而达诚,即达到真理、真实。

这两个层面，一方面是不断根据现实的限制而达到共识，由此制定出"节"，这节是"中"（或思诚、诚之，即人的诚的方式）的外显；另一方面是不断回归到"中"以调节这"节"而不使之蜕变为外在的强制。

记于 2010 年 8 月 11 日

中或诚作为本体

中或诚作为本体，其内容乃在不断的涌出、涌现过程中敞开出来。这个敞开所表现的乃一"通性"。庄子《齐物论》的"通以显体"，即这一本体存在样态的典型表达。由此通性，人乃能达成共识，由此形成人所必须遵行的法则；并制定出具体的规则，以约束人的行为。这规则涉及对人的具体行为的规定，则为礼仪。

古人讨论"礼"与"仪"的关系，"礼"大概相当于法则和规则的层面；"仪"则为礼仪，为具体活动中的行为规定。对礼仪的遵从当然是教养的初步。即便是礼仪的制定，亦是本原于通性实现所开显的本体之涌现。所以，得道的人乃能不囿于具体的礼仪，却又能完全合度、合道。

本体的涌出，需要由礼仪规则或法则回到自身的反身内求。这反身内求的过程，既是反思的，又是实践的。践行的转化活动即从这里发生。而本体即在此涌现的过程中呈现自身，同时亦在不断消解着现实规则、礼仪的僵硬性和形式化趋向。

现代哲学看到了共识形成的暂时性，规则和礼仪系统的变动性，遂以为伦理、道德没有持久性和永恒性的标准，由此导致价值观上的相对主义。从上述本体涌现的方式上来看，价值有其超越性，不可仅视为单纯有用性的设定。在原初的意义上，本不存在价值与事实的对立。不过，人的存在方式，却须由此现实上二分，回归于其涌现着的至诚本体，此诚才能是澄明并敞开性的。

记于 2010 年 8 月 12 日

哲学概念的外延与内涵

冯友兰先生讲概念，往往说概念的外延越大，其内涵就越小。他分析道家的有与无，就这样讲。这是形式逻辑或理智分别的讲法。黑格尔却不同，他讲概念的内涵与外延的关系，是从发展的观念来讲。从潜能到存在，是一种展开。在这种展开中，概念的外延越大，则其内涵越深。《哲学史讲演录·导言》：

> 哲学理念之向外发展并不是一种变化，从一物变成他物，而同样是一种进入自身的向内深入，所以哲学的进步在于使前此的一般的、不明确的理念，更加自身明确。理念的较高发展与它的更大的明确性乃是同一意义。在这里，外延最广也就是内包最深。（精神的内涵愈深，则它的外延亦愈广，因此它的领域也愈大。）发展意义的外延，并不是各自分散，彼此外在，而乃是一种结合，发展的外延愈广、内容愈丰富，则这种结合也就愈深而有力。[①]

黑格尔的说法较冯先生的概念论对于理解中国哲学具有更强的解释力。

记于 2010 年 8 月 12 日

---

① 〔德〕黑格尔著，贺麟、王太庆译：《哲学史讲演录》第一卷，商务印书馆，1981 年版，第 32 页。

六艺之教

《礼记·经解》：

> 孔子曰：入其国，其教可知也。其为人也，温柔敦厚，诗教也；疏通知远，书教也；广博易良，乐教也；絜静精微，易教也；恭俭庄敬，礼教也；属辞比事，春秋教也。

可见，孔子以六艺教人，注重在其教化之义。

然，六经之教，各有所偏，须贯通之以道，方能真正达其之所以为教之效。

故《经解》下文云：

> 故诗之失，愚；书之失，诬；乐之失，奢；易之失，贼；礼之失，烦；春秋之失，乱。

郑注：

> 诗敦厚，近愚；书知远，近诬；易精微，爱恶相攻，远近相取，则不能容人，近于伤害；春秋习战争之事，近乱。

《经解》接着又说：

其为人也，温柔敦厚而不愚，则深于诗者也；疏通知远而不诬，则深于书者也；广博易良而不奢，则深于乐者也；絜静精微而不贼，则深于易者也；恭俭庄敬而不烦，则深于礼者也；属辞比事而不乱，则深于春秋者也。

故孔子教人，特标"君子不器"之旨。《论语·述而》："子曰：志于道，据于德，依于仁，游于艺。"以"道""德""仁"为本，无一毫意必固我之滞著，六艺之教方能不偏蔽。此孔子所以不满意弟子以之为博学多识，而自谓"吾道一以贯之""吾一以贯之"者也。

记于 2010 年 9 月 24 日

具体概念

黑格尔讲概念的具体性，讲到一个故事。说一个人上街买水果，到街上看，见到的都是梨子、苹果，却看不到"水果"，结果什么也没买到。冯友兰先生讲概念的普遍性和一般性，也讲到一个故事，[①]说老师给学生讲"吾"字，说"吾"就是我。学生回家，父亲问："吾是什么意思？"回答："吾就是先生。"父亲大怒，说："吾就是我。"学生到学校给老师说："吾是我爸爸。"老师大怒："吾是我。"学生弄不清到底"吾"是先生还是爸爸。这两个例子说明概念的抽象与具体性是内在统一的。离开了哪一方面，概念即不成其为概念。

补记：

我们对一个对象的理解，一方面，总是通过定义的方式，把此对象放置于更普遍的一种种属关系中才能获得理解。对牙牙学语的幼童，也要在不断给出周围世界的命名中使之获得对世界的知识和理解。海伦·凯勒是通过"水"这一符号命名，第一次打开了她生存的世界。人的实践也在表明这一点。康德所谓绝对命令的方式亦表明了这一点。另一方面，对一个普遍概念和原理的理解，亦需要经过实例或举例的方式，才能予

---

① 见《中国哲学的特质》一文，载 1988 年版《中国文化书院讲演录》第一集，又载《三松堂全集》第 13 卷。

以如实的理解。这样，人类的知识总是要通过类属的分类方式来形成知识的类别和系统。哲学中所谓"存在""道""太极"等终极性概念，从方法论上说，乃是对此存在的认知方式的一种意义揭示；从本体论上说，则是指出，具体事物的存在为一种内在的主宰所制约，乃有如此存在的方式，并获得其存在的价值和意义。所以，哲学的理念是超越于形式逻辑定义方式所规定的种属关系的。或者说，形式逻辑能够定义种属关系，恰恰是以哲学理念所揭示的存在方式和意义为根据的。

初记于 2010 年 9 月 30 日
补记于 2010 年 10 月 5 日

"前知"

《中庸》谓"至诚之道,可以前知"。此"前知",宜有二义。其一,术数、技术类的"前知"。如:

> 至诚之道,可以前知。国家将兴,必有祯祥。国家将亡,必有妖孽。见乎蓍龟,动乎四体,祸福将至,善必先知之,不善必先知之,故至诚如神。(《中庸》)
>
> 蓍之德圆而神,卦之德方以知……神以知来,知以藏往。(《周易·系辞上》)

此为技术类的东西。孔子并不否定这种"前知"方式的真实性。据帛书《易传·要篇》,孔子自述"吾百占而七十当",可见,孔子对此技术类的"前知",亦颇精熟。但是,孔子认为如不能把握"德义"的原则,局限于此,便会陷于巫史之小道。

其二,"知几"。阳明用"知几"来解释所谓"至诚之道,可以前知":

> 或问至诚前知。先生曰:"诚是实理,只是一个良知。实理之妙用流行就是神,其萌动处就是几,诚神几曰圣人。圣人不贵前知。祸福之来,虽圣人有所不免。圣人只是知几,遇变而通耳。良知无前后,只知得见在的几,便是一了百了。若有个前知的心,

就是私心，就有趋避利害的意。邵子必于前知，终是利害心未尽处。"（《传习录下》）

《周易·系辞下》：

> 子曰：知几其神乎！君子上交不谄，下交不渎，其知几乎！几者，动之微，吉之先见者也。君子见几而作，不俟终日。《易》曰：介于石，不终日，贞吉。介如石焉，宁用终日，断可识矣。君子知微知彰，知柔知刚，万夫之望。

此"知几"之说，即孔子所谓"我观其德义耳"，即据德行而筹划未来，从而达致一个合理的生命方向和结果（命），此正与"巫史同途而殊归"者也。

可见，儒家对天和神的态度，一方面承认天和神的超越性，并认为这一超越性的存在有一种神秘的力量，且能以各种方式显示于人；但另一方面，其又要求不去追求对天意、神意的揣度和窥测，而是要尽其在己者，而不慕其在天者。只有尽其在己者，才能真正契会天道、天命。这是一种相当理性的宗教态度。

就神意启示而言，儒家亦承认其有。但是，儒家却从两个方面避免对这种神意、天意的探测。首先是对天意的窥测是一种消极功利的态度。荀子尤其强调这一点。实质上，人接受天意、神意的启示，并传达它，人是处于被动的状态，在道德上，亦是他律的。其次是揣度神意的直接性，缺乏普遍的公度性和可敞开性，容易成为主观任性、恣意妄为的借口。实质上，董仲舒就吃过这样的亏。汉儒言灾异，常常把它变成一种预测，就会出现问题。

儒家由人道的承担、担当而逆证天道，一则它是具有节度、工夫次第可循的，是一种可以公度的、具有可普遍化的意义，避免了任意妄为和虚诞不经的可能性；二则它体现了一种积极的担当精神，在价值和道德上，亦是自律的。

记于 2010 年 10 月 11 日

"贤贤易色"

一般解"贤贤易色",作以"好贤"之心易其"好色"之心。此说亦可通。其根据可参照《子罕》:"子曰:吾未见好德如好色者也。"《大学》释诚意:"如好好色,如恶恶臭。"

《程氏经说卷七·论语说·学而》云:

> 子夏曰:贤贤易色。见贤改色,有敬贤之诚也。事亲、事君、与朋友交,皆尽其诚,学求如是而已。

《遗书》卷二十二:

> 张思叔问:贤贤易色如何?曰:见贤即变易颜色,愈加恭敬。

则小程子"易色"乃变易颜色,由对贤人之敬重而见之于容色。此说可据孟子"践形"、《大学》"诚于中,形于外"、《中庸》"诚则形,形则著"解之。郭简《五行》则有:

> 智之思也长,长则得,得则不忘,不忘则明,明则见贤人,见贤人则玉色,玉色则形,形则智。圣之思也轻,轻则形,形则不忘,不忘则聪,聪则闻君子道,闻君子道则玉音,玉音则

形,形则圣。

帛书《五行》有"色然于君子道",见贤人而"色然"的说法。盖谓人见圣贤而自然有敬重之心,由之而庄肃其身心,其外貌容色自然有变之意。

从上下文看,《学而》:

> 子夏曰:贤贤易色,事父母能竭其力,事君能致其身,与朋友交言而有信。虽曰未学,吾必谓之学矣。

皆由诚心而言好学,上下联系起来,应以程子之说为宜。

记于 2010 年 12 月 27 日

朱子追迹宋代理学至周敦颐之意义

钱穆先生《朱子学提纲》认为，儒学至北宋初一变，而为新儒学，其特点表现在政事治平之学、经史之学、文章子集之学三方面。其经学尚兼通，喜辟新径，创新解，立新义，近似先秦儒而与汉儒风规大异。其史学亦好创新义而不专于纂辑、叙述、考订而止；又于著史、考史之外，长于论史。又北宋诸儒，注重诸子学。汉唐儒周孔并称，宋以下孔孟并称，此儒学传统及学术思想史之一大转变。汉儒可称为经学之儒，宋儒则转回到子学之儒。北宋初之儒，已自成为新儒。①

至周敦颐一变，为理学，是新儒中之新儒。理学初兴，有周敦颐、邵雍、张载。按钱穆《国学概论》说法，此三人皆注重于宇宙本体之研讨，然后推及于人生之正道。就经典而言，三人皆借《易》以成其说。而思想渊源，则受方外老释之影响。②

理学至二程，学风乃一变：

> 二程爱言工夫，不喜讲本体，又重内心之直证，而轻物理之研寻，较之濂溪、百源、横渠，彼则道家之气息为重，而此则禅味之功深也。此又宋学之一转手也。③

---

① 钱穆：《朱子学提纲》，三联书店，2002年版，第8页以下。
② 钱穆：《国学概论》，商务印书馆，1997年版，第194页以下。
③ 同上书，第206页。

故二程不推重周敦颐、邵雍、张载之学。

就重工夫而言，二程皆转向于人生内在，大程子尤重内，而小程子徘徊于内外心物之间。"至考亭乃始断然主向外之寻索也。此又宋学一大转步也。"①

钱穆论朱陆之辩，特别提醒我们注意在朱子与象山辩论无极太极问题之前，有梭山与朱子的辩论两书。梭山书已不可见，朱子有两书答梭山。《晦庵集》卷三十六《答陆子美》第一书：

> 伏承示谕《太极》《西铭》之失，备悉指意。然二书之说，从前不敢轻议，非是从人脚根，依他门户，却是反复看来，道理实是如此，别未有开口处，所以信之不疑。而妄以己见辄为之说，正恐未能尽发其奥，而反以累之，岂敢自谓有扶掖之功哉？今详来教，及省从前所论，却恐长者从初便忽其言，不曾致思，只以自家所见道理为是，不知却元来未到他地位，而便以己见轻肆抵排也。今亦不暇细论，只如《太极》篇首一句，最是长者所深排。然殊不知，不言无极，则太极同于一物，而不足为万化之根；不言太极，则无极沦于空寂，而不能为万化之根。只此一句，便见其下语精密微妙无穷，而向下所说许多道理，条贯脉络，井井不乱，只今便在目前，而亘古亘今，颠扑不破。只恐自家见得未曾如此分明直截，则其所可疑者乃在此而不在彼也。
>
> 至于《西铭》之说，犹更分明。今亦且以首句论之。人之一身，固是父母所生，然父母之所以为父母者，即是乾坤。若以父母而言，则一物各一父母。若以乾坤而言，则万物同一父母矣。万物既同一父母，则吾体之所以为体者，岂非天地之塞？

---

① 钱穆：《国学概论》，第222页。

吾性之所以为性者，岂非天地之帅哉？古之君子，惟其见得道理真实如此，所以亲亲而仁民，仁民而爱物，推其所为，以至于能以天下为一家，中国为一人，而非意之也。今若必为人物只是父母所生，更与乾坤都无干涉，其所以有取于《西铭》者，但取其姑为宏阔广大之言，以形容仁体，而破有我之私而已。则是所谓仁体者，全是虚名，初无实体，而小己之私，却是实理，合有分别。圣贤于此，却初不见义理，只见利害，而妄以己意造作言语以增饰其所无，破坏其所有也。若果如此，则其立言之失，"胶固"二字岂足以尽之？而又何足以破人之梏于一己之私哉？大抵古之圣贤千言万语，只是要人明得此理。此理既明，则不务立论，而所言无非义理之言；不务正行，而所行无非义理之实。无有初无此理，而姑为此言以救时俗之弊者。不知子静相会，曾以此话子细商量否？近见其所论王通续经之说，似亦未免此病也。此间近日绝难得江西便，草草布此，却托子静转致。但以来书半年方达推之，未知何时可到耳。如有未当，切幸痛与指摘剖析见教。理到之言，不得不服也。

《答陆子美》第二书：

前书示谕《太极》《西铭》之说，反复详尽。然此恐未必生于气习之偏，但是急迫看人文字，未及尽彼之情，而欲遽申己意，是以轻于立论，徒为多说，而未必果当于理尔。且如太极之说，熹谓周先生之意，恐学者错认"太极"别为一物，故著"无极"二字以明之。此是推原前贤立言之本意，所以不厌重复，盖有深指。而来谕便谓熹以"太极"下同一物，是则非惟不尽周先生之妙旨，而于熹之浅陋妄说，亦未察其情矣。又谓著"无极"字，便有虚无好高之弊。则未知尊兄所谓"太极"是有形器之物耶，无形器之物耶？若果无形而但有理，则"无极"即是无形，"太极"即是有理明矣，又安得为虚无而好高乎？

熹所论《西铭》之意，正谓长者以横渠之言，不当谓乾坤实为父母，而以"胶固"斥之，故窃疑之，以为若如长者之意，则是谓人物实无所资于天地，恐有所未安尔。非熹本说固欲如此也。今详来诲，犹以横渠只是假借之言，而未察父母之与乾坤，虽其分之有殊，而初未尝有二体。但其分之殊，则又不得而不辨也。

熹之愚陋，窃愿尊兄更于二家之言少赐反复，宽心游意，必使于其所说，如出于吾之所为者，而无纤芥之疑，然后可以发言立论，而断其可否，则其为辨也不烦，而理之所在无不得矣。若一以急迫之意求之，则于察理，已不能精，而于彼之情，又不详尽，则徒为纷纷，而虽欲不差，不可得矣。然只此急迫，即是来谕所谓气质之弊，盖所论之差处，虽不在此，然其所以差者，则原于此而不可诬矣。不审尊意以为如何？

子静归来，必朝夕得款聚。前书所谓异论卒不能合者，当已有定说矣。恨不得侧听其旁，时效管窥以求切磋之益也。延平新本《龟山别录》漫内一通，近又尝作一小卜筮书，亦以附呈。盖缘近世说《易》者，于象数全然阔略，其不然者，又太拘滞支离，不可究诘。故推本圣人经传中说象数者，只此数条，以意推之，以为是足以上究圣人作《易》之本指，下济生人观变玩占之实用，学《易》者决不可以不知。而凡说象数之过乎此者，皆可以束之高阁，而不必问矣。不审尊意以为如何？

此两书，朱子乃以乾坤父母为内在于人之客观存在、实体，而非仅心、境界。从朱子答书可见，陆子美乃仅以仁体为虚名，只有减除私意之蔽的功效之意义。朱子对于此种以为本体只为假借以救时弊的权宜之计的观点提出批评，这很重要，对我们今天那些以本体为悬设或所谓"本体论承诺"之说，亦有针砭的意义。此理学与心学之大分也。故钱穆先生论朱子之尊濂溪为理学创始者之意义云：

> 盖《西铭》言"万物一体"，为宋学命脉所寄。然此万物一体者，将体之以吾心乎？抑求之于外物之实理乎？明道虽取《西铭》，而不以谓"有德之言"，此主体之以吾心者也。二陆承明道而益进，故疑"乾坤父母"之说为胶固；伊川谓"物我一理，才明彼即晓此"，此已开向外一路，而犹不取濂溪太极；至朱子推申伊川致知之意，乃并周子太极而尊之也。故朱、陆之争，实已孕于北宋诸贤之间，特至是而显豁呈露，无可躲免耳。①

钱先生此说，指出了朱子追踪理学之开山至周濂溪的意义所在。实一是否承认客观之实理为先在之本体的问题。实则心学一系强调作用性、心之境界、活动性等，朱熹亦并不否认，其言心重视情的问题，就表明了这一点。但仅停留于此，则"形而上者谓之道"一义便无法安顿。

王阳明与陆象山之区别，实就在于此。陆象山特别注重即本心而求悟，而无客观之理的安顿，故宜乎朱子讥之为禅。阳明经朱子学之洗礼，故特重心之理的安顿，则不偏于以作用言性之弊矣。

记于 2010 年 12 月 27 日

---

① 钱穆：《国学概论》，第 225 页—226 页。

儒家生死观

读翟奎凤《从孔子论"生无所息"看儒家的生死哲学》[1]，觉得写得不错，文字很通畅，思路也很清晰。文章把《荀子》与《列子》相同故事的记载加以比较，对孔子死亡观提出一种引申的看法，是有启发意义的。不过，儒家对由生转死意义的看法，恐怕还主要是基于对血缘连续的内在关系的理解。这一点与道家以生死为昼夜的看法是有区别的。这样，儒家对死的理解就有了责任的承担，而不像道家那么轻松。如能把这一意义凸显出来，文章就会更有说服力。

记于 2010 年 12 月 30 日

---

[1] 编者注：该文后来发表于《西北大学学报（哲学社会科学版）》第 42 卷第 1 期，2012 年 1 月。

诸子与经学之关系

蒙文通先生著《经学抉原》引《庄子·天下》，谓先秦学术略分三类：旧史、鲁人六艺、诸子百家。[1]认为六经古有传记，六经传记既互取以为书，同时，传记又往往取诸子以为书。[2]秦始皇实行李斯"非博士官所职，天下敢有藏《诗》《书》、百家语者，悉诣守尉杂烧之"（《史记·秦始皇本纪》）的建议，说明秦有《诗》《书》博士，又有百家语博士。《史记·屈原贾生列传》：吴廷尉言"贾生年少，颇通诸子百家之书。文帝召以为博士"。是文帝时仍有"百家语"博士。《汉书·董仲舒传》言"及仲舒对册，推明孔氏，抑黜百家立学校之官"，是百家语博士之罢乃从董仲舒始。

由此可见，《汉书·艺文志》言诸子百家皆六经之支脉与流裔，是对的。而《天下》篇述百家无儒家，而与邹鲁缙绅先生六经对言，亦说明先秦儒家本为学术主流，百家实六艺大宗之一支流，虽谓其为六艺传记亦无不可。当然，孔门后学与诸子之学亦有相互的影响。

记于 2011 年 1 月 20 日

---

[1] 蒙文通：《经学抉原》，上海世纪出版集团，2006 年版，第 50 页。
[2] 同上书，第 60 页以下。

道统与政统

中国无万世一系之王权思想，与儒家的道统说是有关的。儒家本以道德高于势位。势位者，政权也。道德乃规定了政权的合法性。所以，道统是至上的。这道统，更与"天"相关联而具有超越的至上性。汉儒的三统三正说，更把这一点给系统化了。这种政治学说，是具有宗教性和批判性的意义的。

记于 2011 年 1 月 27 日

哲学、艺术、宗教与科学的区别

哲学和艺术很少有发展，甚至于今天的状况不如其初创的时期。科学的发展则日新月异。原因似乎在于二者存在方式的不同。艺术、哲学、宗教与人的实存密切相关，不能抽象为与个体生命实存无关的同质性知识形式。所以，其存在不能靠共同性的经验、知识形式加以积累和传承。

艺术尤其需要个人的天分和社会的条件。艺术的天才依赖于个人的禀赋，同时又需要有发挥这种天赋的社会条件。艺术的天才是不世出的。在现代的条件下，外在同质化的教育往往从根本上摧毁了艺术天才充分展示其天分的机缘。文明初起时代，自然与文明处在一个尚未分化的交汇点上，故最适宜于天才的展现。是以今天的艺术比之这一时期是退步了，而且似乎永远再无法达到那个时代那样的高度。

哲学也大体是如此，但与艺术又有不同。艺术更依赖于个体情志内容的发挥，所以艺术人才往往在人格上是偏执的。它的生命力更多地依赖于自然的素质，因此，艺术家既易于表现出人格的偏执，同时，随着个体生命进程的变化，往往会出现所谓"江郎才尽"的现象。哲学亦与个体生命相关，但它的特征是理性的，要通过普遍化的教养以升华和维持住其生命的力量。所以，其生命更持久。宗教虽亦如此，但其更与信众群体相关，其社会性的层面更突出一些。

记于 2011 年 4 月 28 日

述作与闻见

《孟子·尽心下》末章云：

> 孟子曰：由尧、舜至于汤，五百有余岁，若禹、皋陶，则见而知之；若汤，则闻而知之。由汤至于文王，五百有余岁，若伊尹、莱朱则见而知之；若文王，则闻而知之。由文王至于孔子，五百有余岁，若太公望、散宜生，则见而知之；若孔子，则闻而知之。由孔子而来至于今，百有余岁，去圣人之世，若此其未远也；近圣人之居，若此其甚也，然而无有乎尔，则亦无有乎尔。

此言尧、舜、汤、文王、孔子，皆闻而知之者；禹、皋陶、伊尹、莱朱、太公望、散宜生皆见而知之者。

简帛《五行篇》，则明确称"见而知之者，智也"，"闻而知之者，圣也"。孟子之说，可与《五行》的说法相参。

记于 2011 年 6 月 30 日

先秦儒家的气论

清华大学明年召开"两岸气论与中国哲学研讨会",征集论文题目,我曾在北大7月6号的"出土文献与古代思想记忆的新方位"论坛上发言,谈到先秦儒家"气"论的问题。拟一题目曰《德性良知之先天实存基础——先秦儒"气"的观念之一重要义涵》,[①] 其主要内容如下:

先秦儒论性,直从本体、本原处入手。汉儒以下言性,则着重于从人的现成自然素质立言,注意于人的实存才性、素质之类分(如性三品),把先秦儒本然形上之性体观念,变为一实存现成之自然素质说。以此来讲人性,就有个性差异的问题突出出来。这就引导出宋儒用气质之性来解释人的个性差异。天命之性是普遍的,当然就有一个个性差异的来源问题。先秦也有这个问题,但这一面还没有作为一个论题突出出来。

先秦儒讲"气",与"才"这一观念相关,主要是从人的实存的角度来讲。先秦儒把实存理解为一个整体,所重不在区分差异。它和宋儒所论气质之性是不同的。先秦儒讲的气,是一个整体性的东西,比较容易和道德性那一面沟通起来。或者说,它是道德性在实存上的表现,它表征的是通性而非差异性。所以,先秦儒所说的气与宋儒所言气质,二者不能等量齐观。

《孟子》所说"浩然之气"是通过修养呈现出的气象和精神力量。

[①] 编者注:在研讨会上,此论文标题改为《德性良知之先天实存基础——孟子"养浩然之气"说之本体论意义》。

孟子以"牛山之木"为例，指出人心如果还没有受到外界干扰，其仁义之心或良心尚未受到蒙蔽，就会保有一种夜气或平旦之气的存在，这是其能够"好恶与人相近也者几希"的根据所在。这个夜气或平旦之气，是先天的，不是修养以后得来的。这也是人能够养成浩然之气之存在上的根据。孟子所谓夜气或平旦之气，是肯定人先天有那样一种良知、良心，它本身同时伴随着一种存在上的力量性的东西。所以，夜气或平旦之气不是一种特殊的气，而是一个普遍的东西。就是说，每个人只要你的本心没有丢掉，你就一定会伴随一种存在和实践性的力量，这就是先秦儒所说的气。它指向德性，并具有发行实践的力量。这一"气"的观念，与心、性、情、才的观念密切相关，不能绝然分开。

这些内容，在简帛《五行》及《郭店楚简》的其他篇章中已有表现，孟子把它系统化了。

要注意的是，对孟子的性善论，有所谓"向善论"和"本善论"的解读。向善只是一种可能，本善则须有先天的内容和基础。先秦儒的"气"论，把德性良知的整体性实存基础作为一先天的内容建立起来，这对于理解儒家性善论的"本善"义，是非常重要的。

先秦儒这一意义的"气"论，与后来宋儒着眼于差异性的气质、气性的说法是不同的。

记于 2011 年 7 月 26 日

自我认同

　　自我认同，是个体在一种共在的形式中实现并认出自己。这个认同，是在个体的独特性与共通性两者的张力关系中实现出来的。

　　首先，自我的实现表现为一个"独"字，即个体生命的独一无二。这个独特性要求个体要把自己与他者区别开来。但是，这种独特性却并非一种私己性，它不是天然现成的一种存在，必须要在某种超越当下实存的过程中实现出来。黑格尔讲人的教养或教化活动能够使人在一种异化或普遍化过程中成就为一种有本质的存在，说的就是这个意思。所以，个体自我的认同，必然与父母、血缘、家族、社群、职业、民族、国家、文化、类性以至于天、天帝、天道、神明等一系列的超越性相关联，并且在这种普遍化的过程中转变人的当下实存而使这种自然获得的实存在升华了的状态中得以保持，人的真实的自我认同才能够得以实现。儒家讲"礼有三本"[1]，亦涉及这一问题。

记于 2011 年 8 月 4 日

---

[1] 语见《大戴礼记·礼三本》《荀子·礼论》，《大戴礼记》原文为："礼有三本：天地者，性之本也；先祖者，类之本也；君师者，治之本也。"

孔子论君子

儒家言德性成就,亦注重落实于人的情感生活及其实存的内容来讲。

孔子讲"君子上达,小人下达",又讲"下学而上达,知我者其天乎"(《论语·宪问》)。这"上达""下达",相应于君子、小人,可知"上达"所言就是人的德性成就。"上达"的最高成就,当然是上达于天,即天人合一的超越境界。

> 子曰:不知命,无以为君子也。(《论语·尧曰》)
> 孔子曰:君子有三畏:畏天命,畏大人,畏圣人之言。小人不知天命而不畏也,狎大人,侮圣人之言。(《论语·季氏》)

孔子把"知命""畏天命"看作君子的一个根本特征,也表明了这一点。但是,对于孔子来说,这个上达于天的上行之超越,恰恰必须同时在人的内在情感生活上方能够落实和实现。

孔子七十岁以后对其为学和生命历程的自述,正说明了这一点:

> 吾十有五而志于学,三十而立,四十而不惑,五十而知天命,六十而耳顺,七十而从心所欲不逾矩。(《论语·为政》)

孔子这个为学和生命的历程,实即一"下学而上达"的历程。

在孔子看来,人的超越性价值基础的确立,必须在实有诸己的存在性转变及其情感自由中才能实现。

其中,"三十而立",就是立身行事能够以礼为原则。《季氏》:"不学礼,无以立。""立于礼"是内在价值原则的确立。立,是在人格修养上有了相当的成就,但尚未达于完成。《泰伯》曰:"兴于诗,立于礼,成于乐。""成于乐","乐"才能达于成人,"乐"就是"和"。

《子罕》曰:"知者不惑"。"不惑""知天命"都是就智慧而言,讲人对生命和人生之天职的超越性领悟。"顺"是顺天命。"七十而从心所欲不逾矩",与"成于乐"一致。乐表现人的情志。"成于乐"即道德的原则在人的情志生活中得到完满自然的表现。此即知情的合一。

记于 2011 年 12 月 22 日

情和气

郭店简《性自命出》有"喜怒哀悲之气,性也"之说。

《大戴记·文王官人》讲如何观察人,谓人性有喜怒哀乐;此情之表现,则为气;气之发于形,则为色。其逻辑为:性—情—气—形色:

民有五性,喜怒欲惧忧也。喜气内畜,虽欲隐之,阳喜必见;怒气内畜,虽欲隐之,阳怒必见;欲气内畜,虽欲隐之,阳欲必见;惧气内畜,虽欲隐之,阳惧必见;忧悲之气内畜,虽欲隐之,阳忧必见。五气诚于中,发形于外,民情不隐也。喜色由然以生,怒色拂然以侮,欲色呕然以偷,惧色薄然以下,忧悲之色累然而静。……虽变可知,此之谓观色也。

《文王官人》此段上文还讲到"信气、义气、智气、勇气":

初气主物,物生有声。声有刚有柔,有浊有清,有好有恶,咸发于声也。心气华诞者,其声流散;心气顺信者,其声顺节;心气鄙戾者,其声斯丑;心气宽柔者,其声温好。信气中易,义气时舒,智气简备①,勇气壮直。听其声,处其气,考其所为,观其所由,察其所安,以其前占其后,以其见占其隐,以其小

---

① "智气简备",《逸周书·官人解》作"和气简备"。

占其大，此之谓视中也。

《礼记·乡饮酒义》讲到仁气、义气等：

> 天地严凝之气，始于西南，而盛于西北，此天地之尊严气也，此天地之义气也。天地温厚之气，始于东北，而盛于东南，此天地之盛德气也，此天地之仁气也。主人者尊宾，故坐宾于西北，而坐介于西南，以辅宾。宾者，接人以义者也，故坐于西北。主人者，接人以仁以德厚者也，故坐于东南。而坐僎于东北，以辅主人也。仁义接，宾主有事，俎豆有数，曰圣。圣立而将之以敬，曰礼。礼以体长幼，曰德。德也者，得于身也。故曰：古之学术道者，将以得身也。是故圣人务焉。

《礼记·祭义》说：

> 孝子之有深爱者，必有和气，有和气者，必有愉色，有愉色者，必有婉容。

《郭店楚简·语丛一》亦说：

> 察天之道以化民气，凡有血气者，皆有喜有怒，有慎有庄。其体有容，有色有声，有嗅有味，有气有志。凡物有本有末，有终有始。容色，目司也。声，耳司也。嗅，鼻司也。味，口司也。气，容司也。志，心司【也……①

---

① 李零：《郭店楚简校读记》，中国人民大学出版社，2007年版，第208页。

"禀气"之说,似由汉人开其端。先秦儒论"气",所重在与"道"相应之实存基础,而非先天禀气之差异性。注重先天禀气之差异性,是为张大孔子"语上""语下"之说,而成就一种性三品的观念。实孔子所关注者,为"性相近",而在现实之教化上,当注重人的资质不同而有以调整其方法,非重在"性"之品类差异也。

又孟子"配义与道,无是馁也"之说。黄俊杰《中国孟学诠释史论》指出,"是"字当时有两说,一谓指"道义",一谓指"气"。[①] 是二者皆有所偏。以孟子"知言养气章"上下文义,此"是"当指"气须配义与道"这一方法之全体而言,并不能单指"道义"或"气"。要之,单指其"气",其意义不全;单指"道义",则不可言"馁"。孟子之说,核心在一个"配"字。必然的道德行为,是道义即情而显诸于行,是一个整体,必相"配"而行乃可。所以言"配"者,以人虽先天二者相应,而现实中,却总是知与性有所偏倚也。

记于2011年12月21日

---

① 黄俊杰:《中国孟学诠释史论》,社会科学文献出版社,2004年,第177页—179页。

关于道德选择

　　君子面对不同的社会历史境遇，其在原则持守与进退行止之行为抉择之间，乃表现出一种变与不变的内在统一性。需要强调的是，对于孔子而言，君子的道德选择，实质上并非对道德原则的选择，而是在不同的现实境遇中通过对自身行为之进退、隐显、行藏的选择，以达到对"善道"或仁道的持守与实现。如"天下有道则见，无道则隐""邦有道则仕""邦无道则卷而怀之"，是君子在不同的世道对自身行为之进退、隐显、行藏所做出的选择，亦由此产生出其贫贱、富贵或穷达等不同的生存状态。其对自身行为模式（进退、隐显等）的选择及由之所决定的生存状态（穷达等）之差异，这是"变"；而由此"变"所达成者，则是君子对"道"的持守，这是"不变"。这"变"与"不变"，乃是相关互成的两个方面。一方面，"守死善道"，这个"善道"，是不变的原则和根据，君子有此"善道"主乎其内（或其中），其行为乃能进退裕如而动止合宜。同时，这"道"，亦必于人的境遇性行为模式的选择中，乃能得到真实的实现，而并非现成平铺摆在某处供人认知的对象。

记于 2013 年 9 月 1 日

回到生命原点说

2014年2月22日提出一个观念：回到生命原点说。

儒家所谓教化，就是让人从一种文明普遍性的形式中，回到生命的原点，由此而上接于宇宙的大生命，以建立其超越性的存在基础。

儒家以文质合一论文化和人的存在。包括文化整体与个体的生命存在，其理想的状态都是文质的合一。儒家礼论，以情文俱尽为礼乐的理想状态；论人，则以文质彬彬为君子。

礼乐、文明初起于一种文质或文明与自然的交汇点（如"其燔黍捭豚，犹若可以致其敬于鬼神"）。这个交汇点是一个文化生命的原点。而礼乐之渐次繁缛，质之一面，几乎不可见，人的存在乃渐趋于表面化，礼文亦渐失其真。儒家的办法，是复古，或回归于历史的源头，那个文明与自然的交汇点。就文化整体而言，这个原点，也就是文明初创所形成的原初的经典及其义理系统。

个体生命在文明中存在，面临的是一套现成的文明体系。这一体系是此前一切文化之结晶与总汇，是个体存在之前提与基础。但个体如不能由此抽身，回归于个体生命之原点，其终将成为一种异化状态中的存在者，而自失其存在之本真。此犹漂浮于半空之浮萍，乃一无根之物化、器物性的存在。

文明的发展从总体性上讲，总要不断地有原创性的更化，此如孟子所说"闻而知之"之圣者之"创业"，与夫"见而知之"之贤人之"垂统"的交替，亦如《乐记》所谓"明、圣"之"述、作"，总要不断由继承而回归于原创，文明之发展才能生生连续而日进无疆。

个体面临既定现成的文明体系，亦须于其适当、适宜的文明形式中，努力回归生命的原点，以期达成与宇宙大生命之合一，并由这大生命为个体存在奠基。这个个体生命的原点，就是"诚"，亦即个体生命在其自己之真实。

《中庸》言诚，曰：

> 诚者天之道也，诚之者人之道也。诚者，不勉而中，不思而得，从容中道，圣人也。诚之者，择善而固执之者也。

人皆须由"诚之"之道以进于诚，是亦要在特定的文明形式中以达诚。《易传》谓"修辞立其诚"，辞是文明形式，"立诚"亦要在修辞的文明形式中实现。

孔子之正名说，实即于此文明的整体上展开新的形式，以充实其生命德性的内容。就个体而言，"君君臣臣父父子子""为人君，止于仁"等，亦是要在文明的形式中，回到并彰显此生命之原点。一个人，你对于父亲是子；对于子，是父。做父亲，把你天性中的"慈"实实在在地实现出来，这就是一个诚，一个生命真实的原点。做儿子，你把自己天性中那个"孝"实实在在地实现出来，此亦是一个诚，一个生命真实的原点。落实在这个原点上，文化在我们自身的生命中就接上了地气，因而能够实有诸己，为吾人所真实地拥有。对君、对臣，对上级、对下级，都是这样。

生命原点在一种文明形式中的展现，有双重的意义。一方面，人是文化的存在，不能离开文明的形式以成就其存在。如一种游戏，是文明的形式。一个篮球明星，像姚明那样，真诚地热爱和对待这项运动。在这种文明的形式中，乃可以成就其人格的价值。另一方面，文明亦要能够基于这样的生命之诚，才能落实为真实的生命形式。所以儒家讲人的成就，总不离人伦日用。儒家不讲"复归于婴儿"，只讲"大人不失赤子之心"，也是要在文明的形式中复归原点。只在自然状态中，人不能成就自己。但固着于文明形式性的一面，则会失去其真实。

人有资质才赋的差异，故个体要找到适合自己的文明形式以成就自身。比如我适合当教师，如果做行政，常常会感到局促不安。有人适合做老板，有人适合做雇员，有人适合做统帅，有人适合做参谋。但关键是要在合宜的文明形式中回到并展开自己的生命原点。在同样的文明状态中，有的人可以有一种博大的气象，有的人则总显得偏执猥琐。此与能否回归于自身生命的原点有关。

回归生命的原点，并在文明的普适性中把它实现出来，就会在文质合一上有真实的生命存在的完成。伽达默尔所谓"保持"，即一文质合一的状态。其所谓"共通感"，"共通"是"文"的作用，"感"则是质，是自然。"共通感"乃是自然于文明中的展开和实现。

记于 2014 年 2 月 22 日

生活世界与科学

科学在无穷地拓展着人类生存的新的经验和形下的世界。人生和生活则又永远在其对面,构成为这样一个经验或形下世界拓展过程中的中断性的界点。世界在经验的意义上永远受制于科学,它在不断地拓展,以至于人们时常觉得眼花缭乱、目不暇接。但生活又总是中断着这一经验扩展的进程。

生活所要求的首先是对生存当下的一种意义理解,尤其在涉及一些生命存在的临界状态时,这种意义理解必然指向一种形上的境域。而经验世界的扩展由此被统括于统一的界点,而使之获得一种意义统一性的把握。这表现为一种存在上的内转。无此内转,人的存在便散漫无归。康德说"经验永远无法满足理性",而形而上学乃是"人类理性的自然趋向",[1] 其道理就在于此。从这个意义上说,科学逐渐从哲学中分离出来,正是哲学获得其本性的一个必然的过程。一些大科学家往往趋向于宗教,宗教乃成为科学家进一步创造的生命本原,道理亦在于此。

记于 2014 年 5 月 13 日

---

[1] 〔德〕康德著,庞景仁译:《任何一种能够作为科学出现的未来形而上学导论》,商务印书馆,1978 年版,第 140 页、155 页。

关于时间问题

在"2014'《周易》与时间'国际学术研讨会"上，香港大学杨竹女士（捷成洋行历史研究计划行政主任、研究助理）提问：李约瑟《中国科技史》认为中国人的时间观为线性的时间观，在您看来，中国的时间观是线性的还是循环论的？

我给她的回答是：讲中国哲学的时间观，用线性或循环论都不合适，勉强说，可能循环说要好于线性说。这是因为，中国哲学所言时间，并不是一种抽象形式的时间。中国人所言时空，也非一种可以把存在物装进去那样一种空洞容器类型的时空。中国哲学的时间观，乃着眼于具体事物的生成变化，由此变化及在此变化中事物之生长化育，而后乃言及时间。故其理解时间着重在事物之存在的完成。《周易》元亨利贞四德，既可说是春夏秋冬四时之运，亦可说是春种、夏长、秋收、冬藏，亦可说是万物生成变化中的四个阶段和四种状态。人须顺应事物之成长变化以成就之，时措之宜而与物无不通。故《礼记·月令》强调人之举措必经过不断的调整以顺应时令物候之变化。在这样一个尊重或顺应物质变化成就的历程中，时间于是转变为"时机"。《周易》中之时义，要为时机义。故中国人所谓之时间，其可以测量的时间意义并非第一位的。从尊重事物本性的客观成就而言，"时"成为一种内在的时间。测量性的客观性反倒是后在的。《庄子·知北游》说："古之人外化而内不化，今之人内化而外不化。"是言顺应事物之变化而成就之，乃能与物为一，而能达成心灵之宁静与夫存在之永恒。由此内在的永恒，事物即时性，方可以得到真实的把握与理解。《周易》于是特别强调中与时中。时中之中，是在变化中本体的回归。这个回归，依赖于德性的完成。是以《系辞》云："神而明之，存乎其人；默而成之，不言而信，存乎德行"，"苟非其人，道不虚行"。

记于 2014 年 6 月 23 日

朱子万物一理之涵义

朱子说：以物各有"当然之则而自不容已，此所谓理也"（《四书或问·大学》）。此言"理"，实从人以情应物的存在实现角度言，而非仅从客观的"物理"角度说"理"。

朱子就《大学》论人情之偏弊而言"五者皆有当然之则"。《大学》有云：

> 所谓齐其家在修其身者，人之其所亲爱而辟焉，之其所贱恶而辟焉，之其所畏敬而辟焉，之其所哀矜而辟焉，之其所敖惰而辟焉。故好而知其恶，恶而知其美者，天下鲜矣。

朱子注云：

> 辟犹偏也。五者在人，本有当然之则，然常人之情，惟其所向而不加察焉，则必陷于一偏，而身不修矣。

朱子对此，有很多讨论：

> 天道流行，造化发育，凡有声色貌象而盈于天地之间者，皆物也。既有是物，则其所以为是物者，莫不各有当然之则，而自不容已。是皆得于天之所赋，而非人之所能为也。今且以

其至切而近者言之：则心之为物，实主于身，其体则有仁义礼智之性，其用则有恻隐羞恶恭敬是非之情，浑然在中，随感而应，各有攸主，而不可乱也。次而及于身之所具，则有口鼻耳目四肢之用。又次而及于身之所接，则有君臣父子夫妇长幼朋友之常。是皆必有当然之则，而自不容已，所谓理也。外而至于人，则人之理不异于己也；远而至于物，则物之理不异于人也。极其大，则天地之运、古今之变，不能外也；尽于小，则一尘之微、一息之顷，不能遗也。是乃上帝所降之衷，烝民所秉之彝。（《四书或问》卷二）

德元问："《诗》所谓秉彝，《书》所谓降衷一段，其名虽异，要之皆是一理。"曰："诚是一理，岂可无分别？且如何谓之降衷？"曰："衷是善也。"曰："若然，何不言降善，而言降衷？'衷'字看来只是个无过不及、恰好底道理。天之生人物，个个有一副当恰好、无过不及底道理降与你，与程子所谓天然自有之中，刘子所谓民受天地之中相似，与《诗》所谓秉彝，张子所谓万物之一原又不同，须各晓其名字、训义之所以异，方见其所谓同。衷，只是中。今人言折衷者，以中为准则而取正也。'天生蒸民，有物有则'，'则'字却似'衷'字。天之生此物，必有个当然之则，故民执之以为常道，所以无不好此懿德。物物有则，盖君有君之则，臣有臣之则：'为人君，止于仁'，君之则也；'为人臣，止于敬'，臣之则也。如耳有耳之则，目有目之则：'视远惟明'，目之则也；'听德惟聪'，耳之则也。'从作乂'，言之则也。'恭作肃'，貌之则也。四肢百骸，万物万事，莫不各有当然之则。子细推之，皆可见。"又曰："凡看道理，须是细心看他名义分位之不同。通天下固同此一理，然圣贤所说有许多般样，须是一一通晓分别得出，始得。若只儱侗说了，尽不见他里面好处。如一炉火，四人四面同向此火，火固只一般，然四面各不同。若说我只认晓得这是一堆火便了，这便不得，他里面玲珑好处无由见。如'降衷于下民'，这紧要字却在'降'字上。故自天而言，则谓之降衷；自人受此衷而言，则谓之性。如云'天所赋为命，物所受为性'，命便是那'降'字，至物所受，则谓之性，而不谓之衷。所以不同，缘各据他来处与所受处而言也。'惟皇上帝，降衷于下民'，此据天之所与物者而言；'若有常性'，是据民之所受者而言。'克绥厥猷'，猷即道。道者，性之所发用处。能安其道者，惟后也。如'天命之谓性，率性之谓道，修道之谓教'三句，亦是如此。古人说得道理如此缜密，处处皆合。今人心粗，如何看得出？佛氏云：'如来为一大事因缘故出现于世。'某尝说，古之诸圣人亦是为此一大事也。前圣后圣，心心一符，如印记相合，无纤毫不似处。"刘用之曰："'衷'字是兼心说，如云衷诚、丹衷是也，言天与我以是心也。"曰："怎地说不得。心性固只一理，然自有合而言处，又有析而言处，须知其所以析，又知其所以合，乃可。然谓性便是心，则不可。谓心便是性，亦不可。孟子曰'尽其心，知其性'，又曰'存其心，养其性'。圣贤说话，自有分别，何尝如此儱侗不分晓？固有儱侗一统说时，然名义各自不同。心性之别，如以碗盛水，水须碗乃能盛，然谓碗便是水，则不可。后来横渠说得极精，云：'心统性情者也。'如'降衷'之'衷'，同是此理，然此字但可施于天之所降而言，不可施于人之所受而言也。"（《朱子语类》卷十八）

由以上所说，朱子所谓万物一理，皆从物各有则而言。物各有则之"则"，乃就事物各有其性而言。这"则"或性，皆即物之所当然之理说，而非就客观之物理说。此犹所谓"诚者物之终始，不诚无物"，是从物之存在价值实现说，而非从今人所谓实然说。"是皆必有当然之则，而自不容已，所谓理也。"此"则"是本体，各由乎其自身而有生生必然之成就，是所谓"不容已"，所谓"沛然而莫之能御"也，是其生机益然而必然成就其自己也。此点于人更有显著的表现。此即成己成物，皆就存在性价值实现而言。由此，才可说万物一理。这个"一理"，正要从物性之分殊而言。人须在存在价值上能够体证物之分殊以成就之，乃能于理上见其"一"。"一"正以证成物之分殊为前提也。朱子所以反对笼统说一个"理一"，其义要在于此。

记于 2014 年 11 月 2 日

文明与自然的交汇点

我曾用"文明与自然的交汇点"来解释雅斯贝尔斯"轴心时代"这个概念。现在看来,这个解释要有所修正。确切地讲,"轴心时代"应当是人类思想对"文明与自然的交汇点"的反思。这一时代的经典,乃由人类思想对这个"交汇点"的反思所形成。

语言和文字的产生以及由此而成之礼仪、礼俗、礼乐的最初建构,即有了这个所谓的交汇点。人类所面对的世界,不是一个现成的世界。那构成人类对象的世界,必是一个"被说出来"的世界。这当然不是说,没有人类,那个作为世界的对象不存在。而是说,那对人而言的一个共通性的世界还未对人敞开它自己。

比如,海伦·凯勒在能够说出"water"之前,那作为敞开了的属于她的世界还不存在。而那个"说出",已经能够将当下实存的存在关联于一个超越于实存的共通世界,向她展示出来。而这个世界的存在意义,由此乃能为她所了解,并由此而显豁。王阳明论"心外无物"说:

> 你未看此花时,此花与汝心同归于寂;你来看此花时,则此花颜色一时明白起来,便知此花不在你的心外。(《传习录》)

说的就是这个意思。这个"看",是无声的"说"。在这无声的"说"中,那"花"的意义世界乃得以展现。海伦·凯勒不能看,不能听。这个不能看，不能听，其实并非关键。关键是她的不能看、不能听，使她无法正常地形成一种把握此世界的符号。而当莎莉文小姐引导海伦·凯勒将某种感觉与特定记号重复对应，而学会使用"water"这个符号来把握那流动、清凉的触觉所接触的对象时，一个超越于当下感受的共通世界终于被她建立起来。

由此可知，"说出"与理解，对人而言，具有一种同构的关系。理解指向"说出"，在说出中，一种不同层级的理解，也同时被构成。说出，构成同时表征着理解。可以说，在人类最初的语言和文字的表现中，理解就是人类存在的构成要素。这就是我所说的"文明与自然的交汇点"。这是人类文明在其开端上的生存状况，亦是人类每一个体所必须经历的一个阶段。

不过，在此开端的阶段，这种理解却是运行在一种不自觉过程中。人类历史亦由于文字的产生而见诸传说与载籍，如西周教育贵胄子弟，已有各种书籍，但其尚不能称为经典，此由其非自觉故也。孔子教授弟子，乃有教化经典系统及其意义系统的建构，此为中华民族精神之理性自觉。故经典产生的时代，乃相应于"轴心时代"，而此轴心时代实为"文明与自然的交汇点"之反思时代也。

记于 2014 年 11 月 16 日

儒家的宗教性问题

2014年12月18日下午，辅仁国学讲坛请张学智教授讲"理学与宗教"。本人主持讲座，在学智讲后我做了一个评议性的小结，其中讲到了自己对儒学的"宗教性"的一点感想。现追记如下：

学智教授用两个多小时的时间，就"理学与宗教"这个课题做了精彩的演讲。讲座以蒂利希的宗教定义为导引，以牟宗三"生命哲学"这一概念为进路，从六个方面，对宋明理学的宗教性、宗教因素和宗教精神作了新角度的梳理和深入的探讨，既切实又别开生面，给人很多启发。

儒学的宗教性是一个很重要的问题。有人认为儒家是宗教，有人认为儒家非宗教，却有宗教性。我认可儒家并非宗教，但有宗教性的观点。但是，怎么理解儒家的这个宗教性，却是一个困难的问题。有人说，儒家有一个无神论的传统，说孔子就是无神论者。这个说法是有问题的。说儒家有宗教性，却又不信神，这是自相矛盾的说法。

宗教信仰的对象是神。这个信仰的对象，可以从两个方面来看，一是其神格，一是其神道。宗教对神道的探讨，乃围绕着神格来进行。比如基督教的信仰对象是上帝，其所论肉身成道、三位一体、十字架、救赎、天堂等神道问题，乃紧紧围绕着这个神的神格来进行。其由此所形成的学说，是神学。它虽然有哲学的意义，但其属于神学义的哲学，其宣讲这一套义理，便免不了有布道的因素。而西方的哲学，则是一套以认知为进路的理论学说，故与宗教为两个路向。西方的哲学在古代或与宗教有若即若离的关联性，而近代以来，随着神俗两界的分化，哲学与宗教的分界亦愈益明晰了。

中国古代哲学，亦由宗教转化而来。但古代中国社会的宗教，有一重要的特征，即重视人之信仰对象之神道方面，而不重其神格方面。商周之天帝信仰，已表现了这一点。此点为儒家所继承。孔子不语怪力乱神（原因在于民间言神之功利性），罕言天，但却关注于天之道及其与人道的内在关联性。道家言道，谓道乃"象帝之先"。这并非不信天与上帝，孔子以是否敬畏天和天命为君子小人之分界，表明其心中有上帝，有天、天命的信仰。但儒家论超越性的关怀，却以天道为中心，而不以天、帝的神格为中心（中国传统的信仰体系是以一神统摄下的多神体系）。正因为如此，其所建构出的学说体系，是理性哲理的体系，而非神学的体系。其有关形上学的讨论，是讲学，而非布道。但是，这一套哲理的体系，所重在存在之实现、价值之完成，而非西方那样单纯知识的体系，其最终的指向是一个天、天命的信仰对象。这一点，又与西方的哲学不同。儒家以天命之性内在于人心，故此信仰，实又转变为一种对人之内在良知的确信。故儒学本身是一套哲理的系统，但又具有宗教性。儒家的宗教性可以从这个角度来理解。这也可以解释以儒家为主导的中国文化为何没有西方那种宗教的迷狂和排他性，亦没有西方宗教那样的宗教战争。

赵启正说中国人没有"宗教信仰"但有"文化信仰"。[①] 这是一个很糊涂的说法。凡信仰皆有具体神格（或人格性）的指向，而非指向一个"道理"（王天成说）。对一种学说、道理，只能有兴趣、爱好而不能有真正的信仰。而对有人间性的人格的崇拜所建立起的信仰，往往由于现实人格的偶性特征，会形成偶像崇拜，因而导致政治上的狂热。故真正的信仰指向终极的目标，其对象必是"神"的神格，而不能是现存

---

① 赵启正：《中国人没有"宗教信仰"但有"文化信仰"》，载《人民日报》2013年5月14日第5版。

的人格。天命于人，人对天命、上天的意志负有一种必然的责任。这个责任同时亦是吾人对自己良知与道德法则的责任。于此方有信仰之事发生。故中国文化的重建，需要在生活中建立起民族性的终极关怀与超越性的指向。

儒家就个人生活而言和对社会信仰体系而言，并未否定人格神；但却未就人格神本身作神话象征意义的表达，但其解说始终是针对社会信仰体系来揭示其意义的。二者关系紧密。需要就二者关系来理解其宗教性。

我们不能局限于儒家的义理系统本身来看儒家的文化意义，儒家的义理系统本身始终与社会的信仰体系存在着一种相切互动的关系。儒家从生活态度上并未否定人格神，但却不注重、也并未依据对这一神格的世界的探究展开对其神圣性（如基督教神学）的研究。天道的观念，可以说是学理，这种学理恰是对神圣世界的接引方式，其宗教性在此。如康德，他的道德哲学引向上帝的悬设，是对其理论圆满的必要设定。他所谓道德的宗教，是对真正宗教的一种哲理的探讨，仍然是哲学。但是，儒学却不同，它始终保持在与社会信仰体系的张力关系中，并指引其方向，揭示神圣性的意义。这是其独特的地方。

脱离传统社会神灵宗教系统，单作学理探讨；否定人格神，已脱离宗教之原意，不能有说服力。说康德、黑格尔为信仰留下地盘，虽属批判，却是真实的。消减知识，为信仰留下地盘。道理作为知识、理性之内容，不能形成信仰，信仰的对象是超越任何"道理"的。由理论性建立的"道理"不能成为信仰的对象，而只能引向一种信仰的对象，这就是康德所谓的对于上帝和来世的信仰亦即"道德信仰"。①"超越"与创造的观念密切相关，尽管安乐哲认为中国传统是"共同创造"而非单

---

① 李明辉：《从康德的"道德宗教"论儒家的宗教性》，载哈佛燕京学社编《儒家传统与启蒙心态》，凤凰出版传媒集团江苏教育出版社，2005年版，第203页。

向的上帝创造，但这创造的总体根源仍在"天"或上帝，故人的创造，只是参与和顺应天：参赞天地之化育、顺乎天而应乎人、替天行道、人代天工。

补记：古代由祭祀所见神灵系统

《礼记·祭法》：

> 燔柴于泰坛，祭天也。瘗埋于泰折，祭地也。用骍犊。埋少牢于泰昭，祭时也。相近于坎坛，祭寒暑也。王宫，祭日也。夜明，祭月也。幽宗，祭星也。雩宗，祭水旱也。四坎坛，祭四方也。山林、川谷、丘陵，能出云，为风雨，见怪物，皆曰神。有天下者，祭百神。诸侯在其地则祭之，亡其地则不祭。

《祭法》又记制祭之原则云：

> 夫圣王之制祭祀也，法施于民则祀之，以死勤事则祀之，以劳定国则祀之，能御大菑则祀之，能捍大患则祀之。是故厉山氏之有天下也，其子曰农，能殖百谷。夏之衰也，周弃继之，故祀以为稷。共工氏之霸九州也，其子曰后土，能平九州，故祀以为社。帝喾能序星辰以著众，尧能赏均刑法以义终，舜勤众事而野死，鲧鄣鸿水而殛死，禹能修鲧之功，黄帝正名百物以明民共财，颛顼能修之，契为司徒而民成，冥勤其官而水死，汤以宽治民而除其虐，文王以文治，武王以武功，去民之菑，此皆有功烈于民者也。及夫日月星辰，民所瞻仰也。山林川谷丘陵，民所取材用也。非此族也，不在祀典。

由此可知中国古时祭祀范围之广泛及其制祀之原则。古代社会制祀的原则，是"报"或报恩。古人报本反始，追思本原；天地、日月、山川、社稷、五祀、河流、先祖、天神、地祇、人鬼等，皆在祭祀之列。中国古代社会的宗教，为多神崇拜，更准确地说，其神灵的系统，乃是一种以天帝至上神统摄众神的多神系统。

初记于 2014 年 12 月 19 日

补记于 2014 年 12 月 22 日

儒家的政治理念

孔子的为政理念，其根本的特点就是讲德政。

《论语·为政》："子曰：为政以德，譬如北辰，居其所而众星共之。"行德政，就会像众星围绕北极星那样为众人所拥戴。

《颜渊》："子曰：听讼，吾犹人也，必也使无讼乎。"就是说，我断案子与别人没什么区别，而与别人的区别是我要使治下没有案子发生。这也是讲德政。

《大学》言为政，讲"修身、齐家、治国、平天下"，讲"自天子以至于庶人，壹是皆以修身为本"。这个思想，乃源于孔子。

《论语·宪问》：

> 子路问君子。子曰："修己以敬。"曰："如斯而已乎？"曰："修己以安人。"曰："如斯而已乎？"曰："修己以安百姓。修己以安百姓，尧、舜其犹病诸。"

君子首先要"修己以敬"，要诚敬地修德于己，然后"修己以安人"；这还不够，还要"修己以安百姓"。《大学》把这些概括出来，成为儒家为政方面的纲领，即"修身、齐家、治国、平天下"。以德为本，这是孔子为政之道最根本的原则。

记于 2015 年 1 月 22 日

人生的平等

事实上的平等是不可能的。人受才智和环境的限制，地位或经济上的所谓成功只能是少数人的事。所以，人在事实上的平等只能是要求适合你的才智与努力的相应地位。如果人把事实上的出人头地当作成功的目标，那你十有八九会要失望、失落，因而不能达到幸福和自由，不能达到今人所追求的自我的实现。因此，人类必须从另一个方面，去达到自身的实现，这就是德性和人格的完成。

宗教和哲学实质上就是走的这条路。从这个角度看，所谓经济与社会地位、政治地位上的成功反而成为了第二位的东西。西方人讲在上帝面前人人平等，人无论在现实中有怎样的地位差别，但都是上帝的子民，当你能够信仰上帝，在上帝面前忏悔自己的罪过，就能超脱现世的羁绊，而实现平等。

中国哲学讲人都有善性，把这一点实现出来，人人也就是平等的，也就实现了做人的尊严。这不是能用地位和金钱来衡量的。庄子讲道通为一，也不是要消灭事实上的差异，这个道通为一，也是在存在和价值实现上讲的。事实上，我们在现实中的地位、财富等的意义，正是由这个存在实现的平等义来决定和赋予的。

古人讲人不食嗟来之食，就是人性尊严的表现。一个人出于功利的目的给市长行贿，你拿十万元给市长送礼，你首先把这个市长降到了葛朗台的位置。如果他收了这个钱，你会看不起他；如果他不收，他的形象会在你心中高大起来。这说明，人格和人性是决定现世行为价值的根据，他能够使你从俗世的价值世界中超拔出来，达到超越的纯粹的价值领域，从而使现实生活得到一种形上精神的光照。

《大学》讲"止于至善"，找到精神的家园，其道理就在于此。你的德性的高度，实质上也决定了你在现实事功层面所能达到的高度。古人讲三不朽，在这三不朽中，立德不仅赋予了立功、立言以本质性的意义，同时，也决定了立功、立言所能达到的高度。

记于 2015 年 4 月 8 日

消极道德与积极道德

〔法〕吕克·费希在《什么是好生活》一书里指出：现代西方的道德是一种摆脱了形上学宗教幻影之后的形式的底线道德；它表现为一套用箴言和祈使句表达的价值系统；它提出一种最低的要求，即对他人自由和幸福追求的尊重。①

我们可以说，这种道德是一种"消极的道德"，对人生只有一种限制性的要求。而儒家的道德，既与宗教道德的外在救赎要求不同，同时，又是一种"积极的道德"。这种积极的道德，不限于为人与人之间的关系划出界线，同时，亦要求达到一种内外的通性，从而积极地达成生活及存在意义的实现。

记于 2015 年 5 月 17 日

---

① 〔法〕吕克·费希著，黄迪娜等译：《什么是好生活》，吉林出版集团，2010 年 10 月版，第 8 页—11 页。

传统价值观研究与中国哲学研究的关系

《什么是好生活》说:"关于'好生活'的问题离不开政治,但它不能够被简化为政治。"[①] 中国传统价值观的问题,就是关于什么是"好生活"的观念系统。它是一个辐射源,渗透于文化的各个领域,故它的领域与传统中国哲学的领域相同,但考察的角度、视域不同。鉴于中国哲学的本质在于价值与存在的实现,这一研究将更能凸显中国哲学的固有本性。

记于 2015 年 5 月 17 日

---

① 〔法〕吕克·费希著,黄迪娜等译:《什么是好生活》,第 13 页。

现代"技术世界"的本质

在《什么是好生活》的序言中,作者指出,海德格尔所说的"技术世界",其特征是,人对权力的热衷从它所服务的更高目的中分离出来,形成为一个对目标的考虑完全让位于工具本身的世界。他打比方说,这样的"世界就好比是一个陀螺,必须不停地转动才不致倒下,而不带任何其他目的。转动成了其本质"。它的存在只取决于"动力因"(efficient cause),而非"目的因"(final cause)。[①]

我们就生活在这样一个失去目的世界情态中。在这里,我们只有"成功(或不成功)生活",而不在乎"好生活"。因为好生活要有尺度,有目标,有"目的因"。

在一个超越性价值奠基的世界里,人的每一种行为和现实的成就,皆有所"止",皆为自身目的,因而能够获得其本质性的意义和价值。在现代技术世界里,人的活动则失去方向,受制于一个同样作为工具的的对象并以之为目标。按黑格尔的说法,这样的一种链条永无止境,表现为一种恶无限。这也可以由佛教缘起性空的理论解释为一种自性实体的空虚化,失去自性实体,因而亦导致其存在性意义的缺失。

记于 2015 年 5 月 17 日

---

① 〔法〕吕克·费希著,黄迪娜等译:《什么是好生活》,第 11 页—14 页。

孟子不忍恻隐之心的一个特征

孟子所言不忍恻隐之心，一个典型的特征是完全抛开私意计较。孟子所谓"非所以内交于孺子之父母""非所以要誉于乡党朋友""非恶其声而然"，强调的都是这一点。在一种与个人利害无关，而又在当下生命交关的时刻，人心是可以表现出这种肯定性的道德价值决断和积极性的道德价值实现的内容的。

从这一点看，一个人对置身事外之事，亦会表现出肯定性的道德判断和道德情感。如近年网络的发达，更可看到网民很强的道德正义感。这可以看作对孟子性善论的一种佐证。这样一种善性的实现，需要在践行中对涉及个人利益关系时的计较心的消解。这也印证了孟子所言及宋儒所强调的工夫的必要性。

记于 2015 年 5 月 23 日

关于阴阳、"认识德性"和心灵论问题

一、阴阳观念

美国迈阿密大学米切尔·斯劳特教授（Professor Michael Slote）应廖申白教授来师大讲《阴阳哲学》，他用"接受性"来解释"阴"，认为阴的特征为接受性，表现为温柔、仁爱情感等。希望用此来与西方过于重视理性、主动、理性控制的倾向构成一种互补的关系。他主要借助于董仲舒的理论，认为董仲舒的思想存在着女性歧视，以阴为贪婪和卑劣。同时，儒家也没有注意到"自主性"在道德选择方面的价值。他希望通过对阴阳的重新解释，强调二者之间的互补性，以纠正儒家不注重主动性，西方过于强调理性控制的弊病。

应当说，这个理解是有积极意义的。但是，他对儒家的解释，却存在着一些误解。

首先，中国哲学中的阴阳观念本来就是不可分割的两个方面、两种势能或两个原则、原理。阴阳是"道"的两个规定，二者本不相分离。《易传》有云：

> 一阴一阳之谓道，继之者善也，成之者性也。
> 乾坤，其《易》之门邪。乾，阳物也；坤，阴物也。阴阳

合德而刚柔有体,以体天地之撰,以通神明之德。

说的就是这个道理。具体讲,阴阳为"道"的内在规定,或相互关联、不可或分的两个原则或原理。乾阳的性质为刚动、连续,主创始,处于主导的地位。坤阴的性质为柔止、间断,主成就,处于顺承乾阳的地位。二者不可分割。二者的内在统一,使儒家的道具有刚健创生的意义。同时,其刚动中内在包涵柔止个体化的成物原则,使得个体性的规定包含着内在的通性。这是儒家之道作为形上学观念的一个内在的特点。因此,儒家的人格观念,既具有仁性的包容性,又具有转世而不为世转的独立性。说儒家的选择缺乏自主性和独立性,这是一种误解。

其次,哲学的原则与哲学家对现实的描述是可以分开的。比如,孔子说:"唯女子与小人为难养也,近之则不孙,远之则怨。"近人为此对孔子多所批评,也有维护孔子者为之想方设法,多加回护。其实,孔子的说法,是对当时社会现实的一种描述。此犹之乎亚里士多德说奴隶不是人,只是会说话的工具,亦是对当时社会现实的一种描述。孔子与亚里士多德的这些话,都不影响其哲学原则或对人的看法的普遍真理意义。

实质上,儒家并不把阴阳两原则单独孤立起来看。比如它讲父母,认为事奉父母都包含着敬与爱两个方面的道德意义,但言事母重在爱,而言事父则重在敬。敬与爱是不可分的。君臣、夫妇、父子、男女相对,可以阴阳概括其区别,但君本身自有阴阳,臣本身、夫妇本身亦各自有阴阳。阴阳本非孤立、固定于一物的原则。理解这一点,对于我们理解中国哲学的阴阳观念,具有本质性的意义。

二、阴阳认识论

斯劳特教授在讲座的论文中提到"认识德性"这一概念,并且用阴阳的不可分离来做解释。他指出，好奇、求知欲是一种德性。这种欲望在移情中的接受性（阴）同时表现为一种理性的决断（阳）。从这种意义讲，认识不仅是一种中性的方法和认知过程，同时也包含生命的内涵在其中。这是值得注意的。

文中提到的科学家对发现过程与确证过程的区分也值得注意。按照斯劳特教授的认识德性之说，发现过程其实与心灵的信念相关，它可以在实践上解决不完全归纳的问题。这一点，可以以一个拓展了的视野来理解儒家的心灵境界说，如诚明、大清明等，把它引入广义的认识论领域来理解。讲座中用"精神的起飞"这个形象的说法，说明人心的决断性与精神生命作为一个整体的相关性。决断性的推断（阳）要有一个接受性或"着陆"（阴）作为前提。这样，就避免了把认识单纯看作一种认知过程的片面性，而把德性纳入对认识的考察中。这是儒家心性说的题中应有之义。

三、关于阴阳心灵论

斯劳特教授强调信念包含情感，而且就是情感，这与儒家的心灵学说是相合的。儒家认为"心"的表现首先就是情感。如孟子四端说、《中庸》首章论中和、程子所谓"若既发，则可谓之情，不可谓之心"[①]、朱子"志与意都属情"（《朱子语类》卷五），都指出了这一点。

斯劳特教授以"heart-mind"（心脏—心灵）来翻译、解释中国哲学"心"这一概念。"心"在中国哲学里并非实指身体的某一部位。说信念是阴，欲望是阳，略嫌拘执。中国哲学言心，其论域是心性论的，所采取的并非斯劳特教授这种分析的方法。以儒家为例。儒家所谓心，基本是讲一

---

① 《二程遗书》卷十八曰："在天为命，在义为理，在人为性，主于身为心，其实一也。心本善，发于思虑，则有善有不善。若既发，则可谓之情，不可谓之心。"

个心性情的结构。心统性情：心之体为性，源自于天，为存在和价值之本原；而心的内容全体表显为"情"。亦即是说，心在情上表现出"性"之本真。情之发为"欲"。情并非与知相对的非理性，其内在地具有智的规定。故情在当下有自觉，因而有内在的指向性，此即意志。不过，古人言意志，亦有分疏。"志"为人心本然的指向；"意"则为非本然的指向。本然的指向，可与斯劳特教授所言"信念"相关。"意"作为非本然的指向，则与欲望相当。所以，按照儒家的说法，"情"是主动性的，而"欲"由于受制于外物，则是被动性的。这一点与斯劳特教授的说法是不同的。"情"所包含的"智"的作用，是"性"实现历程中的自觉与心明其义。这个"智"，与斯劳特教授第二讲中所说的"精神的起飞"有点相似，它表现为一种具有跨越和飞跃意义的决断，可以以"精神或心灵的一跃"形容之。

记于 2015 年 5 月 24 日

读《古代宗教与伦理》

陈来教授《古代宗教与伦理》一书，认为中国文化的大传统有一个逐渐理性化演进的历程。在这个发展的历程中，一些在前一阶段上能够占据主导地位而构成大传统的内容或文化现象，因其不再处于主导地位而降落，作为小传统被保留下来。[1] 如殷商时期占主导地位的是"祭祀文化"，早期巫术文化（巫术文化是大小传统尚未分化的阶段）中巫术的内容则保留于民俗文化中成为小传统。周代礼乐文化成为主导，祭祀则"演为国家宗教的形式和最普遍的祖先祭祀，但已不能代表大传统的精英文化"，"从礼乐文化到诸子思想，知识分子的精神活动借助文字表达的权利形成了后世有强大范导作用的大传统"。[2]

陈来教授又特别强调理解大传统：

> 我们应当对占统治地位的文化作进一步的分疏，要把知识分子超越性的精神活动和政治统治集团的文化活动区分开来，在文化发展史的每一个阶段上，真正具有代表意义的是知识分子的观念活动，而政治统治集团的文化活动往往不能代表时代的文化发展，这从汉代的神灵祭祀和巫蛊活动可见一斑。[3]

---

[1] 陈来教授称为"包容连续型"。陈来：《古代宗教与伦理：儒家思想的根源》，三联书店，2009年版，第119页。
[2] 同上书，第150—152页，也参阅第14页。
[3] 同上书，第151页。

陈来教授强调大传统对于整个文化传统塑型和范导作用,这个讲法,对我们理解儒家的宗教性是很有启发意义的。(1)儒家成为大传统,与社会的祭祀活动、宗教信仰和神灵系统作为小传统相对分开;(2)而小传统(包括国家祭祀等内容)作为社会生活的内容,则受大传统之范导。

记于 2015 年 8 月 22 日

孔子论"丧"

《礼记·檀弓上》：

  有子问于曾子曰："问丧于夫子乎？"曰："闻之矣：丧欲速贫，死欲速朽。"有子曰："是非君子之言也。"曾子曰："参也闻诸夫子也。"有子又曰："是非君子之言也。"曾子曰："参也与子游闻之。"有子曰："然。然则夫子有为言之也。"曾子以斯言告于子游。子游曰："甚哉，有子之言似夫子也！昔者夫子居于宋，见桓司马自为石椁，三年而不成。夫子曰：若是其靡也，死不如速朽之愈也！死之欲速朽，为桓司马言之也。"曾子以子游之言告于有子。有子曰："然。吾固曰非夫子之言也。"曾子曰："子何以知之？"有子曰："夫子制于中都，四寸之棺，五寸之椁，以斯知不欲速朽也。昔者夫子失鲁司寇，将之荆，盖先之以子夏，又申之以冉有，以斯知不欲速贫也。"

  由此可见：（1）曾子之"鲁"，并严格遵循夫子之言。（2）有子灵活，能够了解夫子之意。（3）了解孔子之言，当将其置于具体的境域中来了解。

关于普遍主义、集体主义

一般人常把时下所倡导的集体主义、爱国主义与中国传统相提并论。其实，二者有着根本的不同。这个不同，我想用"个体内在的普遍化"与"结构实质性的普遍主义"两个概念来作区分。前者的落脚点在个体独立性存在的实现，后者则注重在一种外在实质性社会结构对个体存在的制约。

中国传统注重个体之实现，儒家与道家同。不过，个体性之实现，要内在地具有普遍化的规定。所谓"人人有一太极，物物有一太极"者是也。这个内在包涵的"太极"要实现出来，就是"太和"。但无论是儒家还是道家，都特别强调这种太极实现之反躬内求的意义。儒家在教化上特别突出差异化原则，实行无言之教，就表现了这一点。儒家同时强调，普遍化的社会形式和伦理规范亦必须建基于人性的合理性。因此，礼乐的创制，要根据"称情立文"、文质合一的原则。其言政治，特别强调德治与人治，其动机亦在于此。单纯的发号施令不行，必须有"德风德草"的教化，使民自成其德，才能有理想的政治。其首先要求的是施政者的德性。

今人所谓的集体主义，是一种外在"结构实质性的普遍主义"。首先，这个集体对个体是外在的。其所要求的目标是政治性的，而非注重在个体之成就。其要建构出一种外在的社会约束体系，施政者以训导者的身份君临民众。这种外在的结构使得领导者与群众成为教化者与被教化者两面，而非归本于自我教化。

区分这两者，对于理解中国传统价值观念，是非常重要的。西方近代以来的人文主义，强调个体主义，这个个体，从其最后的完成上说，当然不能局限于自然实存一面；其另一面，以个体信仰的选择达成超越的实现，此点实与中国传统的个体观念相通。但二者实现的途径则是有区别的。

记于 2015 年 5 月 17 日

"名"之意义

《管子·心术上》有"物固有形,形固有名"之说,有经验论之倾向。老庄则不如此。老子道论主有名无名统一说,质言之,是言即"有名"而见"无名"之本真,而非一开始就说一个"无名"。如言吾人之知皆出于经验,而吾人实不能经验"世界"和"宇宙",但吾人必须形成"世界"之概念、"宇宙"之概念,才能于吾个体存在有所定位,而形成人我共在之境域,并对当下之经验有所理解。故经验之形成恰以"名"之超出于当下经验为前提。如无此,则吾人当无一物之知可得。康德以悟性之范畴与感性之时空形式为经验知识形成之前提,道理亦在于此。故道家之自然说与无名论,乃以人文转出自然,从有名上转出无名,皆后得而非现成也。

记于 2016 年 1 月 21 日

"天下为公"

张曙光教授近发来他的近作《"天下为公"：在理想与现实之间》[1]一文。我觉得"天下为公"一语，应有以下几项内容：

1. 天下为公是古人追求之理想，而非现实。孔子托之尧舜以上，即见此意。

2. "公"是评价词，而非实体词。没有一个公在那里现成放着，必见诸现实的存在而有所托焉。如说货"不必藏于己"，是言见之于财富分配；说"人不独亲其亲"，是见诸社会中人的地位；"选贤与能，讲信修睦"，是见诸政治制度。

3. 就上下而言，"公"是对上的要求，而非对下的要求。

4. 就人我言，"公"是对己的要求，而非对人的要求。

以"天下为公"为现实，以"公"为对百姓的要求，以"公"为对人的要求，都犯了概念误置的毛病。以"天下为公"为现实，必导致乌托邦主义；以"公"为对百姓的要求，必导致专制主义；以"公"为对人的要求，必导致社会的非伦理状态。

记于 2016 年 2 月 26 日

---

[1] 编者注：该文发表于《北京师范大学学报（社会科学版）》2016 年第 2 期。

"三思"与"再思"

昨天李铁骑君来电话，问"三思而后行"的问题。我告以《论语·公冶长》"季文子三思而后行。子闻之，曰：再，斯可矣"，并加解释说："再思，哲学的说法叫反思。反思，是对思之思。第一次的思，此思之过程是无意识的，只知思的结果。如见孺子入井而有恻隐之类，是当下之直觉。再思，是对此思之反思。如一再思量，就成偏执。故程子说'三思'是私心。"

孔子何以主张"再思"而不赞成"三思"？

其实，此就知行而言，乃行事之决断耳。孔子于此，常当机立断，因为此乃当下知是知非之事也。对当下之决断，亦当再审之，以免当下之判断为激情所制，余则私意计较生矣。就对形上之理而言，孔子当然赞成"人一能之，己百之"。二者不可混而言之。

记于 2016 年 7 月 12 日

国学概念之大小与名实

一、国学概念之大小

近年有关国学的讨论，对国学有种种不同的看法。国学这个概念的内涵，可以很小，也可以很大。或把国学局限在经学、诸子百家之学的范围，似乎"小"了一些。有人讲"大国学"，包括西夏学、敦煌学，都可以纳入"国学"范围中来。这样说来，"国学"概念好像又很"大"。也有人干脆说，"传统文化就是国学"（季羡林）；研究整理中国"一切过去的历史文化的学问"，就是"国学"（胡适）。这个意义上的大小，只是从外延或范围上说，其所言"大小"，是相对的。

我所理解的国学，是一种学术的精神、文化的精神。这种精神，不能仅以此外延或范围义之"大小"论。从学术精神、文化精神上理解国学概念之"大小"，可以称其为是"至小无内""至大无外"。此所言"大小"，具有一种绝对性的意义。

老子就曾用此义之"大小"来论"道"。老子有云：

道常无名，朴虽小，天下莫能臣也。（三十二章）

大道氾兮，其可左右……常无欲，可名于小。万物归焉而不为主，可名于大。（三十四章）

>字之曰道。强为之名曰大。（二十五章）
>
>天下皆谓我道大，似不肖。夫唯大，故不肖。若肖，久矣其细也夫。（六十七章）

按老子的说法，道为形上，为整体，为"一"，不可以名字言，可以说是"小"；然正因如此，其又无远弗届，弥贯周遍万有，故又"可名于大"。这个大小，是就精神上说，所以能够是"至小无内"，同时，又可以是"至大无外"。

"国学"，并非摆在那里的某种现成东西。它是一种文化的、学术的精神，是使中国学术和文化成其为"中国的"学术和文化的一个染色体或赋义基础。

我们读康德、黑格尔，可以感受到其德国的精神；读詹姆斯、杜威，可以感受到其美国的精神。这种特殊的气质和精神，就是能够弥贯充周于某种学问，从而规定其所以为某国、某民族之学问的一个赋义的基础。有人把"国学"混同于"汉学"。其实，西方所谓的"汉学"，乃是以西方观念模式来研究中国经典、历史的一种学问。其所用资料或知识的内容是中国的，而其学术的性质或文化的主体性则是"西方的"，为一种西方的学问，而非"中国的"学问，故不能称之为"国学"。相反，中国的佛教或佛学，虽来源于古印度，但经过汉唐以来儒释道的深度融合，经由中国学术和文化精神的转化与奠基，早已成为中国文化、学术和民众生活的一种内在的要素，亦即中国的"国学"。缺乏这样一种学术和文化精神的贯注和奠基，即使其所讲内容是中国传统的经史子集，但其所讲的学术却可能只是西方学术中的"汉学"，而不属于中国的学问或"国学"。

这样一种能够使某种学问和学术成立为中国学问或中国学术的赋义基础，就是我们所言"国学"的根据所在。我不同意"学术无国界"这个说法。虽然可以说科学、知识无国界，但是，科学和知识要有自身学术、文化主体性的基础，才能接通其创造性的本原，而不能只是现成地接受和拿来。

二、国学概念之名实

　　国学之名，旧指国家教育机构言。现代意义之"国学"，为清末民初以来形成的一个概念。或有人据此而否定国学，或主张将国学的研究限定在清末民初以来的国学研究史之研究（桑兵）。

　　究实言之，中国历史上无"国学"之名，却有"国学"之实。这是因为，当时的国学，是唯一的学术或学术的全体，在"国学"之外，并无其他学术。对彼而有此，对人而有我。缺少这样一个他者，中国学术也就不能主题化成一种被反思的对象。近代以来，对西学而有"中学"或"国学"之名，中国学术文化或"国学"于是方凸显为一个主题。

　　从学术与文化精神的角度看，我们既不能因历史上无国学之名而否定国学的存在，亦不宜将国学的研究仅仅局限于清末民初以来国学研究史的范围（这一研究当然非常重要）。

　　在中国历史上，从未有一种具有绝对话语霸权的、作为异质学术文化的"他者"，能够打断中国文化和学术的历史连续性而使之屈尊为自己的一种知识和资料（佛教初来，当然是一个异质的"他者"。但它作为一个弱者且因其出世的精神，只能在有限的层面和范围对中国学术文化产生一定的影响）。清末民初的国学研究和整理国故运动，是中国学术文化首次面对一个异质性强势文化的冲击，而将"国学"作为整体加以"主题化"的一种反思。中国历史上的学术与文化，就其自身学术与文化自性或主体性的保持而言，本无问题。不过，我们要注意的是，国学并非放在书架上的四库全书，或某种摆在那里可以现成取用的东西。每一个时代的中国文化和学术都在通过自己创造性的重建，使之成为一种具有内在连续性的活的文化和学术精神。

先秦儒提出一种"创业"与"垂统"或"作"与"述"交替进行的圣道传承论。出土简帛《五行》篇讲"闻而知之者圣""见而知之者智"，孟子继之而提出一种圣道传承的谱系。这个圣道传承是一个包括了不断交替和轮转着的两类人格的谱系：一是尧、舜、汤、文王、孔子一类的圣人，他们是所谓的"闻而知之"者；二是禹、皋陶、伊尹、莱朱、太公望、散宜生一类的智者或贤人，他们是所谓的"见而知之"者。按照《礼记·乐记》的说法，一代文化文明之创制，有"作"有"述"：

> 知礼乐之情者，能作；识礼乐之文者，能述。作者之谓圣，述者之为明。

从文字学上说，"圣"与"听"本一字之分化。圣者之谓圣，在于其能直接倾听天、帝的声音，其心对越上帝，无所依傍，独与天道相通，故能独标新统，开启一个新的时代或思想传统，此之谓"作"。文化之初创，出自圣人之"作"而直承于"天道"。"礼乐之文"，指有形的制度文为及其形式、仪节、器物等，即今所谓文明一面言。圣人本于天道之创作，必施之于有形之制度或文明，方能形成一种传统，此即智者、贤人之所"述"。然而，一种思想、文化，当其形诸文明，历久必有滞著僵化之积弊发生，故又将有后圣起而革新革命，以开创新局。是以思想、文化、文明之演进，必有因革损益，乃能有生生不息、日进无疆之发展。

此一圣道传承，落实到思想学术的发展，乃表现为一个经典的诠释传统。中国思想学术有一个源远流长的诠释传统，每代的儒者并不像西方那样着力于推翻一个体系以建立一个新的体系，而是通过经典及其意义系统的重建，以面对时代的问题，因应当下的生活，由此形成具有当代意义的思想论域和义理系统。

历代思想学术皆要经历重建，这个重建大体包括两个方面：经典系统与义理系统的建构。而各代思想的不同，亦源于两个方面：所依据经典各有所重；其诠释的原则乃因时代所面临的问题而存在差异。这两个方面，是统一而不可分的。

如汉代由贵族政府转变为平民政府，面临政治合法性这一重大时代课题，故其于政治乃强调"一统"，于经典特重五经，于理论则以天人之际为进路，由此转出一种基于天人感应宇宙观念的政治和历史哲学。魏晋承汉世经学虚妄繁琐之弊，又历经丧乱，纲常毁废，名教发生危机，是以名教与自然的关系凸显为时代一大问题，故其于经典乃推重《易》《论》《老》《庄》，于方法则循言意之辨的致思理路，由此展开了一套兼综儒道而统合有无、一多、本末、内外为一体的玄学系统。宋儒面对释老对儒家价值理念的冲击，旨在承续儒家道统，重建圣学教化之心性与形上学基础。故其于经典，乃由汉唐五经转向以四书为重心而辅以五经的经典系统；其思想论域，则由政治和历史转向心性与教育；其于方法，乃由统合《易》《庸》的心性本体化思想进路，[①] 呈现出一种以太极、理气、理欲、性命、心性、格致等观念为内容的"心性义理之学"。等等。

此经典系统与义理系统两方面的建构，实相为表里，不可或分，就其经典系统言可谓之为经学，就义理一方面言可谓之为哲学（如玄学、理学等）。其立言之诠释原则，乃由经典与传统本身转出而非由外至，故能使古代经典及其文化精神保有自身生命的整体性和连续性，生生日新，切中当下生活，构成为每一时代引领社会精神生活的一种活的思想和文化传统。

此吾所谓中国历史上之思想学术"无国学之名而有国学之实"者也。反思此一思想学术之创造演进的方式，对于我们今天思考"国学"，有重要的借鉴意义。

记于 2016 年 11 月 27 日

[①] 参阅李景林：《教化的哲学》第七章"一、儒学心性概念的本体化"，黑龙江人民出版社，2006 年版。

由旁通而上达

孔子讲下学而上达，又讲忠恕之道。忠恕之道讲的是"旁通"。儒家讲存在超越性之实现，之所以是内在超越，即由于其超越性的实现乃是由旁通而臻上达。旁通，人乃能广大其心量，张载所谓"大其心，乃能体天下之物"者是也。旁通，是一种对当下存在的超出。人的器具、心量、格局、境界，皆由此而受决定。由此超出所决定之旁通之量，而有质上之变化发生，乃成一种超越。故超越必要有切实的践履而成就，而人生之意义乃由此超越来赋予。

记于 2017 年 8 月 28 日

"开窍"

个体的本真状态是一种"开窍"的状态。在某时，人成为宇宙大心或曰宇宙精神在当下在场的一种孔道。张横渠所谓"为天地立心"，说的就是这个意思。当牛顿直观到万有引力定律，爱因斯坦建立他的相对论的时候，其实都达到了这样的一种"开窍"状态。大心或宇宙精神通常是不在场的，它又是依人的"开窍"而经常出场的。颜子"三月不违仁"，而常人亦有"日月至焉"之"开窍"。人依赖此种开窍而使宇宙大心出现于我的当下，而照亮我之实存。因而人与人亦有互通而成为一体。庄子所谓"天地与我并生，而万物与我为一"，岂虚言哉！人能开窍，是那大心降临于我之实存，既为人与他人、他物相通之根据，而与物通体，亦成那大心降临之条件。二者实相资而不可分者。孝子于孝敬父母之行中，与父母相通，亦同时具有大心之降临。

记于 2019 年 2 月 18 日

马一浮先生与金老的学术传承

业师金景芳先生早年在复性书院从学于马一浮先生。马先生被尊为当代新儒家三圣之一,所重在义理之学或哲学;金老之学,则重在史学,尤以先秦史名家。金老与马先生的学术,虽各有所重,但却有一个共同点,就是皆以经学为其根底。

马先生认为国学即六艺之学,六艺为一切学术之原,可以该摄中国乃至西来一切学术。而其所谓六艺该摄一切学术,乃从中国学术之"通"性精神,而非从知识的角度说。马先生谓"中土之学"有"判教"而无"分科",他说:

> 分科者,一器一官之事,故为局;判教则知本之事,故为通。如今人言科学自哲学分离而独立,比哲学于祧庙之主,此谓有类而无统。中土之学不如是,以统类是一也。(《复性书院讲录·判教与分科之别》)

> 一切道术皆统摄于六艺,而六艺实统摄于一心,即是一心之全体大用也。故《易》本隐以之显,即是从体起用。《春秋》推见至隐,即是摄用归体。……《易》言神化,即礼乐之所从出;《春秋》明人事,即性道之所流行。《诗》《书》并是文章,文章不离性道,故《易》统《礼》《乐》,《春秋》该《诗》《书》。(《泰和会语·论六艺统摄于一心》)

讲的都是这个道理。

金老治史，亦从经学入。金老以1940年—1941年一年多时间，在复性书院就学于马先生期间，主要是研究《春秋》三传，作《春秋释要》，得到马先生的高度赞赏。马先生为金师《春秋释要》题词云：

> 晓邨以半年之力，尽读三《传》，约其掌录，以为是书。其于先儒之说，取舍颇为不苟。而据《史记》"主鲁亲周"，以纠何氏"黜周王鲁"之误，谓"三世内外特以远近详略而异"，不可并为一谈，皆其所自得，岂所谓"箴膏肓、起废疾"者邪？治经之法，亦各因其所好以自为方，异执相并，从来为甚。不观其异，亦何由以会其同？《春秋》之义，即圣人之心也。得其心，斯得其义而不疑于其言。言之微隐而难明，义之乖异而或失者，皆未有以得圣人之心耳。过此以往，引而申之，触类而长之，将有进于是者在，未可谓已尽其能事也。晓邨勉之。何独治《春秋》，治他经亦如是矣。（《尔雅台答问续编》卷三《示金晓邨》）

同时，金老又将其1939年寒假所作《易通》一书誊清，经金毓黼、高亨推荐获得教育部著作发明三等奖。谢无量先生为《易通》题词曰：

> 易道广大，无所不包，善读者能观其通耳。此编综孔老之绪言，并合以当世新学之变，可谓得易之时义者。由是进而不已，易道不难大明于今日也。

金老是史家，其治学是"由经入史"。先生对六经有深湛的研究，而对《易》与《春秋》用力尤勤，并据此来理解孔子和儒家。这个路子，虽然与今人研究孔子的方式不同，但却合乎孔子与儒家的实际。孔子于六经，亦特别重视《易》与《春秋》。《春秋》是史，《易》则是周人日常生活之道与生活智慧的表达。孔子之重视《易》《春秋》，乃因其坚信价值的理想不能徒托空言，必见诸史事与行事，方可深切著明。金老治史，特别重视理论，治思想史，亦特别强调《周易》哲学的意义。但是，金老重视理论，却非以论带史，而是强调从史实中见出常道或规律。

今人论史，常常孤立、有选择地引用史料，牵古以就己。金老重视理论，但特别反对那种以论带史，割裂经典原意，牵古就今的做法。如郭沫若先生讲古史分期，认为《春秋》鲁宣公十五年所记"初税亩"具有重大的社会变革意义。金老则据鲁哀公"二，吾犹不足，如之何其彻也"（见《论语·颜渊》）之说以及他自己对井田制的研究，指出，"初税亩"实仅涉及税率是十分取一还是取二的问题，并没有新兴地主阶级兴起的社会变革意义。金老这样的研究方法，与其以经学的研究为基础，注重经典生命整体性的学术精神，有着密切的关系。

其后或有继二先生之学者，亦当由经学入。

记于 2021 年 6 月 11 日

短论

重视中国传统哲学的个性*

近来，有关中国有没有哲学，能否用"哲学史"来真实地描述中国传统思想这一问题的讨论，成为哲学界关注的一个热点。讨论中当然有观点的分歧，但其中却体现了一个共同的精神：摆脱西方话语霸权的束缚，使中国哲学的研究体现出个性化和民族性的特色。

中国传统思想中有其自身的"形而上"的思想系统，有它的"义理之学"，按照现代学术规范，我们完全可以称之为"哲学"。但是，这个"哲学"，在其思想路径、表现方式及其与其他学术门类的关联性上，都与西方哲学有很大差异。现代中国哲学史学科创立以来，在学术和理论上取得了很大成就；但我们对中西哲学在学术上的差异注意不够，这也给中国哲学史的研究带来了严重的负面影响。

西方学术，很注重不同学术门类之间的区分。西方从亚里士多德起，对学术便作出了与现代大体一致的学科分类。各门学科的界限很分明。其哲学以概念的探讨和逻辑的分析见长，与其他学术门类有明显的不同。对此，美国当代哲学家理查·罗蒂以"体系的哲学"来概括，可谓切中肯綮。当然，这并不是说西方哲学缺乏文化精神。西方文化之精神整合和教养的本原在宗教；同时，西方哲学家对自己的哲学和历史传统都很熟悉。在这种文化的教养方式和哲学与其他学术门类的关联方式中，那种"体系的哲学"并未脱离其活的文化精神。

---

* 编者注：原载《光明日报》，2003年01月28日。

中国传统哲学的学术特点正好与此相反。它注重在各学术门类之间的"通性"。这在哲学思想上，就表现为一种突出的历史意识。借用章学诚的话，中国古代哲学是"未尝离事而言理"，"不敢舍器而言道"，那超越之道，不离人伦日用，与现实生活密切相关。历史是具体的社会人生于时间性中的连续。因而这种不离人伦日用的超越之道在学术上乃表现为一种历史性的精神。《史记·孔子世家》记孔子论其作《春秋》之意时说："我欲载之空言，不如见之于行事之深切著明者也。"孔子据鲁史而作《春秋》，乃于此具体的史实体现其价值、伦理、哲学的理念。同样，史家之治史，亦不单纯着眼于纪事。司马迁在《报任少卿书》中论述了他治史的宗旨："亦欲以究天人之际，通古今之变，成一家之言。""究天人之际"，是哲学家、思想家之事；"通古今之变"，则为史家之业。强调天人、古今之生命连续，即现实人伦、历史而见真常，这成为中国思想达致超越形上之道的一个根本途径。同时，以孔子所倡"述而不作，信而好古"之精神为滥觞，通过经典诠释以表达思想，亦成为中国古代思想发展的一种基本方式。这也体现了中国传统哲学思想的历史精神。这种学术特点和学术精神，使中国传统哲学不局限于一种理论，同时亦有着很强的"教化"或教养的功能。借用理查·罗蒂的话，可以把它称作一种"教化的哲学"。中国传统哲学之所以能够代替宗教的功能构成传统文化超越性的价值基础和教养的本原，其道理即在于此。

　　从文化的意义说，哲学系统的差异根源于不同民族的精神气质。哲学系统有不同，却可以相互理解、沟通。这个奠基于人的内在精神生活与文化生活的"可沟通、可理解性"，正是哲学的普遍性意义所在。但是，现代以来，我们基本上采取了一种套用西方哲学体系化概念模式的方法来研究中国传统哲学，而忽视中西哲学学术上的差异性。当我们简单地套用所谓本体论、认识论、价值论、理性主义、非理性主义等概念模式来筛选、分析、重构中国传统哲学思想时，实质上已将一种作为生命整体的文化、学术精神从其活的历史连续性中抽离出来，打成碎片，再行重组。这样，一方面很容易使中国传统的哲学失却其文化的内涵，蜕化为一种形式化的、抽象的语词，导致其思想性、哲理性的缺乏；同时，这种文化上的"无根"亦易于造成学术研究上的随意性。由此常常产生一些缺乏学术和思想意义的无谓争论和无根游谈。中国现代以来在思想和文化重建上原创性之不足，不能说与此无关。

《易·系辞传》说："天下同归而殊涂，一致而百虑。"这句话，很好地表现了哲学的普遍性与差异性之间的关系。中国哲学的研究要有文化内涵和个性特色，这样，它才具有普遍性和世界性的意义。要凸显中国哲学的"个性"，就要注意中西方哲学思想在学术上的差异，注意中国传统哲学思想与学术史、经学史、社会史等的内在关联性，注意多学科之间的相互渗透。中国传统哲学又是中国文化的"教化"之本原。哲学人文学者也要注意不只把学术研究停滞于知识、器物的一极，而且应时时对传统人文整体的教养有所体认，并以多元互补来消解诠释原则的外在性之弊。这样，中国哲学的研究就会逐步走向个性化。这是中国哲学研究与当代中国思想文化建设相切合并为之奠定的基础，也是它能为经济全球化过程中正在形成的"普遍哲学"有所贡献的一个根本途径。

人惟求旧，器惟求新

——理解科学与信仰关系的一个视角[*]

《尚书·盘庚》篇："迟任有言曰：人惟求旧，器非求旧，惟新。"此语为我们理解科学与信仰的关系提供了一个视角。

一

"器惟求新"，较好理解。上古帝王，堂高三尺，采椽不斫，茅茨不翦。后世则宫阙巍峨，钟鸣鼎食。古人乘马车，今人或驾宝马。是所谓"器惟求新"者也。"人惟求旧"，按《盘庚》篇原意，是讲任用故旧，听从"老成人"之意见。但我们对此义可以做一点合理的引申。故旧老成，亦可视为人格上之成熟。每一时代，必有彼时代精神之人格上的表现。比如孔子考察夏商礼制，必征以夏商二代之"文献"。"文"者，见之于典册之历史记载；"献"者贤也，为一时代文明之人格化的表现。此亦陈寅恪先生所谓"为此文化所化之人"者也。故"人惟求旧"注重在文化人格上的历史继承和连续性。重历史，可谓之"求旧"。

---

[*] 编者注：原载《第四届科学与信仰学术年会论文集》，2008年12月18日。

二

科学有关于"器",信仰则有关于"人"。"器"所展示的,为一客观性、对象性的世界,此为人所公有的共在性一端,我们可以称之为"器性"的一端。信仰所给我们的是一种与个人性相关的一端,我们可以称之为"我性"的一端。"器性"的一端当然不能与"我性"的一端相分割,但二者却有很大的区别。"我性"可以不断地对象化,也必须对象化,但总是要收归到一个内在的阿基米德点上来看它,才能如其所是。比如笛卡尔的"我思故我在",费希特的"自我设定自我""自我设定非我""自我与非我的统一"。但自我异化在非我中,一定要同归于自我这个基底,才能把展现出来的东西把握为自我的内容,使之具有深度和立体的丰富性。这可以用庄子的"似丧其耦"或"吾丧我"来表述。庄子的说法,就是不要停留于对象化的外在性状态中。"器性"出自于"我性"这一端,但是,我们却可以暂时将这"我性"隐去,截取其一层面、一部分或一片段,完全把它划定或限定在一范围内,从而构成一客观的对象领域,此即科学的"器性"一端。凡在"器性"一端中全不显"我性"者,为纯粹技术性之产物。而在器物中有"我性"呈显者,即或为艺术(包括文学),或为信仰之对象。在艺术品中,精神使物质实存现出光辉,呈现出其精神本质。所以,照片不能代替绘画(当然,照片亦有艺术品),徐悲鸿的"马",价值要高过实存的真马(以其比真马更"真")。在信仰的对象中,精神使物质的定在现出神性而照临于世间,因之常为人所匍匐而求之。

三

这"我性"一端的基本特征,为时间性或历史性。一个失忆的个体,不再有"我性",因其已失却"我"之所"是"。一个失去历史记忆的民族,也不再有"我性",因其已失却作为一个民族之所"是"。器物之有历史价值,亦在于其内涵"我性",如历史文物、古董等。当一种器物单纯成为实用物,它即失却其历史性的价值。人的时间性或历史性不是"一维"性的,人是在现在中回向过去并朝向未来。文明的发展一定是朝向未来的,这是"求新"的一维。这朝向未来必以回向过去为基础而建立这"求新"的内在动源,这是"求旧"的一维。人在这历史性"求新"和"求旧"的双向性中建立一个立体的世界。所以,人的历史性或时间性开显出的是一个五维以上的多维世界,而不仅仅只有我们一般所认为的"四维"。如果单从器物一端说,人所建立的世界,可以借用柏格森的话,叫作"时间的空间化"。人的历史性或时间性存在必须经历这种空间化,才能构成一个客观的、为人所共有的世界。这个世界,代表了人"求新"的向度、向未来敞开的向度。在这个世界中,人的概念、符号、逻辑、定理、规则、法律等构成一个交互性的平台。这个世界,不断变异,日日新,又日新,这叫作"器惟求新"。这"求新"当然是创造。但是,这个创造性却产生于"人惟求旧"与"器惟求新"二者张力关系的保持。任何一种"时间的空间化"都既是敞开又是遮蔽。这敞开的概念化、符号化会有执著的作用发生,使人易于停滞于共在性一端,由此导致人的存在的平面化而缺乏立体性的深度,使之失去原创性的动源。所以,社会及文化的发展往往需要回归历史的源头,以重燃文化生命原创之活火。牟宗三先生的"良知坎陷说",即指出民主政治与科学技术来源于良知本体,然其表现,却是一停顿。需要知其所本,并不断返归其本原,方不致陷于片面和极端。

四

从文化的意义上,"人惟求旧"与"器惟求新"的张力关系,表现出文化的差异性原则和普世性价值之间的一种互通性。"求旧"与"求新"，是社会和文化发展上一种"进"与"止"的平衡关系。"求旧"是"知止"，即文明上的复归运动。老子所谓"复归于婴儿"，《福音书》所谓"变成小孩的样式"才能"进天国"，都讲到这种文明复归于自然的向度。轴心时代的观念、文艺复兴、儒家的复古，亦都表现了一种人类文化回向其本原的努力。不过，要注意的是，复归于自然不是"回到"自然，而是在文明中贯注自然的原则。世界文明起源说中轴心时代的观念的普遍性意义在于，人类并不拥有一个一般性无差异的"自然"（像动物那样），其所拥有的，是在文明起源上差异化了的自然。我把轴心时代的观念称作"文明和自然的交汇点"。在这个"交汇点"上，由于理性反省的导向作用，那保持在人类文明初始中的自然，或作为人类禀赋的自然，已经差异化了。这个"文明与自然的交汇点"，是不同文明的经典或"圣经"产生的时代。所以，向自然的回归，实质上表现为向这个"交汇点"的历史源头和经典的回归。这正是儒家所谓"复古"的意义所在。如果认真考察一下儒家的"复古"说，就知道复古无非是要在文明中达到一种"文""质"的平衡与连续性。

所以，"人惟求旧"的复归运动，就是朝向差异化的一种回归。但这差异化，具有不同的层级性。而不同层级的差异化的另一个方向（"求新"），则是不同层级的普世化。二者的交互贯通，使得差异化之一极，正是它向着共在世界的一个内在彻底的敞开性。信仰的建立一定是"人惟求旧"即回向历史源头的差异化实现；但人类的普遍之"爱"、博爱、慈悲的普世性价值，乃由此而奠基。科学义的"器"世界的"求新"，亦将由此而获得其合宜的方向性及无穷的动源。

在"进"与"止"之间保持张力[*]

"全球化"下的文化认同

"认同"和"文化认同"的问题是大家比较熟悉和关心的一个问题。中国哲学中"知止"这个观念,涉及"文化认同"的问题。因此,我想从"知止"这个观念,引申出对"文化认同"问题的讨论。

谈认同,就要先对"认同"这个概念作一个界定。认同,是"我"在一种共在的形式中实现并认出自己。个体自我的认同,必然与父母、血缘、家族、社群、职业、民族、国家、文化以至于天、天道、神明等一系列的普遍性、共在性领域相关联,并且在这种普遍化的过程中转变人的当下实存,而使这种禀赋自天的实存内容在升华了的状态中得以保持,人的真实的自我认同才能够得以实现。这是我对"认同"这一概念的一个基本的理解。

文化意义上的普遍与个体,不是抽象对峙的两个方面。这个普遍,我把它理解为在差异实现前提下的一种"通性"。同时,个体性亦非一种抽象的私己性,它必须经由普遍"通性"的内在奠基,才能有和而不流、独立不倚的个体的成就。

---

[*] 编者注:原载《社会科学报》总第1383期,2013年10月24日,第5版。

"我"在一种共在的形式中实现并认出自己。请注意"实现并认出"这个说法。"认出"要由"实现"作前提。实现中的认出,并非一个单纯的认知过程,它要经历一个实践、教养、教化的过程;而这个"认出"乃是教化成就中的实有诸己和心明其义。这个过程既是一个普遍化的过程,又是一个差异实现的过程。而这教养或教化,既是道德性的,同时又是历史性的。这就涉及文化认同的问题。

目前,"全球化"是一个热门的话题。其实,从世界范围看,与全球化相伴随的还有另外一个潮流,那就是"本土化"。"全球化"与"本土化"这两个潮流似相反对,但实质上却是并行不悖的。文化的观念总是与特殊的历史传统相关联而具有整体性的生命意义。就文化价值而言,所谓"全球化",并不是说存在一个既成的、独立的、同质性的文化价值体系。这样一个抽象的体系并不存在。今日世界具有所谓普适意义的文化价值既来源于西方,亦必先天地受制于其固有的文化特性和其特殊的方向性。非西方的社会和民族亦必经由回归自身传统的文化认同和主体性确立,而超越性地切中我们这个日益全球性的现代世界。在这个过程中,所谓全球性的普适化价值,既经由差异性的内在奠基,而构成文化生命整体的一个内在环节;同时,各异质文化间的多元互动,亦可使源出于西方文化特性的价值取向之偏至,得到一定程度的矫正。因此,"天下同归而殊途,一致而百虑。"(《周易·系辞下》)今日所谓的"全球化",正是在文化差异性内在奠基和异质文化自身认同之"殊途"和"百虑"前提下的"同归"或"一致"。也就是说,在我们所努力实现的现代化与古老的思想文化传统之间,存在着一种必然的联系。

"知止",回到你自己

中国哲学中"知止"的观念,对于我们理解这一点有很重要的意义。

什么叫知止？我们可以对它作一个现代意义的简单界定，就是要"回到你自己"。不管是一个文化、一个社群、一个民族，还是一个个体，都存在"认同"的问题。你首先要回归自己，回到自己合理的本分，找到自己存在的"家"。民族有文化认同的问题，个体也有自我认同的问题，要摆正自己的位置。有了这个认同的基础和"阿基米德点"，这个文化、这个社群、这个个体的实存，也就真正拥有了自己的"一贯之道"，从而获得自身存在和发展之原创性的内在动源。这就是"知止"。这个"回到你自己"，不同于西方哲学所倡导的"认识你自己"。"认识你自己"所强调的是认知，而这里所谓"回到你自己"、回到自己的"家"，其着眼点则是存在，或存在的实现。我把它称作一个存在"实现论"的立场，以区别于西方人那种认知的立场。

具体来说，"知止"这一观念应有以下三个层面的意义。

"知止"第一个层面的意义，就是"回归自然"。《老子》里面经常讲到要"复归于婴儿""复归于朴"，意思就是回归自然。回归自然并不是说要抛弃人文、出离文明，回复到刀耕火种的状态。这是做不到的。人注定要长大成人，脱离自然的状态。但是我们要认识到，人的存在乃本原于自然。海德格尔讲"语言是存在的家"。在人的存在之本真的意义上，我们可以套用海氏的话说："自然是人存在的家。"虽然城市发展得很好，但在休假的时候，城里人更愿意到山林之间去。这就是回归自然。把这种回归自然的精神融入到现实生活里面，人的生活才能充实、饱满而显现出活力。古人讲知进退、一天人，这种精神仍以"日用而不知"的方式为现代人的生活所践行着。

"知止"第二个层面的意义，就是回归于自身的历史源头以建立认同的基础。孔子特别讲究"复古"。孔子评价自己是"述而不作，信而好古，窃比于我老彭"。又说，要"行夏之时，乘殷之辂，服周之冕"。孔子的话体现了一种"复古"的精神。这个"复古"实质上是要通过对文化历史的源头的回归，达到社会、文明发展中一种文与质，亦即文明和自然之间的内在协调与贯通。从历史上看、从世界范围来看，每一系文明发展的一个大的阶段的肇端，往往要回归到历史的源头去汲取文化和社会进一步发展的动力。在文明之初创，即《老子》所谓"始制有名"的时代，"质"或自然的内容，以某种定型的方式进入了人类存在意义上的自觉。我用"自然与文明的交汇点"一语来概括这个时代的文明内涵及其特质。在"始制有名"这个自然与文明的"交汇点"上，保持在初始文明中的自然，取得了它个性化或差异化的意义，人类文明由此亦进入了差别各异的历史进程。这个时代亦成为各系文明经典形成的时代。在思想和艺术等领域，它亦是我们只能仰望而不能企及的一个时代。这样，保持礼制或文明的历史连续，就成为在文明中唤醒人类存在之自然生命整全性，实现自然对文明之制约的有效方式。回归自然以建立认同，其内容应是回归文化的历史源头和经典来建立认同。凸显人的历史性存在的意义，强调回归历史的源头，以建立文化发展的内在基础，汲取文化发展的生命原创力，这正是儒家"复古"观念的精髓所在。它与西方学者所提出的"轴心时代"观念，在精神上也是相通的。"文明与自然的交汇点"这个观念，也是我依据中国文化经验，对"轴心时代"内涵的一种解读。

"知止"第三个层面的意义，就是要知本分，培养德性，以建立自我认同的超越基础。《大学》首章论"知止"，下文接着对"知止"的内容作出了自己的解释："为人君，止于仁；为人臣，止于敬；为人子，止于孝；为人父，止于慈；与国人交，止于信。"人所处身的伦理关系，不是单面的、直线的关系。人在社会生活里面有各种不同的角色。在各个角色里面，"我"是一个处在动态关系中的中心点。在阿来的作品《尘埃落定》里，那位最后的土司，那个"傻子"，有句话说得很有哲理——"该怎么干，就怎么干"。反过来说，不该这么干，就不能干。在不同的角色里面，要有所"止"，各处其宜。这个意义上的"知止"，就是要了解自己的使命，培养德性，建立起个体存在的"一贯之道"和超越的基础。凡事都有一个理、必然或"天命"。"知止"就要了解这个理、必然或天命，并能够坦然面对，把它在人的生命中挺立起来。孔子讲"君子有三畏"，以"知命""知天命"与否来区分君子与小人。小人猖狂任性，肆无忌惮，在于其未能了解自身的职责和行为的界限，缺乏内在的敬畏之心。君子知命，实即理解存在、事理之必然而坦然承当之。知命、知止与尽性成德，实一体两面，不可或分。在现实生活中，德性正是我们获得幸福的基础。没有德性的人不会有真正的幸福。古人讲，"积善之家，必有余庆，积不善之家，必有余殃"。真正行善、有德的人，才能担待得起、消受得了那种大富大贵。这是中国人古老的生活智慧。

"差异互通"原则不可忽略

要言之，"知止"具体展开的三重意义——回归自然、回归历史与成德知本，乃辐辏于第二义而贯通为一体，其特点则表现为一个"复古"的历史精神。当然，这"知止"并非故步自封，止步不前，而是要在文与质之间、文明与自然之间、外与内之间、现实与神圣之间、物欲与超越之间———言以蔽之，在"进"与"止"之间保持一种内在的张力和协调的关系。这样，人的存在才能有根，社会和文化的进步才能具有内在的活力和本真性的意义。

从内容上讲，"知止"这一观念强调的是文与质，即文明与自然的内在贯通。"回归于自然"，非直接性地"到达"意义上的回归，而是自然在文明中的"保持"。这个保持的意义，就体现在一个文明展开的历史的连续性中。

在"认同"的意义上，"知止"观念所体现的这种历史的精神，特别突出了一种"差异互通"的原则。回归自然，这是人类文化所本具的一个精神向度。但是，"知止"观念提示我们，人类的存在所面临的并非一个一般性的"自然"。能够构成人的存在内容的"自然",在"始制有名"或曰理性自觉的文明初创中,已然以一种定型化了的方式进入人类历史,把这种存在的生命整体定型和差异化了。人类必须从他存在的内在生命整体性中汲取思想和文化原创性的动力,但是,从进入人类存在之初始的自觉这个角度来看,回归历史传统及其经典以建立文化的自我认同和文化的主体性,便成为文化和思想原创性永不枯竭的生命源泉。现代以来,中国的文化意识的一个核心的理论误区,就是把文化的普遍性仅视为可由各种观念碎片组合而成的抽象的同质性,而忽略了文化认同的差异原则。上述"知止"观念从存在实现论意义上所突出的历史精神和思想文化的差异互通原则,对于当代中国的文化建设,仍具有重要的理论价值和实践意义。

善用生活中的加减法

加减法，是数学中最基础的运算。其实，现实生活中也有加减法。老子说：

> 为学日益，为道日损。损之又损，以至于无为，无为而无不为。

"益"是增益，"损"是减损。"日益"，用的是加法；"日损"，用的是减法。这个加减的问题，不仅涉及"为学"，也与我们的日常生活和个体的人格成就有密切的关系。

为学，知识会不断地增加。知识的获得，是一个不断积累的过程。在现代社会，人必须要终身学习。一个人，从小学到大学，一直到进入社会，知识都在不断地增益。这可以说是"为学日益"。学习知识很重要，在这一方面，需要用"加法"。

知识能够使我们走出自然的混沌，认知周围的世界，获得生存的技能和生命的自觉。不过，知识本源于心灵的原创，而对于个体而言，人类的知识系统和文明成果，却又总是现成性的。人所面对的世界，生生不息，瞬息万变。心灵一旦停留在既成的知识形式里，就会变得僵化，失去其自然应物的作用。因此，这个为学的"日益"，会不可避免地带

---

* 编者注：原载《新课程教学》2016 年第 3 期。

给人某种负面的东西。因此，为学之"益"，必须伴之以为道之"损"。这个"损"，就是要减损或消解既成的知识形式所带给我们的思想限制。在这一方面，我们需要用"减法"。

这个"为学日益"与"为道日损"，并非对立的两个方面。古人论为学，注重博、约两个方面的平衡。孟子说："博学而详说之，将以反说约也。"学问要博，但却不能杂。孔子是大学问家，弟子子贡认为夫子的特点在博闻强识，孔子对此予以否定说："非也，予一以贯之。"又说："吾道一以贯之。"为学，贵在能由博返约，建立起一个内在的一贯之道。只有博，没有约，这样的博，古人谓之"杂博"。杂博之学，不足以为学。"吾道一以贯之"，这个"道"，犹今所谓"真理"。古人说，道是"易简之理"。今人也说，真理是简单的。易简、简单，归博于约，用的亦是减法。而由博返约，以道贯通于所学，吾人乃能以一行万，以简驭繁，以类行杂，转变此学而为一真理的系统。是以学问之道，须博而能约，博约兼备，加减二法，实犹一体之两面，不可或离。而在当今这个知识信息大爆炸的时代，对为学来说，能"约"似乎更为重要。

知识的创造，原于个体心与物冥的独得；但其结果，却必表现为一种具有公度性的名言概念系统。认知系统的可公度性，对于人类生存经验的继成、文明成果的积累、社会共同生活的形成，具有重要的意义。但知识系统的公共性和现成性，往往又会造成对个体心灵的丰富性与原创性的遮蔽。百姓有一句俗语，说某某人学成了"书呆子""圣人蛋"。这样的人，走惯了别人开的路，却不再会自己去开辟新路；习惯于去获取现成的知识，却没有能力去创造新知。知识及其固有的形式，反倒成了知识进一步发展的障碍。任何一门学问、知识，都有自身的规范和结构。知识学问的获得与发展，既要导入规范，又须消解和超越规范。

孟子说：

> 君子深造之以道，欲其自得之也。自得之，则居之安。居之安，则资之深。资之深，则取之左右逢其原。故君子欲其自得之也。《孟子·离娄下》

君子为道，要在"自得"。为道日损，由博返约，消解规范的减损之法，乃可使人超拔于认知性的共在形式，接通个体心灵之独得的创造性本原。庄子称知"道"为"见独"，阳明谓"良知即是独知"，龙溪说"独知即是天理"。"独"是充分的个性化，道、天理、良知，则标识超越的普遍性。君子造道，自得于心，其所达之境域，是"通"而非"同"。"通"，是基于充分的个性化的一个朝向世界的完全的敞开性。在这个"通"的境域中的人，乃能居安资深，左右逢源，注焉不满，酌焉不竭，获得原创性的智慧。

其实，从以上所论已约略可知，这加减二法的统一，不只限于认知的意义。由博返约而建基于道，其根本的指向，在人格的完成和存在的实现。

古人讲三不朽："太上有立德，其次有立功，其次有立言。"三不朽，不必是"三个"不朽，立功属事业成就之事，立言属知识学问之事。立功、立言，都要建基于立德，乃能实现其本有的价值。立德，既规定了人生的原则与行为的界限，同时，亦决定了这立功和立言所能达到的高度与价值。孔子说：

> 志于道，据于德，依于仁，游于艺。

"艺"，属知识技能之事。"游"者，既入乎其中，又超乎其外而不偏执之谓。而此超乎其外，不偏执于"艺"之根据，则是道、德、仁。孔子又教人"博学于文，约之以礼"。约之以礼，即内在价值和道德原则的确立。故由博返约，建立内在的一贯之道，不仅是知识学问之事，其根本在于价值原则的挺立与道德人格的养成。

人有自我意识，能思、能知，故能区分物我，形成名言知识的系统。同时，人又是一整体的存在，因而这理智的区分，乃不可避免地会给人带来种种虚妄的价值分别，如人的自贵而相贱，自是而相非，如文人之相轻，有钱有权者之任性，皆此之属。人之矜尚之情由此而生，物我、人我之对峙由此而起，由是其心外倾，心为物役，而失其存在的真性与心灵的自由。道家强调"日损"，去知去欲；儒家亦强调"解蔽"，剥落物欲，皆针对此外在加于人心之伪蔽而言。消解人心之伪蔽，其本心之良知，乃得挺立，而臻其虚壹而静的大清明之境。

综上可见，为学与做人，虽各有其损益、博约、加减两端而不可偏废，然比较而言，于立言、立功之事，我们常要考虑的，是自己能做些什么，是以略偏于"日益"和加法；于做人或立德之事，吾人所当考虑者，则多在什么事不能做，略偏重在对自我的限制，或"日损"和减法。善用生活中的加减法，对我们的人生，有重要的意义。

德、艺、知简说

一

德、艺、知之关系，是中国哲学的一个重要问题。今日哲学家皆言真、善、美，但多是平铺言之。黑格尔把美理解为理念的形象化表现。康德则把美理解为摆脱了利害要求的可愉悦之对象。二者皆有道理，但黑格尔的说法失之于抽象，而康德的说法则失之于皮相。中国哲学讲德、艺、知或真、善、美，则将三者理解为以德为核心的一个整体。

何以如此讲？

德之义首在于创造和转变，艺之义首在于陶冶与欣赏，知之义首在于觉知与观照。此三者本为生命存在整体之不可或缺的因素。然三者之关系非平铺之关系。三者既为生命整体之一要素，则此三义之显发，必由乎生命之实现。

在艺的欣赏、观玩、妙运、涵化中，人能成就、撑开世界之和谐一体性。此庄子、《乐记》所言之意。《论语·侍坐章》之自然空明境界亦尽表现此意。

在知的观照和自觉中，人能达致对世界的认知、理性、逻辑、概念

---

* 编者注：原载《光明日报》，2019 年 07 月 13 日，第 11 版。

性的了解，从中实现人对世界不同层级的本真性的把握。

一般常说，人有价值的理性和理论的理性。现代哲学中常将人的主客二分、形式化实体归结为所谓的"理论态度"。其实，所谓价值态度和理论态度，从本原上说是不存在的。

二

海德格尔论存在，从此在来讲。为什么由此在来讲存在？因为从此在乃能开显存在的本真义涵。此在的存在，其首要的特点，就是能从自身超拔出来反观自身。这是一般存在者所没有的。一般的存在者就是它自己，它天然地是其所是，因而也固定于它的所是。从本原的意义讲，人这个存在者亦是"是其所是"；但他与一般存在者不同之处，是他对自己的自由的离开，以及离开中的复归。

我们看儒家和道家的说法：

> 初九，不远复，无祇悔，元吉。象曰：不远之复，以修身也。（《周易·复卦》）
> 大曰逝，逝曰远，远曰反。（《老子·二十五章》）
> 致虚极，守静笃，万物并作，吾以观其复。夫物芸芸，各复归其根，归根曰静，静曰复命，复命曰常，知常曰明。（《老子·十六章》）

这"远"，就是离开自身；"复"和"反"，就是"归根""复命"。"远"和"复""反"，不是分为两截的，而是相互贯通中的一种张力关系。

如何能"远"，能离？因其有"知"、有"明"。人的知与明使之能够将自己展开而观之。这原初性的展开而观，并不是现成地给予一个客观的对象。凡其能展开而观之者，皆已经过理解或诠释的活动，即已发生了一种转变。既是已展开的自己，便是可以予以执取的实存。展开便是已"远"，执取便是已"离"；"远"，乃在与"复""反"的张力中，实现其为澄明而非遮蔽。"离"是执取、停留，而不知"反"，不知"复"，则为遮蔽。停留于外在的实存，失去其所"是"，所以人可以为不善，是之为人之"罪"。人在展开而观的存在方式中，自始便有出"离"之趋向、冲动。在此意义上可以说，人的罪，乃是一种"原罪"。

故展开而观，依赖于人的"知"，却不仅仅是静态的、所谓理论性的"知"，而是转变、转移中给予我们的"知"。这转变、转移，是一种实存性的创化，有一种"力"包含在其中。故从本真的意义上讲，理论、认知并不能单独存在。

三

"知"有综合，有简别。这简综的作用，与名言共生。简综的结果见之于名言概念。展开而观，见诸语言，吾人遂可以说，"语言是存在的家"。人能对其存在展开而观，固然由于有"知"，但其对实存的执取之"离"，却是出于价值的理由。

我们说"价值"，不是一般地说有用，也不是在理论与价值相对立的意义上使用"价值"一辞，而是指选择一种方式"去存在"，或"去实现这存在"。比如《庄子》里讲的麋鹿食荐，蝍且甘带，鸱鸦嗜鼠，麋与鹿交，鳅与鱼游，猵狙以猿为雌之属，皆是指实存而言。物作为实存，皆有其存在之方、所、位、时、角度、方式等。因自然物之实存是固定的、无选择性的，故其无偏执、执取。就其亦是取一定方式去实现其存在言，它亦有其自身的价值。不过，它因不能选择，故其自然的规律与其存在的实现是不分的。在这个意义上，人往往仅把它看作实然的存在，而不以之为有价值的存在。这亦是人的人类中心的立场使然。

人作为实存者，亦有其存在之方、所、位、时、角度、方式等。但人有"知"，这知，使其能对其实存展开而观，故有选择。这展开中，便有对其实存之方、所、位、时、角度、方式之偏执，执取。自然物无选择地对其"去存在"或"去实现这存在"的方式有所固着；但这固着不是偏执，这是因为，物被固着于此方式方能维持其存在。比如，牛是食草动物，它必固着于食草。人把牛的内脏制造成饲料，强使之改变实存方式，它便要得"疯牛病"。所以，它的固着对于其存在之"道"来讲，是不增不减的，是"恰好"肯定其存在的。人对其存在的方式能有所选择，因而亦由其存在的方、所、位、时、角度而有所固着，然此固着却往往表现为偏执和执取。对于其存在之"道"来说，这偏执或执取却是有所"增"有所"减"的。

这增和减，[①]古人称之为"伪"和"蔽"。中国哲学历来强调"中""中庸""中道""中正""中和"。"中"就是不增不减，恰好是其自己。但是，天然的"恰好"、不增不减，就是固着于自己，不离开自己，因而也就不知道自己。人能知道，有知，就要"远"。由"远"而"反"，而"复"，这正是人的存在方式，亦是人能够敞开存在，认识自己的原因所在。所以，人的知本身必同时伴随着价值性的偏执，不存在一个抽象的理论态度。因而，人的固着，就会有所增、有所减。这个增和减，即是对存在本然的"离开"。这离开，有时会成为人的存在的负面甚至反面。动物同类不残。人的相互杀戮则能达到很残忍的程度。这对人的存在就是一种负面的作用。这是人能够离开、能够认识自己的一个代价。当然，这个离开会有一个限度，人离开与复返自己的张力关系，就在这

[①] 其实，所谓"减"，也是在人的自然生命存在上增添了一些东西，亦可视为"增"。比如：禁欲是"减"，但它也是对人的自然生命所外在添加的东西。

个限度内展开。比如，一个人要完全违背了做人的尺度，就不能再存在，"死刑"就是为这种人准备的。一个暴君和政权，要完全违背了作君上的尺度，就不能再存在，"革命"就是为这种政权准备的。古人讲"自作孽，不可活"，讲的就是这个道理。

所以，《易》言"不远复"，《老》言"远曰反"。在这个作为人的尺度内，有一个远与反、复的张力关系。这就是人的"去存在"或"去实现这存在"的方式。

四

"复""反"，可以老子"复归于婴儿"、孟子"求放心"释之。复归于婴儿、求放心，是对其所失去的"是"之找回。但这找回却不是现成的。这复归于婴儿和求放心实质上是一个在敞开中解蔽的活动或过程。解蔽是在其展开中的校正活动。如《中庸》所谓"喜怒哀乐之未发谓之中，发而皆中节谓之和"，"未发"是"中"，"已发"是展开，展开就有偏执，因而就有遮蔽，就不"中"。人的存在总处于此种展开的不断解蔽的过程中。展开就是"远"，远因而能从外面观之，这就愈来愈丰富。展开的实存表现从而可以不断超越自身，并通过解蔽的活动把这实存的展开活动加以转化、转变而保持住其本真的意义。人之所"是"亦在其中完成。此即是中国哲学所谓的"道"。这"道"是先在的基础，但却并非现成，它是活动、创生性的绽出，包含着创生性的力在其中。存在主义讲人无先在的本质，从人是非现成的存在讲，这是对的。但如否定"是"的超越形上基础之意义，则不可取。

"复"和"反"，就是人的实现。这实现，是一种展开中的转变、创生。它一方面是在人的实存表现中转变了这表现，使之具有了人之所"是"的本真意义。孟子讲"形色天性也，唯圣人然后可以践形"，说的就是这个道理。另一方面，道、人性亦作为这创造性的本原，由之而将它自己呈现出来。

这转变着的实现，就是人的"德"。"德者得也"，内得于己谓之德。"德者得也"，是一个分化中复归于其所"是"的过程。分化来源于"知"，经历此转变的整合，人建立于其所"是"的实存，与世界构成一和谐。故《中庸》说：

> 喜怒哀乐之未发谓之中，发而皆中节谓之和。中也者，天下之大本也，和也者，天下之达道也。致中和，天地位焉，万物育焉。

人有此转变的经历，其知亦随之而转变为对此和谐之境的照明，转变为能够起照明作用的智慧。所以《大学》首言"明德"，而大学之道，首在于"明明德"。德是"明德"，即是说它包涵智慧。但相对说，明与德可分而言之。《中庸》所谓"自诚明，谓之性；自明诚，谓之教。诚则明矣，明则诚矣"，对这一点说得尤为透彻。

而"道""性"在转变实存中的给出，实已是充分个性化了的呈露，此即表现为化境之美。《孟子·尽心下》就很好地表现了这一点：

> 可欲之谓善，有诸己之谓信，充实之谓美，充实而有光辉之谓大，大而化之之谓圣，圣而不可知之之谓神。

心之所可欲者为善。此善之实有诸己为信、为真。真善统一，诚于中必形诸外，充实而有光辉，为美。德、艺、知，乃以德为本而实现其为一整体。

道个性化为当下性的实存和生命的涌动，是为美。这是对儒家所理解的美之很好的说明。所以我们说，德、艺、知三者，以德为其核心。

人性论的论域暨价值取向[*]

人性论是中国哲学一个非常核心的问题，大家都非常关注，但过去一直没有这样一部系统的通史。

作中国人性论通史，首先涉及对人性的看法。西方哲学的人性论，主要是用认知和理论分析的办法，揭示出一些人性的要素。这是形式的讲法。儒家论人性，是在心性的论域中来讲，是一种内容的讲法。儒家是从"心"上来确立"性"的概念。心是一个活动的整体，性在心上显示出来就是"情"。《中庸》说：

> 喜怒哀乐之未发，谓之中；发而皆中节，谓之和。中也者，天下之大本也；和也者，天下之达道也。致中和，天地位焉，万物育焉。

这是从内到外，从人的心性讲到人和物之间的关系。所以人和周围的世界打交道，其核心的观念在一个"情"字。而这个情，并非西方人所讲的"非理性"，它内在地具有理性的规定或自觉的作用。后来《孟子》所讲的良知、是非之心，《中庸》所讲的诚和明，《荀子》所讲的大清明，都是即心而见诸情的一种自觉和智照作用。性表显于情，有内在的理性

---

[*] 编者注：摘自《性朴还是性善——中国人性论通史修撰学术研讨会纪要》，原载《光明日报》，2016年5月30日，国学版。

规定和自觉作用，故具有自身内在的意志的指向性。而意志的本然的指向性就是善。从孔子开始到思孟学派，包括荀子也是这样的。荀子讲：

> 性者，天之就也；情者，性之质也；欲者，情之应也。以所欲为可得而求之，情之所必不免也；以为可而道之，知所必出也。（《荀子·正名篇》）

这也是以情作为核心。我们研究儒家的人性论，必须要把人性的问题放在心性的论域中，放在心、性、情、气、才这些关涉人的实存的观念序列中，才能说得清楚，才能揭示出其不同于西方人性论的思想内涵。这个论域，说到底是一个价值或存在实现的论域。它显示出了一种存在实现论的思想路向。

从孔子开始的先秦儒家，确立了一个思想和学术的方向。孔子讲人性，主要有两个角度，一是"性相近也，习相远也"，一是"中人以上，可以语上也；中人以下，不可以语上也"。前者讲人之作为人的类性，后者讲差异性。先秦儒家的关注点主要是在前一个方面。《孟子》说"凡同类者，举相似也"，而"圣人与我同类者"，讲的就是这个"类"性。这同类相似的本质内涵就是"理、义"。孔子说："为仁由己"，"我欲仁，斯仁至矣"，"有能一日用其力于仁矣乎？我未见力不足者"。这里讲的是一个义、命区分的问题。按《中庸》的说法，"天命之谓性"，人所得自于天的内容，包括人的道德规定、情感欲望，都属于性。孔子在这个天命之性中，作出了一种区分：为仁行义，我当下可以做到，此为人所能自我决定者；而人的情欲和功利性的满足，则受外在条件的制约，不能由自己决定。故仁义为人之最本己的可能性。《中庸》引孔子的话说："仁者，人也"，就是把"仁"看作"人"这个类性的规定。

思孟学派发挥了这一点。思孟学派以仁义为人心先天本有的道德规定。这可以从三个层面来理解。第一个层面就是反思，仁义礼智为我所固有，思则得之，不思则不得。第二个层面是讲人皆有不忍恻隐之心，理、义内在于人的情感生活，具有先天的内容。第三个层面是把理、义落实到气或才上来理解。这个气或才，和宋明理学所讲的气质不一样。宋明儒所言气质，是要说明人的个性差异，郭店简和帛书《五行》《礼记》《孟子》里面讲的气，事实上是一种德性的实存基础，所重在通性而非差异。思孟讲仁义内在于人的情感和实存，所以主张人性本善。现在学术界流行一个观点，认为"自然人性论"是先秦儒家的主流，孟子则是一个歧出。我不同意这种观点。从孔子及其后学、简帛文献到孟子，可以看到一个一脉相承的思想学术系统。

  儒家的人性论或者心性论规定了中国文化的价值实现方式和道德责任的形上根据。先秦儒家把神性内在于人这一观念发掘出来，转化成为一套人性本善的思想系统，从而构成了中国文化价值实现的方式及其道德责任的形上基础。丢掉这个根本的指向和超越的基础，中国文化及其价值将无以立足。

孔子"忠恕"符合现代精神*

忠恕是儒家文化中一个很重要的概念。《论语》中有两句话最有代表性——"己所不欲,勿施于人","己欲立而立人,己欲达而达人"。概括来讲,这两句话的意思是:人要从他最切己的欲望要求出发,推己及人,由内向外,最后达到人与我、物与我一体贯通的境界,这个境界所体现的就是"仁",所以"忠恕"就是"为仁之方"。

"己之所欲"可以"施之于人"吗?

近年来,孔子"己所不欲,勿施于人"的忠恕之道常被学者所引用,以此作为建立普遍性世界伦理的基本原则,但是,一些国外学者又觉得它不够积极,又从中引申出一个"积极"的表述——"己之所欲,施之于人"。

瑞士神学家孔汉思起草的《世界伦理宣言》中有这样一段:

> 经历数千年,在人类许多宗教和伦理传统之中都可以找到下列原理,并不断维持下去,即"己所不欲,勿施于人",或者用积极方式来表达:"己之所欲,施之于人"。这应该是通用于生活的所有领域——家庭与社区、种族、国家与宗教的不

---

* 编者注:整理者阮帆,原载《北京科技报》,2005年9月21日,第031版。

可取消的、无条件的规范。

这表明，孔子所提倡的忠恕之道，有着普遍性和现代性的意义；但从忠恕之道的具体内涵来看，我们不可以对它作上述积极意义的引申，这既不符合孔子思想，在现实生活中也是有害的。

"忠恕"首先承认个体差异

什么是忠恕的整体性内涵呢？忠恕之道既是一个沟通原则，又是一个限制原则，沟通是建立在它作为限制原则的基础上的。"忠恕"，涉及外与内、人与己、物与我的差异和沟通的关系。孔子的"己所不欲，勿施于人""己欲立而立人，己欲达而达人"，讲到人与己的关系。后来，子思和孟子把它拓展开来。

《孟子·尽心上》中有这样一段话：

> 万物皆备于我矣，反身而诚，乐莫大焉；强恕而行，求仁莫近焉。

可以看出，这里已经把人我关系的伦理意义拓展到物我关系的宇宙论意义，并且从"诚"的角度来表述忠恕的意义。

忠恕行仁，就是要从切合自己的意愿出发，通过推己及人，达到内外、人己、物我的一体，在这个意义上，忠恕是一个"沟通原则"。过去认为，"万物皆备于我"是一种唯心论的思想，以主观吞并客观，是取消差别的"合一"。

但实际上恰恰相反，忠恕首先肯定的是"人的实现问题"——讲求人格上的完成和价值上的实现。讲实现，就不能取消差异，在肯定我与人、人与人、人与物之间的差异存在的前提下才有"沟通"。

有差异，就有限制。所以，沟通是在限制性前提下的沟通。对忠恕的"积极"表述，其实是忽略了其限制性的一面，这是有问题的。

顺应自然之爱进行沟通

孔子讲"仁者爱人"，孟子讲"亲亲而仁民，仁民而爱物"，即以"以情应物"的方式来达到人与物的沟通。但这个"爱"，不是"兼爱"之爱，而是"爱有差等"之爱。

儒家认为，人生于天地间，有自己个体存在的"分位"，与周围世界的关系，自然有远近、厚薄、次第的差别。比如，人对自己的顾惜超过对别人的顾惜，对人的感情超过对物的感情，对自己父母之爱深于对他人父母之爱。保持这份真实的情感，才有"忠"、有"诚"，只有遵循着由己及亲、由亲及人、由人及物的自然的等差，才能层层拓展，达到一种普遍性的爱。

墨家宣传的"兼爱"，是要取消这些天然的等差，因此是一种无法落实的抽象原则，而对于个体差异的偏执，又会导致极端个人主义——"为我"。儒家认为，这两者都会造成人的非伦理状态。

既然每个人都有差异，在感受事物时自然会对这些差异有所偏执。这种偏执，儒家称为人心之"蔽"，偏执则不能沟通。比如现实生活中，不是有很多父母逼迫子女走家长选定的道路吗？比如《激情燃烧的岁月》中的石光荣，儿子想考大学，父亲却逼子从戎，真是"己之所欲，施之于人"，虽然是好心，但表现的却是以自我为中心的"偏执"，抹杀了人、我的差异，导致双方十多年无法正常沟通。

儒家以忠恕行仁，既要保持住人伦物理的自然分位差异，又要排除对这差异私己性的偏执。这种爱，就是包涵着个体分位差异性的沟通，而它所成就的，是一种具体的德性。

儒家所说的"成己成人""诚""成己成物""尽己之性以尽人之性"，这里"成"和"尽"都是实现的意思。而实现个人价值的方法，不是把"己性"强加于人和物，而是顺应人和物的本性来成就它。

"忠恕"之道体现平等精神

因此，忠恕作为行仁之方，不仅是一种方法，更是达到物我平等实现的一种工夫。平等，是价值意义上的平等，它的前提是个体差异性的实现。

"己之所欲，施之于人"，实则是认为自己的价值高于他人的价值，高于物的价值，用自己的价值选择来塑造人、塑造物，这就抹杀了人我、物我存在的个性差异。这些西方学者的理解，实际表现了一种西方中心论，把西方的价值加之于非西方社会，长此以往，便会产生东西、南北甚至种族之间的冲突。

而"己所不欲，勿施于人"，是由己出发，推己及人，其关键，全在于一个"己"字。儒家只要讲忠恕，都在强调对"己"的限制和要求，而不是对人的要求，强调在实际接人处事待物行为中要有限制，不能把自己的意志强加于人。对己的要求，就是"诚"或"忠"。"推"，相当于现代意义上的"将心比心，换位思考"。因此，这个推己及人的过程，就是一个不断消解对私己的偏执，从而保证人我、人物各在其自身的限度内有所成就的过程。

经济全球化和文化本土化，可以说是当代社会的两大潮流。在承认文化差异性的前提下实现沟通，这两者是并行不悖的。忠恕精神强调的，正是个性差异实现或限制前提下的沟通，它体现出一种价值平等精神。这些才是忠恕之道真正的现代意义。而对于这个原则所做的"积极"表述——"己之所欲，施之于人"，很容易导向对差异和限制性规定的忽略，从而助长已经给现代社会造成了很大危害的以自我为中心的态度。

我们在对传统价值观念进行现代性表述时，特别应该注意理解其整体性的内涵，这样才能在历史与现实的连续性中，赋予我们的现代性诠释以文化精神生命的根据和创造性的意义。

诚信的本真涵义是什么*

诚信是儒家学说和中国文化传统中一个基本的德性观念和道德原则。今人多从人际交往的角度来理解"诚信",较注重在经济、政治、法律和社会交往等社会价值及其功用的层面来把握"诚信"这一观念的涵义。儒家讲"诚中形外","德不可掩"。其言道德,所重在人己、物我、内外的一体贯通。人际交往中的讲信用、重然诺、诚实无欺,必建基于人的真实的德性成就和存在的完成,才能实现其作为"诚信"的本真意义。脱离开人的德性实现这一本然向度,单从社会交往的效果方面理解诚信的观念,不免有将其功利化的偏颇。现代中国社会诚信价值的缺失,当然有复杂的社会原因,但它与这种对诚信观念的片面理解,亦有相当大的关系。

一

从文字上讲,"诚信"是由"诚""信"两字所组成的一个合成词。《说文解字》卷三上:"信,诚也。""诚,信也。"诚、信两字,都有诚实不欺之义,可以互训。二者的区别在于,"信"略重于处理人际关系的践履一面;"诚"则着眼于反身自成的人性实现和人的本真存在

---

* 编者注:原载《光明日报》,2012年01月31日,第11版。

之完成一面。在"诚信"这一概念中，二者实互证互成，表现出一种诚中形外、内外一体的整体意义结构。

《左传·襄公二十七年》："志以发言，言以出信，信以立志。""信"字初义，即以言语取信于人。先秦儒言"忠信""诚信"，把它发展为一个内在的德性观念和普遍的道德原则，但在概念的使用上，仍然保留了"言以出信"这一人际交往的原初字义。如《论语·学而》"与朋友交，言而有信"，《孟子·滕文公上》"朋友有信"，《礼记·大学》"为人君，止于仁；为人臣，止于敬；为人子，止于孝；为人父，止于慈；与国人交，止于信"，《礼记·曲礼上》"交游称其信也"，都表现了这一点。这后一方面，可以看作诚信概念的狭义使用。在儒家的论域中，后者乃以前者为基础构成为诚信观念的一项本质的义涵。

应当注意的是，古人在概念的使用上比较灵活。如《大学》讲"为人君，止于仁；为人臣，止于敬……与国人交，止于信"，仁不仅是人君之德，敬亦不仅是人臣之德。凡人接人处事，皆当怀有仁、敬之心，"仁""敬"本是一种普遍的德性原则。这里所谓"止于仁""止于敬"，不过表明在多层面的人际关系中，人因在社会中所处位分之差异，其处事的角度有不同的特点而已。"信"亦如此。人处身于社会，不仅要"朋友有信"，"交游称其信"，凡父子、君臣、上下、夫妇、长幼、乡党、邻里、为政、经济、邦交诸种关系和事务，皆须贯穿诚信的原则以为其本。所以，孔子说：

人而无信，不知其可也。（《论语·为政》）
自古皆有死，民无信不立。（《论语·颜渊》）

"信"对人之重要性，甚于生死。由此可见，"信"乃是人立身行事之根本和贯通于社会人伦关系的一个普遍的道德原则。

不仅如此，儒家更强调诚信对于人的德性实现和存在完成之本原性的意义。

孔子特别强调"主忠信"。其论"崇德"云："主忠信，徙义，崇德也。"（《论语·颜渊》）意即以忠信主乎一心。人心有忠信主乎其中，则能闻义而徙，充盛而蕴成其德性。可见，"主忠信"乃是人成就其德性的途径和根据。《易·乾·文言传》论忠信和诚，对此义有更为系统深入的阐述。《乾·文言传》释九三爻辞云：

> 子曰：君子进德修业。忠信，所以进德也；修辞立其诚，所以居业也。

进一步从进德与修业互成一体的角度，阐述了"忠信"或"诚"对于人的德性和存在完成之奠基性的意义。忠信为进德之基础和途径。但君子之德性，又需借由立言垂教和人文的创制，乃能见诸功业成就而臻于完成。在儒家看来，人的德性非一种抽象的内在性。德性必显诸一定的功业成就，乃能达致其不同层级的实现；同样，人在现实中的事功成就，亦须植根于其德性的基础，才能实现其作为人道的本有价值。进德与修业，内外互成，其根据与途径乃在"诚"或"忠信"。

忠信或诚信为人成就其德性之基础，这一层面的涵义，先秦儒常通过"诚"这一概念来表达。

《礼记·中庸》：

> 在下位不获乎上，民不可得而治矣。获乎上有道，不信乎朋友，不获乎上矣。信乎朋友有道，不顺乎亲，不信乎朋友矣。顺乎亲有道，反诸身不诚，不顺乎亲矣。诚身有道，不明乎善，不诚乎身矣。诚者，天之道也；诚之者，人之道也。诚者，不勉而中，不思而得，从容中道，圣人也；诚之者，择善而固执之者也。

这一段话，从信与诚的关系，引申出"诚"作为天道与人道统一的本体意义。"获乎上"和"信乎朋友"，讲的都是一个"信"字。应注意的是，这个"信"字义，仍是偏在人际交往层面的狭义用法；而由此所引出的"诚"字，却揭示出了诚信概念的本体意义。诚即真实，但这个真实，不是认识意义上的真实。人需要经历一系列"择善而固执"的德性修养工夫，然后能实现和真实地拥有其天命之性。对于人而言，"诚"的真实义，应理解为一种人性或其生命存在实现意义上的真实。至思孟揭示出"诚"之本体义，上述字义乃获致其本质性的意义勾连与贯通，儒家诚信概念之义涵，方始完整而邃密。

二

什么是"德"？《说文》："悳，外得于人，内得于己也。"朱子《论语集注·为政》"为政以德"章注："德之为言得也，行道而有得于心也。"都强调"德"之自得或内得于心的意义。"德"必见之于"行"，但一个合乎伦理原则的行为，并不必然具有道德的价值。简帛《五行篇》更在"德之行"与"行"之间作出区分，指出仁义礼智信五行"形于内谓之德之行，不形于内谓之行"。人的德性成就，必筑基于内而发行于外，原是一个合外内之道。伦理之道要形著于人内在的情志生活而实有诸己，德充于内而自然发之于行为，这"行"方可称"德之行"，具有自身必然的道德价值。"德行"必须是"形于内"的"德之行"，《五行篇》的这一界说，特别突出了儒家"德"之实有诸己的意义。这德的实有诸己，也就是"诚"。《中庸》说：

> 天下之达道五，所以行之者三……知仁勇三者，天下之达德也，所以行之者一也。

程子说：

> 知仁勇三者，天下之达德也。所以行之者一，一则诚也，止是诚实此三者，三者之外更别无诚。（《二程遗书》卷二）

智仁勇三德，其本质和实现的途径只是一个"诚"。一方面，无"诚"，智仁勇诸德便只流于一种外在的"行"，而非实有诸己的"德之行"，故"诚"实规定了诸德之为德的本质的特性。另一方面，"诚"并非一种抽象的观念或状态，其实在性亦要在智仁勇等德性成就上显现出来，《大戴礼记·文王官人》说：

> 诚智必有难尽之色，诚仁必有可尊之色，诚勇必有难慑之色，诚忠必有可亲之色，诚絜必有难污之色，诚静必有可信之色。

这一说法，就很切实地表现了人的德性这种诚中形外的具体性意义。

"诚"标志"性之德"，是一个合外内之道。德的"诚中形外"，是一个动态的生命创造过程。儒家讲：

> 诚则形，形则著，著则明，明则动，动则变，变则化。唯天下至诚为能化。（《礼记·中庸》）
>
> 善之为道者，不诚则不独，不独则不形。（《荀子·不苟》）
>
> 所谓诚其意者，毋自欺也，如恶恶臭，如好好色，此之谓自谦……此谓诚于中，形于外，故君子必慎其独也。（《礼记·大学》）

所谓"诚于中，形于外"，具体讲，就是诚、独、形、著、明、动、变、化，它所展现的，是人的存在和德性成就的一个完整的创造历程。这个"诚中形外"，以"独"为枢纽。"诚"，是实有诸己而真实无妄。"独"，则是诚之实有诸己的内在性之表现。人心深造自得于道，乃能转化其情感生活及形色气质以臻于精纯，其行方能不思不勉，从容中道。这便是一种无所依傍的"独"行，或一种自然自由的行为。这"独"，表现为人的内在精神世界的开拓，但它并非是孤立的内在性和私人性。此"独"行之"形"，乃可超越形表，具有"不言而信"，"不大声以色"，直接感通人心，化民于无迹之效。《中庸》所谓"至诚能化"，正表现为这种个体德性人格与人文化成的外王事功的内在贯通。这与前述《易·乾·文言》以忠信立诚为本的进德修业一体观是完全一致的。

在这个意义上，诚或忠信不仅是进德之途径和根据，同时，亦是政事之本和社会礼义伦理之道建立的根据。在儒家看来，举凡君臣、父子、夫妇、长幼、朋友诸社会人伦原则、礼义伦常乃至行政事务，均须建基于诚或忠信，乃能获得其合理性并得到完满的实现。

三

综上所述，儒家论诚信，以"真实"为其根本义。这个真实，是人的存在之实现意义上的真实，即是其所是，真实地拥有其当然之性。人实现其存在的真实，必以道德为进路。诚信，既显诸人的德性成就，同时亦构成了诸德之为德的本质根据。仁义礼智信诸德，要见之于"行"；但这"行"，须是"诚中形外"的"德之行"，方具有其自身必然的道德价值。"信"作为传统德目之一，其不欺诈、重然诺、讲信用的义涵，亦要建基于"诚中形外"这一"德之行"的内在规定，才能获得其本真的内涵。

儒家对"诚信"的这种理解，体现了一种道义至上的伦理原则。在儒家看来，一个社会，一个伦理共同体，只能是以"义"或道义为最高的原则，而不能以功利为原则。孟子所谓"何必曰利？亦有仁义而已矣……上下交征利，而国危矣"，荀子所谓"人一之于礼义则两得之矣，一之于情性则两丧之矣"，都很明确地指出了这一点。此非否定功利，而是反对以功利为社会共同体的行为原则。究实言之，以道义为最高的原则，功利作为人性和人类存在之肯定性的价值乃能得以贞定和实现。以功利为行为的原则则反是。儒家的"诚信"论对道德之"诚中形外"，是其所是，实有诸己的本体论阐明，强调的正是道德的自身价值和自身目的，而拒斥对道德行为之外在功利目的性的理解。

据此，今日中国社会要重建诚信道德，我们的道德教化，便不能仅从人际交往的角度甚或居怀利邀福之心来理解诚信的观念，而宜注重唤醒人心内在的天德良知，由之逐渐在整个社会挺立起道义至上的至善价值原则，此其所以端本正原、深根固柢之道。

儒家的教育精神及其现代重建[*]

一

我们现在习惯于把儒学称作哲学，不过，儒学的核心在教化，可以称其为一种"教化的哲学"。所谓教化，是说它注重人的精神的转变，通过这种精神生活的转变，来达成人的存在的完成，实现人的生命智慧，知识并非其首要的问题。

儒家教育的观念，强调以德为本，也就是以德教为中心，去实现人的生命智慧。《左传》讲"三不朽"——"太上有立德，其次有立功，其次有立言"，孔子讲"志于道，据于德，依于仁，游于艺"。这里所谈及的立功、立言、艺，虽与知识技艺有关，却都要以成德为根本。立功、立言如果没有"立德"作为基础，不可能做出真正的、大的成就。《大学》《荀子》讲"学有所止"，止于"圣""王"，止于"至善"。这是根本。

我们现在的教育，从小学到大学，是从西方借鉴来的一套东西，注重的是知识技能的传授。大学的职能，就是生产知识、传授知识，立足点是知识技能的培养。当然，我们近年也开始提倡素质教育。但现在很

---

[*] 编者注：原载《思想政治课教学》2021年第2期。

多所谓素质教育，就是给孩子们上点音乐课、学学钢琴、学学书法、绘画，其着眼点，还是要培养孩子多拥有一点技能，以便以后能够在社会上立足。西方教育除了知识技能的培养以外，还有宗教，宗教就关乎到每一个体的人格成就、人文素质的培养。这两个方面应该是统一的。我们的教育，只学到了西方教育的一个方面，这是不完整的。

西方中世纪政教不分，现代社会政教分离，宗教回归社会，承担起社会教化的职能，成为一种社会和个人精神生活上的事务。历史上的儒学有宗教的功能，但却并非体制化的宗教。因此，现代社会政教的分离和长期的反传统思潮，使儒学在社会生活中失去了它的寄身之所。这样，我们现代从西方只搬来一套知识技能方面的教育，但是与社会生活脱离了关系，在人文教育和人格的养成方面有所缺失。

二

传统儒学的教育，包括知识技艺和人文教化两个方面，尤其注重人的德性和人文素质培养，它的核心在教化。在传统社会中，儒学与社会生活和世道人心有着密切的关联，发挥着一种普遍的教化作用。其教化的理念，构成了中国社会的超越性的价值基础。

首先，儒家注重礼乐教化，并采取神道设教的方式，使其教化具有普遍的社会意义。一般来讲，体制化的宗教总会有一套包括教堂、寺院、宫观、神职人员、仪式仪轨系统等制度性的建构。中国儒家的教化，却是通过对社会所本有的礼乐系统的理性的诠释和重构，引领社会生活。

孔子之前，周代已经形成了一套文理隆盛的礼乐文明。《礼记·礼器》讲"经礼三百，曲礼三千"。《仪礼》十七篇所载礼仪系统，包括冠昏、丧祭、乡射、朝聘八个方面。它涉及当时的家庭、家族、社会、宗教、政治等等，渗透在社会生活的方方面面。

礼乐所表现的,是一种社会生活的样式。但它不是一种抽象的形式,其中包涵有文化的信念和文化的观念。同时,它作为一种仪式系统,又直接关系到民众的生活和行为,对个体和社会起到一种潜移默化的教化作用。

儒家的高明之处在于,它对社会既有的宗教信仰和神灵系统不排斥、不否定,而是对传统社会的礼乐文明或生活样式进行重建,并提出自己的人文解释,而非另起炉灶,建立一套自己的仪轨系统。这样,儒家的教化,便能够切合社会生活并对它起到一种精神引领作用,具有一种最普泛的社会意义。这就是儒家所谓的"神道设教"。

过去有人说孔子否定鬼神,是个无神论者,这个说法是不对的。商周时期的宗教观念基本上是功利性的。《尚书》讲"王其德之用,祈天永命"(《尚书·召诰》),又讲"皇天无亲,惟德是辅"(《左传·僖公五年》引《周书》)。这就是说,善的本原在上帝,人之行德,目的是为了获得天的福佑。人由是而被理解为一种功利性的存在。

这一点,到孔子、孟子的时候就发生了变化。孔子讲仁不远人,欲仁仁至,为仁由己,而非由人。孟子更提出性善论,认为善是人的本性,仁义礼智在人的内心具有先天根据,把礼义教化建立在人心、人性的基础上。这为中国文化确立了一个新的精神方向。

儒家的教化,不否定社会生活本有的神灵系统、宗教观念和礼仪礼俗的系统,同时又对它做出一种人文和理性的解释,并根据现实对它进行调整和新的建构。"三王不袭礼,五帝不沿乐",通过这种因任现实的礼乐及其意义系统的不断重建,儒家思想在两千多年的历史过程中,能始终保持与民众社会生活的密切关联,起到一种切合、提升并引领社会生活健康发展的普泛的社会教化作用,儒学亦由此保持了一种持续的文化生命的活力。

其次,儒家特别注重经典的传习,这种经典传习的传统,体现了一种民间学术和官方学术内在统一的精神。在先秦,孔子开创私人讲学传统，它的影响主要在民间。汉代独尊儒术，儒家思想成为官方学术，但它的根基还是在民间。宋代书院非常兴盛。书院有官方的，也有民间的。宋明时期的大儒基本上都在民间讲学，像张载、朱熹、王阳明，这些人都在民间讲学。这表明官方学术与民间学术的精神是一贯的。

传统的民间学术切合人伦日用和百姓生活，其精神可以用两个字来概括：自由。就是自由地讲学，自由地讨论，在价值观上自由地选择，并非对人的外在强加。中国传统社会曾经也是政教不分的。士人为官，要为政一方，教化一方，这是当时知识分子（士）所自觉担当的责任。如朱子知南康军时，恢复白鹿洞书院，作《白鹿洞书院揭示》，亲自为书院设定学规，就表现了这一点。传统知识分子、士人本身就有这样一种担当道义、教化民众的责任和自觉。

古来各种书院、精舍、州县学府、私塾等，都是这种经典传习的场所，一直都承袭着这一经典传习的传统。现代社会以来，经典逐渐成为只是部分专家学者的研究对象。其实，这不是一个正常的现象。经典当然需要有专业的研究者，但是经典的意义却不仅仅在于被专业化地研究，其另一个意义在于教化，通过经典的教化作用培养理想的人格。

阅读经典不应该仅仅为了学术研究，同时也应该是为了修养自己的身心，将学术研究和自己的身心修养结合起来。朱子讲读书法，强调熟读精思，最终要达到"使其言皆若出于吾之口""使其意若出于吾之心"。这样读书，才能将经典的义理落实到个体的身心上来，而不仅仅是停留在一种无关乎个体生命的外在知识。

世界上任何民族、文化都有自己的经典，犹太民族有犹太民族的经典，欧美国家也有自己的经典，阿拉伯人有阿拉伯人的经典。经典都有其教化的意义。经典当然可以作为专业学者研究的对象，但是经典也是要经常诵读和传习的。经典是一个民族、文化教养的本原，通过经典的传习，民族传统的智慧乃能得以传承，民族精神乃能得以保养。

儒家的经典，尤其重在教化。《礼记·经解》载孔子语云：

> 入其国，其教可知也。其为人也，温柔敦厚，诗教也；疏通知远，书教也；广博易良，乐教也；絜静精微，易教也；恭俭庄敬，礼教也；属辞比事，春秋教也。

可见，儒家六经，其根本的意义在于教化，通过教化来培养理想的人格，通过教化来淳化社会风气。

另外，儒家和社会生活的息息相关，还表现在其他很多方面。比如说像文学艺术，传统的文艺作品如小说、戏剧、说唱等，其内容大量的就是劝善。一些小说，像《三言》《二拍》，就是讲善有善报，恶有恶报。为什么是这样的？因为作者本身也是受传统儒家的影响，包括三教合一的文化内容，都可以融合为一体，对社会个体的人格起到一种潜移默化的作用。戏曲、小说等文学作品，都是形象化的东西，直接感动人们的情感和精神生活，所以具有直接的教化作用。

传统社会中儒家的这种教化，非常有效，同时也具有普遍的意义。可以举一个例子，我在河南农村长大，1978年上大学那一年，我爷爷去世。老人活到九十岁，清末时，他已经是二十多岁的大小伙子。老人不识字，但是经常给我们讲一些故事，故事多是来自戏文和社会的见闻。有一个比较深的印象，就是他经常会讲到这么一句话："天理良心，这事儿咱可不能干。"人可以以自己的"良心"去证显"天理"，这个观念，已经渗透在社会生活和民众的骨子里面。

天理是超越层面的东西，良心则是扎根于心里面的东西，这两个层面是贯通为一体的。一个不识字的农民，人生却有非常强的原则性，对天理有内在的敬畏之心。什么事可以干，什么事不能干，内心里界限分明，绝不含糊。这不是别人给的，它是一个自觉自发的东西。可见儒家的这套传统，它和民众生活的联系是非常密切的。

三

在现代中国社会，传统价值理念发生了断裂。就教育而言，我们照搬了一半西方的模式，把教育变成纯粹的知识技能教育；另一方面，长期以来的反传统思潮，政治和社会结构的变化，使儒学逐渐退居学院学术，成为一种单纯知识理论性的东西，脱离了其自身与社会生活的联系。这造成了现代中国教育在人文教化方面的缺失。

其实，我们也特别注重道德教育和德性的培养，但是，我们的教育理念还需要进一步澄清。新中国成立以后的道德教育，基本上是一种意识形态的教育。在革命和战争年代，意识形态可以起到一种凝聚人心和唤起民众的作用，但是意识形态却不能完全取代人文教育和人的素质的培养。

意识形态必须坚持，但不能拿它作道德教育的基础。因为意识形态的核心是利益，教化的基础却必须是至善、是真理。真、善在本原上是统一的。如果仅靠强力推行意识形态，很容易造成人们嘴上说的、心里想的、现实中做的事互不搭界，甚至相反，造成文化人格的两面性和多面性。这是引发现代社会诚信缺失的一个重要原因。而真诚、诚信正是道德的前提和基础。

现代中国教育在人文教化方面的缺失，需要我们回归传统，并逐步寻找和建立起人文教养在体制上的保障。中国传统社会在这方面有一套体制，现在这一体制已经不复存在。这套体制化的保障怎么去建立，它会是一种什么形式的东西？这一点，大家现在心里都没有底，但我们必须有这样一种意识，有这样一个努力的方向和目标。

儒学的教化传统上有一种体制的保证。一般来说，传统的儒学是官方意识形态，有官方体制的保证；其实传统的儒学也有一个民间的、自发的教化机制存在。儒学历来有很好的民间讲学传统，比如传统的书院、讲会等等，儒家学者在其中自由讲学，起到传承学术、教化社会的作用。

这些书院、讲会等，有些是独立于官方的，属于民间社会自组织、自教化的体制。有些书院和教学机构虽然为官员或官方所办，但由于当时士人深具文化担当的意识，也使它的教育与讲学活动与世道人心有着密切的关系。但是，20世纪以来，儒学教化的体制保证由于各种各样的原因最终瓦解了。中国社会这种民间学术的传统完全断绝了。

马一浮先生曾在20世纪30年代末，在四川创办复性书院，复性书院依然是古代书院传统的延续，继承了传统书院自由讲学的精神，独立于体制之外。但是复性书院没有存在很长时间。新中国成立后，体制外的独立的教育基本上就不存在了。

近年来各地开始兴起读经活动，各种书院、读书会、学堂、私塾、义塾等，也在逐步复兴。经典的传习，是要不断地去诵读，体会它的精神。过去的小孩从小背诵经典，起什么作用？小孩子背诵经典，会在他心里种下一颗种子，长大以后，在社会生活中面临一些问题，会通过经典感悟到人生的道理，逐渐形成自己的价值观念系统。

人的价值观的形成绝对不能靠外力灌输。是否可以把书院这一套系统再重建起来，承担起当代文化传承的任务？国子监原来是全国的最高学府。有一次，我参加国子监的一个活动，提了个建议：是否可以以国子监为龙头，把各个州县学府和各地的书院统一起来，构成一个学术的体制、体系；在体制内的中小学、大学知识技能的教育之外，让这样一套系统来承载社会性的德性教化和人文素质培育的职能。这当然是个设想，但并非没有可能。

另外，社会生活中礼仪礼俗的重建，也是我们面临的一项重要任务。每个时代的儒者都在不断地进行着礼仪礼俗系统的重建。就像朱子，他不仅研究学术，建构思想，所著《家礼》，做的就是礼仪系统重建的工作。

礼仪系统起什么作用？礼乐是社会生活的样式，体现着一种价值的理念和文化的精神，能够直接引导人的行为，对社会具有直接的教化作用。比如日常生活中的婚丧嫁娶等一套礼仪，就不单单是一种形式，其中包涵着文化的信息，承载教化的理念。

这一代代相传的礼乐传统，在我们现代的生活中丢失了。比如现在的婚礼，杂七杂八，什么样的形式都有，有些是西方的一套，失去了传统文化的精神内涵，因而也失去了它与社会和民众的精神生活的关联性。其他如丧祭礼仪，在民间正逐渐恢复，但是也比较混乱，大家对它的意义也不甚清楚。

对礼仪礼俗这套社会生活的样式进行一番返本开新的重建工作，使它真正能够切合世道人心，这也应是我们建立当代中国人文教化体制性保障的一个重要方面。

总而言之，儒家的教育，首先注重在教化和德性的养成，知识技艺的培养乃以此为基础。把儒家这种教育精神恢复起来，并建构起一套社会人文教养的体制化保障，这对于对治当前中国社会教育之弊，有很重要的意义。

张东荪多元认识论简析

——兼述张东荪对康德认识论的倒退[*]

张东荪的认识学说是以康德的思想为主干,然而又吸收西方现代各派哲学,用以修正康德,从而形成他的所谓"多元认识论"体系。这个体系从根本上说,表达了西方哲学自孔德以来的实证精神,与康德兼综唯理论、经验论两派而以唯理主义为主的倾向大不相同。所以,一般对张东荪认识论的述评,认为其从右边修正康德的主观唯心主义,是很正确的。但仅此,尚嫌不足。本文拟进一步说明"多元认识论"实证论倾向是如何导致了其理论的主观唯心论性质的。

所谓"多元认识论",概括地说,就是认为认识是多种相互并列,互不相生的因素或因子的集合。张东荪说:

> 我们的认识……实在是最复杂的东西。其中有幻影似的感相,有疏落松散的外在根由,有直观上的先验格式,有方法上先假设的设准,自然而然分成的主客,有推论上的先验名理基本律,更有习惯与行为而造成的所谓"经验的概念"。(《多元认识论重述》第十二节)

这段话概括了张氏关于认识的各种基本要素的分类。但是,"多元认识论"之要旨并不在此。虽然各派哲学的认识论对认识有哪些要素看法不

---

[*] 编者注:本文原载《中国哲学史研究》1986年第2期。

一，但在把认识区分为不同的要素这一点上，可以说是一致的。而关键的一点，在于对各认识要素本身的规定，以及由此而形成的各种认识要素之间以何种方式或关系构成认识的看法不同，这便形成不同的认识论。由此，在理论上便自然地导致唯物或唯心的结论。张东荪在对认识之各要素的关系上，反对康德层次递进的学说，而认为各要素是独立并列、互不相涉的。他说：

> 康德对于认识的能力亦有多元论的痕迹，而其多元是层次的。我之所谓多元则是平列的，因为我只是分析这个所谓认识的根本事实。在这个事实中发见其各个不同的成分。（《多元认识论重述》第四节）

这便是他对于认识各要素构成认识的方式的基本看法，也是其对认识各要素本身的规定所得出的结论。

下面就其"多元认识论"对各种认识要素的规定来揭示他是如何导出主观唯心论结论的。

第一，范畴和经验概念。张东荪对康德的先验逻辑进行了修正。但这种修正，恰恰是从形式逻辑即康德所弃置的普通逻辑的角度出发的。这使先验逻辑回到形式逻辑，使康德认识论中关于逻辑形式具有自身内容的思想重新变成毫无内容的规定。因而，范畴的"客观"有效性被改造为主观的任意性。张东荪在规定范畴的性质时，以"设准"一词来代替范畴。这里有他的一番苦心所在。他明白地说出，这一改变的目的，在于反对范畴的固定的性质，抽去它的实质的内容，以阐示其在抽象方法上具有工具的性质。康德有时把范畴又称为概念，不过认为它有别于经验概念，乃是先天的和纯粹的。张东荪在此另行区分设准作为概念与经验概念的区别：

> 我固然承认设准与概念并无十分大的不同。不过有些区别，不仅是程度上的差异。……概念与设准的不同就在于设准本身虽亦是概念，但却另有"工具的"与"方法上的"之性质。于是便变为"条件"而不复是"东西"了。(《多元认识论重述》第五节)

这种抽象的、毫无确定内容的工具性就使得范畴变成随意的东西了。于是他便提出了范畴的"可更替性"，这种"可更替性"的意义是，范畴作为人造的工具，只要其有效用性，便可以随意地更替使用；并且随着时代和文化的发展，可以改变或新创造一些范畴。故他又认为范畴是"先验"的，又是"经验"的。就其为认识之先在条件言为"先验"，就其为人造而言又为"经验"。①

这里须看一下，康德对范畴规定的理论结果与张东荪有何不同。康德在《纯粹理性批判》中分析了他的先验逻辑与普通逻辑即形式逻辑的区别。指出，形式逻辑的逻辑形式是抽去了一切内容的抽象形式，其内容只是由举例而外在导入。因而，它只能是分析的而非综合的。先验逻辑则由于它的综合作用而揭示出认识的本源和形成的原理。所以，先验逻辑乃是包含其内容的逻辑，它的逻辑形式包含着它自身的内容，即在这种形式自身中包含着一种综合感性的综合作用。故这种逻辑形式可以通过先验的想象力，通过先验的图式而对同一类的感性形象进行综合，形成关于对象的知识。因此，先验的范畴对感性对象普遍有效，而无主观的任意性。值得注意的是康德在现象界导入了"本体"的概念，即范畴的作用，可通过对所表现的感性对象的综合，形成"一事物"的概念。而这"一事物"的概念中并无感性，只具有唯一的客观实在性，这就是"本体"。这种"本体"本身虽不可知，但它揭示出，"事物"作为感性对

---

① 参见《认识论》第五章"丁"和《多元认识论重述》第五节、六节。

象的基础，乃是一个统一性。这便使得人把对象表象为外物，而不在心内。这是康德唯理论思想的突出表现，它显示出了理性超越感性对象的能力，预示着黑格尔对思维范畴的本体化从而达到客观唯心论的契机。

与康德相反，张东荪以范畴为工具，因而具有更替性，又以范畴为外在抽象的设准而绝无综合作用，更以范畴为空洞的逻辑形式，只能外在地加入感性经验中成为一种因素而不能表象对象为统一的外物。这样，所谓对象便不是"物"，而是"物理"，不是"东西"，而只是"条理"，换言之，只是各种感觉因素或性质加上一种外在条理的"和或合"或者说集合。张东荪说："知识乃是感相与格式以及设准等'合并'的产物。"所以，他认为，无所谓"物"，无所谓"生"，无所谓"心"，所谓"物""生""心"只不过是各种感性性质加上关系的一种集合而已。一切新事物、新种类也不过是感觉性质的重新组合，无实质的差别。这与新实在论的观点是一致的。他又用实用主义的观点来说明概念，即概念只是我们应付环境的一组行为。故像统觉、物等凡属统一性的概念，都在"多元认识论"的否定之列。上述对统一性概念的否定全部根由在于对范畴的形式逻辑的解释。不包含自身内容的抽象逻辑形式，当然不能有综合统一之能力，因而只能外在地加入经验的集合中。

总之，康德、张东荪对范畴的两种不同规定，就导致两种不同的知识论——概念中统一性"物"的知识和概念中不同感性经验的集合的知识。对于康德来说，由其对范畴的规定不仅达到"实践理性"中对本体界的肯定，而且为黑格尔对范畴本体化，达到客观唯心论准备了基础；对于张东荪来说，由对范畴的相反的规定，使认识永远超不出经验、感性的范围。

第二，感性、知觉及先验格式。对康德范畴的修正必然导致对其感性论的修正，因为范畴既为纯粹抽象的形式，毫无综合能力，感性便必须被理解为能够不依赖于思维形式的现成东西而不追溯其最初的来源。

张东荪的方法是，把康德的感性杂多的感觉直接改变为现成的知觉，从而把康德由对感性杂多的以综合开始的认识形成的内在过程的研究，改变为对现成知觉的经验分析。张东荪采用了一种诡辩。他从这样一个基本事实出发，即心理学已经证明感觉不是独立存在的东西，我们现实的每一个感觉都是一整个的知觉。这是对的。但是，他由此否认了认识的内部过程的研究，认为那是心理学的任务。而康德的整个认识论，恰是对认识过程的一种演绎。这就需要假定感觉的存在，完整地论述感觉到知觉表象、思维的整个过程。所以，在张东荪看来，感觉既是作为知觉而现成的东西，那么，认识论的任务便只剩下对知觉的分析了。因此他说：我们要确立"认识论的观点"，即从现成的认识入手，"把所谓'认识'即认为是唯一材料是'起码的事实'而不是其他科学所得的结论"。"倘使取认识论的观点，则我们只须率直承认'认识'这个事实就行了。……不必在尚未十分细研究以前而遽然对于这个'基本事实'而又假定其以前的状态如何。"（《多元认识论重述》第三节）这样一来，在理论上就产生了以下两点结果：

1. 舍弃物自身的假定，把认识论的讨论限于现成的感觉经验的范围内。在张东荪看来，由于假定感觉的存在，康德不得不假定一个感觉的基础，这是康德的苦衷。另外，康德假定物自体，也为其在后两个批判中阐述其本体界留下一块地盘。这一点张东荪的分析是对的。这里应该指出的是，感觉虽是构成认识的要素，但是，一方面，它与范畴毫无关系；另一方面，又因此否认无物自体作为其基础的存在，感觉便成了悬空不定的东西了。张东荪称之为"幻相"，认其为不存在的东西。但是，知识又是通过选择由此感觉构成。这是一个逻辑上的矛盾。

2. 所谓直观的先验格式——时间空间、主体客体——在此便无需假定另外的来源，亦被仅仅局限在现成的感觉经验范围内。这里，我们没有必要去叙述张东荪关于时空、主客等先验的直观格式的具体内容，仅仅应该注意的是，时空、主客不仅作为感性的，而且作为整个认识的先天格式即认识的一要素被限制在现成的感觉经验中了。同时，康德的感性的纯直观（时空）被提升为整个认识的先天格式，也说明对张东荪来说，思维与感性并无明确的质的差别，统统不过是感觉经验的不同组合而已。

由此可见，张东荪对感性的说明得出了与对其范畴规定相同的结论——知识只限于感觉经验的组合。

第三，思维律——"名学之基本律令"。这个问题亦从属于其对概念、范畴的看法，故这里不作更多说明，只略作概括以说明其本质。张东荪称同一律、矛盾律、排中律及其他几种概念的包含关系为"名学"上"最根本最原始"的"基本律令"。其实，这只是他对概念、范畴认识的一个方面。这些"基本律令"只是概念组合的原则。然而，既然认识的要素各个独立，互不相生，范畴不能通过综合而成为知识的统一基础，那么，这种概念组合的原则就只能是任意的原则，同时，各种组合之间也无性质的差别。因此，张东荪说：

> 分类作用（即概念的组合）不过是随意划定涵义的范围而已。……我们根据此理可以大胆主张：涵义是不限于依靠于所涵者。（《认识论》第五章丁）

这亦是对康德的一种修正。诚如张东荪所说，康德未重视这些形式的原则。但是由于康德范畴的综合作用，在《纯粹理性批判》"原理分析论"中已透露出这样的思想：形式逻辑的排中律在范畴的综合统一的基础上可以使一概念联结同一和矛盾的二宾辞，这是一种辩证的思想。但张东荪却由对范畴的相反理解而导致主观任意性的结论。

由上述各认识要素的分析可见，张东荪"多元认识论"对康德修正的根本点在于对康德范畴的修正，其他的修正都建立在这一点上。而这正是其陷入主观唯心论的关键之点。

下面，根据上述分析，对此问题作一概述。

张东荪的主观唯心论的表现是，他把全部认识都局限于感觉经验而不能超越，因而达不到意识的外界。为什么如此呢？由上述对"多元认识论"概念、范畴的分析已经知道，关键在于范畴只被规定为形式逻辑意义上的逻辑形式，不包含任何内容。意识区分主体客体，把对象表象为在意识之外的首要条件是，在意识统一的前提下，把对象表现为一个统一性的"物""东西"。这就要求思维的逻辑范畴具有统一或综合的能力，具有自身的内容。其次，思维的逻辑范畴必须与对象的本质具有内在的同一性，因而，逻辑范畴所表现的本质同时即是事物的本质。最后，必须揭示出逻辑范畴来源于物质世界自身的规律，因而，逻辑范畴所综合得到的经验概念乃是物质世界规律的反映。

康德的先验逻辑完成了第一步，即承认逻辑范畴具有自身的内容，可以通过综合作用把对象统一为一个整体的"物"，表现为主观之外的对象。但康德却又认为感觉材料自身及纯粹的质料，与思维的范畴毫无统一性。因此，统一性、规律性只能通过范畴外在地加入。所以，人所表象的外物只能是意识界的现象，而非物自身。黑格尔通过思维与存在同一性原理完成了第二步，即主观与客观的本质都是一个精神活动性，所以，思维通过范畴把握感性对象，即是以对象自身的本质规律来把握对象，因而可以通过范畴超越感性对象，认识对象的本质。但是对于黑格尔来说，对象只是精神的外化或表现。辩证唯物主义则通过对黑格尔的唯物主义改造完成了第三步。列宁在《哲学笔记》中发挥了认识论、辩证法、逻辑学统一的思想。他从认识发生的角度论述了思维规律（范畴）与客观事物规律的同一性。逻辑的格通过实践的亿万次的重复而获得了公理的性质。因此，这种逻辑的格便只能来源于客观物质世界从而与存在的规律相统一。这样，我们首先可以通过范畴把对象把握为统一的整体,这种统一性的整体即是对对象作为感性要素的超越而深入对象的本质。同时,思维的运动方式即范畴乃是通过实践对客观世界规律的反映。所以,通过范畴的综合也只能是客观物质世界统一性的反映,而非主观的立法。因此,我们的认识是客观事物本身的反映,这就超越了感性经验而把握到一个独立的客观存在。从这个观点来看张东荪对范畴的理解,其陷入主观唯心论的理论原因就非常清楚了。

范畴概念作为统一性的、抽象的格式、条理或原则性,贯彻到底,必然导致主观唯心论。首先是作为思维的逻辑方式的先验格式、设准,名学上的先在性都是无内容的空洞的条理性,换言之,只是一种抽象性质,这一点,上面对范畴和思维律的分析已经论及。这里只须指出的是,这种抽象性质,绝对没有统一性和综合的作用,范畴对感性,也无一一确定的对应关系,只能任意地加入感性要素中,形成一个个任意的组合。所以,这种组合与那种组合,都无真正性质上的差别。故张东荪说概念的形成,不过是"把已有的关系再重新配置一过"(《认识论》第五章戊)。

其次,由此形成的经验的概念,便不能是一种统一性。而这种统一性,正是对感性直接现象的超越而入于对象的本质。康德尚承认综合的统一性可以达到现象中的本体的概念。如果他能承认这统一性本身也即对象的本质,那么,就能达到黑格尔的高度。但他毕竟承认有一种统一性的"物"的概念。反之,张东荪否认了这种统一性,那么概念就只能是一种名词符号。这符号所表示的内容与经验便无任何性质上的差别。

再次,他得出的结论是,把整个认识的系列分成三段。一头是独立的外界,一头是作为统一性的自我,他名之为绝对的不可知。中间即是感觉、经验界,这是知识的范围。换言之,知识永远也不能达到超越的外界,即达不到对感性的超越。

复次,由对感觉的"幻相说"到经验或知识只是对感觉的选择而构成的"选择说",由认感觉只是幻相到认选择出的感觉构成实在的知识,这是一个矛盾。因为作为幻相与其被选择构成经验都只是组合上的不同,性质上皆为感觉，那么，为何前者为幻相，后者为实在的知识，这是说不通的。这种矛盾显然也正是来源于范畴的抽象和空洞性。但是，范畴既然不能综合感性为统一体而超越外界，外界没有独立的统一的实质，那么，"感相"就不能认为是外界的表现，故必须认其为"幻相"；感相不能通过范畴的综合而改变其本身的性质，但又要求感相组成知识，故"虚幻"的感相又被当作实在的知识而被承认了。可见，这种对范畴的错误理解，不仅必然导致主观唯心主义，而且，必然导致认识论上的逻辑矛盾。

最后，"相关变化""外界条理"和"架构"。认识既不能超越感性达到外界，那么，感性经验组合的任意性必然导致一种相对主义的结论。上面已提到，张东荪认为范畴可因其效用而具随意的"替换性"，经验概念的形成是随意的"重新配置"，"名学"上的分类是"随意划定涵义的范围"等，便是这种相对主义的表现。为了认识上的确定性，张东荪不得不寻找一种限制。这即是通过"相关变化"来承认有"架构""外界条理"的存在。然而，与其对范畴的规定相一致，"架构"并非外物，只是抽象的"条理"。那么，概念既不能超越感性，说"架构"在外界，这只能是一种无论证的独断。因此，最后张东荪不得已承认这条理仍然不过是局限于认识中罢了。

综上所述，张东荪的"多元认识论"是对康德哲学的一种倒退。把康德的先验逻辑的范畴重新理解为形式逻辑的抽象形式，从而否认了概念的综合统一性，使范畴只成为感性经验的一个要素而存在，因而知识便只是感觉经验的组合，超不出经验的界限，这便是张东荪陷入主观唯心论的理论根源。

存在主义与道家哲学之异同 *

近来，学者常将西方的存在主义与道家的哲学思想相提并论，进行比较。但对二者异同的研究，似乎尚未抓住本质。

二者之同，大概在于对人存在状态的一种共识。人的存在方式包括两方面的内容，一是个体的内心世界，一个是文明化了的共在形式。人的内心世界是一个包括理智、情绪情感体验、本能冲动、意志指向等在内的整体活动。它依于人的个体，不可重复，不可取代。但是，人的共在形式，包括科学知识、伦理规范、法规、习俗等，却是一些无主体的可以在主体间相互置换的具有共同性、形式化了的东西。人创造文明，应该说是人存在的本然方式。个体的世界与共在的世界是统一的。但是，人却往往沉溺于这些共在形式，失去人的内心世界的丰富性，从而被片面化、抽象化了。道家和存在主义都看到了人类存在本身的这种矛盾性，同样都认为，这种沉溺于共在形式的抽象化、片面化状态不是人的本真存在。出于这种共识，他们各自提出了自己有关回到人的本真存在的哲学办法。

道家的解决办法是，抛弃或尽量减弱文明的设立对人的存在的影响。《庄子》里说：

> 有机械必有机事，有机事必有机心，机心存于胸中，则纯

---

* 编者注：本文原载《社会科学探索》1991年第1期。

白不备；纯白不备，则神生（性）不定，神生不定，道之所不载也。（《天地篇》）

所以，文明的发展造成了"文灭质，博溺心"，"浇淳散朴"（《缮性篇》）的分化状态。文明与人的本真存在是对立的。因此，必须摆脱这种抽象的形式，回复到小国寡民、结绳纪事的原始自然时代，无识无知的婴儿状态，才能实现人的本然存在。

存在主义的解决办法是一个理解的问题，即在有关人生的一些临界状态（如死亡）的体悟中，使人从共在的形式里抽身出来，回到人的个体世界的整体性中来。海德格尔认为，人在世俗化的闲谈、好奇、模棱两可等情态中，失去了个人的决断能力，被共同化，拉平为一般的、没有个性的人，因而无法达到自己的本真存在。存在主义由此感受到了使人回到自己个体的整体性的哲学使命。在他们看来，一般的共在形式只是人的本质存在派生出来的非本然的形式。而这个本质，则是人绝对的个体性。因此，从共在形式回到个体性，并不是要逃离现实，而是要在人的现实情态的体验中，使自己作为个体的整体存在从那个共同的形式里全部显现出来。

在这里，我们看到道家与存在主义哲学的另一个共同之处：强调存在的价值先在性。从人出发考虑存在问题，这首先就是一种价值态度。道家和存在主义的哲学家都把这种价值态度渗透在对人的哲学体察之中。道家首先从人（包括物）"自贵而相贱"（庄子语）的价值指向出发考察其存在形式，最后通过万物价值"齐一"的觉悟，实现与自然完全合一的"无待"的自由境界。同时，这种价值先在性也表现在认识方式上，那就是将人的意识看作一个包含意志指向、情感体验和理智自觉内在合一的直觉整体性。道家反对抽离人的情志内容的理智分析态度，认为只有在人的意识整体观照中，才能与道相亲证，从而达到圣人、神人、至人之境。

存在主义哲学在此点上与道家完全一致，它从现象学的方法出发，反对西方传统哲学的理智分析方法，强调人的情绪、感受的个体意识内容对把握人的本真存在的根本性意义。海德格尔指出，人的世界首先是一个由价值或工具性组成的整体。而作为科学对象的所谓理论世界，只不过是在人的这种价值态度逐渐减弱，抽象化为一种纯粹旁观者的态度时才发生的。所以，这里所谓的理论世界，并不是现成的存在，可以说，只是那个价值先在的存在的一个后现象。[①]因此，只有那个在个体整体体验中的心理内容，才能在当下"一刹那"的顿悟状态中，把握到存在的本真意义。正是在对人的这个价值先在的存在状态的理解中，道家和存在主义哲学都强调人的直观的心理内容，而否定抽象理智的认识形式的真理意义。

尽管道家和存在主义哲学在以上两点是如此相像，但是它们之间却也有两点根本不同的特征。而这种不同，正表现了它们所属文化的差异性。

第一点不同是，二者虽然同样强调要从文明的共在形式返归人的心理的领域，但是，道家强调的是返归人与自然相合一的原始同一状态，而存在主义哲学则强调个体性的意义。这集中地表现了中西文化不同的价值观念。中国传统哲学有一种极强的整体意识。人只有在与整体的关联或合一中，才能表现出个体的价值和意义。道家的观念亦如此。道家和儒家的不同是，它认为伦理形式不能达到那个整体。在道家看来，整体性也是一种超越性，而伦理形式作为理智化的规定，却是对整体的破坏和分割。因此，超越这种文明形式的理智化规定，所达到的正是那个与道合一的大全境界。所以，按照道家的看法，虽然必须超越文明所设

[①] 当然，海德格尔曾明确反对那种认为他主张价值在先的观点。但他的意图主要在于避免现成设定价值与实在对立之嫌。

立的各种形式，返归人的心灵的内容，但人的这种本然状态，却是与宇宙大全息息相通的全体性，而不是有限的个体性。相反，道家认为，只有人的抽象理智态度，才使人从这个全体性中分离出来，执着于个体与大全的对立，无法达到自由。《庄子·德充符》有一句话说得很好："眇乎小哉，所以属于人也。謷乎大哉，独成其天！"就是说，局限于个体小我，便是有限有待，不自由；只有归于宇宙、自然之大全（天），才是无限、永恒、自由。当然，这个"大"、永恒的实现方式，是"独成"，即要回到作为个人的内心世界，但这个内心世界所显现的内容，却是绝对的全体和超越性。存在主义强调，只有在绝对个体性的情态中，才能把握存在的本真意义。存在主义也讲自由，但这个自由的意义在于它的个体性。在存在主义看来，抽象的、共相性的理智设定，使人失去了存在的历时性的具体内容。人的存在本身是一个有限性。日常世俗生活对共同性的依赖往往使人逃避到共在的形式里，使个体的有限性不能显露出来。而一旦人在某种体验——比如对死亡的体验中，使个体从共在中抽身出来时，他才真正感受到自己的无所归依，感受到自己是一个孤独的、必须承担一切的个体，进而恐惧、不安。人必须在这种孤独的个体存在的体验中，下决心去承受他所必须承受的一切，去计划或选择他存在的可能性，才能获得自由，达到其本然的存在。

　　因为道家（特别是庄子）和存在主义都特别注重死亡对理解人的存在状态的意义，所以，我们有必要在这一问题上作一个简单的比较。在存在主义看来，人的存在从本质上讲，是一种可能的存在。而死亡，则是人的最本己的可能性。这是因为，死对于个体来说，是绝对不可代替、不可推脱的可能性。人在必须承担自己的死亡的体验中，才能真正意识到自己的个体性、有限性，从大众化、共同化的迷失状态中回到本己的存在。但在庄子看来，死的意义并不在此，而是向人昭示了人与宇宙大化的同一性。人在死亡关头的恐惧和痛苦并无肯定的意义，它只不过表现了一种"遁天之刑"，即对人违背自然的惩罚。生死与宇宙间事物的变化一样，不过是一种自然现象，而人正是在生死与昼夜等宇宙变化相类比的意念中，自觉和感受到自己与宇宙大化的同一性。"忘年忘义，振于无竟，故寓诸无竟"，"无竟"就是无穷、无限。由此，人才能超出时间，达到永恒，超出有限，而归于无限。这两种观念孰是孰非，可不必论究。应注意的是，这里显示了中西方哲学对人的存在意义的不同价值观念。

第二点不同表现为人达到本真存在的心态的差异性。在道家的哲学中，人的自由和本然存在，其心态是一种恬适自恣、静谧淡远而又恢弘超迈的至乐境界；而存在主义对人的本真存在和自由的理解中，却表现出一种如恐惧、孤独、烦恼等矛盾、冲突和紧张的心态。这种心态的差异性，从一个侧面表现了中西哲学差异的内在原因。

存在主义哲学是以批判西方传统哲学的姿态出现的。它反对传统哲学忽视人的个体情志内容的抽象理智态度，认为这种态度正是传统哲学现成设定主客对立、身心对立、本体抽象化等一系列问题的根源所在。应该说，存在主义哲学确实看到了问题的关键所在。理智与情志的冲突，是西方文化心理结构的一个根本特质。黑格尔就曾经指出，西方文明史上宗教精神与哲学精神的长期对立，就是因为根深蒂固的知性思维把宗教单纯视为"心情"的活动，把哲学单纯看作理智的活动，结果，二者都被抽象化了。这种精神同时也表现在宗教的意识中。"原罪"的观念就表现了这一点。"原罪"表现的正是理智与情志、精神与肉体的内在冲突。存在主义力图摆脱上述理智分析精神的束缚。海德格尔指出，人的存在既不能被抽象为物性的实存，也不能被视为灵与肉综合的精神，而只能被表征为"生存"。"生存"这一概念的提出，就是为了避免精神与肉体（或身心）在分析前提下的现成设定。与此相应，对人的存在的领悟就不能靠抽象的理智分析，而只能显现为领会着自身的情绪体验。逻辑化的抽象不能达到存在，只有在时间、历时性的具体体验中，才能把握本真的存在。但是，这种对传统的修正并未使存在主义哲学真正摆脱传统的束缚，反而使这个传统在其哲学反思的基本心态中更明确地表露出来。恐惧、烦恼、焦虑、茫然失措等心态，所表现的正是对人的存在的基本二律背反的理解：个体性与被抛置状态的矛盾。从人的意识状态看，这个矛盾也正表现了个体心理的内在性与人的共在形式的矛盾。所以，在海德格尔看来，人的存在本身就是"有罪责"。而人只有在"良知"的呼唤中才能真正把握住这个"有罪责"，达到存在的真理。这种精神，恰恰是对西方传统文明的心理结构的写照。

道家哲学则与此相反。它所达到的人类存在本身状态的心态是"至乐"，而不是冲突。这一点，也只有放在中国传统文明的心理特质中才能被理解。孟子说："万物皆备于我矣，反身而诚，乐莫大焉。""诚"，是人的身心、知情本然的同一状态。换言之，人的本然存在不是在分裂状态中一方控制另一方（比如：西方哲学所讲的理性控制情欲）的综合。因而，在中国人的意识深处并没有原罪的观念，它的"良知"所表现的是"自然"（自然而然，不思而得，不虑而知），是性善，而不是"罪责"。中国文化的心理结构，缺乏一种内部的紧张和宗教的意识，很容易通过中庸的原则在现实生活中达到内部的和谐、平衡。所以，在中国文化中，哲学能够代替宗教的地位，成为社会的精神核心。道家哲学虽然与儒家哲学不同，但有一点却是共同的，那就是，坚信人与自然原本上是同一的。这个自然，也包括人本身的自然。文化、理智的创造，虽然有割裂人与自然、理与情的消极方面，但人与宇宙的原初同一并未丧失。按照儒家的说法，这最初即显现为人的"不思而得，不虑而知"的良知良能，只要能于此谨守勿失，操存涵养，拓展开去，那个"浑然与物同体"的原初同一性就会于适当的时机在人的现实生活中全体朗现出来。道家把文化的消极面看得很严重。但是，它同样坚信人与自然的同一在文化状态中仍然存在。如果人能够把文化所造成的世俗偏见抛在一边，以一种创造性的心态来对待文化中那些形式性的东西，那个"和光同尘""同于大通"的境界就会对人重现出来。因此，这种本原合一的实现，只能是一种和谐、"至乐"，而不是罪感和冲突。道家把这称为"天乐"，天即自然、本然，而非人为。这正显示了中国哲学与西方哲学出发点和思路的差异性。

综上可见，现代哲学的发展，表现了一种东西方精神融合的趋势，存在主义与道家思想的共同点就显示了这一点。但是，融合并不抹杀个性。只有把双方放在它的文化个性差异中，才能把握其异同的实质。

《老子》首章新诠*

《老子》，言"道"之书。其书八十一章，以首章论"道"最为全面，其余论"道"各章，则往往各取不同的角度。故首章论"道"，乃言其宗旨，实有统领全书之意义。明其首章之义，则于老子精神，思过半矣。今取此章，试作诠解，窃期窥其全豹之一斑。

首章全文如下：

> 道可道，非常道；名可名，非常名。无名，天地之始；有名，万物之母。故常无欲，以观其妙；常有欲，以观其徼。此两者同出而异名，同谓之玄。玄之又玄，众妙之门。

此章提出了几个概念：道、无名、有名、观。而"观"这一概念，实是把握此章义理之枢纽。由"观"见"无名"与"有名"之统一，由此无名与有名之统一见道之本真，此为理解本章之要。

道本为整体，不可说。然其必即名言而显。名言所显者，为道之迹。道无处不显，然执于名迹，则失其真诠矣。

"无名"，指道而言。四十一章"道隐无名"，三十二章"道常无名"，是其证。"始"与"母"，互文见义。二者是统一的，指本原而

---

* 编者注：原载《遯亨集——吕绍纲教授古稀纪念文集》，吉林大学出版社，2003年7月版。

言。五十二章"天下有始，以为天下母"，是其证。无名本无迹，然非离其迹者。故曰"有名，万物之母"。有名有迹以应事，故万物之本始必显于有名。

无名、有名之本始义，要由"观"而见。故有"观妙""观徼"之说。"常无欲，以观其妙，常有欲，以观其徼"，注家多以"常无""常有"断句。帛书本作"恒无欲也，以观其眇（妙）"（甲本），三十四章论道亦说："常无欲，可名于小"（今本）。足以证明以"常无欲""常有欲"断句是对的。"无名""有名"与"无欲""有欲"是紧密相关的。三十七章说："无名之朴，夫亦将无欲。"是一章的一个注脚。就是说，做到"无欲"，那"无名之朴"才能对人显现出来。也就是通过"观"以达道。

如何"观"？这观，不是认识论意义上的静观，它所表现的是从人的修养、修炼而转出的生命智慧。此章把"观"与"欲"联系起来讲，就是这个意思。

无欲、有欲，非单指欲望而言。"常无欲"，亦非一般地排除欲望。"常无欲"，实质上就是"无知无欲"。三章说：

不尚贤，使民不争；不贵难得之货，使民不为盗；不见可欲，使民心不乱……常使民无知无欲，使夫智者不敢为也。

自然物之"欲"，甚少而恒定不变，食草动物只能食草，食肉动物只能食肉，麋鹿食荐，蜘且甘带，狗改不了吃屎。人却不同，"物与欲相持而长"（荀子语），其欲望花样翻新，靡有穷极。原因即在其有"知"以作分别。故老子以"知"与"欲"相连属。人心之乱，以其多欲。而欲之多以至于脱离自然的轨道，悉由于"智"。而此"智"或"知"所作的分别，亦非指实然义的区分，而是一种虚妄的价值分别。事物有实然性的差别，如高和低、长和短，这是一棵树，那是一头牛之类，这是自然真实的差别。人的理智，又同时能于此自然的差异之上，妄作价值高下的区别，如人的"自师其心""自贵而相贱""名实未亏而喜怒为用"（庄子语）之类者是。人之矜尚之情由此而生，物我之对峙由此而起，由是其心外倾，心为物役，背离人的自然真性。故三章所说"常使民无知无欲"，应为"常无欲"之全面的说法。所谓"常无欲"或"无知无欲"，就是老子所说的"敦兮其若朴"（十五章），混沌不分的婴儿状态。常无欲或无知无欲，即类于婴儿之混沌，此非无冲动欲求，惟其不作分别，其欲求与冲动完全处于自然的表现。在此状态中，人所达到的，即一未作分别的"无名之朴"。"常无欲，以观其妙"，所观者，即此自然真实的"无名"之境。这"观"，即一直观。"道"，乃在此身心、知情合一的直观中所显现的整体性。"妙"，既标示道为"无名"、不可言说之极，又标示"观"者对这种物我一体之意趣的受用、感受。

然而，道的"无名"非无差别的一片混沌。"常有欲，以观其徼"，"徼"即边、边界、分际。物有自然的分际，道亦有自然的分际和条理。"常有欲"与"常无欲"相对而言。"常无欲"即"无知无欲"。"无知"，并不是要否定"知"，消解掉人的"知"所带来的虚妄的价值分别，"知"所给出的，便是存在本然的实相。所以，与"常无欲"相对而言，"常有欲"实强调了人的理性方面的规定。"观其妙"不是冥然无知觉。此有类于艺术的欣赏。欣赏者不是旁观者，他要心与物冥，全身心地投入，方能"观其妙"。但欣赏又必以一定的间距感为前提，其中亦须有"观徼"的作用。所以，"观"是入乎其中，而又超乎其外。在观者与被观者的内涵间距感的互动和张力关系中，才能有"观其妙"的作用。观"道"，既是自觉，又是体证。《中庸》所谓"诚则明，明则诚"之义，可取资说明。

从这"观"的意义说，道的"朴"或"无名"，必显现为"有名"。无名与有名非两事，乃一体之两面。不过，需要强调的是，老子所言"名"或"有名"，非仅指逻辑性的概念而言，这"名"，本质上是人文和价值意义的。

三十二章可看作对第一章"无名""有名"一体关系之发生意义上的说明：

> 道常无名，朴虽小，天下莫能臣也。……天地相合，以降甘露，民莫之令而自均。始制有名。名亦既有，夫亦将知止……譬道之在天下，犹川谷之于江海。

这完全是从人文创制、文化、文明的意义来规定"有名""名"的内涵。"制有名"，始于或本于人存在之自然的分际。"民莫之令而自均"，社会生活中之人伦关系，可以完全据自然的条理而设。如父慈子孝之类，亦为老子所肯定，实可看作是自然与人文之交汇点。郭店简《老子》有"绝伪弃虑（此从裘锡圭先生释），民复孝慈"的话，可资佐证。可见，道作为"无名"，并不存在于与"有名"或人文相对峙的另一领域。"有名"固然可导致对自然的虚妄增益从而障蔽了其本真的存在，然而，此"有名"的实存，亦恰恰是"无名"之超越性得以给出和显豁之真机。"名亦既有，夫亦将知止"，"知止"，便是立足于"有名"作为人文实存而维持并开显其本真意义之枢机。我们要注意的是，"知止"，是在"名"或人文的设立历程中有所减"损"，而非"止"步不前。"知止"之另一种说法，即《老子》四十八章的"为道日损"：

> 为学日益，为道日损。损之又损，以至于无为。无为而无不为。

我们注意到，《老子》书虽然对仁、义、礼等伦理规范的形式性意义有较多的批评，但却往往突出地肯定诸如忠信、孝慈、素朴、笃厚、慈俭等德性内容。这是因为，在老子看来，此类与人的内在精神生活相关的

"德"，正是消解了"名"或人文设定之形式化之蔽所呈现和应当保持住的真实内容。实质上，象父慈子孝、父子之亲、君臣之义诸"德"，确为人文与自然分际之切合，因而亦正是道的表现。本此，可"始制有名"。从所制之名合乎自然之分际而言，"有名"仍可说是"无名"。在这个意义上，老子并不一般地反对社会生活、人伦生活。人文本可以不与自然相违背。二十八章：

> 朴散而为器，圣人用之则为官长，故大制不割。

"朴散而为器"，乃道的自然分际与条理，此为圣人"为官长""制有名"之根据。"朴散而为器"，并非指一时间过程，"朴"乃即器而显的整体。好的人伦制度并不破坏"无名之朴"，"大制不割"，说的就是此意。"道"乃是保持在此"有名"作为人文的当下实存中并在其中出现为"无名"的动态整体性。

"有名"，或者说"制有名"，为"知"的作用，文明的施设。违背自然的"伪""蔽"正由此发生。"名亦既有，夫亦将知止"，"知止"，即要"止"于"名"所由之而生的自然的分际。即人文而消解、排除其所带来的"伪""蔽"，人文本身便不再与自然对立，"有名"本身亦即是"无名"。

故无名并非一抽象的东西，它不在作为"有名"的"器"世界之外。道非任何一"器"，而所说皆"器"，故道不可道，不可名。然道必即器而显，即"有名"而见其"无名"之本真。故可以说是"此两者同出而异名，同谓之玄"。"同出而异名"，既指无名与有名的统一，亦指"观妙"与"观徼"的统一。"知止"，须"无知无欲"方可达致。道的"无名"，不是无分际的一片混沌，必表现为"有名"。如能"知止"，于"名"的人文表现中消解了其"伪""蔽"，"名""文"本身便仍归于"无名"、自然。故道乃是即"有名"而显现为"无名"的整体性。

老子的道，不能解释成西方哲学意义上的形式性本体。

由此可以看出，老子所言道，虽讲"自然"，为一自然原则，但其本质上却是为"人"而设。老子从"观"的意义上讲道之无名与有名的统一。唯有"观"，才能开显道之本真意义。能观者，唯有人；人之"观"，又必是"制名"之人文义的"观"。所谓"自然""无名"，无非是要在人伦或文明中保持住孝慈、忠信、慈俭等德性之本真内容。从这个角度看，它与儒家的精神本无实质上的冲突。

《老子》二章解义*

《老子》第二章有云：

> 天下皆知美之为美，斯恶已；皆知善之为善，斯不善已。
>
> 故，有无相生，难易相成，长短相较，高下相倾，音声相和，前后相随。
>
> 是以，圣人处无为之事，行不言之教，万物作焉而不辞，生而不有，为而不恃，功成而弗居。夫唯弗居，是以不去。①

"长短相较"，河上公本、傅奕本皆作"长短相形"，帛书乙本作"长短之相刑也"，郭店竹简本作"长耑之相型也"。"较"，应从诸本作"形"。"万物作焉而不辞"，"不辞"，傅奕本作"不为始"，帛书乙本作"弗始"，作"不为始"义较胜。

此章为老子方法论之统领。言无为因应事物之实然差异，以成就其本有之价值（美与善）。

讲明此章思想义理，关键在于了解《老子》书对差异所持的态度。

---

* 编者注：原载《读书时报》第九期第6版，2004年3月3日。发表时题为《美丑及善恶的思虑》。
① 《老子》原文据王弼本。其各本有明显出入者，在"解义"中注出。

美丑（恶）、善不善是差异；有无、难易、长短、高下、音声①、前后，亦是差异。但二者却有很大的区别。美丑、善不善，为价值的判断；有无、难易、长短、高下、前后，则为实然的差异。今人解此章，对这两类差异常混而言之，一律视之为一种有关差异对立之相互依存、相反相成思想的表述。《老子》固有此种思想，但本章要旨并不在此。混同这两类差异，就不容易讲通此章的道理。

首句"天下皆知美之为美，斯恶已；皆知善之为善，斯不善已"，乃言至美、至善无对。庄子谓"天地有大美而不言"。"大美而不言"，是无分别，故无对待之美。至善亦如是。

但这并非否定美丑、善恶的区别。事物有实然的差别，各有其所是。如《庄子·齐物论》所言，人居于室，鳅居于泥，猿猴则居于树，"三者孰知正处"？人吃牛羊肉，麋鹿食荐，蝍且甘带，鸱鸦嗜鼠，"四者孰知正味"？麋与鹿交，鳅与鱼游，猵狙以猿为雌，而人以毛嫱、丽姬为美，"四者孰知天下之正色"？事物天然有差异，其所"是"亦各有不同。因任事物之所是而随处成就之，则随处即真、即善、即美。大道本无滞无执而成化，故为大全、至真、至善、至美。反之，如从一个特定的立场出发，执一固定的美、善之标准加诸所有的人和事物，则正抹杀了人、物之本性差异，不能因人、物之本性而成就其本有的价值，此所谓"美""善"适成"恶"与"不善"矣。

下文以一"故"字引出对事物之有无、难易、长短、高下、前后等实然差异及其相对、相生、互成状态的描述；又以"是以"引出一段对无为因应之理的论述，就是要说明消解、破除价值意义上的虚妄偏执，乃能在实现人、物本性的差异的前提下成就其本真的价值（至美、至善）。

这里要说明的是，今人解释此章，常将"故"字看作一表示前后因

---

① 音与声有区别。《礼记·乐记》曰："声相应，故生变；变生方，谓之音。"又云："情动于中，故形于声，声成文，谓之音。""声"即一般的声音，"音"指音乐之声音。

果关系的连接词,即以"天下皆知美之为美……"为因,以"有无相生,难易相成……"为果,这是不妥当的。这是因为,首句"天下皆知美之为美……"是对一个错误观念的否定,而"有无相生,难易相成……"一段,则是对事物实存状态真实性的肯定,后者断不可能以前者为因。观此章上下文义以及《老子》书的整个思想,这个"故",其实只是要给出否定善恶有定之偏执的理由。由此,下文言无为因应之理才是顺理成章的。

本章第二段所列有无、难易、长短、高下、前后等,乃事物实然、自然的分际和差异,它们相对而有,相生互成。对此,只可因应,不可取消、混同和抹杀。《老子》书常讲到"自化":

圣人云:我无为而民自化。(五十七章)
道常无为而无不为。侯王若能守之,万物将自化。
(三十七章)

"无为"而任人、任物各"自化",即言自然因应之义。任人、物"自化",即因任人、物各自的本性使之自生自成。下文"是以,圣人处无为之事,行不言之教……"一段,讲的就是这个道理。

"处无为之事,行不言之教,万物作焉而不辞(不为始),生而不有,为而不恃,功成而弗居","事""教""生""为""成功",实皆是有所"为",何以又言"无为"?

自然事物之存在、生成,当然本是"无为"。人有知,即有分别;这知的分别,则表现为"制名"指实的人文创设。三十二章说:

天地相合,以降甘露,民莫之令而自均。始制有名。名亦既有,夫亦将知止。

短论

165

"制名",是人文的创设,也是人存在的方式。"名"生于自然的分际和条理,然"名"却有脱离自然而发生伪、蔽之趋向。十九章说:"绝仁弃义,民复孝慈。"父慈子孝,是自然的分际和条理,"始制有名",即根据此自然的分际和条理。但此"制名",又可以延伸至于仁义礼智,等等,趋向于运用一种固定的价值标准加于人和物,这必然会抹杀人、物本性的天然差异。这因理智分别制名而外加于人、物本性之上的增益,《老子》谓之"益生"(五十五章),谓之"伪"。"知止",即要对"制名"有所限制,以消解掉"名"所带来的"伪"。人做到这一点,虽然已有所"为",但它并未背离自然,故仍可说是"无为"。

人有知以分,对自己的行为有自我意识,势不能不有所"为";然此"为"可以有所"止"而复归于"无为"。"是以圣人处无为之事"以下所言,皆是由"为"而归于"无为"。"行不言之教","教"是教化,是有所为。"不言",非不说话。《庄子·则阳》讲,"言而足则终日言而尽道,言而不足则终日言而尽物","尽道"之言不诱人奔竞于外,而能"归根复命"(十六章),成就其本然性命,其言亦可谓是"无言"。"万物作焉而不辞(不为始)",是任物自生自化而不加干涉。"生而不有,为而不恃,功成而弗居","生""为""成功",皆是有所为;"不有""不恃""弗居",是谦退、处下、守柔而不居功,其"为"由此亦归于无形迹、无所为。

不言、不干涉、谦退处下、守柔而不居功,皆"无为"之目。"夫唯弗居,是以不去。""弗居",是无为。这句话从上下文字面意思看,是说不居功,才能有大成功。但从本章开始所言美、善来讲,则应把它理解为,"无为"以应物,乃能成就无对之至美、至善。三十四章所谓"圣人终不为大,故能成其大",与此义相通。

盖人因其知以作分别,必于自然上有所增益而非自然之本真。如人常因人我、人物有别而"自大",自是而相非,由此而生虚妄的价值分别,执一己之私意为普遍的价值标准而加于人、物。这正易使人有所执著而不能因应自然，与人、物有隔而不能与之相通。此自"大"适所以自"小"。如女子自知其美而有所自矜、自赏，此执于形表，则其美之境小，或仅漂亮而不美矣。不自知，或不自觉其美，则其美之境斯大矣。此大之者，乃由其不执对待而能与物相通故也。与物相通乃能"大"，能成其自然之本真，故能具至真至善至美之一体矣。

圣人之"无为"亦如是。无为乃能破除虚妄的价值分别，不执定成局，因物自化，因性成物，随顺人、物之宜而使其价值有本然的成就，此则可与物相通而成无对之真、善、美矣。

以百姓心为心[*]

"以百姓心为心"出自《老子》四十九章"圣人无常心,以百姓心为心"。它集中体现了老子的治道,或曰将道施治于国家天下的原则。"道"是道家哲学的一个核心概念。老子的"道"是一个自然的原则,而其所言治道,则是这一自然原则在政治上的表现。

《老子》曰:

> 域中有四大,而王居其一焉。人法地,地法天,天法道,道法自然。(二十五章)

是言人和天地万物皆取法于"道",或以道为法则,而"道"则是一自然的原则。"道法自然",《河上公章句》注云:"道性自然,无所法也。"乃谓道本性"自然"。《老子》曰:

> 道常无名,朴虽小,天下莫能臣也。(三十二章)
> 无名之朴,夫亦将无欲。(三十七章)

道是"无名之朴",朴亦即自然。以"朴"来标识道的特性,亦是肯定道的本性在于自然。又曰:

---

[*] 编者注:原载《光明日报》,2017 年 01 月 05 日。

朴散则为器，圣人用之则为官长，故大制不割。
（二十八章）

"朴"是相对于"器"而言的。"器"是分化而具体成形之物，"朴"则指未分化的自然的整全性。老子常以"复归于朴""复归于婴儿"来标志人所达到的一种"常德"的境界。不过，这个"复归"，并非实质性地"回到"。回归自然，亦非否定文明，回到刀耕火种的自然状态。"大制不割"，制即制度、人文或文明。圣人以"朴"莅天下，即以自然的原则治理天下，其所能达到的最理想的制度（大制）或文明，就是要保持文明与自然的连续性，而不割裂人的存在之自然生命的整全性（不割）。这是"道"作为自然的原则落实于政治之理想的效果。

而"道"施之于政治，则表现为一"无为"的原则。人的"有为"出于人心之分别与造作，因而常常有悖于自然。与人为相对，自然也就是"无为"。《老子》曰：

道常无为而无不为。侯王若能守之，万物将自化。（三十七章）
圣人云：我无为而民自化。（五十七章）
太上，下知有之……悠兮，其贵言。功成事遂，百姓皆谓我自然。（十七章）

道性自然，就其与宇宙万有的关系而言，乃表现为"无为"。圣王之治，取法于"道"，亦当以"无为"为原则。这个"无为"，并非无所作为。人之"有为"出自人心，人心有知，故常于人、物的自然差异性之上，施以虚妄的价值分别。如人往往自贵而相贱，自是而相非，自师其心，而以己意强加于人和物，人、物由是而失其自然的真性。因此，"我无为而民自化"，就是要消解人心"意、必、固、我"等种种偏蔽，不以人为的故意强加于天下百姓,而能因任百姓之"自然"和"自化"。自然、自化即由其本性,自己化生而不假外力。故就人心或人的精神层面而言,"我无为而民自化"也就是"圣人无常心,以百姓心为心"。圣人"贵言",不以己意(常心)强加于人,乃能因任百姓之意愿(百姓心)而各各"自化",自成其性。"圣人无常心,以百姓心为心",表现了一种自然无为的施治原则。

道家的自然原则,又特别强调个体差异性的实现。前引《老子》二十五章"道法自然",王弼注云:

> 道不违自然,乃得其性。法自然者,在方而法方,在圆而法圆,于自然无所违也。

物有大小、长短、高下,人有智愚、刚柔、强弱,举凡世间万有,莫不差异各别,维齐非齐,不可一同。道性自然,其具体的表现就是肯定和尊重人、物之自性差异,"在方而法方,在圆而法圆",因任万物之自性而随处成就之,使人之性、物之理各有其自然本然的实现。《老子》二十七章所谓"圣人常善救人,故无弃人;常善救物,故无弃物",讲的亦是这个道理。人、物各有自性,亦各有自身的价值。世间万有,性命各异,人、物各自归根复命,实现其天然的性命差异,其存在的价值是平等的、齐一的。故人无弃人,物无弃物。庄子言"齐物",亦是要以人、物之自性差异的实现为前提,来达成其在存在价值上的平等性或齐一性。道家的政治和价值论,乃主张据人、物之自性以理解和成就其自身的存在和价值,而非从一个外在于人、物的抽象同质性的价值标准来衡定其价值。

在当代社会,"圣人无常心,以百姓心为心"这一施政原则所体现的尊重个体差异的平等精神,仍具有重要的思想和实践意义。

庄子"齐物"新解[*]

"齐物",是庄子哲学的一个基本观念。一般认为,"齐物"就是抹杀事物之间的一切差别。这种解释,并不符合"齐物"概念的原义。

一般对"齐物"概念的误解,关键在于混淆了事实判断与价值态度之间的区别。庄子"齐物"概念所表达的,是一种价值的态度,而不是一种有关对象的事实判断。"齐物",强调的是事物的存在在价值意义上的齐一性,并不否认事物在实存意义上的差异性。

《庄子·秋水》说:

> 以道观之,物无贵贱;以物观之,自贵而相贱;以俗观之,贵贱不在己。

贵与贱,即是一种价值的尺度。庄子哲学的根本精神,是要返归自然,实现人的自由。在庄子看来,人之所以不自由,乃是因为总在其自我意识和行为中表现一种不自然的、人为的东西。这主要表现为一种虚妄的价值态度:在物物、人物、人我之间妄作或强作价值意义上的分别。因而或者"自贵而相贱",贵己轻彼,"敖(傲)倪万物";或者贱己而慕彼,驰骛于外,莫知返归心灵之自然。这种态度,像一种无形的枷锁,使人忍受着种种倒悬之苦,无法实现符合自己天然本性的自由生活。一

---

[*] 编者注:原载《孔子研究》1991 年第 3 期。

般人不仅不能自觉这一点，而且往往把这种虚妄的价值分别对象化，看作客观的东西，此即所谓"以俗观之，贵贱不在己"。这就更增加了达到自由的困难程度。因而，人要获得自由，就必须从此"倒悬"中解放出来，即庄子所谓"悬解"，"悬解"的关键便是破除上述虚妄的价值态度，自觉"万物齐一"的道理。

包括人在内的宇宙万物，在其实存的意义上，存在着种种天然的差别。庄子不仅不否认这些差别，而且更进一步认为，这些差别作为一种天然如此的东西，正是宇宙万物所无法改变的"性"或者"命"。任何事物，无论是生物，还是非生物，无论是人，还是动物，都有各自不同的天然性、命。万物性、命禀自天然，但又各不相同。性、命作为天然，同时也就是必然。就天然而言为性，就必然而言为命。对庄子来说，性和命既规定了事物之间的区别，又规定了事物之存在或生存的界限。任何事物都不能不按照它的性、命即它本来的样子去存在或生存，不能"淫其性"，不能"迁其德"。庄子以性、命并举，强调的正是这种物性差别的必然性。所以，万物"性命之情"，正是"人之有所不得与"的事情（见《大宗师》），只能"知其不可奈何而安之若命"（《人间世》），任万物各自取、自已、自化。

在庄子看来，一事物的价值或者说其存在的意义，不在于它与其他事物相比在其实存意义上的高下，而正在于是否符合它那个天然的性命。宇宙间万事万物，千差万别，夭寿不同，小大各异，但只要能够充分发挥和实现各自天然的性、命，其价值便是"齐"的。斥鷃虽小，鲲鹏虽巨，彭祖虽寿，殇子虽夭，厉虽丑，西子虽美，但只要充分表现其性命之情，在存在的价值意义上并无不同。凡是适合自己本性的生活，都是自然的生活；凡是自然的生活，其价值就是"齐一"的。庄子哲学的原则，就是这样一种自然原则。物之不齐，天性各异，亦是完全自然的。因而，肯定事物之间的个性差异，正是庄子哲学的应有之义；肯定事物在实在意义上的差异性与主张事物在价值意义上的"齐一性"，乃是相辅相成，不可或缺的两个方面。

如此说来，"齐物"不仅不是要消灭事物在实存意义上的差别，而且必须以承认或实现这种差别为前提，才能实现事物各自的天然性、命，因而才能达到"齐物"。对自然事物来说，它必然是其所是，然其所然，不会超出自身天然性、命所规定的界限。人却不同。人有思、有知、有情，因而往往要超出这个界限。超出这个界限，也就抹杀了事物在实存意义上的差异性。在人这样做的时候，他不仅以己矫物，将人之性强加于物，淆乱了万物之性，同时，也在自身的天然性、命上加上了"人为"的限制，无法实现自由，实现自身存在的价值。《庄子》里有很多有趣的故事批评了这种态度。《应帝王》里有一个故事说，南海之帝"儵"和北海之帝"忽"欲报中央之帝"浑沌"善待之恩，他们认为人有七窍以视、听、呼吸、吃饭，浑沌却没有，就替他凿出七窍来，结果竟把浑沌给凿死了。道理很明白：人有七窍，乃人的性、命；"浑沌"的性、命就是浑沌不分。儵和忽也的确太"疏忽"，他们无视人与浑沌事实上的差别，硬要把人的性、命加在浑沌身上。结果是好心办了坏事。人的社会生活也是这样。人与人之间的性、命也有差别，但一般的君主往往欲以"一人之断制利天下"，把抽象的、共同化的伦理教条强加给天下的老百姓，结果，不是"利天下"，反倒是"贼天下"（见《徐无鬼》）。由此可见，不承认事物事实上的差别，不齐而强使之齐，就不能达到价值意义上的"齐物"。所以庄子说：

> 凫胫虽短，续之则忧；鹤胫虽长，断之则悲。故性长非所断，性短非所续。（《骈拇》）
>
> 鱼处水而生，人处水而死，彼必相与异，其好恶故异也。故先圣不一其能，不同其事。（《至乐》）

性、命之异，天然如此，不必求齐；不齐方能齐。对宇宙事物妄作价值意义的分别的另一种结果是，往往矫己以从物，去追求外在于自身天然性、命的东西。西施颦目之美，完全出于自然，东施效之，不仅不美，反增其丑。寿陵少年学行于邯郸，"未得国能，又失其故行"，结果只能"匍匐而归"（《秋水》）。这种违背天性的价值态度，更重要的是往往在心灵和精神上造成骚动、不安和无穷的痛苦，无法获得自由。这正是违背自然（天）所应得的惩罚，庄子称之为"遁天之刑"。总而言之，无论是把人的性强加给物、他人，还是超出己性，追求性外之物，都是在人与物、人与宇宙之间设置了一种沟通的障碍，把心灵限制在一个狭小的范围内，不能获得自由。

关于"齐物"的确义，《齐物论》里有一段很好的论述：

> 为是举莛与楹，厉与西施，恢恑憰怪，道通为一。……唯达者知通为一，为是不用而寓诸庸（用）。庸也者，用也；用也者，通也；通也者，得也，适得而几矣。因是已。已而不知其然，谓之道。

道的意义就是齐一万物。但齐一的意义不是取消楚与楹、厉与西施等在实在意义上的差别，而是"不用而寓诸庸"，"不用"，即不加人为的东西在万物之上，而任万物自用。莛虽小而楹虽大，厉虽丑而西施虽美，当各尽其用，各尽其性时，也就做到了"一"。所以，"一"，不是抹杀差别，相反，它正是强调差别性。只有在实现其差别性或个性的前提下，才能真正达到"一"。所谓"通"和"因"也就是庄子在其他地方所说的"得其环中以随成"，"与世偕行而不替"（《则阳》），"与物有宜而莫知其极"（《大宗师》），等等。一个真正明白了"齐物"道理的人（"达者"），不再与万物有任何对立，也不需要做什么异于常人的特别的事情，他只是随顺万物之性，任其自成（"随成"），这样，他便能够"与世偕行"，达到"通"的自由境界。庄子所说的"天地与我并生而万物与我为一""同于大通"的"坐忘"境界，就是这样一种精神境界。

　　由此可见，必须从价值态度或实践态度的意义上，"齐一万物"的概念才是可以理解的。如果说"齐物"是取消差别的话，那么，它所取消的，不是事物在实存意义上的差别，而是虚妄的价值态度对事物所作出的一种虚妄的分别。

讲演

文化焦虑浅议*

文化焦虑与文化认同是密切相关的两个问题。这次会议提出"文化焦虑"的问题，把它与"文化认同"放在一起来谈，这是一个很好的角度。目前，学界很关注文化焦虑的问题。不过一般所描述的所谓文化焦虑，其实多是一些在现象层面上各种利益冲突之心理和情绪表现，尚谈不上是真正意义的文化焦虑。在我看来，文化焦虑乃由自我认同之危机而起，是存在性的自我认同与精神价值之可望而不可即所产生的一种生存情态，具有一种立体性和深度感，非可仅从平面性的矛盾冲突来理解。

何谓认同？认同，就是"我"在不同层级的共在性形式中实现并认出自己。个体自我的认同，必然与父母、血缘、家族、社群、职业、民族、国家、文化、类性以至于天、天道、神明关系等一系列的普遍性、共在性领域相关联，并在此普遍化的过程中转变人的当下实存，而使这种禀赋自天的实存内容在升华了的状态中得以保持，人的真实的自我认同才能够得以实现。文化意义上的普遍与个体，不是抽象对峙的两个方面。这个普遍，我把它理解为在差异实现前提下的一种"通性"。同时，个体性，亦非一种抽象的私己性，它必须经由那普遍"通性"的内在奠基，才能有和而不流、独立不倚的个体的成就。"我"在一种共在的形式中实现并认出自己。这"认出"，要由"实现"做前提。实现中的认

---

* 编者注：本文是作者于2017年3月26日在北京文化发展研究院"文化：焦虑与认同——名家圆桌"会议上发言，经整理后，发表于《京师文化评论》，中国社会科学出版社，2017年版。

出，并非一个单纯的认知过程，它要经历一个实践、教养、教化的历程；而这个"认出"，乃是这教化成就中的实有诸己和心明其义。这个过程，既是一个普遍化的过程，又是一个差异实现的过程。而这教养或教化，既是道德性的，同时又是历史性的。文化或价值实现意义上的焦虑，就产生于此一认同之自觉和实现的过程之中。

黑格尔《精神现象学》有一节关于"苦恼的意识"这一精神现象的讨论，对我们理解文化焦虑的问题，很有参考的意义。按照黑格尔的分析，在主奴意识中，主人与奴隶分据两端，表现为一种"独立"与"依赖"的外在对立。苦恼的意识，则是通过自我意识而将主、奴的对立转化为同一意识内部的对立之结果。"苦恼的意识就是那意识到自身是二元化的、分裂的仅仅是矛盾着的东西（即把主奴意识包含在自身内——引者）。"[1] 就是说，苦恼的意识乃是一种意识到自身分裂为二的意识。它作为一种有限的个体性感受到并趋向于它自身的普遍本质，对之有一种"无限的仰慕之情"[2]，但又无法把握到它，实现它作为自己的本质在自身之内。自我意识之"苦恼"，乃由此产生。

此所谓苦恼的意识，乃是同一意识内部之分裂和张力关系的一种情态性表现。我们所说的文化焦虑与此有相似之处。比如，弱丧者知其亲生父母之存在匍匐求归而不能得之焦虑，南唐后主羁旅他邦、故国山河犹在而不堪回首之焦虑，历史鼎革时代前朝遗老因其固有价值之失据与崩溃所生之焦虑（如王国维、梁济之自杀）等等，此基于自我认同危机的焦虑，必是不同层级的、具有超越意义之共在性构成为个体实存之内在规定和本质要素时，才能发生。而中国社会当下的生存情态，其主流则是狂躁、暴怒、愤愤不平。社会存在着一种普遍性的愤懑情绪，充斥着对优于己者之嫉恨、对有权势者失势之狂欢这样一种弥漫性的恶意。

---

[1] 〔德〕黑格尔：《精神现象学》，商务印书馆，1979年版，第140页。
[2] 〔德〕黑格尔：《精神现象学》，商务印书馆，1979年版，第145页。

穷人愤愤不平，富人也愤愤不平；无权势者愤愤不平，有权势者也愤愤不平。这是全社会追逐功利而非追求精神价值时所表现的一种生存情态，它是各种利益之间矛盾和冲突的一种心理和情绪性表现，而非文化和价值意义上的焦虑。吾人可以文化价值意义上的焦虑为基础来理解此利益冲突之情绪表现，却不可以据此利益冲突来理解文化焦虑的思想义涵。

文化的认同作为一种个体在不同层级共在形式中的实现，实即一个教化的历程。黑格尔在个体通过异化或普遍化而使自身成为具有本质的存在的角度理解教化的意义。[1] 而这个教化的普遍化，同时亦是普遍性原则在个体转化了的感性实存中的实现或"保持"，而并非个体性的丧失。[2] 因而人文的教化，既是一个普遍化的过程，亦是个体人格独特性之实现的差异化过程。教化的普遍化，作为个体向着一个他者的共在世界之敞开，同时亦是一种个体之反身向内的深入。阳明有诗云："良知即是独知时，此知之外更无知"[3]，"无声无臭独知时，此是乾坤万有基"[4]。其高足王龙溪亦说："良知即是独知，独知即是天理……独知便是本体，慎独便是功夫。"（《明儒学案》卷十二）这个独或独知，标识人的存在之充分的个性化和内在化，良知、天理、本体，则标识存在普遍性的超越之体及其充分的敞开性。个体实存经由自身普遍化的敞开与内在奠基，乃能打破自然因果律的链条而不受制于外物，实现其为一特立独行、能够自作主宰、具有独立性人格的自我。同时，那超越性的天理、本体亦由此而差异化其自身而为个体存在所实证和真实拥有。人心对天理、本体之实有诸己的独知独得与其在个体生命中的创造性的

---

[1] 参阅〔德〕黑格尔《精神现象学》第六章"二、自身异化了的精神：教化"一节，商务印书馆，1979年版。
[2] 参阅〔德〕伽达默尔《真理与方法》，辽宁人民出版社，1987年版，第10页—58页。
[3] （明）王阳明：《答人问良知二首》，《王阳明全集》卷二十，上海古籍出版社，1992年版，第791页。
[4] （明）王阳明：《咏良知四首示诸生》，《王阳明全集》卷二十，上海古籍出版社，1992年版，第790页。

开显，实为同一过程的两个方面。天理、天道、上帝既是一真理与至善的观念，同时，又总会经由吾人之内在决心、决断与抉择，而以信念、确信、敬畏、信仰或终极关怀的方式给予、临在并植根于吾人之生命。教化的历程将个体实存普遍化的敞开，实现为其反身向内的深入与奠基，这使真实的文化认同成为可能。同时，文化的认同既以个体对不同层级的共在性的自觉与实现为前提，则个体与认同对象之差异和张力关系，亦必不同程度地保持于此认同之实现的整个过程中。所以，文化焦虑虽会在认同之一定的阶段有显性的表现，但不同程度的焦虑，却亦将伴随整个的认同过程。由此我们可以说，只要有认同，就会有焦虑。不过，焦虑作为认同过程中个体存在自身之差异甚至分裂之自我意识的情态性表现，乃表现并赋予了自我认同着的个体存在以生命的张力、力度和立体性的深度，这是文化焦虑对于吾人之生命存在的意义和价值所在。

一般说来，社会的转型和历史的鼎革，常常会引发价值认同之失焦，文化的焦虑亦由此而产生。不过，社会变革和革命又常会使全社会之目光转向于意识形态和政治性话语，并由之构成一种凝聚社会和人心之精神力量。这在一定的历史阶段是必要的，亦是不可避免的。但我们要特别注意的是，"革命"作为人类社会发展过程中的一种"非常态"，具有很强的破坏性。而在现代中国很长的时段之内，革命不仅被常态化，而且被泛化到社会生活的各个方面。像"砸碎旧世界，建立新世界""破字当头，立在其中""与传统的观念实行彻底决裂""灵魂深处爆发革命"等政治意识形态话语，亦被广泛地运用于社会生活和学术文化领域。价值与文化的存在，本应表现为一有因有革，生生不息的动态生命历程。现代中国社会过于长期、广泛、深度的革命，造成了政治和意识形态话语对文化价值和人文教化之替代性的错置，使中国文化传统之生生连续性发生了断裂。而中国当代社会政治意识形态的强同一性特质，乃使教化的普遍化趋向于同质性，从而失去了其作为差异肯定的"通"性意义。新中国前三十年的人学理论，强调"人是社会关系的总和"，作为个体的人消融在以阶级归属为主导的同质性的政治意识形态观念中。个体性之自觉既失，文化之认同当然也无从谈起。20世纪80年代以后，国门向世界的开放，使民众意识从一个虚幻的抽象同质性的极端跳到另一个极端，追求绝对的私己性的满足，成为社会占主流地位的生存状态。价值原则的抽象同质化与个体意识之趋于私己性，二者分立而漠不相干，在这种生存状态下，文化认同之目标趋于消失，文化的认同亦无由发生。我们现在讲"认同的危机"和"文化的焦虑"，这是一个很有意义的课题。但是，确切地讲，就现实而言，我们所有的，不是"认同的危机"，而是"认同缺失"的危机；与之相应，我们有各种平面性的欲望、利益冲突及其情绪表现，却缺乏真实的"文化焦虑"。这使我们的生存情态趋于平面、浅薄、庸俗化而缺乏精神性的向度和立体性的深度。这是当代中国社会文化原创力缺乏、道德诚信缺失等社会问题的根源所在。

因此，我们当前的首要任务是如何重建文化认同的问题。重新正视社会与个体的内在生命欲求，回归自身的文化传统，才能真正建立起文化的认同。回归传统并不是把传统作为一个现成的东西，国学也并非现成摆出来的《四库全书》，每个时代都要把原有的传统重新构筑为当下的活着的价值系统，这才是文化传统的应有之义。在此基础上的文化认同之建构包含三个方面：一个方面是思想理论的建构，面向核心的经典，通过对经典的传习和创造性阐释，实现文脉之重建与连续；另一个方面是在社会生活方面的重建，即文化血脉之接通与连续，这需要以身体道群体之养成、家族传统之延续、民间学术之恢复等诸多方面的共同努力；再一个方面还需要制度方面的保障，即通过政教彻底分离来确保社会文化自由选择机制之形成。这样通过回归文化传统建立起来的文化的自我认同和文化主体性，为自身存在的内在生命整体性提供思想和文化的原创性动力，避免了将文化的普遍性仅视为可由各种观念碎片组合而成的抽象同质化之误区，进入个体存在之初始的文化自觉会将源于文化传统的整体性予以个性化的"保存"，使之作为通性精神奠基于个体性之中，展现为文化生命的独立性和独特性。

可见，文化认同的重建过程，确实会附带经历文化焦虑之阵痛，只是这一"焦虑"并非现象层面上种种利益冲突、纠葛中的心理和情绪性表现，而是文化认同层面上个体存在与文化传统、个性与通性、独立性与整体性、个体化与普遍化之间始终保持着的生命内在的那种张力；而且伴随着文化认同的不断生成与提升，这一"焦虑之阵痛"将会成为为个体生命灌注立体性和深度感的积极进程，亦即成为个体存在于文化传统的整体性中不断"确认"自己并"实现"自己的内在生命过程。

儒家的道德精神及其现代意义 *

各位同仁：

下午好！文津讲坛最近要开一个系列讲座，主要内容是讲廉政建设的问题，希望我能讲讲儒家的廉政思想。这个问题，我没有研究。但是考虑廉政建设应当包括正反两面的内容，反面的是法治的问题，正面的就是道德建设的问题。每一时代都需要有价值系统的重建，这个重建与自身的文化和价值传统有着密切的关系。儒家是中国传统文化的主流，因此我在这里选了"儒家的道德精神"这样一个题目来讲一讲。

下面我们讲第一个问题。

一、成德之教——儒学的理论出发点

儒家哲学首先是一种成德之教，其核心是成就德性，成就人格。一个人要有智慧，首先必须要有德性。《左传》里面讲"立德、立功、立言"，这"三不朽"，不能看作三个"不朽"。"三不朽"其实只是一个。你立功也好，立言也好，如果不把"立德"作为基础，不可能做出真正的、大的成就。年轻人做学问，立志要成就"名山事业"。但我们这个时代垃圾很多，文化垃圾尤其多。现在有人出了不少书，但没有什

---

* 编者注：本文系作者于2013年9月15日在国家图书馆文津讲坛上的演讲，原载《中国德育》2013年第23期。发表时有删节，此为原稿。

么人去读，很快就被忘记了。你看《论语》就一两万字，老子的《道德经》五千言，却永远是经典。一本书能不能藏之名山，传之其人，不是你个人说了算的，而是看它有没有内在价值。这个内在价值，乃以"德"为根据。

孔子自称好学，《论语》论学的地方很多。什么是"学"？《学而》篇：

> 子曰：弟子入则孝，出则弟，谨而信，泛爱众，而亲仁。行有余力，则以学文。

"行有余力，则以学文"之前，讲的都是德性修养的问题。"入则孝"，入是入父母之宫，是说在家庭里面要"孝"字为先。"出则弟"，弟即悌。出门要悌，这个悌是指对兄长而言。悌的特征就是"敬"，能够知道敬长，尊敬长者。"谨而信"指和朋友交往的时候要讲信用。同时，要能够爱人，亲近有仁德的人。"行有余力，则以学文"中"文"指的是知识技艺。可知对儒家来讲，为学之道，首要的是德性的成就，知识技艺并非为学之首务。

《论语·学而》：

> 子夏曰：贤贤易色；事父母，能竭其力；事君，能致其身；与朋友交，言而有信。虽曰未学，吾必谓之学矣。

子夏的说法，也是在德性教养的意义上论"学"。"贤贤易色"讲夫妻关系。第一个"贤"字是动词，"易"即交换，就是用敬重贤德之心代替注重美色之心。丈夫对妻子应如此，妻子对自己也应该这样。女子注重内在的德性修养而不只是外貌的修饰，才有真正内在的、永久性的美，你才能获得男子的爱和尊重。这样，夫妻的关系才能稳固，而家庭稳固，社会也才能稳固。"事父母，能竭其力"，讲的还是孝道。"事君，能致其身",讲上下级的关系。这个君当然不光是指国君,古人所谓君臣,就是上下级的关系。上级对下级就是君。我们要敬在上位的人。敬在上位的人并不是单纯敬这个个体,这作为个体的人,这个职位,实质上是我们处身其中的这个伦理共同体的代表。所以,君臣都有自己的分位和相应的伦理要求。《大学》讲"为人君止于仁,为人臣止于敬",孔子讲正名——"君君、臣臣、父父、子子"。君要做得像君的样子,臣要做得像臣的样子。所以,事君,所表现的是对这个共同体所应有的伦理原则的敬畏。"与朋友交,言而有信",《大学》则讲"与国人交,止于信",可知"信"是处理社会关系的原则。所以,这句话概括了从夫妻、家庭、政治到社会关系的原则。这就是"学"的内容——"虽曰未学,吾必谓之学矣"。

《论语·雍也》篇:

> 哀公问:弟子孰为好学?孔子对曰:有颜回者好学,不迁怒,不贰过。不幸短命死矣。

颜回好学,表现在"不迁怒,不贰过"。这里的好学,其内容也是德性修养。一个人经常迁怒,就是没有修养。真正有修养的人应该是当怒的时候怒,当喜的时候就喜,喜怒一当于理。这个喜和怒不是由乎自己主观的情绪,而是顺着事情本身之"宜"或理,喜怒一过,并不在心灵上留下痕迹,所以虽有喜怒,其心仍然静如止水。这样的人才能临大事而有静气,有力量,有智慧。"不贰过",也是有关德性修养的问题。一个人总犯同样的错误,是因为其内在的价值尺度没有挺立起来,所以总会受到诱惑而不能自作主宰。

总之,儒家所言为学,以成德为首务。孔子论人的知识技艺与德性的关系说:"志于道,据于德,依于仁,游于艺。"又讲:"君子不器。""器"就是有特定用途的器物。对于人来说,成为某个方面的专家,就是"器"。这当然不是否定专门知识,而是说,"君子"之为君子,其根本点在于成就德行,而不在于知识技能。一个人能够成就其人格,其心灵才是敞开的,能顺应事物之理而无执定,能与物、与周围的世界相沟通或贯通。

儒家讲人格的成就,并不单纯停留在的一般的规范伦理,它要有一个超越性的基础。这就是《论语》所讲的"下学而上达"。孔子说:

不怨天,不尤人,下学而上达,知我者其天乎?(《宪问》)
君子上达,小人下达。(《宪问》)

"下达"就是把人生的原则归结到功利性的满足上。"下学而上达,知我者其天乎",可见,"上达",就是达到天人合一的超越境界。孔子在七十岁以后有一个对自己一生的自述:

吾十有五而志于学,三十而立,四十而不惑,五十而知天命,六十而耳顺,七十而从心所欲不逾矩。(《为政》)

这就是一个"下学而上达"的历程。这不是说,要到七十岁才达到人生的最高境界。儒家讲"人同此心,心同此理",圣人与我没有不同,只不过"圣人先得我心之所同然耳"(孟子语)。孟子讲人心皆有"四端",说一个人"见孺子将入于井",都会产生怵惕恻隐之心。这表明,人虽然生活在一个分化了的现实中,但人与人、人与天地万物的本然一体性并没有丧失,它在我们生命的当下会时时显露出来。这表明人性是本善的。不过,人的这个善心,会在现实生活中被遮蔽掩盖起来。这就需要有一种保任和修养的工夫,把它实现出来。孔子讲下学上达,就是要通过一种修养的工夫,把这种超越的体悟、这个与圣人所同的心和理实现出来,并保持贯通在日常生活中,使我们的生活保有一种超越的意义和精神的光辉。这个不是刻意做出来的，而是通过修养的工夫才能达到的。

这是我想要讲的第一个问题。

二、义利之辨——儒家的价值选择

儒家的最高道德原则就是"义"。孔子讲："君子喻于义，小人喻于利。"以"义"为原则，还是以"利"为原则，这是君子与小人的一个根本区别。儒家虽有很多派别，而明"义利之辨"，却是其所共同关注的核心问题。

现在，好多人觉得儒家强调以道义为最高原则，陈义太高，一般人做不到，因此造成了很多"伪君子"。其实这是一种误解。一个伦理共同体，其最高的原则必须是道义，而不能是功利。我想说，伪君子要好过真小人。这不是赞扬伪君子，我是要强调，伪君子的存在说明一个社会的价值和道德体系还很稳固，因此大家不敢明目张胆地去作恶。在一个社会里，大家都标榜要做"真小人"，那表明这个社会已经是非不分，它的价值和道德体系已经崩溃了！

我们看《孟子·梁惠王》篇讲的一个故事：

> 孟子见梁惠王，王曰："叟不远千里而来，亦将有以利吾国乎？"孟子对曰："王何必曰利？亦有仁义而已矣。王曰何以利吾国，大夫曰何以利吾家，士庶人曰何以利吾身，上下交征利，而国危矣！……"

梁惠王提出的问题是何以"利吾国"。孟子则回答说，你不必讲利，只讲"仁义"就行了。这就是强调，治理一个国家，必须以"仁义"而不能以"利"为最高的原则。为什么？"上下交征利，而国危矣"，如果大家都以取利为目标，那么这个国家就危险了。

有一次，一个报纸采访我，说现在我们的社会诚信不足，大家尔虞我诈，是不是我们中国的文化传统有先天的缺陷，儒家是不是本身就是一个"伪善"？我说，你这个提法本身就是错误的。一方面，形上的理念在任何一个社会、任何一个时代都不可能得到完全的实现。人是一种具有偶然性的存在，他会犯错误。正因为如此，人类必须有一种至善的价值作为伦理共同体的最高原则和理念。西方基督教教会里面也出现过很多不好的事情，但基督教神圣至善的原则并未因此而被否弃。中国的传统也是这样，不能因为一些偶然的事情否定它的价值理念。另一方面，当前中国社会诚信缺失的问题，恰恰是因为我们长期以来割断传统，将道德教育意识形态化的结果。我们应当反省的是我们自身教育的失误，而不应当把它归咎于传统。

儒家强调以"义"为最高原则，但并不否定功利和人的欲望要求。儒家讲王霸之辨，主张王道，但在事功的层面上，对霸道又有充分的肯定。孟子主张行仁政和王道，在道德原则确实陈义很高，但是在这王道的具体落实方面却又很低调、很平实。如孟子论王道，说"使民养生丧死无憾，王道之始也"。又讲王者发政施仁，必先安顿好"鳏寡孤独"这些最穷困无靠的人。这就是"王道之始"。同时，儒家的仁政，亦不排拒人君的欲望要求，只是要求统治者要能够"与民同乐"、同欲。当然，这个与民同欲同乐，并不是要降低道德原则，孟子对人君与民同乐有一个很好的界定：

> 乐民之乐者，民亦乐其乐。忧民之忧者，民亦忧其忧。乐以天下，忧以天下，然而不王者，未之有也。（《孟子·梁惠王下》）

"乐民之乐，忧民之忧""乐以天下，忧以天下"，经后来范仲淹的发挥，意思说得更清楚：士应该"先天下之忧而忧，后天下之乐而乐"。当你能够"先天下之忧而忧，后天下之乐而乐"，真正关怀天下老百姓的疾苦及其衣食住行的时候，你的这种关怀，实质上已经超越了衣食住行而进入"义"的道德层面。在这个意义上，人的欲望和功利性满足亦得到升华而构成为"王道""仁政"的一种本质的内容。人的欲望和功利性的实现，并不与儒家的道义原则相矛盾。

所以，一个伦理共同体的最高原则必须是"义"而不能是"利"。记得上世纪八十年代，大学生张华因救老农而牺牲的事件，曾引起过一番大学生牺牲自己救农民"值不值得"的价值观讨论。那时候大学生还被看作天子骄子。有人认为国家培养一个大学生不容易，他还没有为国家做贡献就死了，不值得。其实这个观念是非常有问题的。我们看美国电影《拯救大兵瑞恩》，一个小分队去救一个人，这个人到底值不值得去救？一个伦理共同体应以"道义"为最高原则，而不能以"利"为最高原则。人是目的，应该救人，就不能计较功利，不能讨价还价，这个道义的原则必须挺立起来。目前的中国社会，其实还是在倡导以"利"为原则。政府搞土地财政，难道不是在与百姓争利？时下很多商人，就是唯利是图，为富不仁。现在茅台酒的价格掉下来，我觉得是应该的。有些人讲：要把茅台酒打造成奢侈品，一般老百姓就不应该有能力喝它；只要有人卖，一瓶茅台酒十万元，他都敢要。这就是为富不仁。任何事物都有自己的理和道，你可以偏离一点，但它是有限度的。所以《老子》里面说"道大"，"大曰逝，逝曰远，远曰反"，万事万物都要归根复命，你偏离太远，那就要强迫你返归于这个"道"。所以，我们对道和理应该保有一种内在的敬畏之心。没有敬畏之心，早晚会出问题。个体如此，国家也是一样。

总之，在儒家看来，一个社会伦理共同体，一定要以"义"为最高原则，而不能是以"利"为最高原则。个体也是这样。这是区分君子与小人的尺度。

三、知止——人的自我认同

"知止"是中国哲学的一个重要观念,儒家、道家都讲"知止"。在儒家的文献中,《周易》《礼记》《荀子》都有有关"知止"的论述。这个"知止"的观念,与个体的自我认同和文化的认同有密切的关系。认同,就是"我"在不同层级的共在形式中实现并认出自己。个体自我的认同,必然与血缘、家族、社群、职业、民族、国家、文化、类性以至于天、天道、神明等一系列的超越性相关联,并且在这种普遍化的过程中转变和升华人的自然实存,人的真实的自我认同才能够得到实现。

《礼记·大学》:

> 大学之道,在明明德,在亲民,在止于至善。知止而后有定,定而后能静,静而后能安,安而后能虑,虑而后能得。

一个人能做到知止,内心才能安定平静而思虑明睿,由之获得智慧而上达于道。《大学》下文对"知止"作了解释:

> 《诗》云:"邦畿千里,惟民所止。"《诗》云:"缗蛮黄鸟,止于丘隅。"子曰:"於止!知其所止,可以人而不如鸟乎?"《诗》云:"穆穆文王,於缉熙敬止。"为人君,止于仁;为人臣,止于敬;为人子,止于孝;为人父,止于慈;与国人交,止于信。

孔子引《诗经》作比喻,谓小鸟尚知止于丘隅,以山林为家。难道说人还不如鸟吗?鸟之所止,找到的是一个物质性的家。而人之所当止者,则是一种精神的家园。文王之所以伟大,是因为其能够时时敬其所止。

这个所止之处，即：

> 为人君，止于仁；为人臣，止于敬；为人子，止于孝；为人父，止于慈；与国人交，止于信。

你是君，对臣下就要仁；你是臣，对君上就要敬；为人子，对父母就要孝；为人父，对孩子就要慈；与人交往，一定要做到信，等等。当然，人所处身其中的伦理关系，不是单面的、直线的关系。相对于上级我是臣，相对于下级我是君，相对于父亲我是儿子，相对于儿子我是父亲。在社会的各个角色中，"我"是一个处在动态关系中的中心点。在这样一个动态的人伦网络系统中，你的为人处世，要有所"止"，各处其宜。在这个意义上，"知止"，就是要了解自己的使命，培养德性，建立起个体存在的"一贯之道"和超越的基础。不管是一种文化、一个社群、一个民族，还是一个个体，都存在这样一个"认同"的问题。你首先要回到你自己，回到自己的位置，回到自己合理的本分，找到自己存在的"家"。民族有文化认同的问题，个体也有自我认同的问题。你要摆正自己的位置，找到了这个认同的基础和阿基米德点，也就真正拥有了自己的"一贯之道"，能够站得住，立得起来，从而获得自身存在和发展之原创性的内在动源。从文化上来讲，我们也必须回归传统，返本开新，重建起自身文化价值的认同的基础。

　　凡事都有一个理，一个不能逾越的天命。阿来所著《尘埃落定》里那位最后的土司，那个"傻子"，说过一句很有哲理的话："该怎么干，就怎么干。"反过来说，不该这么干，就不能干。《中庸》"天命之谓性"，这个天命之性，就规定了人之所以为人的"应该"或应当。"知止"，不仅要了解这个理、这个必然或天命，更要能够坦然面对，把它在人的生命中挺立起来。孔子说："下学而上达，知我者，其天乎。""不知命，无以为君子也。"又讲"君子有三畏"，其中第一条就是"畏天命"。而小人则因"不知天命"而不"畏天命",故"小人而无忌惮也"。此以"知命""知天命"与否来区分君子与小人。一个真正了解自己的使命的人,其心与天相通。君子知命,实即理解存在、事理之必然而坦然承当之。知命、知止与尽性成德,实一体两面,不可或分。

四、忠恕之道——儒家的达道成德之方

孔子学说的核心是"仁",所以也有人用"仁学"来概括孔子的学说。但孔子并没有对仁下一个抽象的定义。《易传》说:"形而上者谓之道,形而下者谓之器。"《老子》一章也说:"道可道,非常道。"那形而上的"道"是不可说的。孔子的道,就是仁。仁不可直陈界定,孔子所指示的人达到"仁"的方法和途径,就是"忠恕之道"。

孔子弟子曾子说:"夫子之道,忠恕而已。"《论语》中对"忠恕"有两个明确的表述。《论语·颜渊》:

> 仲弓问仁。子曰:出门如见大宾,使民如承大祭。己所不欲,勿施于人。

见大宾,承大祭,内心必很诚敬。诚和敬就是"忠"。"己所不欲,勿施于人",就是恕。忠者中心,中心或内心要真诚。恕者如心,就是要以真诚之心对待他人。《雍也》篇:

> 夫仁者,己欲立而立人,己欲达而达人。能近取譬,可谓仁之方也已。

这是说,自己有所立、有所成就,也要让别人有所立、有所成就。忠恕

其实是一个概念，但是可以分开来讲。朱子说："尽己之为忠，推己之为恕。"忠恕之道，讲的就是己与人、成己与成物、自成与成人、内与外的关系。忠恕是孔子为人所指出的一条达到"仁"或"道"的方法和途径；当然，它不仅是方法、途径，而且是一种实践的工夫。仁或道，需要我们通过切实的修养、践行工夫，而真实地实现和拥有之。概括起来讲，忠恕之道，就是从自己最切己的欲望、要求和意愿出发，推己及人；通过这种推己及人的践履工夫，达到于内外、人己、物我的一体相通，就是"仁"。

忠恕既是一个沟通的原则，同时又是差异或限制性的原则。"沟通"一定要建立在"限制"或等差性的基础上。

沟通原则比较好理解。孟子也讲到这一点：

> 老吾老，以及人之老；幼吾幼，以及人之幼。（《孟子·梁惠王上》）
>
> 亲亲而仁民，仁民而爱物。（《孟子·尽心上》）

也就是由近及远，推己及人，最后达到人我、物我的一体相通，并且把这个一体相通作为自己存在的基础。这就是"仁"。所以忠恕是一个"沟通"的原则。但同时，忠恕作为沟通的原则，又是建立在它作为一个差异原则的基础上的。

近年，有人讲"己所不欲，勿施于人"只是对忠恕的一个消极的表述，认为还可以有一个积极的表述——"己之所欲，施之于人"。我认为，对孔子的忠恕之道，不能做这种积极的表述。《中庸》引孔子说："忠恕违道不远，施诸己而不愿，亦勿施于人。"又从"所求乎子以事父""所求乎臣以事君""所求乎弟以事兄""所求乎朋友先施之"四个方面解释忠恕的内涵。《大学》讲"絜矩之道"：

> 所恶于上，毋以使下；所恶于下，毋以事上；所恶于前，毋以先后；所恶于后，毋以从前；所恶于右，毋以交于左；所恶于左，毋以交于右。

絜矩之道亦即忠恕之道。可见，儒家所言忠恕，首先是对"己"的要求，而非对人的要求，就是强调在接人、处事、待物时要有限制，不能以己加于人、加于物。

《庄子》里面有一个寓言故事说：

> 南海之帝为儵，北海之帝为忽，中央之帝为浑沌。儵与忽时相与遇于浑沌之地，浑沌待之甚善。儵与忽谋报浑沌之德，曰："人皆有七窍以视听食息，此独无有，尝试凿之。"日凿一窍，七日而浑沌死。（《庄子·应帝王》）

"浑沌"本没有七窍，才被称为"浑沌"。"儵"和"忽"也确实太疏忽，他们忽视了"浑沌"与人的差异性，硬要用人的价值强加给浑沌，结果好心办了坏事。在现实中，这样的事情比比皆是。父母亲爱孩子，却常常不顾孩子意愿，硬要把自己的观念强加给孩子，造成与孩子沟通的困难。西方社会往往持一种西方中心论的态度，今日所谓的西方中心论，实即以西方的价值加之于非西方社会，长此以往，便产生东西、南北、甚而种族之隔阂冲突。所以我们便须讲"全球伦理"。凡此种种，都是像"儵、忽"那样在破坏事物之差别性的限制，此皆由以造成人我、物我有隔，而不能沟通。这个"沟通"就是承认差异的前提下达到沟通。人与人、人与物都是如此。

因此，忠恕之道是成就德性的一种方法和工夫。"成己"与"成物"，是相辅相成的两个方面。因他人、他物之"宜"而成就之，在人我、物我差异性实现的前提下，才能真正做到合外内、通物我而实现"仁"德。

五、独——人格教养与个体性的实现

上面说所讲的四个方面归结到一点，这就是人格教养与个体性实现的问题。

个体性的实现和人格教养密切相关，个体性的价值实现和普遍性的原则是密不可分的两个方面。现代人常常强调自我的实现，但是这种自我的理解常常把普遍性和个体性对立起来。今人所谓个体性，基本上是西方意义的原子式个体；而另一方面，伦理的原则又常被理解为落在个体实存之外的一种单纯的约定性，亦失去其"真"的意义。因此，伦理原则变成了一种单纯的使用工具，而不是一种我们内心本来实有的东西，所以在其中找不到真实感。那么你这个存在就缺乏个体的独立性。我在这里用了一个字——"独"，去概括、理解人的人格教养与个体性的实现。

儒、道哲学常常用"独"这一概念来表征人格的独立性和独特性。《荀子·不苟》篇说：

> 善之为道者，不诚则不独，不独则不形。

明儒王龙溪说得更明确：

> 良知即是独知，独知即是天理。天理独知之体，本是无声无臭……独知便是本体，慎独便是功夫。（《明儒学案》卷十二）

强调为人要能够做到"独立而不倚""和而不流""和而不同""特立

独行"。道家也是如此,庄子亦特别强调"见独","独与天地精神往来"。很显然,这个"独",一方面标识人的内在性和独特性之极致,同时,它又是向着他人和世界的一个完全的敞开性。在这两极互通的动态张力关系中,乃能成就真正的自我,达于个性的完成与实现。

一个真正得道的人,才能够做到转世而不为世转,形成自己独立的人格。从哲理上说,如果把普遍性和个体性看成抽象的两个对峙的方面,这两个方面都失去了它的真理性。个体存在的实现,必须有一个普遍性内在的奠基。所以这个"独"一定是有一个内在的普遍性奠基的个体的实现。

因此,儒家论人的教化和教养,特别强调人的自我认同或证显道体对个体存有之奠基的意义。《论语·卫灵公》:

> 子曰:赐也,女以予为多学而识之者与?对曰:然,非与?
> 曰:非也,予一以贯之。

孔子谓曾子云:"吾道一以贯之。"按曾子的解释,夫子这个一贯之道,就是"忠恕"行仁之道。(《论语·里仁》)建立这个"一贯之道",就是要在人的存在中建立起其超越性的基础。人有种种的实存表现,健全的人格要求人的现实行为的过程具有同一性和纯一性。所谓"同一性",就是个体过去、现在、未来的行为,具有可以得到统一解释的连贯性,人们由此而可以从中认出其作为区别于他者的"这一个"。现在的人不如此,比如,一个官员,前几天还在冠冕堂皇地大讲反腐倡廉,没过几天却因贪腐而被"双规"。人们在其行为间不能找到一种统一连贯性的解释,其所表现出的,乃一种人格的两面性或多面性。所谓"纯一性",乃相对于杂多性而言。人的实存情态,非杂多之聚合。《礼记·中庸》:

> 诗曰:"维天之命,於穆不已。"盖曰天之所以为天也。

> "於乎不显，文王之德之纯。"盖曰文王之所以为文也，纯亦不已。

这个"於穆不已""纯亦不已"，即言个体之种种实存表现乃因其内在实体性的确立和贯通而臻于精纯，由之统合为一体。当然，这个"知本分"，不仅是我们一般的了解，而是在生命中真正地拥有这个"道"和"理"，在自己的生命中把它真正地挺立起来。有了这个"一贯之道"作基础，个体的人格才能真正具有他的同一性和纯一性，因此能够有真实的成就。

内在的价值基础（如前面讲的知天命、畏天命与认同）的建立，会推动个体实存发生一种转变。教化就是一种转变，从内在精神生活、情感以至于形色的一系列的转变。《礼记·中庸》说：

> 诚则形，形则著，著则明，明则动，动则变，变则化，唯天下至诚为能化。

《孟子·尽心上》：

> 形色天性也，惟圣人然后可以践形。

张载也讲，学问之道，在于"知礼成性，变化气质"。孟子又讲：

> 仁义礼智根于心，其生色也，睟然见于面，盎于背，施于四体，四体不言而喻。（《孟子·尽心上》）

形色是人的"天性"，但是，只有修养至于"圣人"的高度，"形色"作为人的"天性"的本有价值才能得到实现。"仁义礼智根于心"，在内心里面将这个超越的基础挺立起来，它会推动你的形色气质发生一系列的转变，在你的言谈举止、言动语默之间，展显出一种精神的光辉。一个人的天性本来是很好的，但是如果不注重修养的话，好的天性会被丢掉。所以人一定要通过一种形上认同的超越价值的内在奠基，并经历一种实存转变的教化历程，才能成为一个具有真正独立个性的人。这就是"独"。

上面，我们从理论出发点、价值选择、人的自我认同、达道成德之方及人格教养与个体性的实现诸方面，对儒家的道德伦理精神作了简要的说明。儒家的道德伦理精神在今天的社会，仍有着重要的价值，值得我们来体会和实践。

孔孟之道及其现代价值 *

很高兴在这里和大家讲哲学的问题。其实，哲学本来就是要对话、要讨论的。通过讨论，来开启智慧；通过践行，来增进德性。今天大家会很关注最新的东西，比如后现代之类。但是哲学总还是要关注那些很古老的东西。我想，这是哲学的一个特点，也是人类存在的一个特点。哲学本是要不断地向前进的，但是人类还有一些永恒的话题需要我们来探讨。

比如说宗教的问题。宗教的形态本身是有很多变化的，但是宗教里面有很多涉及人生、涉及超越的问题，这些问题都是我们要永远去探讨的问题。再比如说文学艺术，也有很多永恒的话题。谈到文学艺术，我国的文学在"文化大革命"期间经历了一些曲折，有一些作家受到批判，有一些文学观点受到批判。当时被批判的一个观点叫"爱情是人类永恒的主题"，那么现在看呢，我们对它还是要不断地讲下去，因为古人讲"饮食男女，人之大欲存焉"嘛。由此可见，人一方面要不断地向前发展，要不断地变化；同时呢，又总是要向那个古初的、原初的自然状态回归。这也是人存在的一个机理。

《老子》讲"执古之道以御今之有"，现存的"有"可以不断地发展，但这个"道"却是永恒的。基督教的《福音书》里讲："你们若不回转，变成小孩的样式，断不得进天国。""变成小孩的样式"，是什

---

* 编者注：原载文池主编《在北大听讲座：思想的精髓》，新世界出版社，2005年版。

么意思？就是回到自然状态。人类在前行之中总是伴随着一种向自身自然生命精神整体性的复归。老子经常讲，人要回复到婴儿的状态。而对这一点，孟子讲得最好：那就是"大人者，不失其赤子之心者也"。"大人"，就是人格上完成的人。小孩子要长大成人。长大成人，就会有分化，但是仍要保持那份"赤子之心"。人的存在就处在这样的向前发展又不断返回其本原的一个张力关系里面。

人类存在的这个特点同时也是文化的特点。世界文献里对"文化"的定义有数百种之多。但是就我看来，从功能的角度说，这里边最重要的就是"分化和整合"。文化的最基本的内涵和作用就是"整合"，要不然它就没有生命力了。所以文明前行的过程也要伴随着一个返回的运动，要不然就是完全的一个"分化"。当然分化是人类文化发展的一个前提，没有分化就没有发展，但是分化是以整合为基础的。董仲舒讲"天不变，道亦不变"。但是我们还想加上一句，就是"人不变，性亦不变"。人性的表现虽然在不断地发生变化，但这变中却贯通着一个"不变"在里面。下面我们想从文化的角度来谈谈孔孟之道和它的现代价值。

我们如果要谈中国文化，首先要知道，文化和历史性是紧密相关的；人亦是一个历史性的存在。而神没有历史，神是一种永恒的存在，他直接就在真理中。自然也没有历史性，它处于一种周而复始的循环中。人要不断地创造，它的存在表现为一个历史性的过程。我们知道，历史性是一个具体性，它有个性。我们讲文化的民族性差异，就与这个历史性相关。雅斯贝尔斯曾经提出过"轴心时代"的观念。孔子、孟子所处的也就是这个轴心时代。那么"轴心时代"的涵义是什么呢？概括一句话，"轴心时代"就是一个古初人类生存理性化的时代。我们知道小孩子对于婴幼儿（约三四岁之前）时代是没有记忆的。为什么没有记忆呢？因为他们的存在还没有被概念化。我们有很多感觉的东西，必须经过概念化才可以把它记住。所以，轴心时代，它的核心的东西就是人类对自己处境的一种理性的反省。有了理性化，也就规定了不同文化的精神发展的方向，它起到了一个定型化的作用。直到现在，轴心时代的理性化所规定的精神发展的方向，仍然在延续着。不同系统文化的发展，总是遵循这样一个规律：不断地回复这个阶段，在其历史发展的源头里面，寻找自身发展的精神源泉和动力。所以我们可以这么说，历史实质上是以某种方式活在我们今天的东西。从这个角度来理解孔孟之道，我们可以看出，它应该仍然具有它的现代价值。

谈孔孟之道的现代意义，就要涉及现代化的问题。现在很多学者都在讨论文化的"全球化"。不过，我觉得"现代化"从文化的角度看应该有这么两个层面——起码有这么两个层面：一个是经济或物质的层面，另一个就是现代生活的层面。从前一个层面来讲，"全球化"确实是很明显的。就拿北京来说，全球化在我们北京的城市变化中体现得就很明显。但从现代生活的层面来讲，可以说现代化又是异彩纷呈的。所以不同的民族有不同的文化，在现代化的发展进程里都会显出自己不同的特点。现代化有很多观念——平等，自由，法治，民主等等，这些现代化的一般内涵，实质上是要在具体的民族文化的现代生活中体现出来的。《易传》里讲："天下同归而殊涂（途），一致而百虑。"现代化的一般内涵，就是要在这种"同归而殊途"的方式里面才能具体地实现出来。我们现在的文艺界经常讲到这个话："越是民族的，越是世界的"。这好像是老生常谈了，事实上，我想它正体现了文化的民族性和世界性这一关系的真实内涵。

这里我们谈到文化的民族性问题。其实，每一种文化都有它自己的价值本原；这规定了它的思维方式、生活的价值取向等根本性的问题的基本特点。按照我的理解，西方人的文化传统表现为一种"二元互补"的方式。所谓"二元互补"，意思是说，一方面，它的价值根据、它的超越性的根据是宗教；另一方面，在现实生活里，它又强调一种功利主义的精神。而中国文化的价值本原，则是一种以儒学为主流的哲理系统。这种价值本原有两方面的作用：一是通过不同的渠道，把它的价值理念下行和落实于民众生活；另一面则是对民众生活起到一种阐释、提升的作用，在这个过程里体现出文化的超越自身的活的生命力。

现代以来，中国文化呈现出了一个很特殊的状况。从传统上讲，中国人有一种很强的历史意识。比如我们中国每一个朝代都要修前朝的国史，这体现出一种历史的连续性。龚自珍说：欲知大道，必先为史。就是说，要理解宇宙人生之道，要从历史里去探寻。这表明，中国人把历史看得很重。但是，现代中国的文化意识发生了一种反向的变化，这就是反传统的意识占了主流。这一点在我们的文化生活中导致了很严重的后果。我们的文化系统和价值本原是以儒学为代表的一个哲理系统。但是，长期以来占主流地位的反传统观念，使得我们现在的精神产品，比如哲学、文学、艺术等等，与传统相脱离。这就使它无法切合民众的意识，无法对民众意识起到阐释和升华的作用，因此也就无法使它与时俱新，达到自身的超越。

前一段，有些人认为，中国的传统文化很不好，外来的文化一到中国就变质、变坏了。外来的文化发生畸变，民间的一些传统的东西所表现的很多负面的影响，在我看来，这些实际上是我们的精神产品与民众生活、传统心理相互两歧的结果，不能归咎于文化传统本身。

不过，近些年，也出现了一些可喜的现象，中国社会在现代化的过程中逐渐意识到了传统的重要性，意识到了民族传统文化在文化建设中的积极作用。这个问题也引起了高层领导和民间以及艺术界的重视。传统的东西一旦和我们的精神生活结合起来，它的教育会起到很好的作用。河南正阳县搞了一个孔子学会，用一些乡约乡规来调节邻里关系，效果是很好的。很多学校现在搞素质教育，效果不好的原因，我以为是没有抓住它的根本。并不是说你搞点美育，学点钢琴、书画什么的，就算是素质教育。素质教育的根本点是挺立价值本原，要有一种宗教性的精神。没有这个精神，光搞一点书法、绘画，这仍然只是技艺性的东西，是表面上的东西。这是我讲的第一个问题——就是从文化的角度谈孔孟之道的现代价值。

下面我们来谈一谈孔孟之道的一些具体问题。

首先讲孔孟之"道"。这个"道"是什么？孔子讲"下学而上达"，我想，这句话就体现了孔子对于"道"的理解。孔子一生都在追求"道"。他说："朝闻道，夕死可矣。"这当然不是说，早上听见了道，晚上就可以死，这表现了一种对超越的追求，可见，孔子把"闻道"看作生命中最重要的事情。"道"在中国哲学里的涵义之一，就是"道路"，所以说"道，行之而成"。"道"还有另一种涵义，就是形上而超越的东西，所以说"形而上者谓之道，形而下者谓之器"。"形而上"，就是超越的意思。人有人道，天有天道，道就是一个超越的原则。那么这个"道"呢，就是人们平常所行之路，但它能否被我们自觉到，则与每个人的人生境界有关。这就是《易传》说的"仁者见之谓之仁，智者见之谓之智，百姓日用而不知"。百姓虽然不知，他仍在道中。所以这个"道"实质上就是人达到超越和开启形而上境界的"路"。

这个"道"，说起来好像不是很好理解。我们可以举个例子。年轻人现在都讲究追寻"自我"。你仔细体会一下这个"自我"，就会发现这个"我"其实很难把握。"我"有很多实存的形态（比如我是一个教师、有相当的财产、有一米八的个子等等）。离开这些实存性的表现，就找不到"我"。但是这些实存性的存在样态并不能完全表现"我"。如果单单停留在这些表现上，就往往错失了那个"我"。后者应该说是超越了这些实存性的表现又成为其内在基础的东西。在历史和思想史里，可以看到两种相反的人生态度：一种是出世，另一种是入世。出世就是把实存的东西看作一种虚幻，实存的状态是"无常"，而要在这个无常和虚幻之外寻求那个"常"或真实。还有一种态度，我们可把它叫作物质主义。这种态度或者把名利，或者把美色，等等，看得很重要。而实质上，对于这些实存的追逐恰恰是一种真正的"无常"。为什么呢？因为单纯的感性需求是一种消费性的存在，对感性形态的需求的满足，恰恰伴随着一种匮乏，这种无休止的外向追逐，按照黑格尔的说法，就是一种恶的无限性。所以从人的存在来看，"我"，实际上是一个超越性，它既在那个实存里面出现，同时又使实存有了一个归依的基础。就整个存在来说，它的超越性的依归或基础就是"道"。

孔子一生追求的就是那个超越性的"道"。"朝闻道，夕死可矣"，有了"道"，就获得了人之所以为人的价值和意义。孔子对道的追求，既不走出世主义的路，也不走物质主义的路。他要从人的日用常行上给出那个超越性。有些人说孔子是一个"博学多识"的人，孔子不同意这种评价，他说自己"一以贯之"。这个"一以贯之"，就是在生活中体现一种"通"性。可以说，"道"在日用常行之中，而又超越日用常行。

孔子说：

> 不怨天，不尤人，下学而上达，知我者其天乎！（《论语·宪问》）

下学是什么呢？范围很广，它包括知识、为政之道，甚至包括日常的洒扫应对，但它主要强调的是人格的教养。孔子说："有颜回者好学，不迁怒，不贰过。"该怒的时候就怒，该乐的时候就乐，"不迁怒"是一种教养。"不贰过"也属于教养的问题。这就是"好学"。孔子所谓"下学"的内容主要是人格教养问题。"知我者其天乎"，"上达"就是要达到"天人合一"。这其实不仅仅指一种知识，而是一种对于人和物的沟通。"下学而上达"，其实表现了那个"道"的内容。孔子讲"五十而知天命""七十而从心所欲不逾矩"，也是"下学而上达"。下学一定要上达。"上达"不是说，要等七十岁才达到人生的最高境界，而是说要把这种超越的体悟贯通在日常生活中，我们的生活便有了超越的意义和精神的光辉。现代人很讲究生存的意义，但它决不仅仅是出门有车坐，吃的好，穿的好，职业工作好。仅仅局限于此，生活就失去了它的应有的意义。儒家讲，人同此心，心同此理。孟子说"圣人与我同类也"，只不过圣人先得我心"之所同然"而已。每个人随时都会有超越的体验。不过，对一般人而言，这种体验稍纵即逝，但圣人就有所不同。庄子讲"振于无竟，故寓诸无竟"。圣人可以"振于无竟"，同时还能保持住它，常住（寓）在无穷的境界里。当然这并不是说他不食人间烟火，而是说，圣人能够把那超越的体验连续不间断地贯通在自己的日常生活里。要做到这一点，我们一般人就要注重修养。从哲学上来说，就是要不断地"谈"，通过"谈"来启发我们的悟性；要不断地"行"，通过"行"来增进我们的德性。我们通过谈——今天在这里谈"道"、讲"道"，对其有一个"了悟"，但并不是说说就拉倒的，还要行，通过行来变化气质。生活的体验大概和年龄有关。我们到了一定的年龄之后，会觉得我们是生活在一个完全情理化的世界里，那就是把超越贯通在生活中。孔子说"七十而从心所欲不逾矩"。从心所欲就是一种自由，但是这个"从心所欲"是"不逾矩"的，是有限制的，不是说什么事情都可以做，那样就很可怕了。这"从心所欲"的自由，是有"道"贯通其中的。没有"道"，从心所欲就成为小人的猖狂妄行。孔子讲小人的肆无忌惮，即是因为他"不知天命"因而也不知道"畏天命"。所以，儒家特别强调人禽之辨，就是强调，为人而不行人道，就是禽兽，说重一点，其实是禽兽不如了。"道"，正是赋予人的行为以作为"人"的价值的东西。

孔子所谓的"道"，实质上很平常。道就是道路，人人所常行。但人要懂得"下学上达"——由这个日用常行之路，通向并实现超越。这就是现在人们常讲的所谓"内在超越"。一种文化，不能没有超越的层面。但实现超越的道路，却是不同的。

下面我们讲一讲孔子的忠恕之道。

孔子的"道"，其内容就是"仁"。孔子讲"忠恕之道"，和"仁"

有联系。孔子没有给"道"或"仁"下一个定义。但他讲忠恕是行"仁之方",又讲"忠恕违道不远"。所以,孔子一般讲的"道"可以通过"忠恕之道"来理解。孔子对"忠恕"有两种表达:一是"己所不欲,勿施于人",自己不喜欢的也不要强加给别人;另一是"己欲立而立人,己欲达而达人"。那么这个"忠恕之道",它实际上就是讲人与人的沟通。宋儒说,医学家讲"麻木不仁",最能说明仁的特征。"麻木不仁",就是无知觉、不知痛痒,没有了感通。"仁"即是由切己的真实情感,推己及人,达到人己内外的一体感通。

"己所不欲,勿施于人"这一关于忠恕的表达,其实在现代有很大的意义。1993年在芝加哥开了一个宗教会议,会议通过了由瑞士神学家孔汉思起草的《世界伦理宣言》,把孔子的"己所不欲,勿施于人"作为一个基本的原则写了进去。以后联合国教科文组织搞"世界伦理计划",也把它当作一个基本的原则来用。从这当中,可以看出孔子的忠恕之道在现实生活里边确实能起到积极的作用,说明它具有普遍性、现代性的意义。

同时,我们也要注意,孔子的思想也带有中国传统的文化特色和意味。要注意它的具体涵义,不能随便引申。在孔汉思起草的《宣言》里,把"己所不欲,勿施于人"作了一个积极的表达——"己之所欲,施之于人"。这个引申就有问题。"己所不欲,勿施于人",孔子实际上讲的是要从己出发,人和人之间要有一个界限。有界限,你就不能把"己之所欲,施之于人"。《庄子》里面讲过一个故事,可以帮助大家了解这一点:南海之帝名叫儵,北海之帝名叫忽,中央之帝名叫浑沌。浑沌对他们十分亲善。有一天儵和忽商量报答"浑沌之德",他们认为人人都有眼耳口鼻等七窍,用以视听、吃饭和呼吸,非常好。唯有浑沌没有,就要试着为他凿开七窍。他们就一天给浑沌凿一个孔,结果到了第七天浑沌就死了。这是什么意思呢?"浑沌"之性就是混沌,儵、忽也真"疏忽",他们忽略了人与浑沌本性的差异,把人之性强加给"浑沌",结果好心办坏事。这就是说，不要把自己想要的东西强加给别人，要让人按他自己的特性和意愿来成就自己。这样人与人才能沟通。孔子的这个"己所不欲，勿施于人"，与"己欲立而立人，己欲达而达人"是不矛盾的，它的前提也是强调要让人、物按照自己的本性去"立"和"达"。它有一个界限，你不能越过这个界限。我们可以说，"老吾老以及人之老，幼吾幼以及人之幼"，这也是有一个界限的。假如说"爱吾妻以及人之妻"，那就要乱套，因为没有界限了嘛。你注意了人与自己的差异，不把自己的意愿强加于人，这就是能平等待人，才能与人相沟通。相反，"己之所欲，施之于人"，就不平等，有隔阂，不能沟通。不能沟通，就不能成就"仁"，不能达到"道"。

总之，孔子的"仁""道"是肯定个性差异的，因而也要限制自己，避免逾越界限。人都要按照自己的本性去生活，不要破坏差异性，不要把自己的意愿强加给他人、他物，或者把他物看得比自己高，越出自己的本性去追求它。"文革"时，人们说"时代不同了，男女都一样"。现在却有一种玩笑话——时代不行了，男女都一样。这个笑话说的好。其实男子一定要有阳刚之气，女孩一定要有阴柔之美。这就是性别的差异性，这样才有美感。所以"己所不欲，勿施于人""己欲立而立人，己欲达而达人"的基本精神就是要在个性天然差异的平等实现的前提下，达到物我之间的一种沟通和和谐。这样，你和周围世界的关系就是亲和的，你的心灵就是敞开的。这就是"仁""道"，并不神秘。

忠恕，亦不仅是达到人与人的相通而已。孟子讲"亲亲而仁民，仁民而爱物"，讲"万物皆备于我矣，反身而诚，乐莫大焉；强恕而行，求仁莫近焉"。这个"万物皆备于我"，不是像现在人们批评的什么"主观唯心论"，它是讲，从情态生活出发，达到人与周围世界的因应相通，其实所讲的还是忠恕。"诚"即"忠"。我们不但不能把它视为认识论意义上的"主观唯心论"，也不能把它视为一种"人类中心论"。因为从忠恕出发所实现的形上境界，实际表现了一种成己以成物的平等精神。

这和我们的文化特性有关。孔子所理解的"道"包涵差异性，能宽容。我们可以对它进行现代诠释，但要注意它的具体涵义。西方人对此作积极意义的引申，讲"己之所欲，施之于人"，无意中也表现了他们的"人类中心主义"观念，这似乎也与其文化有关。

孔子的道或仁，注重人的生命存在的整体意义。"仁"的成就也就是人的实现。所以，人的实现，就表现为文、质两个方面的整合。孔子讲：

> 质胜文则野，文胜质则史，文质彬彬，然后君子。（《论语·雍也》）

"质"是人的自然方面，"文"指人的文化方面。人的完成就是文质两方面的统一。文质偏胜，都是一种片面的人格。偏于质，就会陷于朴野任性；偏于文，则会流于矫饰浮夸、华而不实。理想的人格，必须是文质的中和。但是，这个文质中和，不是把人分割成文质两面，然后再去整合。孔子教人，特别注重根据人的自然资质和个性特点来教化成就他。所以这个文质中和，是通过对自然资质和品性的"文"的升华以保持住人的这些自然的方面。尚质、重情、注重自然，这是孔子关于仁及人格的学说的一个重要特色。理解这一点，对我们今天仍有着十分重要的现实意义。比如我们哲学界曾经流行一种叫作"内化说"的观念，认为文化就是将外面设定的一些东西内化为人的心理结构。"文化大革命"时有这样的话："把最高指示落实在行动上，溶化在血液里"，"理解的要执行，不理解的也要执行"。这造成的结果是什么呢？是人格的两面性。这种对文化的理解是很有问题的。孔子对文化、教化的理解与此不同。在孔子这里，自然是人存在的生命之本，也是"文"的合理性的界限。这一点很重要。在现实中，我们常常看到，一些望子成龙的父母做了很多超越孩子自然成长进程的过分的人为设计，结果往往是适得其反。

社会生活的其他方面也存在这种情况。在经济生活中，我们也看到，过度理想化的计划经济所造成的弊端，使它不得不让位于市场化的自然运作。所以，从人格的教养到整个社会文明的建设，都存在着文质统一的问题。孔子所开创的儒家学派，特别注重在文明的创制及其前行中贯注一种文质合一的精神，要在"文"的分化中仍保有那种"赤子"的纯真，而达成人格的完整性。这种文质合一的人格理念，在今天仍有重要的理论和实践价值。

文质或人与自然的本原统一落实到人性论上，就是性善。西方人注重人与自然的分化，由此，主张人有原罪、性恶。孟子四端说可以说是儒家关于人性的代表性理论。孟子说：

> 所以谓人皆有不忍人之心者，今人乍见孺子将入于井，皆有怵惕恻隐之心：非所以内交于孺子之父母也，非所以要誉于乡党朋友也，非恶其声而然也。由是观之，无恻隐之心，非人也；无羞恶之心，非人也；无辞让之心，非人也；无是非之心，非人也。恻隐之心，仁之端也；羞恶之心，义之端也；辞让之心，礼之端也；是非之心，智之端也。人之有是四端也，犹其有四体也。（《孟子·公孙丑上》）

我们看到，这"四端"的特征就是"自然"。人生活在分化了的世界中，所以在现实中做事情，往往是"三思而后行"。但在人处于生命交关的临界状态时，比如见小孩子要掉到井里去，当下就会产生一种救人的冲动。它出于自然，不是思虑的结果。现在有英雄救了人，记者采访他，往往会问：你当时怎么想？他要回答说"我什么也没想"，这是说了真话。如果他说"我想起了领袖的最高指示"，那肯定是不真实的。孟子认为，这种自然的表现说明"道"是内在于人的自然实存的，所以讲"仁义礼智"非由外铄我，为我所固有。当然，这四端只是善"端"，而还不是现实的善，需扩而充之才可以完成。

儒家为学讲"内求"，讲"道"不离人伦日用，都与这个性善的观念、这个"道"的特性有关。西方人就不这么看，这也与其文化理念相关。所以我说：现代化从表层看是在走向"全球化"，但从精神生活的内容上看还是要走"同归而殊涂"的路。文化的价值基础与历史性相关，历史需要不停地"说"下去，通过这"说"，它连续地活在我们的现实中。这起码是文化发展和重建的一种方式。从文化的意义上讲，孔孟之道应有它的现代价值。孔孟之道有很多方面的表现，如中庸之道、为政之道等，但它的核心是一种心性之学或成德之教。

教化观念与儒学的未来发展[*]

一、世纪初以来中国文化意识的反思

在上世纪的大部分时间里,中国人的文化意识都沉浸在一种文化激进主义或反传统的状况中。美国学者列文森《儒教中国及其现代命运》(1968年)一书,用"博物馆中的陈列品"来比喻儒学的现代命运,认为:在现代中国,儒学已经进入历史,沦为一种博物馆里的历史收藏物或陈列品;而正因为如此,它才能得以保存。[①] 余英时先生在一篇题为《现代儒学的困境》(1988年)的文章里,对现代儒学的境况做出这样一种判断:儒学在现代已经魂不附体,失去其寄身之所而成了一个"游魂"。[②] 这两个说法,在中国学术界激起了强烈的反响,大多数学者都对儒学的现代命运持一种悲观的态度。

但是,21世纪初以来,中国人的文化意识发生了一种几乎是一百八十度的转变。我们可以通过以下两个例子来了解这一点。第一个例子,前年

---

* 编者注:这篇文章是作者于2008年5月13日晚在中国政法大学国际儒学院所作演讲,经整理后,曾作为《教化视域中的儒学》"绪论"发表。
① 参阅〔美〕列文森《儒教中国及其现代命运》第三卷第二部分和"结束语",中国社会科学出版社,2000年版。
② 见余英时《现代儒学的回顾与展望》,北京三联书店,2004年版,第53页—58页。

北大的张颐武教授提出一个说法：对传播中国文化来讲，一万个孔子比不上一个章子怡。此话一出，立即引发了激烈的网络争论，而绝大多数人对之持批评态度。当然，张教授的说法有其自身的语境，可以不去评说。但这反映一个问题，就是大家对孔子作为中国文化代表这样一个形象或人格标志，开始表示认同。任何一个文化都有代表其文化价值的标志。但是，一百年来，我们中国人却把两千多年自身文化的这一人格标志打倒并踩在脚下。这一争论表明，中国人已开始回归对孔子这一文化人格标志的认同。另一个例子是去年的"于丹热"。这并非一个孤立的现象。近几年，在包括儒学在内的古典文化学术研究领域，出现了一批学术明星。不同类型的明星，代表不同时代的精神取向。每个时代，都有它自己的明星。比如，抗战时期的明星就是抗日民族英雄。"文革"时期的明星，是像王洪文一类的造反派。在我们这个人欲横流、物质享受至上的时代，涌现出一大批研究中国传统历史文化的学术明星，这是一个很了不起的现象。它说明，经过一百年的思考，我们中国人的文化意识正在发生一个根本性的转变，我们的历史记忆、文化记忆已经开始觉醒。

面对这种情况，我们需要对过去有关儒学在现代命运的定位，比如"博物馆"说、"游魂"说这样的结论，作一种新的反省。

应该说，余英时和列文森的说法，描述了当时中国文化的客观现实，但是，其对此现实所以产生之因缘的分析却未见正确。为什么把儒学比作"游魂"？余英时先生在他的文章里有这样的分析：传统儒学的特色在于其全面安排人间秩序，只有通过制度化才能落实儒学。传统社会在相当长的时期都存在政教合一、政教不分的状况，因此，儒学的存在很大程度上依赖于当时的政治制度。制度成为儒学在现实中的载体。儒学不是宗教。传统政治制度的解体，使儒学失去了它的寄身之所而成为一种无体的"游魂"。西方宗教的状况便与此不同。西方中世纪也有过宗教干预现实、政教不分的情况。近代以来，政教逐渐分离，宗教回归社会，成为一种社会的、人的精神生活的事务。政教分离以后，宗教保有教会的系统作为自身运行的体制，所以仍能够在社会生活中继续发挥它的作用。列文森的分析也强调儒学在现代中国作为博物馆收藏品的存在，意味着它在现实生活中的被驱逐。

但我们从近年来儒学研究状况的发展变化，可以对儒学的现实意义有新的认识。近年来，民间儒学有兴起的趋势，比如各地书院、精舍、讲堂、义塾、会讲、读经等民间学术组织和活动逐渐兴起，大学里的一些儒学研究也逐渐具有了民间的性质。这样民间性质的儒学，与社会生活息息相关。可见，儒学精神并没有完全在社会生活中失去影响力！为什么中国人的文化意识在短期内会发生这么大的变化，儒学活动一呼百应，在民间会这么快兴起？我的理解是，儒学的根源在民间，核心在教化，它的载体不仅是制度。教化的实行，使儒学在中国人的社会生活和精神生活中有非常深厚的基础。

从历史上讲，文化生命的存在在于其生生不息的创造。这个创造，我概括为两条线：第一条线是"文脉"，每个时代，人们都在不断进行学术、理论的创造。每个时代的儒学，都在创造性地延续着自身的传统，按现代新儒家的说法，叫作"返本开新"。另一条线是"血脉"。血脉表现为社会生活、个体精神生活的历史连续性，表现在社会中"以身体道"的阶层或群体的存在及其教化的作用。传统就是一个活的不断创造的过程。有了这样一个创造的过程，儒学才能真正契合于世道人心从而引领社会生活的方向。

过去儒学的断裂，最严重的一点，表现在社会生活的政治意识形态化所造成的儒学"血脉"的断裂。儒家很重视礼乐的系统及其教化作用。我们可以把这个礼乐系统理解为一种"生活的样式"。任何教化的理念本身都不仅仅是一种理论，更要通过仪式、仪轨、习俗等方式，把自身蕴涵的文化信息带入人的存在，从而对人的精神生活产生教化的作用，影响到个体的人格塑成和生命成就。比如西方人结婚去教堂，与中国人传统家族性的婚礼，比如拜天地，拜高堂等，其中的文化意义是不同的。

再比如过去在农村,堂屋里要供上"天地君亲师"一类牌位。这种文化意义是通过具体的生活样式、礼仪形式汇入我们的精神生命中的。但是,在"文革"中,孝道和这些礼仪系统,都被当作"封建"的东西连根挖掉。中国人原有的生活样式,在上个世纪遭到了毁灭性的破坏,这样传统就失去了它的存在基础和生命的连续性。中国文化在这个层面上发生了断裂,以至于儒学在当代被定位为无体的"游魂"和"博物馆的陈列品"。我们不否认制度作为儒学载体的意义,但儒学的载体不仅仅是制度。西方在近代政教分离后,宗教作为社会和个人精神生活的事务,有自身独立的空间,能够作为一种文化的载体存在,关键原因乃在于它有许多信众,可以影响到民众生活。如果信众少,即使有宗教的组织在,也不会成为文化的载体。所以宗教也好,学术也好,主要是通过某种形式影响民心,影响生活。一种文化的理念,它最终的依托在民众生活,而不在制度本身。

中国传统的教化是政教合一的,但这政教合一的基础也在民间。在先秦,孔子开创私人讲学传统,其影响开始当然是在民间。后来,汉武帝采纳董仲舒的建议,逐渐形成"独尊儒术"的局面,儒学始由私学转变为官学。此后的儒学,成为靠意识形态强力推行的东西,逐渐趋于形式化、固定化、教条化,其教化的作用由此亦被弱化了。不过,儒学在成为官方学术后并没有失去其民间性的基础,民间学术的继续存在和发展,成为消解官方学术意识形态化之僵硬性的一种力量。胡瑗是宋初著名的教育家。他在民间讲学,学生数千人,后来在朝做官的有几十人,这使他的"明体达用之学"对当时的学风产生很大影响。朱子的《四书集注》在元代以后成为官方的教典,统治整个学术界、思想界六百年之久。但开始时他的学术也不是官方学说,甚至一度被打成"伪学",但他自信其学说的正确性,冒着生命的危险,照样讲学。当时的学者就有这种独立不倚的人格和自由的精神。中国传统学术的根基在民间,民间学术的特点就是"自由":自由的讲学,自由的讨论,在价值观上自由的选择。一种学术和文化,只有具有了这样一种自由的精神,才能真正发挥教化的作用。

以前国内哲学界流行一个很不好的观念,这就是所谓的"内化"说。"内化"的意思,就是把外面的东西"化"到个体生命里面来。这个观念大概来源于列宁。列宁有两句著名的话:"先进的思想只能靠灌输""人的实践经过亿万次的重复,就会变成逻辑的格"。从哲学上说,人的价值观念的挺立要靠自由的选择,而不是外面强加和灌输进来的东西。教化的根据在人性。外在的灌输可能使人形成一种习惯,但不合乎人性的单纯外在的灌输,会造成人格的两面性或多面性。"文革"时有两句话很流行:"把最高指示落实到行动上,融化在血液里""理解的要执行,不理解的也要执行"。这就是所谓的"内化"。这种方式,不可能挺立起内在的价值信念,也不可能建立起来合理的价值秩序。我们现在强调建立正确的荣辱观,这很必要。人要知荣辱,有羞耻心。孔子讲"知耻近乎勇"(《礼记·中庸》引孔子语),孟子讲"人不可以无耻,无耻之耻,无耻矣"(《孟子·尽心上》)。孔孟讲"知耻",却并不教人什么是"耻"。人都有羞恶之心,羞于做坏事,这是"四端"之一,它根源于人的本性。人反躬内求,良知发现,把这良知本心挺立起来,由它来做决断,无须外在的权威告诉什么是"耻"。人内在的良知显现并挺立起来,一念发动处,自然知是知非,知荣知耻;凡事便能"是而是之,非而非之",随感而应,恰到好处。这是听凭良知、良心的一种自由选择和决断,不是由外面"化"进来的东西。我们多年来道德教育最根本的失误,就根源于这种哲学上的"内化"观念:不是让人反躬内求,依据自己的良知、理性自作抉择,而是根据外在的标准去做判断。民间学术根本的精神就是自由。通过这种自由的讲学、讨论、思考和价值上的自由选择,才能真正把至善的价值基础挺立起来。这种思想、学术和价值才具有教化的作用。把内在的价值基础挺立起来,人整个的存在,由内到外都会发生一种转变或变化,这就是教化。长期以来,中国学术文化的民间传承断裂了，学术被政治化和意识形态化，社会失去了容纳民间学术的独立的空间，真正意义的教化和文化重建，当然也就无从谈起了。

我不赞成儒学已成为"游魂"和"博物馆收藏品"这个判断。儒学在历史上有过对制度的依存关系，但儒学教化的根本不在制度。现在看来，传统的断裂和儒学的花果飘零，原因在于我们长时期的反传统，以及社会生活、文化学术长期彻底的意识形态化。这种意识形态化，一方面造成文化"血脉"的断裂，另一方面，也造成了"文脉"的枯竭，文化缺失了它的原创力，而退化为一种单纯的、并且缺乏真实性的历史"知识"。我们并不否定意识形态的作用，意识形态非常重要。我给意识形态下的定义是"不管是对是错都要坚持的东西"。很多美国人都反对打伊拉克，但一旦决定下来要打，大家都支持总统，这就是意识形态。意识形态的根据是利益，教化的基础则是真、善。中国有中国的意识形态，我们也要坚持。但关键是必须把意识形态与文化、学术分开。文化、学术的建设，重在自由的选择和文化生命的历史连续，而不能靠强力的推行和外在的灌输。一个民族要把它内在的价值挺立起来，真正建立起至善的超越基础，就必须把意识形态与文化学术这两者区分开来。二者的关系是分则两利，合则两伤。

延续了数千年的文化血脉，不可能被轻易斩断。近年来中国人文化主体意识和认同意识的苏醒，民间学术的兴起，就表明了这一点。儒学本来没有死，用一种合理的方式把儒学与社会生活的联系重建起来，儒学之"魂"乃能附其"体"；同时，中国文化亦才能有其"魂"，从而真正实现它的现代转化。

二、儒学的教化观念

现代中国的学术，是按照西方的学术标准来划分学科。上世纪初以来，把儒学纳入西方哲学的框架，成为我们研究儒学的一种基本方式。其实，儒学并非一种西方意义上的纯粹的理论哲学，它的核心是"教化"。

什么是教化？我们可以通过"普遍化""转变""保持"这三个关键词来理解它的概念内涵。

按照黑格尔《精神现象学》的讲法，教化可以理解为：个体通过异化而使自身成为普遍化的具有本质的存在。[①]人不能停留在单纯的自然状态，要从中走出来。怎么走出来？孔子说：

> 质胜文则野，文胜质则史。文质彬彬，然后君子。（《论语·雍也》）

"质"是人的自然的方面，"文"则是其文化、文明的方面。文质彬彬，即自然和文明两方面要结合得很好。质的方面偏胜，就会过于朴野；文的方面偏胜，则会陷于琐屑空疏。一定要文质彬彬，把自然的状态加以升华，在文明的层面复返归于自然，才能达到人格的完成（君子）。这就是一种教化。孟子的说法更全面：

> 大人者，不失其赤子之心者也。（《孟子·离娄下》）

"赤子"，是完全的自然。老子也讲复归于自然，复归于婴儿。但这个"复归"，不是"回到"自然的状态，而是把婴儿的状态在文明的层面加以敞开，并保持住这份婴儿般的纯真。这样的人，才能是一个有教养的人。这是教化这个概念第一个层面的涵义。黑格尔论教化，强调了个体通过异化或社会化而普遍化自身这一方面的意义。

---

① 参阅〔德〕黑格尔《精神现象学》"第六章 精神 二、自身异化了的精神：教化"一节的相关论述，商务印书馆，1979年版。

美国当代哲学家理查·罗蒂强调了"教化"的另一重涵义——人的精神生活的"转变"或"转化"。罗蒂在《哲学和自然之镜》一书中提出两个概念:"系统的哲学"和"教化的哲学"。他认为,西方传统哲学从主流来讲是一种"系统的哲学"。系统的哲学,其关注点是基于认知的建构活动,通过认知的、理论体系的建构,为我们的社会生活提供一种"普遍的公度性"。"教化的哲学"在西方是非主流的,它所关注的是人的内在精神生活的转变。罗蒂所谓"教化",强调了一种"转化"或"转变"的观念。[①]

伽达默尔《真理与方法》一书所阐述的教化观念,一方面发挥了黑格尔的教化思想,肯定教化使个体转变为普遍的精神存在这一层面的意义;同时又特别揭示出教化所具有的一种"保持"的特性。所谓"保持",就是在教化的结果中,人的精神尤其是感性的内容都未丧失,而得以"保存"。按照伽达默尔的看法,由教化所达到的个体的普遍化,不能被理解为一种单纯概念或知性的普遍性,他特别强调,获得教化的意识和精神"更具有某种感觉的特质"。在教化中,感性的自然内容并未丧失,而是作为某种"普遍的感觉""合适感"和"共通感"被完全地把握住。伽达默尔所谓教化的普遍化作用实质上落实为一种"合适感""共通感"的培养。[②]这是伽达默尔不同于黑格尔的地方。

把"普遍化""转变""保持"这三个关键词所标示的理论层面统一起来,可以较全面地理解"教化"这一概念的内涵。罗蒂强调"教化"之引发人的精神生活变化和转变的意义;但其所谓教化的旨趣,则着重在通过继续不断的谈话引起精神生活的变化,而非"发现客观真理"。他所倡导的,是一种相对主义,非基础主义或非本质主义的哲学观念。黑格尔承认有一个普遍性的本体,他的教化观念,着重于人的存在的普

---

① 参阅〔美〕理查·罗蒂《哲学和自然之镜》第八章,北京三联书店,1987年版。
② 参阅〔德〕伽达默尔《真理与方法》,辽宁人民出版社,1987年版,第10页—58页。

遍化。从教化必须落实到情感生活的转变，并强调通过升华包括人的情感在内的自然内容而保持其本真性的意义上，伽达默尔的"保持"观念，亦有借鉴的价值。儒家的教化，旨在为人的存在寻求真实，实现和建立超越性的基础。它要在人的实存之内在转化的前提下实现存在的"真实"，由此达到德化天下，以至参赞天地化育的天人合一。近年，已有学者注意到儒家的教化思想，但却往往仅从宗教的意义上来理解，因而主张把儒家建设为一种现代宗教乃至国教。我认为这有失偏颇。政教分离是现代社会的一个重要进步，人类不能再走回政教合一的老路。

《孟子·尽心下》有一段话，可以概括儒家整个教化思想的系统：

> 可欲之谓善，有诸己之谓信，充实之谓美，充实而有光辉之谓大，大而化之之谓圣，圣而不可知之之谓神。

我们就用这六句话做纲维来讨论儒家的教化观念。"可欲之谓善"，讲善的根源之所在。后面五句，实质都与这一句相关，都是讲"化"的过程和结构，也就是内和外统一的问题。

第一句"可欲之谓善"，讲善的根源问题。善的根源、本体在哪里？西方人讲善的本原在上帝，而"凡有血气之属"，不能靠自己的行义而使其行为有肯定性的价值。儒学的观念与此不同。在儒家看来，善固然出自于天，但同时亦内在于人。

讲"可欲之谓善"，关键在于如何理解"可欲"两字。今人望文生义，往往从情欲和功利需求的角度来理解这"可欲"的内容。这样来规定"善"，显然与儒家的思想不侔。

在夏商周三代的观念中，善的本原是在上帝。《尚书》有两句话，一句是"王其德之用，祈天永命"（《尚书·召诰》），人要行德以求天降下大命；一句是"皇天无亲，惟德是辅"（《左传·僖公五年》引《周书》），天只降福给有德的人。人行德，目的是求功利。就是说，善原自天或上帝，人则是一种功利性的存在。这是孔子以前的价值观念。这一观念在孔子这里发生了一个根本性的转向。他有几句很重要的话：

> 为仁由己，而由人乎哉！（《论语·颜渊》）
> 仁远乎哉？我欲仁斯仁至矣。（《论语·述而》）
> 有能一日用其力于仁矣乎？我未见力不足者。（《论语·里仁》）

这几句话，表现了孔子对人的一种全新的理解。在这里，孔子指出，行仁，是人唯一可凭自己的意志决断和力量，而非借助于外力所能决定的事情。借用今日哲学家的话说，这是人最本己的可能性。而"命"，或人的功利性的结果，其实现，却受制于种种外在的条件，而不能由人来决定。由此，行仁行义，乃是人的天职。以后，孟子对这一点做了进一步的发挥，得出了"性善"的结论。

孟子用"性、命"的关系来说明这个道理。《孟子·尽心下》：

> 口之于味也，目之于色也，耳之于声也，鼻之于臭也，四肢之于安佚也，性也，有命焉，君子不谓性也；仁之于父子也，义之于君臣也，礼之于宾主也，知之于贤者也，圣人之于天道也，命也，有性焉，君子不谓命也。

一般说来，人的耳目口腹之欲和仁义礼智圣诸德，都是"性"，同时亦是"命"。但为什么君子只把仁义礼智圣称为"性"，而不称它为"命"；只把口腹耳目之欲的满足称为"命"，而不称它为性？孟子区分"性、命"的标准，与孔子是完全一致的。《尽心上》说：

> 求则得之，舍则失之，是求有益于得也，求在我者也。求

之有道，得之有命，是求无益于得也，求在外者也。

仁义礼智圣，是"求则得之，舍则失之"，是"求有益于得"，"求在我者"，即主动权、选择权、决定权在我。所以孟子称之为"性"，而不称之为"命"。而耳目口腹之欲的满足等功利性要求，是"求之有道，得之有命"。其决定权不在我，是"求无益于得"，"求在外者"。所以孟子称之为"命"，而不称之为"性"。

这和孔子对人的理解是一脉相承的。在孟子看来，仁义礼智是人最本己的可能性，是人区别于其他存在物的本性，因而构成为人性的本质规定。康德讲人有自由意志，使人能够打破自然律的链条，而表现出一种源自理智世界的因果性。举例来说，你踢狗一脚，它跑了，但给它根骨头，它还会回来；但人不食嗟来之食，一个乞丐为了尊严宁肯饿死。《孟子·告子上》说：

一箪食，一豆羹，得之则生，弗得则死，嘑尔而与之，行道之人弗受，蹴尔而与之，乞人不屑也。

饿了必须吃，这是自然律。狗所遵从的就是自然律。人有能力打破自然律的链条，这就是人发自于自身的自由决断。这个自由决断是人唯一可以不靠外在力量而自身具备的，是人的自由意志的表现。自由意志在康德是一种理论上的假设，但在儒家却是一种存在性的事实。仁义是人凭自力所"可求"或"可欲"者。这就是孟子所说的"可欲之谓善"。这个"可欲之谓善"当然本原于天，但同时亦内在于人，为人性所本有。

"可欲之谓善"讲教化的前提和基础，下面五句，讲的就是教化的过程。这个过程，包括内和外两个方面。"有诸己"，指"善"的本体的实有诸己。人要返归本心，发现良知。但这还不够，还要有一种保任的工夫。这个保任的工夫，就是通过实践的活动推动人的内在精神和肉体实存的转变，使之达于精纯。孟子论性之实现，提出"践形"之说："形色，天性也，惟圣人然后可以践形"（《孟子·尽心上》）。"践形"是由内到外，包括情感、气质在内的一系列的实存的转化。孟子又讲：

> 君子所性，仁义礼智根于心。其生色也，睟然见于面，盎于背，施于四体，四体不言而喻。（《孟子·尽心上》）
>
> 存乎人者，莫良于眸子。眸子不能掩其恶。胸中正，则眸子瞭焉；胸中不正，则眸子眊焉。（《孟子·离娄上》）

"瞭"就是清澈透明，"眊"就是不明，糊里巴涂。内在的德性，会表现在人的形体面貌上，眼睛作为心灵的窗口，其表现尤为清楚明白。"践"者实现义。从本真的意义说，形色为人之天性。但就实存而言，形色作为人的天性，并非现成。本体（仁义礼智）挺立起来，会引发和推动人的情感和肉身实存产生转变，使之不断地趋于精纯。由此尽性至命达于圣人的高度，其"形色"作为人的"天性"之本有价值，才能真正实现出来。儒家的形上学，以工夫对应本体，这与西方哲学以实体对应属性（或本体对现象）那种认知的哲学进路，有很大的不同。通过工夫来实现、拥有和显现本体；本体推动人的存在发生转化，并在这转化了的实存上把自身呈现出来。这个过程，就是教化。

人格的完成不能局限于一种内在性。"充实而有光辉之谓大，大而化之之谓圣，圣而不可知之之谓神"，是其外显的一面。儒家讲：

> 夫君子所过者化，所存者神，上下与天地同流，岂曰小补之哉？（《孟子·尽心上》）
>
> 诚则形，形则著，著则明，明则动，动则变，变则化。唯天下至诚为能化。（《礼记·中庸》）

都是讲这个"化"最终要落实为一种移风易俗，德风德草的社会教化。所谓"圣而不可知之之谓神"，是言圣王垂范具有一种教化感通并形成良好道德氛围的作用。孔子讲"君子之德风，小人之德草，草上之风，必偃"（《论语·颜渊》），"民可使由之，不可使知之"（《论语·泰伯》），讲的也是这个道理。

过去有人批评"民可使由之，不可使知之"这个讲法是愚民政策，其实这是一种误解。《郭店楚墓竹简》说：

> 民可使道之，而不可使智之。民可道也，而不可强也。（《尊德义》篇）
>
> 上不以其道，民之从之也难。是以民可敬道也，而不可掩也；可御也，而不可牵也。（《成之闻之》篇）

这两段话，所讨论的正是孔子"使由使知"说的问题，二者可以相互印证以得其正解。① 又《尊德义》篇说：

> 教非改道也，教之也。学非改伦也，学己也。……圣人之治民，民之道也。禹之行水，水之道也。造父之御马，马之道也。后稷之艺地，地之道也。莫不有道焉，人道为近。是以君子，人道之取先。②

是言宇宙万物皆有其自身的"道"，人亦有"人道"，治理天下必顺人道、人性而行。《尊德义》篇所言"民可使道之"，正可印证孔子"民可使由之"之义。是知"由之"，乃言教化与为学，必须循乎人道（"教

---

① 参阅庞朴《"使由使知"解》，见《庞朴文集》第二卷，山东大学出版社，2005年版，第54页以下。
② 见李零《郭店楚简校读记》，北京大学出版社，2002年版，第139页。

非改道"），由乎人自己的本性（"学己"）而行，绝非外力对人的强制。①"由"是由乎自己，是自由。孟子讲"居仁由义"，讲"由仁义行"，其对"由"字的用法，亦取义于此。《孟子》有云：

> 自暴者，不可与有言也；自弃者，不可与有为也。言非礼义，谓之自暴也；吾身不能居仁由义，谓之自弃也。仁，人之安宅也；义，人之正路也。旷安宅而弗居，舍正路而不由，哀哉！（《离娄上》）
>
> 舜明于庶物，察于人伦，由仁义行，非行仁义也。（《离娄下》）

"行仁义"，是未见本性，而把"仁义"作为一种外在的规矩来服从。舜之"由仁义行"，亦即孔子所谓"从心所欲不逾矩"，乃是仁义由内心著见于外，表现为一种自觉而又自由的"德之行"②。不能"居仁由义"者，孟子谓之"自暴自弃"，其理由正在于仁义乃人性所本有。儒家以教化本诸自由和人心的自己立法，其根据即在于此。

儒家落实其教化于社会生活的方式丰富多样，有几点在今天仍值得借鉴。

第一点是经典的传习。孔子论六经之教化作用说：

---

① 按照郭店简《尊德义》和《成之闻之》的解释，"使知之"乃表现为"强"和"牵"，即一种外力的强制性。《孟子·尽心上》："仁言不如仁声之入人深也，善政不如善教之得民也。善政，民畏之；善教，民爱之。善政得民财，善教得民心。"此以"仁言"相对于"善政"。"仁言"是用名言发布政令而使"知之"，以外在的政令强使人服从。而"仁声"则是一种润物无声的德化。"仁声"之化人，亦即"使由之"；"仁言"之政令，亦即"使知之"。这与孔子"道之以政，齐之以刑，民免而无耻；道之以德，齐之以礼，有耻且格"的德治思想也是完全一致的。
② 简帛《五行》篇有仁义礼智圣五行"形于内谓之德之行，不形于内谓之行"之说。这个"形于内"的"德之行"，即由内形著于情感生活而自然发之于行为，因而具有自身肯定性的道德价值。

> 其为人也，温柔敦厚，诗教也；疏通知远，书教也；广博易良，乐教也；絜静精微，易教也；恭俭庄敬，礼教也；属辞比事，春秋教也。（《礼记·经解》引孔子语）

这六艺之教，着重的都不是知识，而是身心的教养。任何一个社会、文化都有它的经典，经典要经常诵读，而不光是研究。我读博士时的英文老师，是一位美籍的德国人，五十多岁，是个基督徒。诵读《圣经》是她每天必做的功课，自己规定每天读多少页，如果今天有事情没读，明天一定要补上。经典要经常诵读，中国古代社会就有诵读经典的传统。近年民间出现少儿读经的活动，有人对此产生疑虑，担心少儿诵读经典，很早就背诵那些"教条"，会不会把孩子教坏了。我曾用"开窍"这个词来概括经典诵读的作用。孩子从小诵习经典，或到教堂里唱圣诗，听布道，在他的生命里会有一种东西种下来，等他后来遇到现实的问题，经历具体的事情时，就可能会突然明白：啊，原来人生的道理是这样！经典就起到这样一种点化和"开窍"的作用。我们这一代从小没有经受传统的熏陶。我现在研究儒家，是到了大学以后才开始读书，自己从书本里体悟一点东西，但生活中缺乏传统的教养和文化的氛围，根基就不行。老一辈的人就不是这样。我的老师金景芳先生，很多经典都能成诵。他讲他的老师，当代大儒马一浮先生，通读《四库全书》，诗词、书法等方面都自成一家，甚至能诊病开药方，不仅如此，还通七门外国语，更是了不起。他们这一代人是从小就熟习经典，并从中获得文化生命的教养。从《三松堂自序》里我们知道，冯友兰先生有家学，父亲是前清进士，当过知县，爷爷是诗人，出过诗集。冯先生说自己小时候就背诵四书五经，但是当时并不懂，等到了北大哲学门读书时，才逐渐理解其中的义理。打个比方，这就像牛吃草一样，先吃进去，然后慢慢反刍。按陈寅恪先生的说法，他们是被中华传统的文化所化之人，从里到外都纯熟通透了。中国老一代学人所具有的人格上的独立性和思想学术上的原创性，皆源出于此。

第二点是礼乐教化。礼是社会生活的样式，携带着丰富的文化信息。同时，它作为一种生活的样式，与民众生活具有一种内在的关联性，能够对人的教养和社会良性的道德氛围的养成起到潜移默化的作用。这就是"民可使由之"的道理。孔子很注重礼乐文化的重建及其历史连续性。他所生活的春秋末年，是一个礼坏乐崩的时代。孔子曾到夏、商之后的封国杞和宋去考察礼制。考察的内容包括"文"和"献"两方面。文就是现在讲的文献或经典；献者，贤也，指那些前朝的遗老，作为那个文化载体的贤人。文化不仅是一种抽象理论性的东西，而是通过一定的生活样式渗透在人的行为里，体现在一定的以身体道的群体中，它才具有活的生命意义，具有教化的作用。需要强调的是，儒家的礼乐教化和一般的宗教仪轨的作用不同。宗教的仪轨一方面具有某种排他性，同时它在信众群体上亦有局限性。但是儒家所据以行其教化的礼乐系统，是社会本来就有，并且普泛地渗透于整个社会的生活样式。《仪礼》中讲到八种礼：冠、婚、丧、祭、乡、射、朝、聘。古人又讲"经礼三百，曲礼三千"（《礼记·礼器》）。可以说，在孔子之前，这个礼的系统，已普泛地贯穿于社会生活的方方面面。儒学因任这些本有的社会生活样式，既强调礼制的历史连续性，又主张因应社会的发展，对这些礼仪加以适当变通和重建，以切合特定时代的要求。儒家也并不否定巫史之事等民间信仰对民众生活的作用，它用"神道设教"的方法来升华和调适民众生活。孔子自称"百占而七十当"，可见他也精通卜筮之事，但他又强调说，我与"巫史同途而殊归"，所追求的是"德义"而不是巫蛊小道。[①] 民间信仰亦有使人迁善改过的作用，但其多有功利的性质，须引导和升华使入于正途。要引导民间信仰、民众生活，就要有一套与之

---

① 帛书《周易·要》："子曰：'吾百占而七十当，唯周梁山之占也，亦必从其多者而已矣。'子曰：'《易》，我后其祝卜矣，我观其德义耳也。……吾求其德而已，吾与史巫同途而殊归者也。'"

相契合的教化的理念，这样才能提升点化它，使之不至于陷入巫蛊小道。如果把民间的生活样式和信仰都打成封建迷信，推向反面，反倒会使之转入地下，变成一种黑暗和惰性的力量。儒家的"神道设教"，是一种行之有效的教化方式。

第三个方面就是重视家庭教育，女性妇德。儒家文化就特别强调孝道：

子曰：夫孝，德之本也，教之所由生也。（《孝经》第一章）

亲亲而仁民，仁民而爱物。（《孟子·尽心上》）

老吾老以及人之老，幼吾幼以及人之幼。（《孟子·梁惠王上》）

礼有三本：天地者，性之本也；先祖者，类之本也；君师者，治之本也。无天地焉生？无先祖焉出？无君师焉治？三者偏亡，无安之人。故礼，上事天，下事地，宗事先祖而宠君师，是礼之三本也。（《大戴礼记·礼三本》）

都把孝道作为人的德性养成和教化的一种重要方式。这当然不是局限于孝。孟子说：

亲亲仁也，敬长义也。无他，达之天下也。（《孟子·尽心上》）

孝是人最自然真挚的情感，将它推扩之于天下，乃能使之获得"仁、义"的普遍性意义和道德价值。儒家主张通过亲亲而仁民，仁民而爱物，由法祖而敬天的路径，建立起人我、人物、天人一体之超越的基础。所以儒家言道德教化，特别重视家庭教育，特别重视妇德的培养。妇女肩负着培养下一代的重任，相夫教子，对社会教化具有基础性的意义。

三、儒学的未来发展

儒学未来发展的问题，也是一个文化发展的问题。文化的发展常常受到功利因素的制约，这与文化的存在方式有关。文化普遍渗透在社会人生方方面面，但却并非一种独立存在的刚性的实体。我们可以从不同的角度对文化做出划分，比如可以从地域性角度，说有东方文化、西方文化、欧洲文化、美洲文化；从民族来区分，说有中国文化、印度文化、希腊文化、埃及文化；可以从行业上分，说有大学文化、企业文化、商业文化等等。按照杜维明先生的说法，文化是一种"添加价值"，其本身没有独立的领域，但却渗透在人类各个实存的领域，构成为一种"软性的力量"。这样，人们看文化，最容易见物不见人，只看到实际的功效，即从一种实体存在的功效上评价某种文化的价值。比如，西方社会近三百多年来发展得很好，于是大家便由此追溯原因，问是不是清教在在背后起作用。中国近代以来积贫积弱，濒临危亡，人们探讨其文化根源，认为儒家文化罪该万死。20世纪80年代，"亚洲四小龙"崛起，就有人提出"儒教文化圈"的概念，认为是"儒教文化"在起作用。其实，文化与现实、与经济之间，没有直接的因果关系。按这种因果性追问的方式来判断一种文化的价值，是一个理论的误区，但它已经形成为一种文化思考的定势。

从长时段角度来看，一种文化的命运存在着某种必然性，也可以说有一种"天命"在。黑格尔讲，世界历史的精神总要由某一特定的民族精神来承担。在一定的历史时期内，占据主导地位的文化价值，总是由某种地方性和民族性价值的普遍化而来。既然如此，它也就必然地带有自己的个性特征和特定指向，因此亦不免带有某种偏向。当这种特殊的偏向被推致极端的时候，就必然要求文化价值的根本转向。当代由美英所代表着的世界的精神方向，已经显露出了一些弊端。在我看来，其最根本的弊端就是其文化观念上的极端消费性。它带给人类的，是一种穷奢极欲、消费至上的生活理念。现在我们评判社会发展，只有一个标准，那就是经济指标。而经济要发展，就要刺激消费，刺激消费也就是要刺激、开发人的欲望。人的生命由我们这个五尺之躯来承载，欲望的开发、需求的开发有它的极限。人类现在不但在寅吃卯粮，预支人类赖以生存的资源，同时也在透支我们的生命。人类已经乘上了一个极端消费性的"死亡列车"。这个列车不会自动停止。人类面临这样的历史关头，便需要一种文化价值的转向，需要有另外一种文化去调节这个世界的价值方向。我觉得，这个文化价值观念的调节，中国儒家的"中和"观念最合适。但是现在还不行。从前述文化发展受功利性因素制约的道理来看，这个价值的转向不可能自然发生。汉代人讲政治，提出一个"逆取而顺守之"的途径，就是靠武力打天下，然后靠仁义来治理。我们可以借用这个说法，但对文化的发展而言，这个命题要反过来讲，就是要"顺取而逆守之"。就是先顺着现有的方向走，经济社会的发展要先行；发展到一定程度，按照前述文化发展之功利性因果追问的定势，人类整体的价值观念会逐渐发生某种逆转。这就叫"顺取而逆守之"。

从长时段的眼光来看中国的近现代史，我以为其中似乎有一种必然性或"天命"在。首先，从孙中山到毛泽东，中国经历了由封建帝国转变到现代国家的过程，并未出现这一过程通常所伴随的民族分裂。孙中山推翻帝制，建立共和国，蒋介石维持了二十多年，然后毛泽东在天安门城楼上宣告："中国人民站起来了！"有人说没有站起来，但我认为毛泽东统一国家的历史功绩不容小视。在那个时代，只有毛泽东这样一位不世出的铁腕人物才能将中国统一起来。蒋介石那个时代没有真正达到统一。中国由封建帝制转变为现代国家的过程，能够保持统一，很不简单。孙中山、毛泽东都功不可没。但是到了"文革"时期，强力的手段被推到极端，中国经济到了崩溃的边缘，这时，又有邓小平出来。他的年龄比毛泽东小十一岁，寿命却比毛泽东长十年，有整整二十一年的时间来开辟一番新天地，使中国在经济和国力上强大起来。所谓天将降大任于斯人，邓小平一生也经历了很多磨难。如果当时没有邓小平，我想恐怕这一点很难实现。所以邓小平出来，开出一个新方向，这也有某种必然性，或者叫做"天命"。邓小平的改革开放，了不起！从这几步来看，中国文化的复兴，国家的统一是前提，经济的复兴是基础，现在中国人主体文化意识苏醒，中国文化的发展在逐渐端正自己的方向。这之中，我觉得有一个必然性或"天命"在。

我说"顺取而逆守之"，并非要在文化方面消极等待，无所作为。这里还要有另一个方面，这就是儒学和中国文化的主体性重建。最重要的有以下几点：第一方面，是理论形态的重建。历史上每个时代儒学的发展，都要有理论系统的重建。现在我们这一套研究方式恐怕还要有所改变。我们现在的研究方式，一个重要的问题，就是太注重知识，把儒学看作一种历史的、存在于古代的知识，于是考证之风大行。每个时代儒学的发展当然要有考据，有知识性的东西；但是每个时代，所注重的首先是思想理论上的重建。比如董仲舒的学术，要解决的首先是当时时代所面临一些重大的理论问题，像汉武帝提出的三代受命、灾异之变、性命之情之形上根据这些天人之际的问题，注重的是思想理论上的重建。现在我们比较注重清人讲的一套汉学，把汉学理解成只是考据、名物训诂之类的"饾饤之学"。当然，清代把学术完全变成考据之学有其自身的历史原因。从学术分工上讲，要有人搞考据，儒学学者也不能完全脱离考据。但是，作为一个时代的学术，不应该把重点放在这个方面。现在，做学术论文，好像只有考证的才是学问，这就有偏颇。一定要有思想理论的创造意识。上世纪二三十年代有一批学者，在思想理论上很有创造力。后来，长时期只有领袖人物才能创造理论，研究哲学的只能叫哲学工作者。可以有法学家、经济学家，但是不敢提哲学家。这是不行的。但是，思想理论的创造与社会生活密切相关。所以第二个方面，就是要重建儒学和社会生活的联系。我以为，当前研究方式的另一个问题，就是儒学的研究与社会生活脱离了联系，儒学长时间以来变成学院里少数人惨淡经营的事情，与社会生活失去了联系。这也是一个很大的问题。教化的观念，就和这一点有关。第三个方面，是要培养一个"以身体道"的群体。任何一个民族时代，都不能缺少这样一个群体，其职责就是使一民族的教化之道有一个实存性或现实化的显现。如国王、贵族、神职人员、民族英雄等，都是一个民族精神的肉身性和实存性的表现。中国过去体道的责任在士大夫阶层。黑格尔在政治上主张君主立宪，认为国王是理念的实体化、肉身化表现。他甚至曾把拿破仑看作"骑在马上的世界精神"。骑在马上的是一个实存的肉体，但所显现的则是精神。现在的中国社会，就缺乏这样一个体道的群体。这个道，这个民族的精神，没有一种活生生的实存的体现，这就是文化"血脉"的断裂。现在很多学者都意识到这个问题，提出很多设想。比如，杜维明教授提出，要培养一大批公众知识分子。张祥龙教授主张建立传统文化的生态保护区。我曾经设想把孔德成请回孔府，让"衍圣公"继续"衍"下去，当然他不能参政，只作为一种文化的符号存在。"以身体道"这个阶层未来是什么状况，我们不可预期，但是一定要有这样一个意识，把它培养起来。

  这样，把儒学当代形态的重建，即理论与社会生活上的，也就是"文脉"和"血脉"这两个层面融汇起来，中国未来文化的发展、儒学的发展，将会有一个光明的前途。

教化的民间性[*]

一

我们这个会议的议题是"中国哲学的地域性与普世性"。一个哲学或文化的系统，是个性化的，但又有普世性的意义。这有一个条件，就是这个系统必须是当代化了的。就是说，在理论上，它具有其当代的形态；在实践上，它是活在生活中的。中国哲学在现代未建成它的现代的理论形态，同时，它又是与民众生活相脱离的。这就使其失去了自己的普世性的意义。

二

我这里所谓"教化"，与一般所谓教育不同。现在的教育，一般是知识性的、技能性的教育。教化主要是指信仰、信念和价值系统的确立。近年，中国民间学术和教化有兴起之趋势。我们简称为民间的教和学。在我看来，近年来，中国文化学术的现状可以概括为以下三个层面的统一：民间的教与学、学院的教与学、官方的教与学。这三个层面不是界

---

[*] 编者注：本文是作者于2006年10月28日上午在南昌中国哲学史学会年会闭幕式上的发言。

域分明的，其边界是变动的，而且是不断地向着第一个层面辐辏的。

三

民间性的教与学，其特点是自由的选择、自由的讲学、自由的思考，总之，是体现着一种自由的精神。（私学的传统与恢复：由官学到私学。《天下篇》，诗、史、子。书院。民间学术对官方的作用：自下而上，消解形式化之蔽；由私学之教化而在官，如孔子弟子、胡瑗弟子。私学传统源于六经、经典传习，其旨在人格修养和传道。故私学复兴既对中国文化意义重大，对学院学术的教化性格的形成，亦是一个重大的推动。）

长期以来，中国社会没有民间的教与学。为什么？因为没有独立的社会生活的空间。我们的经济生活是一元化的。过去我们说想当隐士，但在这种一元化经济的条件下，隐士是做不了的。与此相应，所有的生存样态是政治和意识形态化的。也就是说，意识形态代替了学术和教化。意识形态在一种特定的时期内，比如革命时期、抵御外侮的时期，是有凝聚力和教化作用的。但意识形态从本质上讲具有固定和强力的性质，它本身是不能教化的。古人讲"为己之学"，"学问之道无他，求其放心而已矣"。为己之学，是内求，是自由的选择，这才能有教化。在改革开放以后，经济生活的多元化带来了独立的社会生活的空间，而且这个空间越来越大。这样，民间的学术和教化亦随之兴起。

四

历史上各个文明系统，大都经历过政教合一的阶段。中国亦不例外。但是，在中国传统社会中，官方的教化和学术乃自下而上形成。比如儒学在先秦，本为子学，为百家之一；汉代武帝时独尊儒术，乃成为官方的意识形态。再如宋代理学，亦由民间孕育而成。朱子之学，开始被斥为伪学，后乃成为官学；朱子之《四书集注》被定位官方教本，统治达六百年之久。一种学术成为官学，成为一种具有强制性的意识形态，必会趋于僵化和形式化。但是，一方面，这种学术和教化既来源于民间，另一方面，民间的教化与学术亦与之同时存在，可以对之起到一种缓和和消解的作用。但是，中国现代官方的教化与学术，却是自上而下的，所以，其容易僵化和形式化。

中国现代以来的社会，长期处在一个不断的战乱和不断革命的过程中。在革命的、战乱的年代，政治意识形态很容易地成为占主导地位的凝聚社会和教化的力量。"文化大革命"把这种状况推至极端，在这种情形下，政治意识形态笼罩了全部生活，社会民间生活已无法找到任何属于自己的独立的空间。同时，整个社会的文化意识，是激进主义和反传统主义为主流。中国传统的教与学，亦曾有过政教合一的表现形式。辛亥革命以后，这个传统的教与学，脱离了它所依存的政治体制。但是，由于中国传统的教化方式，不是宗教性的，而是表现为一个哲理的系统，并不像宗教那样有一个独立的组织形式可以安身，所以渐失其实存上的依托。在这种情势下，中国传统的教与学，既不能获得政治意识形态的核心地位，在民众生活中亦无立足之地。更重要的是，社会主流文化意识的激进主义和反传统性，使得中国传统的思想学术，亦割断了历史的连续性。历史性的思想，失去了它在当下性中的创造，而退隐为僵化了的"过去时"意义上的知识、文本中的语词、历史的陈迹或博物馆里的陈列品。

五

民间学术和教化的兴起是社会总体发展的一个表现，它也同时影响到了学院的教与学。这个影响表现在，学院的学术亦逐渐民间化，因而亦具有了相当程度的教化意义。中国现代学院的教与学是传统的教与学向现代的教与学转变的产物。这个转变一方面的表现，是它从传统社会政教合一的形态分离出来。这是一个进步。但同时，因为它与社会生活完全脱节，而失去了教化的作用。这个脱节，原因有三，一是它的完全知识化；二是它未创造出它的现代的理论形态；三是它没有自由选择和自由讲学、思考的空间；四是整个社会生活的完全政治意识形态化。过去，学院的学术受到两个方面因素的控制：一是西方学术的概念框架和学术规范，一是意识形态。过去我们都用同一套模板——唯物唯心、辩证法形而上学来解读传统思想，你没有选择的自由。因而，第一，它缺乏自由的思考，是外在化的为人之学，故无教化的意义；第二，它与民众生活、个人的心灵生活是完全隔离的。近年，学院学术发生了重要的变化，就是解释原则的多元化，有了自由的选择，能够按照中国思想的固有特点来解释之，因而也有了创造性。不少青年学者已特别注重中国哲学的现代性建构这一环。与此相应，随着高校招生的迅速扩大，大学教育已经不是单纯的精英教育。这使得学院教育亦逐渐具有了教化的意义。

六

教化的本质是社会性和民间性的。教化的内涵和意义，是人格的陶成，价值信念的确立，价值系统的建构。因此，它是人的自由选择、本心发明，或者说，是关涉到人的内在精神生活的事务。发端于西方社会的现代化，其中重要的一个成果，就是政教的分离。中世纪的西方社会，亦是一种政教合一的社会。教化的根是超越，是理想性。一旦政与教相合一，就会使这种教化失去其理想性。中世纪西方社会以教会的权力干预世俗事务，就导致了宗教裁判所、迫害异教徒、十字军东征一类的问题。近代的宗教改革，逐渐使教化转变为一种社会性的事务和与个体心灵生活相关的事务，使之复归于它的"虚"体之位。政治与教化乃各安其位而相得益彰。

在革命的或战乱的非常时期，政治意识形态可以发挥凝聚社会力量，引导和升华人的意志情感的教化作用。但政治意识形态的强力性质，决定了它的非教化性。所以，在经济社会已进入正常运作的后革命时代，人们的政治和意识形态热情渐次消退以后，政治意识形态便不再能够承担教化的职能。目前，民间社会独立空间的扩大，民间性的教化与学术的兴起与进一步的孕育发展，乃成必然之势。教堂、佛寺、道观香火隆盛，各系宗教信徒剧增；各种民间书院、精舍、学塾、学会、讲堂遍地开花；读经、会讲、讲学、法会，各种民间学术文化活动蓬勃开展。这些民间社会的教与学，现在正处于群龙无首的状态，当然需要逐渐凝聚和引导。在现阶段，政治意识形态尚能起到一定的引导作用。但文化、教化从本质上讲是心灵之事、社会之事，来不得外在的强制。所以，官方的教与学，最终将要回归其意识形态的本位，给与社会文化、教化和学术以自由发展的空间。

七

我们强调教化的民间性或社会性，既不是要把学院的教与学排除在教化之外，也与一些学者所主张的所谓的"草根性"、草根文化、草根儒学根本异趣。

所谓"草根性"，强调的是文化的通俗性、大众化、流俗化。有的学者甚至由此走向极端，否定文化和学术立足于传统之理论建构和创造的意义。实质上，社会和民间性的教化，不能排斥中国文化传统和思想的当代性理论和形上学系统的建构。毋宁说，这种建构，正是中国当代文化建设的一个当务之急。历史性与当代性，乃是文化自身之共属一体的两个方面。由乎其历史性，文化乃保有其民族的个性和其原创性的动力；由乎其当代性的建构，文化乃具有其当下生命的活力和因应现实及其持续展开的普世性价值。就作为中国文化主流的儒学而言，不同时代各有自己时代的儒学。这本身就显示了文化之历史性与其当代性的统一性。当代中国社会民间教与学的"群龙无首"，要凝聚为和建立起一套核心的价值系统，亦需要这种回向自身历史传统的当代性的理论重建。而学院的教与学，在现代文化和学术分工的条件下，理应成为这种当代性理论建构的核心力量。

我们所谓教与学的民间性，是指存在价值上的自由选择，学术上的自由思考和自由讲学的精神。在这个意义上，我们的学院学术，已经开始向着这民间性辐辏，或者说，已经有了相当的民间性。学院里对中国传统思想学术的研究，其诠释的原则，已经由一元趋于多元。这个多元化，为学者的自由选择提供了条件，这使其研究工作可以与自己的志趣乃至其价值的认同达致合一。知行合一，本是中国传统思想学术的一种根本的精神。学者的学术思想，本就能够成为其"传记"。这种多元化的趋势，正与这种传统的学术精神相合。无所依傍，说自己的话，走自己的路，这使中国学院学术渐具教化之功能，亦具有了切合于一般民众生活的可能性。由于大学招生的历年扩大，现在，已约有半数的青年人要从大学毕业走向社会。学院的教化作用不可忽视。

这里要强调的是，我们说学院教与学的民间化，是指它摆脱外在的政治意识形态束缚，而真正表现出存在价值上的自由选择，学术上的自由思考、自由讲学这种自由的精神，从而真正属于社会而言，并非在现实上使之成为民间的书院。学院的学术和人文教化的精神，应真正能够成为社会良知的代表。这一点，在我们这样一个缺乏宗教精神传统的文化系统中，尤其重要。

而这一学院教与学的民间化，亦只有通过政治和社会文明持续进步的过程,才能逐步实现。我们必须理解,信仰选择、思想和学术的自由与现实的政治运作进程分属两个不同的领域。政治家要了解这一点,避免越界干预学术、教化之事。学者和全社会亦应了解,任何学术的观点、价值的选择都必须通过正常的法律和行政程序才能作用于现实,而不能直接地转变为现实的行为。古人所谓知行合一,是指人的精神修养或修炼而言。

就现实而言,学院的教与学与民间的教与学,还是有区别的。在现代分工的条件下,在学术力量和掌握的资源上,学院的教与学无疑要处于主导的地位。所以,中国文化和哲学的现代形态的建构,是学院所不可推卸的责任和历史使命。但只有它在精神上已转化为社会的、民间性的,它的工作才是有效的和具有真理性价值的。

守住教师的本分[*]

我被安排在这次会上代表教师作一个发言。我可能无法代表别人说话，我说的只能是我自己的想法。不过，教师之为教师，有他的共性，所以我的话可能会引发其他老师的共鸣，因此也可能有一定的代表性。

我想谈一个话题，叫作"守住教师的本分"。我自己不见得能做得好，但想通过这个话题的讨论，与各位共勉。

我个人自1973年从教以来，算起来差不多40年，从小学、初中、高中一直到本科、硕士、博士、博士后，各个层次的学生都教过了，只差幼儿园还没教过，我考虑能否在退休以后再来过把瘾。

孟子讲：

> 君子有三乐，而王天下不与存焉。父母俱存，兄弟无故，一乐也；仰不愧于天，俯不怍于人，二乐也；得天下英才而教育之，三乐也。（《孟子·尽心上》）

这三乐，是人生最高的乐或幸福，甚至"王天下"都不在其中。用今天的话说，给我当总统都不换。第一乐讲家庭生活，第二乐讲做人的原则，第三乐讲人生的事业。这三乐，第一条是"命"，不能选择；第二条是

---

[*] 编者注：本文是作者2012年在"北京师范大学庆祝第28个教师节暨建校110周年表彰大会"上的发言，原载《思想政治课教学》2012年11期。

做人的本分，用康德的话讲，可以说它是一个绝对的命令，做任何事都须以它作根据，是人之作为人的一种必然选择；第三条作为人生的一项事业，是一个可能的选择。对这第三条，我与孟夫子心有戚戚焉，也在其中感到了极大的快乐和幸福。如果人生有第二次选择，我还会选择做教师。

就自己这几十年做教师的体会来讲，我觉得孟子讲的这"三乐"中第二条最重要，它是我们做人的本分，有它作为根据，人生才能真正具有内在的"乐"或真正的幸福。包括做教师在内的人的所有事业成就，均须以第二条作为根本。

先儒讲"君子思不出其位"，"君子素其位而行，不愿乎其外"。孔子重正名，讲"君君、臣臣、父父、子子"。《大学》讲人要有所止，"为人君止于仁，为人臣止于敬"等。都是说人在社会生活中，各有分位，应守住自己的本分。君要做得像君的样子，臣要做得像臣的样子，为父、为子、为公民、为老师、为学生，都应如此，借用黑格尔的话说，就是事物要符合自身的概念，才是好、是善。

在我们现在所处身的这个高度物化的社会环境里，人要想守住本分，合乎自身的概念，很不容易。为官、经商，都面临这样的问题。最近媒体披露，一位地方领导竟把任期内不做贪官当做自己履职的承诺。听来真让人不禁哑然失笑，同时又感到非常的悲哀。你想做到一辈子俯仰无愧怍，真是太难！所以我们现在的人很难获得真"乐"或真正的幸福。

当教师的处境要好一点。但外面也有诱惑，守住自己的本分，对得起"师"这个名，就很重要。

"师"的本分是什么？韩愈《师说》讲："师者，所以传道、授业、解惑也。"这三者不是并列的关系，其中"传道"一条最重要。韩愈解释说，我们尊之为"师"的，不论少长，先我"闻道"者即可为吾"师"。所以说：

> 吾师，道也……是故无贵无贱，无长无少，道之所存，师之所存也。

不是说我有了一个教师的职位，就可以是"师"。闻道、得道，是"师"之所以为师的标准，它也规定了教师的本分之所在。

首先，这个师"道"，是一种人格的要求。

今天的教师，是一种负责传授知识的职业化的工作，与古时的"师"有所区别。按钱穆先生的说法，中国古学是一种通人、通儒之学。金岳霖先生也说：中国古代的思想家，他的学问就是他的传记。梁漱溟先生亦因终生笃守其信念而行，而被称作"最后的儒家"。故古来言师道，为人与为学是一体的。我觉得，现代学校教师虽然已成职业，但先儒有关师"道"的教训，仍然有效，它的精神还应该继承。职业虽然分途，但在教师个体身上，做个好人与做个好的专家、学者应该是一体的。我们北师大的校训就表明了这一点。我有一次在食堂用餐，听到两位学生很不屑地议论自己的老师，说：在学校我承认他（或她）是老师，毕业后咱谁也不认识谁。老师当到这份上，传授知识的工作也很难做得好。

其次，这个师"道"，对学问也有一种要求，这就是学问要有内在的一贯性和真实性。

《礼记·学记》："记问之学不足以为人师。"孔子的学生子贡认为孔子的特点是博学多闻，孔子说："非也，予一以贯之"，又说："吾道一以贯之"。孔子学无常师，他的学问虽博却不驳杂，就是因为有一贯之道贯通其中。今天知识爆炸，学生了解的东西，我们教师可能都跟不上。在学问上有一贯之道，面对这信息爆炸的时代，才能应对裕如，具有一种转世而不为世转的能力。

我们教师现在压力很大，有很多任务，发表论文有数量、级别要求。

这促使很多人为发表文章而发表文章，今天的文字与昨天的文字自相矛盾，自己跟自己打架。这就不行。我们呼吁官方学术评价的体系要逐渐改变，提供一个使学者真正可以做到真积力久，厚积薄发的学术环境，这样我们的学术才能是真实的，才能有扎扎实实的进步。但我们自己亦应首先对自己有这个要求。在这一点上，我们应该向老一代的学者学习。

我自己是一个笨人，写东西慢而且少。有两个字，叫作"不敢"。不考虑成熟的话不敢说，不敢发表。不过，这里面也有爱惜自己羽毛的意思。从效果来考虑，应景的文字发出来，对自己不是加分，而是减分。从长远看，做这样的事其实是很傻的。我自己平时看书，注意积累一些问题。对有些问题，从有想法到能够贯通，再把它写成文字发表，有的要间隔二三年，甚至十年。这当然是因为自己资质愚钝，只能做人一己十、人十己百的事。我不否认人的资质差异，有人就是又好又快，那是天才。一般人还是需要下点"慢"的功夫，才能做成像点样的东西。我对自己的学生也提到这样的要求。我的《中国哲学史方法论》第一讲——绪论，就题为"形成属于你自己的方法"。

其三，从这个师"道"对人格的要求延伸到教学或韩愈所说"授业、解惑"，传统的教育所倡"成德之教"，在今天仍有意义。

古代教育以成德为本，"行有余力，则以学文"。现代教育则不同。现代大学基本上成了教授知识、技能的场所，而缺乏教化的职能。我研究儒学，常思考这样一个问题：近代以来政教分途，西方在学校知识技能性的教育之外，还有宗教等作为人的精神人格教养的体制保障。当代中国学校教育的完全西方化，导致了整个社会德性人格教化体系的缺失。我们的人文学科是否可以承担这样一种责任？

近年，民间自由讲学的传统在慢慢恢复，很多书院、学堂、读书会逐渐兴起，在一定程度上向传统的民间学术回归。校园人文学术环境对此也有相应的反映。

我自己和我们的教学科研团队，都较注重这个方面。我们一方面在课堂教学上加大这方面的分量，引导学生诵读经典，以直观的方式使之感受传统文化的魅力。同时，也注重引导学生参与经典诵读一类的社会活动。2007年底，我们组织成立了"辅仁国学讲坛"，每年邀请一些国内外著名专家莅临演讲，鼓励同学们积极参加，与专家进行交流。2010年9月，中国哲学和伦理学专业的研究生组织发起以研读传统文化经典为主要活动内容的"辅仁读书会"，本学科老师轮流作指导老师。辅仁读书会遵循"传习经典，修养身心；以文会友，以友辅仁"的宗旨，组织读书会，并开设《木铎新声》会刊、读书博客等多个学术平台。读书会依托他们的专业优势，为学生提供了研读经典的文化平台，提供了师生交流的机会，凸显出校园文化自身超越专业阈限的人文教养、德行教化这一方面的作用，对弥补大学偏于知识技能化的缺失，是有很有意义的。它反过来也促进了同学们对专业的兴趣，二者起到了相得益彰的作用。这当然只是一种探索。但我们需要有这样一种意识：中国社会要逐渐形成自身体制化的人文素养教育机制，这一点是非常必要的。我们的人文学科对此似应有一份责任。

以上是自己有关教师职责、本分的一点体会，讲得不对的地方，敬请批评。谢谢！

我的"一贯之道"*

各位同学：

大家好，今天我非常感动，在中午吃饭时也说了几句：真是思想上还没准备好做六十大寿。六十是一个花甲，是一周，也是一个节点，但是我觉得心理年龄好像没有跟上生理年龄，我觉得自己还非常年轻。所以跟同学们说，是不是到我七十岁时，大家再聚？那时候我可能觉得自己老了。

有时和大家在一起，总是要一点少年狂。比如喝酒，像强昱老师（这是一个酒鬼，也是一位酒仙），他对我这一点很赞赏，所以经常跟大家讲。比如说，出去爬山，在我们院里，我现在基本上是第一拨，虽然不是第一个上山，但是肯定是第一拨。掰手腕，到现在，我们北师大哲社院里好像没有一个人能掰过我。王成兵老师比我小十岁左右，他练了两个月的哑铃，和我掰手腕，都不行。游泳，我最基础的还是一千二百米。三点钟游泳馆开，我如果下午没事，四点半就去，游一个小时，然后回来吃晚饭。四点半时，我就已经坐得疲劳了，正好。所以，从各个方面来看，不管是从心理上还是从生理上，我觉得自己还年轻。

大家这么关怀我，这么关心我，说要来给我做（寿），我真的非常感动。这对我也是提个醒，告诫一下：你已经老了，不要不服了。

---

* 编者注：本文是作者于2013年12月14日在"教化视域中的儒学"学术座谈会上的讲话，由郑超、张辉整理成稿，程旺、徐冰校对。

另外，好多同学，很多年不见了，借这个机会在一块见见。同门同学在一块见个面，我觉得还是非常好的。虽然大家盛情，我有点受宠若惊，还是感觉很好。大家来了以后，我观察，觉得大家都过得很好，真是有成就感。这一点和当官的绝对不一样，当官的五十九岁时就有"五十九岁现象"，提心吊胆。我每天睡觉很好，我觉得这是我感到人生非常安稳的地方。

下午计划开个座谈会，大家拿我这本书作为会议的话题。我就先说两句，算是抛砖引玉。我在这里也没做准备，只是随便说说。我觉得一个时代的思想研究，提出一个核心的观念，一个比较合适的诠释观念，非常非常地重要，也非常非常地困难。这个原则如果提得好，会产生非常重要的效果；如果这个原则提得不好，可能无法发展下去。比如，大程子曾说"天理二字是自家体贴出来的"，围绕天理，宋儒提出了很多新的思想，提出了新的思想架构，他们的思想创造影响了几百年，一直到现在，还在影响着我们。又比如，现代的熊十力先生提出"良知是呈现"，这个"良知是呈现"的观念影响了一大批人，凝聚出来一个很重要的现代新儒学的学派。西方思想也是这样。西方思想从传统上讲，它是主客二分，感性和理性、实践理性和理论理性二分，这造成了很多理论的问题。面临这些问题，胡塞尔提出本质直观、范畴直观这样的观念，去解决主客二分的问题。这样一个观念非常有穿透力，非常有解释力，非常有建构力。从这个观念出发，形成了西方的现象学运动，现象学运动不仅影响到哲学领域，而且影响到文学创作等等很广阔的领域。

我自己虽然没有什么造就，但也一直考虑提出一个什么样的东西去解释中国传统的东西、解释儒家的东西会比较好。因为我们的传统思想在现代有一个转变，在这个转变过程中，我们所面临的是按照西方的学术模式来研究中国传统思想的现状。我认为，哲学不是抽象普遍的东西，从古到今，没有一个普遍的、同质性的哲学；哲学一定是不同层级的个性化的学问，或者说，哲学的普遍性是在个性化中表现出来的互相可理解性，哲学是在个性化中表现出普适性这样一种学问。所以说我们的中国思想,包括儒家思想可以用哲学去研究。

但是这个个性化表现在什么地方,我们应当用什么应对西方的哲学观念?我考虑的结果,就是一个核心的东西——"教化"。我在1989年写了一篇文章,1990年发表在《齐鲁学刊》,题目叫作《论儒家哲学精神的实质与文化使命》。从那时开始,我找到一个观念,用了理查·罗蒂的一个说法,就是"教化的哲学"。我觉得,对儒学来讲,这个观念足以应对西方的哲学。我们做(儒家)哲学研究,需要加一个定语,就是"教化的哲学",而这个定语对于中国哲学的特点,对于儒家的特点,可以起到画龙点睛的作用。这个观念对我们研究儒家有一个解释力,同时有一个穿透力,另外也有理论建构的作用。为什么这么说呢?哲学总是求真,西方哲学总是将真实和价值的问题分成两个。有人说中国没有哲学,儒家只有一些道德的教训。我从教化的观念出发去解释,强调儒家所走的道路实质上是"存在实现论"的道路。教化的本质在于人的精神生活的内在转变,通过这样一个转变来呈现出真实性。《中庸》里讲"诚","诚则明矣,明则诚矣","诚者,物之终始,不诚无物"。"诚"就是指,事物是它自己,但是对于人来讲,需要通过一个实现的过程。诚就是性的实现,由诚达到明,达到智慧,这和西方人直接从认识出发去看周围世界,是不一样的。

从这个观念出发,我们看待周围的世界,也和西方不一样。人和周围的世界打交道时第一位的观念是"情"。这个"情"和李泽厚讲的"情本体"不一样。这个"情"是"以情应物"的"情"。"以情应物",就如《中庸》所说:

> 喜怒哀乐之未发,谓之中;发而皆中节,谓之和。中也者,天下之大本也;和也者,天下之达道也。致中和,天地位焉,万物育焉。

"天地位焉，万物育焉"，就是说人和周围世界是一体的。孟子说"万物皆备于我"，也是这个意思。一体性建立在哪里呢？建立在我们对自己价值观念的调整，就是"情"发出来一定要正。西方人从认识论出发，导致人类中心论的观念，就是"情"发出来不正，所以人和周围世界之间总是有冲突的。

从这个观念出发，我们看人的生活：西方人强调本质和现象的关系、实体和属性的关系，是静态的分析；中国人讲本体和工夫，要通过工夫的历程来转出本体、呈现本体，这就涉及人的存在的实现的问题、价值实现的问题。价值实现的问题不像西方人所说价值是和真实分开的、是相对的，中国人是不这样看的。价值的问题有普遍的基础，因为在本原上，价值和事实是统一的，这就是以"教化"为核心的思想。

我们观察人生，观察周围世界，以及处理和周围世界的关系，都和西方人不同。"教化"涉及人的超越的根据的建立。西方人分开了，说人的超越的价值观念建立起来，这是对上帝而言的。中国人讲教化，是和人的社会生活密切关联的。儒家认为：教化建立在仪式系统上，即礼乐的传统，所以中国传统的民间生活都受到儒家思想的影响，它成为数千年中国社会的得以超越的价值基础。这不同于西方。儒家所讲的哲学是教化意义上的哲学，教化是哲学意义上的教化，所以它是一个普遍的、和社会生活密切相关的一套系统。它不是从宗教的观念出发，若从宗教的观念出发，就要建立一套仪轨系统——教堂和神职人员这样的系统，这样的系统，它的信众群体是有限的，这样的一套仪式也不容易变化，要开一个宗教会议，数百年才能调整一次。在中国社会，儒家思想面对的是整个礼乐系统，所谓"经礼三百，曲礼三千"，它所应对的是礼乐系统并对之做出调整和解释，由此影响社会。所以用教化的观念可以对儒家思想做出现代的解释，并能凸显其本质的精神以及和社会生活之间的关联。

我这些年的工作主要是围绕着"教化"这个观念来思考、解释儒家的思想。"教化"观念有一定的解释力、穿透力以及理论建构的能力。有的哲学家提出的核心观念是分析性的，自己进行思想建构还好，但是后继无人。为什么呢？因为分析性的东西没有广泛的解释力，越走越窄，而且分析性的东西就如黑格尔所讲的，像是在剥洋葱，一层一层剥，最后就没了，所以就没有生命力，学派也无法建立。所以一个思想观念的提出，一定要注意到：作为核心的思想观念要适合解释的对象，而且本身要具有扩展的能力。

孔子说："吾道一以贯之。"做学问要有一贯之道。我们不能为写文章而写文章，今天一篇，明天一篇，自己的文章互相打架。这样做学问有何用？所以一定要找到自己的一贯之道。我这些年始终围绕着"教化"思考问题，解释问题时能从一个中心点出发，讨论问题时也是立体的而不是散落的。大家写完文章、准备发表时，杂志编辑可能会说文章太长了，得删掉一部分，但是我的文章就没法删掉一部分，最多能一句一句减掉，若删掉一部分，就不成为完整的文章了。我想写文章应该是这样的。希望在座的同学也要找到自己的一贯的东西，不能为写文章而写文章。有些人今天研究先秦，明天研究汉代，后天研究宋明，做的材料不少，但是阵地不停地转换，相互之间又没有关系，这样做学问的方式是不足道的。

在燕翼堂义塾成立大会上的讲话*

各位来宾：

上午好！

很高兴受邀参加燕翼堂义塾成立大会。首先对燕翼堂义塾成立表示祝贺。

昨天到佳县后我去了韩海燕先生家里，了解了韩先生的工作，我非常感动，对他这样一种人文、社会、文化的担当精神由衷感佩。在这里我要向韩先生表示敬意。

实际上，义塾的工作不是一个独立的事情，我想义塾的成立可以说是顺天应人。21世纪以来，我们可以感受到中国人的文化意识发生了非常大的变化。近代以来，我们的文化意识是反传统意识，激进主义占据主流。但近年来，中国人的文化意识发生了根本转变。大家都知道我们北师大出了一个于丹，于丹讲《论语》在社会上引起了很大轰动。这并不是说她讲《论语》讲得有多好，但为什么引起了这么大的轰动？在社会上出现了于丹这样的明星，研究传统文化的明星，这是一个非常值得注意的现象。事实上每个时代都有自己的明星，明星都体现着一种时

---

* 编者注：陕西省榆林市佳县退休干部韩海燕自2001年起向社区农村儿童义务普及国学经典，传承中华优秀传统文化。2007年与"一耽学堂"合作，正式创立燕翼堂义塾。"燕翼"取自《诗经》，"武王岂不仕，诒厥孙谋，以燕翼子"，意在泽及后人。2014年，韩海燕获"第二十四届全国图书交易博览会十大读书人物"；2017年，被授予"第三届中华优秀传统文化教育年度卓越贡献人物"奖。

代精神。战争年代的明星是英雄，"文革"期间的明星是造反派，而在物欲横流的现在，出现一批研究中国传统文化的明星，这并不是偶然的，表现了中国人经过100多年的思考后，我们的历史记忆在觉醒，文化意识在觉醒，对于这一点，我感到非常欢欣鼓舞。

我在参加2006年在南昌大学召开的中国哲学年会时，在闭幕会上有一个发言，题目是《教化的民间性》。我认为，教化的根基在民间，未来中华文化复兴的生命根源也在民间。

过去，一些学者提出的一些观点，我想经过这些年的反思，需要作进一步思考。比如说余英时先生在20世纪80年代发表了一篇文章，这篇文章影响很大，题目是《儒学的现代困境》，其观点是儒学在现代成了无体游魂。这一判断的根据是中国传统儒学的根本特点在于它与封建制度紧密联系，儒学的观点、理念和文化的载体是在制度，但辛亥革命以后，传统封建体制没有了，所以儒学变成了无体的游魂、幽灵。这跟西方宗教不同，西方宗教政治和教化分开后，即政教分立后，它的宗教教化是有体的。

他的这个观点有很多毛病。但它影响很大，因为大陆和港台儒学界的很多人都在引用他的观点，我前几年写文章也引用他的观点。但经过几年来对民间儒学的反观和反思，我们回过头来看中国传统儒学，会发现儒学的现实载体不仅仅在于制度，它的根源在于民间。或者说，以民间学术为中介影响世道人心。反观宗教，作为西方文化的载体，关键在于它有很多信众，信众多，影响了信众的生活。如果信众少，那么它也不能成为文化载体。所以宗教也好，学术也好，主要是通过这个载体影响民心、影响社会生活。

中国传统教化是政教合一的。政教合一开始的根基也在民间。比如孔子，他倡导的是私学，以诗书礼乐教化，门下弟子3000人，都是在民间讲学。和我一起工作的周桂钿教授，也是我的前辈，他有一句很俏皮的话，他说"孔子是中国第一个民办教师"。民间学术后来发展为官学，主要是因为汉朝时汉武帝独尊儒术，使它成为官方学术。一旦成为官学，教化就与意识形态联系起来了。所以教化在这个过程中也就被形式化、固定化、教条化，失去教化作用。这样民间学术会再兴起。我们看宋初三先生的胡瑗，他的学生几千人，在朝的弟子就有好几十人，对当时的民风、朝廷风气都有很大影响。朱熹的学说开始也不是官学，在一段时间内还被打为"伪学"，后来才成为官方学术，他的《四书集注》后来成为官方教本。

因此我们说传统学术的根基在民间，那么民间学术有什么特点呢？用两个字概括，就是"自由"，自由地讲学，自由地思考，自由地讨论，价值观上自由地选择。只有这样一种自由精神，教化才能真正发挥作用。教化是从人心内部格致良知，而非从外部灌输。很长一段时间，民间传承发生了断裂，这种断裂主要是因为民间学术的断裂。民间教化来源于民间学术。过去，真正的学问大家都在民间。孔子在民间，朱熹在民间，宋初三先生也在民间。他们关乎世道人心的学说，因为在民间，与百姓生活结合在一起，所以才有力量。这些年来，我国综合国力大大增强，听说GDP已位列世界第三。文化的复兴是综合性的，国力的提升、经济的发展、社会的发展和人文学术的积累，这几方面缺一不可。因为国力增强，中国文化的国际影响力也越来越大，中国人的信心也越来越强。所以现在出现了对传统文化的回归、对孔子思想的认同，这是一个非常好的现象。刚才羊教授也提到了，中华民族的复兴一定伴随着中华文化的复兴。

国学热并不是经典书籍的堆积，那只是国学材料而已。我们每一个人都要为国学、为中国文化重新建设付出努力。因为民间学术、民间教化的断裂主要是缺乏人文的积累，没有建立起国学、儒学的当代精神。今后，我国经济发展将继续前进，综合国力将继续增强，我们学者的责任就是不能让传统文化断裂。如果传统文化发生断裂，中国的未来就没有希望。

韩先生的工作不是独立的。"德不孤，必有邻。"当前，各种各样的学堂、讲堂、读经、法会、书院大行其道，这逐渐会成为一种潮流。将来，中国文化复兴的根基就在民间。这次来，我看到韩先生的工作得到了地方政府和社会各界的支持，我很受感动和鼓舞。这将是一项长期的工作，需要我们持之以恒、默默无闻的努力。我相信，有了这么多有识之士，有了人心所向，中国传统文化的复兴必将指日可待！

谢谢！

经典传习的意义与学术的民间化 *

很高兴能与在座的各位老师、同学交流。今天来参加讨论的有民间的书院、读书会，还有学校里的学生社团，听大家各自介绍自己社团的活动，讲述了自己的心得体会，我很受感动。一般来说，现代大学基本上成了教授知识、技能的场所，而相对弱化了其教化的职能。今天通过与大家交流，我看到了大学生活的另一面，这另一面就是德行教化、人格培养的一面。

下面，我想主要围绕两个问题谈谈我的一点感想。一个是经典的意义，一个是民间学术的意义。

先说经典的意义。现代社会以来，我们看到经典逐渐成为部分专家学者的研究对象，其实这也并非是一个正常的现象。经典当然需要有专业的研究者，但是经典的意义却不仅仅在于被专业化地研究，其另一个意义在于教化，通过经典的教化培养理想的人格。

世界上任何民族都有自己的经典，犹太人有犹太人的经典，阿拉伯人有阿拉伯人的经典，欧美国家也有自己的经典，经典都有其教化的意义。经典当然可以作为专业学者研究的对象，但是经典也必须是要全民都阅读的。经典也是一个民族教养的本原，通过经典的学习，民族传统

---

* 编者注：本文是作者于 2010 年 9 月 26 日在北京师范大学辅仁读书会成立大会上的发言，由董卫国记录、整理。

的智慧得以传承，民族精神得以保养。中国古代经典尤其重在教化。《礼记·经解》载孔子一段话说：

> 入其国，其教可知也。其为人也，温柔敦厚，诗教也；疏通知远，书教也；广博易良，乐教也；絜静精微，易教也；恭俭庄敬，礼教也；属辞比事，春秋教也。

可见，儒家的六经根本意义在于教化，通过教化来培养理想的人格，通过教化来美化社会风气。

刚刚成立的辅仁读书会，宗旨为——阅读经典，修养身心。这个宗旨提得非常好。阅读经典不应该仅仅为了学术研究，同时也应该是为了修养自己的身心，将学术研究和自己的身心修养结合起来，这是非常正确的。刚才陈达隆先生介绍燕京读书会的读书方法，说到"要与古人对面亲聆，古人的话语好像从自己心中流淌出来一样"，这几乎跟朱子说的一模一样。朱子谈读书法，强调"循序渐进，熟读精思"，最终达到"古人之言，如出己口"，就是说，古人的话好像就是从自己口中说出一样。燕京读书会的这种阅读经典的方法，非常合乎传统的精神。这样读书，才能将经典的义理落实到个体的身心上来，而不仅仅是停留在一种无关乎个体生命的外在知识。

第二点就是民间学术的意义。儒学的根本在于教化。儒学的教化传统上有一种体制的保证。一般来说，传统的儒学是官方意识形态，有官方体制的保证；其实传统的儒学也有一个民间的、自发的教化机制存在。儒学历来有很好的民间讲学的传统，比如传统的书院、讲会等等，他们自由讲学，起到传承学术、教化社会的作用，这些书院、讲会多是独立于官方的，属于民间社会自组织、自教化的体制。

但是20世纪以来，儒学教化的体制保证由于各种各样的原因最终瓦解了。中国社会这种民间学术的传统完全断绝了。马一浮先生曾于20世纪30年代末在四川创办复性书院，复性书院依然是古代书院传统的延续，继承了传统书院自由讲学的精神，独立于体制之外。但是复性书院没有存在很长时间。20世纪中期开始，由于种种原因，民间学术的传统断裂了。复性书院那样一种民间讲学的精神，最终也不复存在了。新中国成立后，体制外的独立的教育基本上就不存在了。

近些年来，我们看到这种自由讲学的传统也在慢慢恢复，很多书院、学堂、读书会慢慢兴起，在一定程度上向传统的民间学术回归。举个例子，大连图书馆有个白云书院，这个书院从1998年开始每周组织一次讲学活动，完全免费，公开讲学，鼓励所有市民参加；同时还组织小学生学习经典，也是公益性的。这就起到一种很好的社会教化的作用。刚才杨汝清先生介绍苇杭书院的情况，也符合民间学术这样一种教化的精神。

现代社会政教分离，儒学虽然失去了其原来的官方体制的依托，但是也恰恰为其民间教化的路径提供了契机。现代社会自由选择，打破了原来意识形态控制和体制内学校独揽天下的局面，这样民间学术就会逐渐走向复兴，发扬其自由讲学的传统，一定程度上担当起社会教化使命。

同时学院的学术也逐渐民间化。很多专门从事学术研究的学者也参与书院、读书会的活动；同时，学院里关注的学术问题，也逐渐贴近生活，这些都是学院学术开始民间化的表现。再如，辅仁学会的同学们，据我了解，他们与这些体制外的读书会、书院交流很多，在学术交流的过程中，他们受到启发，然后回到学院中来，组织这样的读书会。这是非常好的。这在一定程度上促进了我们学院学术的民间化，让学院的儒学，从理论的层面向民间社会、民众生活落实。

刚才社团的代表介绍了各自社团的活动，社团的活动不局限于某个专业，甚至也不局限于某个学校，而是完全开放的。这是非常好的。传统的民间学术重视身心修养，身心修养是没有专业局限的，也没有地域局限，是所有人都应该追求的。我平时也在想，现代大学都是分科教学，这对于传播传统的经典文化当然是有限制的，这是一个体制的限制。现在大学都是以技能教育、知识教育为主的，这种人格、道德教化的功能恰恰缺失了。孔子讲"君子不器"，"器"可以说就是知识、技能方面专业化的教育，"不器"就是人格的培养。教育当然要培养各种知识、技能方面的专业化人才，但是不能被专业的东西异化了，还要重视学生人格的培养，进行人文关怀的教育。

很高兴看到民间的书院、读书会以及学校中的类似的学生社团，逐渐发展起来了，这是一个非常令人欣慰的现象。我想将来这些书院、读书会发展到一定程度，就能够连成一片；这就能恢复我们这个社会教化的传统，使得文化的、精神性的东西能有一个体制性的保证。

最后，也对我们辅仁读书会的成立说几句话。正如刚才祥俊老师所说的，希望你们能够长期坚持下去。古人说："靡不有初，鲜克有终。"做事情不能仅仅凭借一时的热情，要有始有终，希望你们能够长期坚持下去；学会的宗旨提得非常好，也要有一个落实才行，不能仅仅停留在纸面上，这就要求你们社团的组织者要去身体力行，在各方面做出表率。

哲理与生命存在的内在统一[*]

时间过得很快，转眼读书会已经成立一周年了。首先，在此对辅仁读书会表示祝贺。刚才大家通过PPT回顾读书会一年来的活动，我很受感动。一年来大家确实做了很多事。这种踏踏实实做事情的精神，让我很是感佩！

刚才听各位老师的发言，我想到这样一个话题，就是哲理与生命存在的关系。我们一般说中国的哲学乃是义理心性之学，中国哲学所讲的哲理乃是与个人的生命存在密切相关的。其实并不仅仅是中国哲学如此。西方哲学，从其源头上看，也是如此。我们读柏拉图的《申辩篇》《克里同篇》《斐多篇》，其中苏格拉底的形象也是那样的。苏格拉底虽然也探究一些技术性的东西，比如逻辑的问题、语言的问题等等，但是这些东西与苏格拉底的生命存在是密切相关的。我们知道，苏格拉底在被判处死刑之后，他本来有逃跑的机会。但是他却毅然地选择死亡。他认为这是神的指引。他体会到生命中有一种冥冥之中的力量，这种超越的力量安排着世界的命运。由此我们看到，苏格拉底对神的体验，与孔子对天命的体认完全一致。如果苏格拉底不是对神，对这些终极的、根本性的存在有真正的体验，他就不能用哲理来驾驭自己的生命。

一个人如果真的能够在生命中对那个超越的本体有所把握，从而建

---

[*] 编者注：本文是作者在辅仁读书会成立一周年纪念活动上的发言，由董卫国记录、整理。

立起根据性的东西，那么他自然能够阐发其哲理系统，同时他也能够更好地应对他所处的社会问题。哲理的东西会转变为对他的现实社会生活起作用的知识、技能。如果对形而上的东西有一种体认，那些知识、技术性的东西反而会比较容易掌握了。但是后来西方哲学有一种转向，尤其是近现代分析哲学兴起之后，哲理的东西逐渐被知识化、技术化了。

在中国现代，哲学除了知识化、技术化之外，更被意识形态化了。哲理被意识形态化以后，就成为一种权力运作下的东西。比如在秦朝这样的专制统治下，有指鹿为马的典故，明明是一只鹿，他却说是个马。这样，真理的东西也就不真了。在这样的情况下，我们所讨论的这些问题如何呢？我用一个词，叫作被"语词化"了。所谓语词化，就是玩弄光景。比如有些人总是想，我们反正有这样一个圈子，这个圈子里的名人提出来一个问题，然后大家来讨论。看上去讨论得很热闹，然而，这样一些东西与我们的身心性命没有什么关系。我们看现在的中国哲学界，所讨论的问题与我们的身心性命没有关系，完全是些玩弄技巧，说说而已的东西。那么这些东西如何恢复到哲学的原初、哲理的本义上来？唯有回归传统，这是一个很重要的路径。

先说西方，近代以来西方哲学被知识化和技术化以后，它和人的身心性命的内在关联性就没有了。我们中国的哲学恐怕这样的问题也比较严重。因为我们中国传统的哲理系统，与宗教的组织形式并不一样。所以现代社会以来，当中国哲理的系统被知识化、技术化，尤其是意识形态化和语词化以来，中国的价值就处于失序和失位的状态，缺乏它自身的基础性的东西。

我们看到，西方近代以来发生的变化。哲理的系统被知识化、技术化之后，哲学变成了专业的学科，失去了其教化的功能；但是，西方社会还有一个宗教系统，作为知识性、技术性的东西的基础，依然起到社会教化的作用。宗教为个体生命提供文化价值的教养。当你对超越知识、技术性的存在有所领悟的时候，你的生活就超出了技术性的范畴。

但是中国传统的哲理系统与宗教系统乃是合一的。哲理的系统被语词化、政治意识形态化以来，价值就处于失序和失位的状态。社会教化也就因此而失落了。

从这里我们可以看到哲理与生命存在内在统一性之重要，无论是西方哲学还是东方哲学，都是如此。古代的书院，注重身心的修养，性命之学是根本。很多大学者都在书院讲学，像朱子、阳明，都曾在书院讲学。比如朱子，他有很多哲理方面的讨论，讨论得很专门，如讨论天命之性、气质之性等问题。表面看来这些哲理的系统与现代所讲的哲学无异，但是其内在的追求却是希贤希圣。我们辅仁读书会的宗旨非常明确，经典阅读与身心修养要结合起来。这与传统的哲理精神是相契合的。

燕京读书会、苇杭书院的事业也很让人钦佩。我想，这些起源于民间的读书会、书院要继续坚持下去，形成气候。要逐渐落实为制度化的东西。这样就能扭转中国现代价值失位和失序的现状，逐渐承担起社会教化的使命。

在读书会学习的同学们，他们将来会毕业离开，但是他们每个人都是一粒种子。他们会把这种传习经典的传统带到各个地方，让它遍地开花。我最近了解到中山大学在尝试推行四书教育。这是一个非常好的现象。这些都需要更多的人来推动，把它变为制度化的东西。现代大学里也有一些德育，但是常常都是些比较空洞的东西。大学应该重视德育，而以经典教育取代现代大学空洞的德育课，这个一个可行的方向。

再回到今天的话题上来，今年是孔子诞辰 2562 周年，又是辛亥革命百年纪念，此时此刻，感触很多。我们有时候只讲历史，常常可能会陷入纷纭的史实之中。从长远看，我想历史也有一个天命在其中。近代以来，世界上传统的帝国在向现代民族国家转变的过程中都走向了分裂，唯独中国没有。孙中山推翻了清政府，但是他不能重新把中国有效地统一起来，蒋介石也未能彻底改变中国社会分裂的局面。在毛泽东领导下，中国重新统一了起来。这个是毛泽东的功劳。政治统一这样的事业，必须要有一个铁腕人物才行。当然,毛在统一之后,没能更好地推动社会的建设和发展,"文革"几乎把社会推到了崩溃的边缘。回顾历史,这其中似乎有冥冥之中的安排:在邓小平的领导下,中国逐渐富强起来,邓小平的功绩在于改革开放,让中国逐渐富强起来。回顾这百年的历史,中国社会先经由辛亥革命推翻帝制,走向共和;然后由新中国的建立而走向国家的统一,之后又经过30年的发展,经济逐渐富足起来。现在则是中国文化复兴和繁荣的时候了。这大概是中国文化在近代社会的天命。而这个事业需要更多的有识之士去推动,去付出努力。我想这个使命就寄希望于在座诸位了!

对话

儒学的现代命运与未来发展[*]

导语：儒学不仅仅是庙堂之上的说辞，也不仅仅是象牙塔中的思辨，而是整个中华文化传承与发展的内在精神根骨和价值基础。如果说，在两千多年的农耕文明中，儒学一直是整个中华文明的显性特质，那么，在当今的中国，儒学依旧在人们的日常生活中以习俗、伦理等形式对整个社会产生着影响。需要注意的是，由于儒学产生和巩固的历史背景已经不在，而且随着西方文化以西方的强势经济为载体对于中国本土的文化产生了极大的冲击，加之我们在建国后的一段时间对以儒学为代表的传统文化采取了打压和否定的政策，使得目前儒学这一精神资源变得很脆弱。从今日而言，儒学本来所具有的那种经世致用与浸润人心的作用已经显得逐渐式微。因此，也就难免产生了诸如"游魂说""博物馆说"这样对于儒学现代命运的悲观评价。然而，儒学的内在精神价值不仅是中华民族的精神核心，甚至也引起了整个人类世界的重视，将"己所不欲，勿施于人"作为整个世界的道德金律就是一个显然的例子。那么儒学在当今时代的命运如何，儒学应该向何种方向发展，这是摆在当代中国学术界的一个重大命题。对此，我刊专访了北京师范大学教授李景林先生，请他谈谈对于儒学命运与发展方向的看法。

---

[*] 编者注：本文原载《晋阳学刊》2013年第4期，采访人为冯前林。

一、儒学当代发展的整体图景

冯：李老师，您好。非常感谢您接受我们的访谈。我们知道关于现代儒学的总体境况，"游魂说"与"博物馆说"影响深远，这两种观点都是认为儒学已经失去了其灵魂、活力，成为僵死的、知识化的东西，与世道人心的关系相距甚远。您认为，现代儒学的发展是否的确陷入了这样一种尴尬的境地？

李："博物馆说"是上个世纪美国学者列文森提出的，他有一本书，叫作《儒教中国及其现代命运》，1968年出版，他用"博物馆中的陈列品"来比喻儒学的现代命运，认为在现代中国，儒学已经成为一种死的东西，成为博物馆中的收藏品，所以才得以保存。余英时先生有一篇文章，叫作《现代儒学的困境》。他认为儒家在现代已经没有体，失去其存在的基础而成为一种"游魂"。他将儒学与西方宗教相比较。西方中世纪也有过宗教与世俗制度融为一体、政教不分的情况。近代以来，政教逐渐分离，基督教从很多学术思想领域撤退，回归社会，但它仍能保有教会的系统作为自身运行的体制保证，所以仍然能够在社会生活中继续发挥它的作用。儒学的情况则不同。儒学在传统社会，相当长的时期都处于政教一体的状态之中，具体表现为它全面安排人间秩序。它的存在，依托于政治体制，制度成为儒学在现实中的载体。上世纪初（二十世纪初），这样一个政治体制被打破。儒学不是宗教。传统政治制度解体了，儒学也就失去了它的寄身之所而成为一种无体的"游魂"。这两个说法的意思差不多，后来在中国学术界产生了很大影响，许多人写文章时都引用这两种说法。大多学者对儒学的现代命运持一种悲观的态度。过去，我也受这两种说法的影响。

上世纪八十年代，有一股西方自由化的思潮，这些学者们对政府持批判态度，对儒学同样也持批判态度。大家都将当代中国社会的问题归结于儒学，让儒学来承担责任。其实，当时学者们对儒家哲学的批评并不是一种理性反思的态度、一个客观研究的结果，而只是情绪的表现与宣泄。在他们那里，批评儒学就等于批评官方。那时候，学生也是如此。当时我上课讲中国哲学和传统文化，学生都不怎么听，认为其中没有什么积极的东西。其实，他们并未很好地读书思考，或根本没有看过原著，没有仔细了解过自己的文化传统。可见，当时的批评多是人云亦云和情绪性的表现，当时的氛围就是如此。从五四时期打倒孔家店，到"文革"反传统达到高潮，再到八十年代的政治改革诉求，基本上都是将矛头指向传统。所以，在当时，反传统和激进主义构成了包括精英和民众在内的整个社会文化意识的主潮。

但是本世纪初（二十一世纪初）以来，中国人的文化意识发生了一种带有根本性意义的转变。这个转变就是：从一股脑儿地反传统转变为对传统的肯定。我在《教化观念与儒学的未来发展》那篇文章中举了两个例子。一个例子是北大中文系张颐武教授，他前几年提出一个说法：对传播中国文化来讲，一万个孔子比不上一个章子怡。这个说法一出，立即引发了激烈的网络争论，而绝大多数人对他持批评态度。当然，张教授的说法有其自身的语境，可以不去评说。但这反映一个问题，就是大家对孔子作为中国文化代表这样一个形象或人格标志，开始表示认同，过去被人们否定的孔子作为中国传统文化标志的意义又重新确立起来。另外一个例子就是所谓的"于丹热"，一时间，包括儒学在内的古典文化学术研究领域，出现了一批学术明星，这是一件非常值得注意的事情。一个时代有一个时代的明星，它体现着这个时代的精神向往。比如，抗战时期的明星就是抗日民族英雄，"文革"时期的明星是像王洪文一类的造反派。在我们这个物欲横流，注重物质享受的时代，出现这样一个学术明星的群体，这是一个奇特的现象。近年来民间儒学亦有兴起的趋势，各地书院、私塾、义塾、会讲、读经等民间学术组织和活动逐渐兴起。各大学纷纷成立各种形式的国学院、儒学院，各地方具有地域性特色的传统学术研究机构和活动亦如雨后春笋涌现。同时，官方对文化传统的态度也发生了一些重要的变化。这些，都表现了整个社会对文化、尤其是传统文化的渴求，表明中国人的文化意识已经开始转向一个认同和回归传统的新的阶段。

这里有一个问题，经过一百年的反传统，中国人的文化意识为什么会突然发生一种逆向的转变，反过来去肯定传统？我的理解是，儒学并没有真正成为一个古董，成为死的东西。所以我不太同意列文森的"博物馆说"和余英时先生的"游魂说"。这两种说法可能描述了当时的那样一种现实状况，但其对这一现实的分析，却不见得正确。从根本上来讲，一直延续了数千年的文化血脉，不可能被轻易斩断。近年来中国人文化主体意识和认同意识的苏醒，民间学术的兴起，就表明了这一点。百年来儒学在社会的现实层面有断裂，但却并未断绝。儒家文化在中国人的心中仍然活着。原因在哪儿？在于儒学教化的力量。儒家的特性在教化，教化会落实到人的人格和精神气质里面，所以不可能轻易断掉。本世纪初以来中国人文化意识的转向就表明了这一点。

二、从历史维度来认识儒学的性情观念

冯：儒学非常重视情感，这是一个公认的事实。比如孔子讲"子为父隐，父为子隐"，孟子讲"窃负而逃"，都是以至亲的情感为首要原则。但是也有人认为，正是因为有此文化背景作为土壤，如今的中国社会俨然成为一个人情社会、关系社会，公正、公义显得比较欠缺。您认为这一说法有没有合理性与局限性。假如儒学的确可能带来这种流弊，应该如何克服？

李：从思想理论角度来讲，儒家的确重视情感。心性儒学主要围绕心、性、情的关系问题展开。性是本体，需要在心上去自觉，其展现出来就是情。所以《中庸》中讲："喜怒哀乐之未发，谓之中。发而皆中节，

谓之和。中也者，天下之大本也。和也者，天下之达道也。致中和，天地位焉，万物育焉。"情感发出来正与不正，是一个价值的问题。我们现在东西之间、南北之间、民族之间有冲突，人与生态不和谐，其核心在于人类中心、个人中心、西方中心这种价值上的偏蔽，按《中庸》的说法，就是在"喜怒哀乐"这个"情"的发端上出了问题。所以儒家讲，你要做到情发中节，才能达到"天地位、万物育"，你与周围的世界才能和谐。所以，人与宇宙万物为一体，首先要调整的是人的价值态度。《大学》讲："自天子以至于庶人，壹是皆以修身为本。"修身从何处做起？从情。人要成德，情感首先须是真实的，一念发出来是真诚的，以一颗真诚之心来对待周遭的人与万物，才能成德，才能调整好人与周围世界的关系。儒家讲"诚"也是这样，"诚"也就是"忠"，后来讲"忠""恕"，其实就是"诚"和"恕"。所以《孟子·尽心上》讲："万物皆备于我矣。反身而诚，乐莫大焉；强恕而行，求仁莫近焉。""万物皆备于我"不是我们过去批评的主观唯心论，而是讲我能与天地万物的一体相通、和谐而无对立，这就是中国哲学所强调的"通"的精神。"通"的根据在"诚"，所以说"反身而诚，乐莫大焉"，接着是"强恕而行，求仁莫近焉"。也就是说，"万物皆备于我"是在"忠""恕"的基础上实现的，"忠""恕"之道首先要求自己要"诚"，要真实，即一念发出来的情感是什么就是什么，也就是"诚者，天之道；诚之者，人之道"。

过去为什么讲"忠""恕"，讲德性的培养时，往往讲到孝？有子讲："孝悌也者，其为人之本与。"这个"本"字，是基础的意思。人皆有父母。儒家说："天地者，生之本也；先祖者，类之本也；君师者，治之本也。"由此也可以看出，人追溯其生命的本源，要由血缘溯及天地。所以儒家把血缘亲情看得非常重要，中国人讲"敬天法祖"，是由"法祖"而"敬天"。但是需要注意，儒家并没有局限在血缘亲情。孟子说："亲亲，仁也；敬长，义也；无他，达之天下也。""亲亲，仁也；敬长，义也"，并不是说"亲亲"就是"仁"，"敬长"就是"义"。"亲亲"是实现"仁"的一个前提和基础，同样，"敬长"是实现"义"的一个前提和基础。但是，"仁""义"要实现出来、表现出来，就必须要"达之天下"。一个人不光是爱自己的父母，还要爱别人的父母，推而至于"仁民爱物"；但是反过来讲，一个人不能爱自己的父母，亦必不能爱别人的父母，更不必说其能仁及天下人与万物。可见，"亲亲"是一个基础，儒家讲注重亲情，归结点还是在于人的德性的成就。

同时，儒家重视亲情、重视情感，这也与当时的社会有关。传统社会的构成，基于乡党、邻里、宗族、家族的聚居方式，可以称之为熟人社会。所以强调情感、亲情，有当时社会的背景。但是在传统社会，依然存在今天人们所讲的私德与公德之间的关系，并不是完全局限于家族。刚才讲到情感对于人的德性生活的基础性意义，同时也讲到儒家并不局限于血缘亲情。从理论上，儒家对私德、公德的关系也有清晰的表述，即内和外要有区分。儒家讲"仁内义外"，就是强调治理家族和治理社会要有不同的方法。用郭店楚简《六德篇》中的说法，叫做"门内之治恩掩义，门外之治义斩恩"，《礼记·丧服四制》里面也说"门内之治恩掩义，门外之治义断恩"。这就是说，治理家族内部事务，虽然也要有"义"，但却以"恩"即情感为其主导的原则；治理社会，虽亦有"恩"或情感，但是要以"义"为其主导的原则。比如孟子那里有一个关于"易子而教"的讨论。为什么要"易子而教"？孟子做了一个分析："父子之间不责善"，"责善，朋友之道也。父子责善，贼恩之大者"。郭店简《六德篇》讲到内和外的时候说"宗族，内也；朋友，外也"。可见朋友关系是"外"或社会的关系。"责善"，强调的是"义"，对处理朋友这种社会的关系是适用的，过去我们经常讲"诤友"，能够勇于指出对方错误的朋友才是好朋友。但"责善"则不适于处理父子关系，因为处理父子关系的主导原则是"恩"。父子"责善"，是错用了处理"外"或社会的原则来处理家族"内"的事务，就会导致"贼恩"的结果。所以我们可以看到，儒家强调情感，但是也非常明确地界定了内和外，即家族领域与公共领域在治理方法上的区别性。这两种治理方法都讲究义和情，但一者是"情"占主导，一者是"义"占主导。再者，我们提到的传统社会是一个熟人社会，它有一个以家族为中心向外辐射的机制，和现在的社会结构不同。所以，过去熟人社会所讲的"情"和现在社会的情是不一样的。传统社会的道德约束力非常大，一个家族的首领必须是一个道德楷模，社会也以道德楷模来要求他，他不能胡作非为、任意妄为。所以，那种结构模式下的"情"是一种以德为基础的情。这和现代社会一个村、镇的熟人社会不同，现在一个村、镇，虽还是熟人社会，却基本上失去了道德的约束。当然，现在中国农村社会也还存在家族，但更重要的是小家庭，所以这样的熟人社会实质上已经成了"生人"社会。正因为如此，就需要我们把儒家"门外之治义斩恩"的方面更多地开发出来，即着力于公共社会、公共秩序的建构。

总之，无论社会发展到什么时候，人总要有家族、父子的亲情，这是最真实的东西，"子生三年，然后免于父母之怀"。德性成就必然要以此为出发点，这个基础不能丢掉。所以，我们一方面要注重孝道亲情，另一方面要将公共社会的规范秩序建立起来，这样才能实现传统和现代的转换与接轨。

三、道义原则应成为一个社会或伦理共同体的最高原则

冯：现在存在这样一种观点。儒学指出，成圣成贤是每个个体修养的目标。那么，对于什么样的人才是圣人、贤人，有非常高的道德要求。这样，生活中的具体个人对这一崇高目标往往可望而不可及，当他们无法达到的时候，就容易产生掩饰、矫饰的心理与行为，如此则容易流于虚伪，也就是说，将最高道德标准当作了每个人必须遵循的标准。这倒

不如西方文化大大方方承认个体的弱点与罪恶，这样人更容易显露真实的一面。您如何看待这种观点呢？

李：我认为这里面还是有一些误区。人有弱点，西方人对这一点看得很清楚，中国人也承认这一点。中国古代思想家讲人性善、人性本善，并不是否定人性之中有缺点。但是，对于一个社会来讲，其最高原则只能是一个道义原则，而不是一个功利原则。孟子见梁惠王，梁惠王说："叟不远千里而来，亦将有以利吾国乎？"孟子回答说："王何必曰利？亦有仁义而已矣……上下交征利，而国危矣！""上下交征利，则国危矣"，以"利"为原则，将会危及伦理共同体的存在。这就是说，一个国家或伦理共同体，其最高的原则只能是"仁义"或道义，而不能是"利"。实质上，这个道义原则，并不排斥功利。我们看孟子讲到王道的时候，他一方面强调要以道义原则为最高原则，而不能将"利"作为最高原则。在这一点上，孟子似乎陈义甚高。但另一方面，当他讲到王道的具体内容时，其身段是放得很低的。比如他讲，"使人养生丧死无憾，王道之始也"。可见，他也非常强调物质方面的东西。再如孟子与齐宣王讨论王政的问题。齐宣王说，我不能行仁政，因为我有好货、好色的毛病。孟子的回答是："王如好货，与百姓同之，于王何有？""王如好色，与百姓同之，于王何有？"王如能做到使臣下"内无怨女，外无旷夫"，使男子可以娶妻、女子能够嫁人，实行王政并不是什么非常困难的事情。当一个国君够做到"忧民之忧，乐民之乐""乐以天下，忧以天下"的时候，他所行的，亦就是王道、王政。其实，君能与民同乐，"乐民之乐"，"忧民之忧"，"乐以天下，忧以天下"，其忧其乐，实已超越了"忧""乐"的情欲和功利意义，而具有纯粹的仁道或道义的价值。在这个意义上，道义和功利是统一的。《荀子·礼论》说："一之于礼义，则两得之矣；一之于情性，则两丧之矣。故儒者将使人两得之者也。"意思也是说，在一个伦理共同体里面，你把礼义当作最高原则，礼义和功利两方面都能实现；反之，如果把利益当作最高原则，则两个方面都将会丧失。儒家的王道或仁政论，突出了在"道义至上"原则基础上道义与功利的内在统一性。记得上世纪八十年代，发生过一场令人印象深刻的价值观讨论。当时有一个叫张华的大学生，去救一位掉下粪池的农民，自己却被淹死。当时讨论的焦点是，大学生该不该救这位农民。那时候大学生很少，称得上是天之骄子，培养起来很不容易。所以很多人认为国家培养一个大学生不容易，还没有为社会作贡献就牺牲太可惜，因此大学生不该救这个农民。这个说法显然包含着一个大学生与农民价值有高下的价值预设，是一个很功利的说法，也是一个糊涂的说法。今天，中国社会衡量成功的标准，仍然还是"利"，在我们社会生活里面流行的核心价值仍然还是"利"，这是要不得的。有个美国大片叫做《拯救大兵瑞恩》，一个小分队去救一个大兵，可能还救不出来，值不值得，应不应该救？在一个伦理共同体中，最高的原则是道义或至善。人是目的，应该救人，就不能计较功利，不能讨价还价。这个"应该"或"应当"，这个社会的道义原则，必须挺立起来。只有以道义为最高的原则，一个社会或伦理共同体才能得到良性的发展。

  至于说道义、道德要求太高了，具体个体往往不能达到，容易导致虚伪，这个问题不能这么看。记得以前有一家报纸讨论说，现在许多中国人缺乏诚信，是不是儒家和中国文化有先天缺陷？不能这么看。任何一个时代，至善的标准和超越性的价值都不能完全实现，理想与现实之间有距离。但是，不能由此否定那个最高原则。在现实中，无法找到纯粹的圣人，但并不能由此而否定儒家"圣人"理想的价值。在西方，基督教教会也存在许多现实问题，你不能据此说基督教根本就是伪善，否定基督教最高善的原则。话说回来，现实中之所以有伪善，那是因为社会中还存有"善"的尺度，人心中还存在着"善"，所以他不能明目张胆地做恶事。伪君子总要好过真小人。道义原则须在人心中挺立起来，每个人心中存有这样一个善。一个社会能够形成良好的伦理氛围，就能够促使人人向善。现在老人倒在地上，大家都不敢去扶，这肯定是不正常的。这就是因为社会没有形成一个良性的机制、良好的伦理氛围，人心中的善无法得到实现。这个良好的伦理氛围，需要我们去营造它，这就要求我们确立至善和道义作为社会生活的最高原则。这不是说儒家的道德标准太高了，你看像孟子，他提出的道德标准是具有超越性意义的，可以说是很高；但它落实下来，又很具体、很切实。所以儒家的道德精神，是最契合世道人心和社会生活的。

四、关于儒学与宗教的关系问题

冯：关于儒学是不是宗教这一问题，学界一直争论不休，就有没有神、有没有教主、有没有仪式制度等方面展开讨论。您能否就这一问题，谈谈您的理解。

李：儒学不是体制化的宗教，但是儒学有宗教的意义，或者说是有宗教性。这怎么看呢？过去有一种意识形态化的讲法，即认为孔子是无神论者。这种说法是不对的，孔子是肯定神灵的存在的，但他同时又主张"敬鬼神而远之"，反对媚神和淫祀。在孔子之前，中国社会已经形成了一套繁复的神灵信仰及与之相关的礼仪系统，所谓"经礼三百，曲礼三千"，可以说是"文理隆盛"。儒家并未另起炉灶，去建立一套自己的神灵和礼仪系统，它所做的工作是因任古来社会所本有的信仰的系统并对之做出理性的、义理上的诠释，由此来切入并升华、引导、引领社会和民众生活。《易传》所言"神道设教"，准确地概括出了儒家这一教化方式的思想特征。

民间信仰有一个很重要的特点，即有很强的功利性。比如人到庙里去祈雨、祈福、求子，为神上点供，求神保佑，求送子观音送个儿子，这都是以功利的态度来"媚神"。儒家对神持一种什么态度呢？孔子讲："祭如在，祭神如神在……吾不与祭，如不祭"，"敬鬼神而远之"。

这个"远"字很关键。"远"是不渎神。人神之间各有分位，亵近、讨好神灵，是一种功利的态度，对神是一种亵渎和不敬。这样的态度，是把神降低为有欲望要求、有喜怒哀乐、能够施与人好处的功利神，失去了它的神圣性，这不是亵渎神灵吗？儒家则不是这样，它认为人、神之间有分位的区别。人有自己的职分，为人当行人道，做人应该做的事情，而不要去外在地揣测神意，以求得功利上的效果。《论语》讲"君君，臣臣，父父，子子"，《大学》讲"为人君，止于仁；为人臣，止于敬；为人子，止于孝；为人父，止于慈；与国人交，止于信"。这个所当"止"之处，就是天命赋予人的至当之理和分位所在，是他的一个必然或"天命"。人知其所当止，行其所当行，得其所应得，既是天命的实现，亦是人格的完成。所以，人对天和天所赋予自己的使命，应有敬畏之心。孔子讲"君子有三畏"，第一条就是"畏天命"。这个"畏"，不是害怕，而是敬畏。孔子讲"敬鬼神而远之"，说的就是一个道理。

民间信仰以及宗教观念在民众生活中的影响非常大，但是如果没有一种能够与之相切合的、形上的义理对它加以诠释、转化、提升，这样一种宗教观念就容易走向堕落。儒家的"神道设教"，是一种很高明的教化方式。它并没有建立一套自己独立的神灵和仪轨系统，而是通过礼制仪文的重建和对传统礼乐文明的人文的诠释，为之建立一个形上的超越性基础，以切合社会生活，对之起到一种提升、诠释和转化的作用。这也是儒学能够因应流行变化的生活现实，在两千多年的历史过程中，持续地保有其文化的灵魂和内在的生命活力的原因所在。长期以来，我们将传统的礼仪、礼俗都打成封建的东西，同时又企图用一套外在的、不相干的理论来教育民众。这样的理论，显然难以与民众生活相切合，因而亦无法对之起到一种提升和点化的作用。与此相应，由于民间信仰及其生活方式无法在意识自觉层面获得自我认同和升华，亦趋于堕落，成为文化发展中一种惰性的力量。这是长期以来中国社会文化和道德建设不成功的一个重要原因。传统儒家既是一个学理的系统，同时它又和社会固有的宗教观念和民众生活具有一种内在的关联性，因而能够起到提升、点化和转化民众生活的作用，具有恒久、普遍的教化意义。也就是说，儒学不仅是一个学理系统，同时又具有宗教性的意义。

五、致用于当代，着眼于未来

冯：汉代陆贾提出"逆取而顺守"。对于儒学的未来发展，您提出一个命题是"顺取而逆守"，这个命题应该如何理解？

李：儒学未来发展的问题，也是一个文化发展的问题。文化的发展常常受到功利因素的制约，这和文化的存在方式有关。文化普遍渗透在社会人生方方面面，但却并非一种独立存在的刚性的实体。文化作为主词，前面可以有许多修饰性的词语，比如可以从地域性角度，说有东方文化、西方文化、欧洲文化、美洲文化；从民族来区分，说有中国文化、印度文化、希腊文化、埃及文化；可以从行业上分，说有大学文化、企业文化、商业文化等等。按照杜维明先生的说法，文化是一种"添加价值"，其本身没有独立的领域，但却渗透在人类各个实存的领域，构成为一种"软性的力量"。文化就好比空气一样，我们平时感觉不到它的存在，但是如果真的没有空气，我们就活不下去了。正因为文化的如此特性，人们看文化，最容易见物不见人，只看到实际的功效，也就是从一种实体存在的功效上评价某种文化的价值。比如，西方社会近三百多年来发展得很好，于是大家便由此追溯原因，问是不是清教在背后起作用。中国近代以来积贫积弱，濒临危亡，人们探讨其文化根源，认为儒家文化罪该万死。上世纪 80 年代，"亚洲四小龙"崛起，就有人提出"儒教文化圈"的概念，认为是"儒教文化"在起作用。其实，文化与现实、与经济之间，没有直接的因果关系。按这种因果性追问的方式来判断一种文化的价值，是一个理论的误区，但它已经形成为一种文化思考的定势。

但是，文化本身又有一种内在的力量，一个时代的核心价值肯定是文化的价值，但文化的价值又总是个性化的。黑格尔讲，世界历史的精神总要由某一特定的民族精神来承担。在一定的历史时期内，占据主导地位的文化价值，总是由某种地方性和民族性价值的普遍化而来。既然如此，它也就必然地带有自己的个性特征和特定指向，因此也不免带有某种偏向。当这种特殊的偏向被推至极端的时候，就必然要求文化价值的根本转向。当代由美英所代表着的世界的精神方向，已经显露出了一些弊端。在我看来，其最根本的弊端就是其文化观念上的极端消费性。它带给人类的，是一种穷奢极欲、消费至上的生活理念。人类现在不但在寅吃卯粮，预支人类赖以生存的资源，同时也在透支我们的生命。人类已经乘上了一个极端消费性的"死亡列车"。这个列车不会自动停止。人类面临这样的历史关头，便需要一种文化价值的转向，需要有另外一种文化去调节这个世界的价值方向。我觉得，这个文化价值观念的调节，中国儒家的"中和"观念最合适。但是现在还不行。从前述文化发展受功利性因素制约的道理来看，这个价值的转向不可能自然发生。汉代人讲政治，提出一个"逆取而顺守之"的途径，就是靠武力打天下，然后靠仁义来治理。我们可以借用这个说法，但对文化的发展而言，这个命题要反过来讲，就是要"顺取而逆守之"。就是先顺着现有的方向走，经济社会的发展要先行；发展到一定程度，按照前述文化发展之功利性因果追问的定势，人类整体的价值观念会逐渐发生某种逆转。这就叫"顺取而逆守之"

冯：随着社会经济文化的发展，一度备受冷落的儒学于上世纪末、本世纪初开始，逐渐走上复苏的道路。民间儒学的发展是这一复兴过程的重要组成部分，各地书院、私塾、会讲日益兴起，读经活动蓬勃发展。那么，在民间儒学发展的过程中，有没有什么问题存在？您能否就这一领域给出一些建议。

李：从根源上来讲，儒学应该是民间的学问。周代是学在官府，教育是贵族的教育。到孔子发展成私学，培养了许多弟子，所谓"弟子三千，贤人七十二"。他一方面开辟了一个私学传统，另一方面以六经来教授弟子，建立起一个经典的系统。到了汉代，汉武帝采纳董仲舒的建议，逐渐形成"独尊儒术"的局面，儒学开始由私学转变为官学。不过，儒学在成为官方学术后并没有失去其民间性的基础，民间学术的继续存在和发展，成为消解官方学术意识形态化之僵硬性的一种力量。比如胡瑗，他是宋初著名的教育家。他在民间讲学，学生数千人，后来在朝做官的有几十人，这使他的"明体达用之学"对当时的学风产生很大影响。朱子重修白鹿洞书院，确定书院学规及办学宗旨，并且亲自讲学。此外还有阳明先生，他不仅在平时，即使是在行军打仗的时候也照样讲学，对当时社会风气产生了很大的影响。可见，中国传统学术的根基在民间，民间学术的一个重要特点就是"自由"：自由的讲学，自由的讨论，在价值观上自由的选择。一种学术和文化，只有具有了这样一种自由的精神，才能真正发挥教化的作用。另一方面，民间学术所关心的是人格的完成问题。比如朱子确定白鹿洞书院学规，他讲了五条，这五条都与人的身心修养相关。在现代中国社会，上世纪前半叶，民间学术还是存在的，像私塾、书院之类依旧存在许多。包括抗战时期，马一浮先生在四川乐山创设复性书院，它完全按照传统模式来设立。但到了上世纪五十年代以后，民间学术就断掉了。到了上世纪末本世纪初，民间儒学才逐渐开始兴起，这说明民间有这种需要。随着中国经济社会的发展，民间社会有了独立的空间，这时民间学术有了巨大的发展。各地种种民间性的儒学和学术组织，如书院、精舍、学堂、学塾、学会、讲堂等纷纷恢复或建立；各类民间性学术文化活动，诸如读经、会讲、讲学、读书会、沙龙、法会等，亦日趋活跃，中国的民间儒学和学术经过一段时间的孕育，已渐有复兴和蔚成风气之趋势。从更深一层来看，这种状况乃表现了一种民众文化意识的转变和觉醒。

但是其间还存在一些问题,因为民间儒学长期断裂,再加上现代社会的学术主要集中在学院里面,学院学术与民间学术是分开的。这造成民间学术的理论水平往往比较低,很多人读书都读不懂。另一方面,学院学术成为一种技术性的工作,它把儒学当作古董、当作技术性的知识,与身心性命没有关系。过去中国学术界长期处于意识形态化的状况之中,这种意识形态化的讲法使这种知识成为不真实的知识,比如讲孔子是唯物论,庄子是唯心论,这些都是虚假的知识,而不是真实的知识。所以现在有一种趋向是,学院学术逐渐在民间化,这不是在空间上的民间化,而是精神上的民间化,学者们能从身心性命出发去研究、体会儒学,其间体现出一种自由精神。并且,学院学者逐渐有一种人文担当意识,许多学院学者非常关心民间学术,主动去民间讲学,这就形成一种学院学术与民间学术互相交流的良好趋势。这样使得民间学术水平能够逐渐提高,起到提高民众素质的作用。另一方面,学院学术逐渐民间化,使它逐渐获得一种自由精神,学院的学术也在社会生活里面逐渐发挥出其应有的作用,成为一种活生生的东西。但是现在学院学术与民间学术之间也有一种对立的倾向,有一些民间学者特别强调草根性,认为学院学术没有什么意义。我认为这是不足取的。这两个方面应该合力并功,发挥其应有的作用。

冯:儒学当代形态的建设是需要各方共同努力的事情,不仅需要民间儒者的积极行动,同时需要学院派儒者的大力参与。那么,您觉得学院派儒者应该从哪些方面去改进、去行动呢?

李:这一点在上个问题中已经涉及了。还有一些内容需要补充。儒学的发展基本可以概括为两个方面:一方面是经典诠释,另一方面是通过经典诠释实现理论创造。儒学理论的创造以经典为依据,同时也能够关照现实,为解决当时的时代问题提供理论支持。比如董仲舒,虽然是讲公羊学，但是他所讲的内容是为了解决当时的现实问题。宋明儒者也是如此，像他们讲理气、道心人心、格物致知，整套话语系统也是从经典中来，但目的仍然是为了解决当时的问题。他们虽以心性义理之学的建构为要务，然其学说的根本，实在于世道人心之教化与人伦秩序之安顿，而非专主于空谈性命。宋儒秉持"体用一源，显微无间"的信念，坚信儒学的外王和教化不能建基于释老的性命之理。所以他们的心性义理之学，目的在于应对释老对儒家传统价值理念的冲击，以重建圣学教化和外王事业之形上学的基础。

但是现代以来，由于太过长期的"革命"、充斥整个社会的反传统思潮和西方文化的冲击，中国社会生活样式的历史连续性发生断裂，儒学既失其制度性依托，也逐渐失去了它与社会生活的联系。在学术层面上，现代的儒学研究退居学院化一端，被纳入现代西方的学术规范和思想框架。这样，作为中国文化学术的整合基础和人伦教化的超越性本原的传统儒学，转而成为现代学术分科中之一"科"，成为一种无关乎社会生活的"理论"和析出于历史连续性之外的"知识"，因此难以构成为中国现代文化重建的一个活的文化生命动力。所谓"中国哲学"，实际上就只是"中国哲学史"。它在现实中也不再作为一种思想创造的来源，也不参与思想创造的活动，而仅成为一种历史知识，也就是我们前面说到的"游魂"。这就存在一个很大的问题，中国哲学研究所用的概念、名词很多是从外面拿来的，与传统没有关系，同时也与社会生活、世道人心没有关系，起不到一种教化的作用。我的一个说法就是，出现了这样一种境况：民众生活无依无靠，哲学理论游谈无根。所以，未来学院儒学的发展一定要借鉴传统精神，进行一种思想创造，契合世道人心，解决当代问题。这样，中国未来文化才会有一个自我发展的方向，即文脉与血脉的延续。

今天为何要读经典

——谈当代经典阅读与体系构建*

为什么需要经典

主持人： 为什么需要经典？经典对于个人、社会、民族、国家，具有怎样的积极意义？中华传统经典在哪些方面影响和作用于一代又一代的中国人？

李景林： 西方的人文学者，像雅斯贝尔斯讲"轴心时代"，帕森斯讲"哲学的突破"，大概都在中国的春秋战国时代。经典有核心经典、原始经典和以后比较外围的经典。一个文明的核心经典基本上都产生在所谓"轴心时代"。文明都是从自然来的，轴心时代的哲学的突破，实际上就是在文明的初始阶段，那些伟大的思想家对文明、对自然、对人的存在本身和周围世界一种理性的自觉。我们现在的文明与自然处在分化状态。但是，轴心时代产生的经典是文明和自然的统一。用老子的说法，就是"天地相合，以降甘露，人莫之令而自均。始制有名……"在"始制有名"的时代，文明和自然是交错的。轴心时代所产生的经典，保持的是文明和自然的原初统一性。一方面，它是一种理性的自觉，这种理性的自觉，因为不同的思维方向，使得原初的自然被陶铸出特殊的

---

* 编者注：摘自《光明日报》2020年12月5日同名文章。此次讨论的主持人为舒大刚教授，参与者有廖名春、詹海云、丁鼎等，本书仅摘录了作者的发言。

禀性，不光是一种文的形式，而是文质合一。比如，俗话讲"从小看大，三岁知老"，道理是什么？小孩子从自然状态走来，他的家庭环境、受到的教育就把他原来的自然素质陶铸成了一种特殊的禀性，这就规定了他以后的人生道路。中西方文明在轴心时代，通过这样一种理性的自觉，就已经差异化了，走上了不同的道路。

我们作为个体在阅读经典时，能感受到一种生命的激励，得到很多感悟。一个文化整体也是这样。比如说，汉学发展到一定程度，走偏了，还要回到源头上寻找发展的动力，重新创造。宋学也按照一个方向发展，走偏了，那么也还得回到源头上。轴心时代是文明和自然的交汇与统一，这个时代产生的经典我们总要回溯，为我们进一步发展提供动力。

经典何以成为经典

主持人：刘勰《文心雕龙》说，经典乃"不刊之鸿教"，揭示了经典著作的永恒价值。随着时代的变迁和历史的演进，这些2500年前产生的、在历史上曾经影响过中国的经典（主要是"六经"），今天还有价值吗？它们的"不刊"性在哪里？"鸿教"价值又在何处？

李景林："不刊之鸿教"，一是说经典有永恒价值，另外落在这个"教"字上，所以中国传统经典主要的内容和价值，我想就在两个字，就是"教化"。孔子以"六艺"教人，"六艺"的核心在什么地方？就是通过教化来达成人格的完成和人的存在的实现。《礼记·经解》里记载孔子的话说："入其国，其教可知也。"然后就讲到《诗》教、《书》教、《乐》教、《易》教、《礼》教、《春秋》教。"六艺"的核心点在于教化成德，而"六艺"又各有自己的着重点，不能偏执在一个方面。所以孔子又特别强调，研究"六艺"要能够"志于道、据于德、依于仁、游于艺"。我们要特别注意这个"游"字，"道"是根本，"道"表现在"德"和"仁"上，而贯通在"艺"里面。孔子讲"吾道一以贯之",只有把握住里边的"道",传习"六艺"才不会偏执在某一个方面。当然,这个"教"的核心在于人心,所以马一浮先生讲"六艺之旨,散在《论语》,总在《孝经》",要把六艺"统摄于一心"。这个"一心"就是我们的性德,性德出于我们自己,而不是外来的,这是儒家一个非常重要的精神。

当代人该读哪些经典

主持人：我们讲经典是"不刊之鸿教",就是表明它具有永恒性,也就具有"常"的价值。但是经典体系又是变动的,又具有"不常"性。常与不常,换言之就是"经与权"。儒家经典从孔子删定"六经"后,又经历"五经""七经""九经""十三经"和"四书五经"的体系演变,说明经典阅读有轻重缓急,在体系上是随时变化、与时俱迁的。

随着文化自觉、文化自信和文化建设高潮的到来,经典的价值也会适时表现出来。不过经书（包括其他儒家文献以及出土文献）数量很多,如果都要去读,必然出现"皓首穷经"的现象。这在现代社会对于大多数人肯定是不现实的。那么,现在就要请教各位先生,有哪些经典应该先读？又有哪些新发现的出土文献可以纳入经典呢？

李景林：每个时代重视的经典是不一样的。传统社会,像汉唐重视"五经",主要是重视政治方面,就是政治制度、政治哲学,宋代重视"四书",考虑是在教育、在心性修养方面。心性修养是个体的事,个体的事务就注重在心性方面。我觉得对现代社会来说,"四书"还是最重要的。"四书"比较简洁,一下子直透心性。以"四书"为中心,当然还要有一些别的东西,比如说有些读起来比较方便的,像宋儒朱子的《近思录》,明儒王阳明的《传习录》,都可以去读。

"当代经典阅读",我觉得"阅读"这两个字,用"传习"比较好,传统上是讲"传习"。阅读有注重知识的倾向,"传习"经典的目标,主要在于修养身心,要把获得知识与修养身心这两个方面结合起来,不能只是把经典当作知识性的文本来看。

孔子思想及其现代价值 *

问：孔子生活在二千五百多年前，他的思想和主张有什么现实意义呢？

答：这个意义，我主要从文化的方面来理解。外国人谈到中国文化，他首先想到的是儒家，是孔子。

文化和历史性是紧密相关的。人是一个历史性的存在。西方历史学学者研究文化起源时提出了一个叫作"轴心时代"的观念。这个观念大概是这样一个意思：公元前一千年到公元前五百年左右，在世界各地不同的文明地区，如印度、希腊、中国都产生了一些思想上的"突破"。比如说在希腊有希腊哲学的产生，在印度有佛教的产生，在中国有孔子和老子思想的产生，等等。这些思想的产生，无论是宗教方面的还是哲学方面的，作为人类对自身及其处境的理性反思，实质上规定了不同系统文化的精神的发展方向。这个不同的方向，至今仍然在延续着。所以我们说，历史实质上是以某种方式活在我们今天的东西。我们今天的存在、文化的发展，都要不断地回溯历史的源头，在这个历史的源头中去寻找自身发展的精神源泉和动力。这是一个很有影响的观念。这对我们思考传统与现代的关系提供了一个很好的视角。

我们讨论现代化问题时，很多学者都在讨论当前文化的"全球化"

---

* 编者注：本文为吉林省人民广播电台记者以"孔子与《论语》"为题对作者的专访，采访者为莲子。访谈的内容曾在该台周五的"读书时间"栏目中连续播出。录音经整理后，曾发表于《长春市委党校学报》2000年第1期。

问题。对于这个"全球化",我自己有一个理解。我以为现代化至少可以分为两个层面:一是经济和物质的层面,二是现代生活的建立。从物质和经济的层面来讲,全球化的趋势是比较明显的。但是从现代生活的方面讲,又可以说现代化是异彩纷呈的。所以不同的民族、不同的文化在现代化的进程中都会显出自己独特的一面。这个现代化、现代观念,它有一些一般的内涵,比如平等、自由、法制、民主等等,而这些现代化观念的一般内涵实质上是要在具体的、不同民族文化的现代生活里体现出来的。《周易·系辞传》里讲:"天下同归而殊途,一致而百虑。"我想现代生活、现代化的一般内涵就是要在这种"同归殊途"的方式里边才能具体地实现出来。现在我们的文艺界经常讲到这样一句话:"越是民族的,越是世界的。"这句话听起来好像是老生常谈,但实质上它正体现了文化的民族性与世界性之间这种关系的真实。

每一种文化都有它自己的价值本原。这规定了它的思维方式、生活的价值取向等这些带有根本性的问题的基本特点。在西方,这个价值本原是宗教。按我的理解,西方人的文化传统表现为一种二元互补的方式:一方面它的价值根据、它的超越性的根据是宗教、上帝;另一方面,在现实生活里面,它又强调一种功利主义。而中国文化的价值本原和西方就不一样。中国文化的价值本原不是宗教性的,而是以儒学为主流的哲理系统。这是中国文化一个很重要的特点。

一种文化的价值本原、价值理念有两个方面的作用:一方面它是通过不同的渠道,下行和落实于民众生活;另一方面它又对民众生活起着阐释、提升和超越的作用,在这个过程中表现出文化超越自身的活的生命力。现代以来,中国文化有一个很特殊的现状。从传统上讲,我们中国人有一种很强的历史意识。比如说我们中国每一朝代都要修前朝的国史,像二十四史,这么连续地延续下来,世界上很少见。龚自珍有一句很有代表性的话:"欲知大道,必先为史。"要理解人生之道,就要从历史里边去体会。这表明我们中国人历史意识很强。但是现代以来,我们中国人的文化意识却发生了一种反向的变化。由于特殊的历史原因，反传统的意识在五四以来的文化思潮中占据了一种主流的地位。在我们这个以哲理的系统而非宗教的信念为价值本原的文化传统中，这产生了很严重的后果。我们的精神产品，如哲学、文学、艺术，由于它与传统的脱离，无法切合民众的意识，无法对民众意识起到阐释和提升的作用而使之与时俱新，达到自身的超越，这就使民族个性里面、民众生活里面那些习俗的东西堕入封闭、保守之途。按照心理学精神分析的观念，就个体来说，你把人的意识、表层的东西压入了无意识之后，人就会产生疾病。那么就文化来讲，长期以来沉积在我们民族心理中的东西由于无理念层面的自觉提升和超越作用，原来民众生活中一些活生生的东西便发生畸变而显现出一种负面的作用，其积极的方面反倒不易得到表现。比如现在民间文化里面所谓封建迷信的盛行、农村里族长势力的抬头等等，这些畸变和颓化现象，与现代以来反传统意识所造成的上述文化状态是有关系的。目前道德教育之流于口号化而不能对人的精神生活起到积极的、实质性的作用，也与此有关。当然，中国社会在现代化的进程中已逐渐意识到了传统的重要性，也出现了一些可喜的迹象。这个问题不仅得到了高层领导和民间文化组织的重视，而且也逐渐在我们的文艺作品里得到体现。中国青少年发展基金会推出的中华古诗文经典诵读工程，在社会和教育界产生了热烈反响。前几年广东所编《新三字经》，反响、效果也很好。1999年春节联欢晚会一首《常回家看看》，一夜唱遍全中国，多少人为之下泪。可见，家庭的亲情是传统里面一个很好的东西。一个人如果连父母都不孝敬，那么你谈道德、谈怎样为人民服务，根本就是假的东西。孔子讲忠恕之道，孟子讲"亲亲而仁民，仁民而爱物"，都是以切己的真情、家庭的亲情为成德的出发点。这说明我们的教育如果真正能和传统契合起来，会产生我们意想不到的好的效果。所以我们今天去研究孔子，读孔子的书，尤其读《论语》这本书，是有很大的现实意义的。

问：能否给我们介绍一下《论语》这本书？

答：好。《论语》这本书是孔子弟子和再传弟子记录孔子言行的一本书。其中也包含了一些孔子弟子思想、行为的记录。"论"是编纂、编辑的意思，"语"指孔子应答弟子和当时人的话语，合起来就叫"论语"。孔子讲他自己是"述而不作"，《论语》不是孔子自己写的书，但它确实体现了孔子的思想，是我们今天研究孔子的基本资料。

孟子讲读古书要"知人论世""尚友古人"。也就是说，研究孔子，不只是要读那本书，还要了解孔子所生活的那个时代，要了解那时的文化历史环境。孔子是教育家，他对古代的典籍进行了整理，这些典籍我们知道有"六经"——《诗》《书》《礼》《乐》《易》《春秋》，孔子用以教弟子。古人讲"六经皆史"。从六经里面，我们也可以具体地了解孔子的思想和精神。

那么《论语》这本书的主要的思想是什么？我想，用孔子"下学而上达"这句话来概括《论语》这部书的精神，最扼要，也最准确。孔子的原话是这样说的："不怨天，不尤人，下学而上达，知我者其天乎！"首先我们讲讲这个"下学"。孔子所谓"学"的范围很广泛，不光是像我们今天到学校里去学知识。这个"学"的核心是人格的教养。当然也包括为政之道，包括日常的洒扫应对，包括读书，范围很广，但其核心是人格的教养，是道德的完成。

当然这个道德的完成离不开日常生活，但它却不能局限于日常生活、日常行为。这个"下学"一定要"上达"，要达到一种超越。"下学而上达，知我者其天乎"，这个"上达"就是要上达天命。孔子七十多岁时有一个自述，他说："吾十有五而志于学，三十而立，四十而不惑，五十而知天命，六十而耳顺，七十而从心所欲不逾矩。"从十五"志于学"到"七十而从心所欲不逾矩"，这实质上就是一个"下学而上达"的过程。但是，不能仅仅把这个"知天命"理解为人生的一个阶段，实质上我们对天命的了解是贯通在整个日常生活里面的，这样，这个日常生活就有一种精神的光辉。现代人不是讲生活的意义、生存的意义吗？这个生活、生存的意义绝不仅仅局限于我们平常的衣食住行，吃得好一点，穿得、住得好一点，出门有车坐，夜生活怎么怎么好。仅仅是这些东西，我们的生活就失去了它的意义。因此"下学"一定要"上达"，"上达"不是说要等七十岁才达到人生的最高境界，而是说每时每刻都要注意提升我们的生活。按儒家的理解，常人与圣人同此心，人人都会有超越的体验。但一般人往往"习焉不察"，纵而失之。"下学而上达"，就是要时时注意用这种超越的（知天命）体验来照耀我们的生活，将二者融通为一，使现实生活显现出超越的意义和精神的光辉。庄子说过一句很有意思的话："振于无竟，故寓诸无竟。""无竟"，就是无穷，也就是前面所说的超越性的体验。不仅要达到这无穷的境界，而且要住（"寓"）在这个无穷的境界里。也就是说，要使这个超越的体验连续不间断地贯通、体现于日常生活。人在现实中生活，大家似乎都在做着同样的事情，但它的意义却不同，这种不同就在于境界的不同。可以说，《论语》这部书，它的主要精神就是"下学而上达"。

　　《论语》这部书在汉代已列于"经"，与《孝经》同作为初学的必读之书。宋儒讲"道统"，即孔子、曾子、子思、孟子所传承的道统。朱子把《论语》《孟子》和《礼记》里的《大学》《中庸》合起来作注，称作《四书集注》。元、明、清时代科举取士，《四书集注》就成为官方的正统教典，一直到清末，其时长达六百多年。现在《十三经注疏》里面的《论语正义》是用魏何晏的《集解》、宋邢昺的《疏》，宋代有朱子的《四书集注》，清人有刘宝楠的《论语正义》，近人有程树德的《论语集释》。比较简明的本子以杨伯峻先生的《论语译注》为最好。

　　问：下面请谈一谈《论语》关于教育的一些主张。

　　答：好。孔子是一个教育家，他是有教无类的。史书中说孔子弟子三千，身通六艺者七十有二人，就是说弟子很多。现代学校教育以知识为主。我们现在虽然强调素质教育，但实质上仍然是注重知识。人们常说学习科学文化知识，把文化与科学知识相混同。其实，文化虽必与知识相关，而知识却不能等同于文化。有知识不等于有文化。孔子作为教育家，当然也很重视知识。孔子本人就很博学，可以说是站在他那个时代顶峰的大学问家。但其教育的目的并不在于此。

首先我们谈教育的目的。孔子的教育，虽然很重视知识，但其目的不在于教人知识，不在于培养、成就一个专门的人材，而是注重在教养、注重在人格的完成，我们前面讲"下学而上达"也提到这一点。孔子讲过这样一句话："弟子入则孝，出则弟，谨而信，泛爱众，而亲仁，行有余力，则以学文。""文"是什么呢？像"六艺"：礼、乐、射、御、书、数，或《诗》《书》《礼》《乐》《易》《春秋》，这包括了当时一个知识分子所应了解的知识，都属于"文"。"行有余力，则以学文"，说明孔子教育的目的不在于知识。

孔子又讲"君子不器"。"器"，对人来讲，就类似今语所谓的专家。"君子不器"的意思就是君子要不仅仅满足于成就一个专家。当然孔子并不反对君子是一个专家。他自己就经常为人相礼，就是一个关于"礼"的专家，但是君子不局限于这一点。这叫作"君子不器"。孔子称赞颜回"好学"。那么，这好学的内容是什么呢？孔子说："有颜回者好学，不迁怒，不贰过。""不迁怒，不贰过"，讲的不是知识的问题，而是教养的问题。这和我们今天所说的好学不同，它不重在知识，而重在教养。宋代的大儒程颐做过一篇叫作《颜子所好何学论》的文章，其结论是，颜回好学，这"学"不是别的，乃是"学以至圣人之道"之学。这个说法概括了儒家和孔子为学的根本，所以受到时人的赞赏。宋儒教学、教人又要弟子"寻孔颜乐处，所乐何事"。什么是孔颜之乐？我们还来讲颜回。颜回家里很穷，《论语》记载，说他是"一箪食，一瓢饮，在陋巷。人不堪其忧，回也不改其乐"。就是说条件非常差。吃的、住的、环境都非常差，一般人忍受不了，而颜回却依然是"乐"。

孔子也说他自己是"饭疏食,饮水,曲肱而枕之,乐亦在其中矣。不义而富且贵,于我如浮云","发愤忘食,乐以忘忧,不知老之将至"。《易·系辞传》说:"乐天知命故不忧。"这个"乐",不同于一般所谓的快乐,它是人臻于上达天命的道德境界之后所具有的那种内心幸福、生命安顿的表现。当然这并不是说达到道德境界就要困穷,不是这个意思。孔子并不否定人的物质要求,他自己便"食不厌精,脍不厌细",是个"美食家"。这意思是说达到了至高的道德境界,人的内在心灵的自由、宁静与安顿便不再受外在环境、条件的左右,物质环境的好与坏都不足以改变你的内心之"乐"。反过来,如果没有内在的道德要求,仅仅追求口腹之欲或物质的满足,而这个口腹之欲和物质满足是消费性的,满足之后马上伴随着匮乏,它导致的是一种恶性的循环,不能使人获得真正的"乐"。后儒为学,要"寻孔颜乐处",这也很好地说明了孔子教育的目的。

　　孔子教育的目的重在德性的教养和人格的成就。成就人格,是立足于人内在的情感生活,那么这教育之所成,就不能是千人一面。现代人反传统,贬斥道学,批评道学家,好像道学家都是板着面孔,很没有个性。其实孔子教人,要立足于人内心的情感生活来成就人的德性,所以他教人的一个重要原则就是因材施教。当然,这个因材施教与现在不一样。我们现在注重的是人的知识方面的才能,孔子所注重的则是人天赋的性情和品性之差异。比如,孔子教学,就不像我们现在那样,老师在讲台上长篇大论地讲,学生在下面做笔记。因为我们讲的主要是知识,只好这样做。孔子注重的是人的教养,他教人,就不是拿一些固定的概念、知识给学生,不是用概念化、公式化的方法教学,他往往是根据学生性情的不同特点,随机点化,让学生自己真切地去了悟人生的道理。用今天的话说,用的完全是"启发式"方法。比如他的两个学生(子路、冉求)同问"闻斯行诸"(听到了马上就去实行吗?)这一个问题,孔子却给了他们非和是两个相反的回答。什么道理呢?孔子说:"求也退,故进之；由也兼人，故退之。"冉求这个人为人比较消极，根据这个特点，孔子鼓励他要"闻斯行之"。子路（由）这个人是个英雄，脾气很火爆，也很激进，孔子就给了他一个否定的回答。《论语》关于这一类的记载很多。由此可见孔子教法之一斑。孔子说："若臧武仲之知，公绰之不欲，卞庄子之勇，冉求之艺，文之以礼乐，亦可以为成人矣。""知""不欲""勇""艺"，是个人不同的特点和品性。礼乐的教化，不是要抹煞这些特点和品性，而是要以"文"升华人的自然真性并使之构成"成人"的一个内在要素。所以，孔子的弟子都是很有特点、很有个性的。教养的成功，就在于这种人的自然特性在其"文"的升华中的保持。这样才能造就真实的有德性的人。孔子因材施教的原则和启发式的教法，与其教育目的是相为表里的。

另外，孔子又特别重视我们今天所说的美育，即"诗教"与"乐教"。孔子讲："兴于诗，立于礼，成于乐。"诗和乐的作用都是直接感动人的内在情感生活，通过这一点来成就人的德性。教育，其始其成都与人的情志生活相关，由此也可看到孔子对理想人格的理解。

问：孔子哲学最核心的观念是"仁"。《论语》里"仁"有多种解释，我们怎么理解"仁"的根本所在呢？

答：孔子的"仁"实质上讲的是为人之本，也就是讲做人的根本是什么。另外"仁"也是一个标示理想人格的概念。

孔子学说有一个特点，就是不用定义的形式或概念化的方式教人。我们上面讲到孔子用一种因材施教的方法，随机点化地指点以启示弟子对道的体悟，这不仅是一种方法，其中也表现了孔子对人的理解方式。《论语》里没有对仁下一个定义，也就是说不能以一个确定的、形式化的东西来规范这个"仁"。《礼记·中庸》引孔子的一句话："仁者人也。"这也不是给"仁"下定义，但它指出，仁标志着人之所以为人的根本。我们理解"仁"，要从孔子"忠恕"这个概念入手。孔子把"忠恕"称作"仁之方","仁之方"就是达到仁的途径与方法。

孔子在《论语》中关于忠恕的论述,最有代表性的是两句话:"己所不欲,勿施于人""己欲立而立人,己欲达而达人"。这是从消极和积极两个方面来讲为仁的方法。孔子讲问题都是很平实的,他从来不作玄虚之论。概括地讲,这两句话是说,人要从他最切己的欲望、要求出发,推己及人,由内向外,最后达到人与我、物与我一体贯通的境界,这个境界所体现的就是"仁"。所以"忠恕"就是为仁之方。

这里我们要注意,这忠恕之由己及人的意愿,必须是真诚的。忠恕两字,忠是"尽己",恕是"推己"。尽己之忠,强调的是为人的真诚。为仁之方,是从人最切己的意愿出发推己及人。那么要达到仁,实现仁德,最根本的一点就是情感、意愿表现出来要非常真诚。这是最根本的。所以孔子特别强调"直"德。"直"即不屈,是什么就是什么,也就是真情的自然表现。《论语》里记载有孔子关于"直"的一段很有意思的说明。有人称赞他的乡邻之"直":"吾党有直躬者,其父攘羊,而子证之。"孔子不同意这种对"直"的看法,他说:"吾党之直者异于是,父为子隐,子为父隐,直在其中矣。"孔子当然并非要人说假话,他只是说,"父为子隐,子为父隐"是人的情感当下最真诚的表达。儿子不愿张扬父亲的丑事,是人之常情。"其父攘羊,而子证之",是出于其他目的或考虑的行为,就内心的情感说,它便不是真,不是直,而是曲,是假;相反,"父为子隐,子为父隐"却正是人的真情的自然流露。孔子那个时代,血缘关系在社会生活中占据很重要的位置。所以孔子强调孝悌。《论语》里说:"君子务本,本立而道生,孝弟也者,其为仁之本与。"仁以孝悌为本,是因为孝悌的情感对人来说是一切情感中最切近而又最真挚的情感。当然,"仁"不局限于这一点,但为人成德却必须以这一点为前提。直、真诚、具有真情实感,这是达到仁德的基础。从这个意义出发,孔子特别赞赏人的质朴品性。他讲"巧言令色鲜矣仁","刚毅木讷近仁",就是说这个质朴的自然品性是达到仁的前提和基础。从这个意义上讲,每个人都有能力达到仁。从自己最切近的意愿出发,自己所不欲的事不强加于别人,自己想得到的也让他人能够达到。这一点,每个人都能做到。所以孔子说:"为仁由己,而由人乎哉?""仁远乎哉?我欲仁斯仁至矣。"这样讲来,"仁"很易做,也很易行,"己所不欲,勿施于人","己欲立而立人,己欲达而达人","亲亲而仁民,仁民而爱物"(孟子),"老吾老以及人之老,幼吾幼以及人之幼"(孟子),从人自己最质朴的本性、最切近的情感出发,推广开来,最后达到人与我、物与我之间的一体相通,这就是仁德的实现。

　　仁的成就也就是人的实现。这个人的实现,就表现为文、质两个方面的整合。孔子讲:"质胜文则野,文胜质则史,文质彬彬,然后君子。""质"是人的自然方面,"文"指人的文化方面。人的完成就是文质两方面的统一。文质偏胜,都是一种片面的人格。偏于质,就会陷于朴野任性,偏于文,则会流于矫饰浮夸、华而不实。理想的人格,必须是文质的中和。但是,这个文质中和,不是把人分割成文质两面,然后再去整合。我们前面谈到仁的成就要从人的质朴品性和自然真情出发去拓展它、升华它,孔子教人亦必因人的自然资质和个性特点以教化成就之。所以这个文质中和,是通过对自然资质和品性的"文"的升华以保持住人的这些自然的方面。尚质、重情、注重自然,这是孔子关于仁及人格的学说的一个重要特色。理解这一点,对我们今天仍有着十分重要的现实意义。比如我们哲学界现在流行一种叫作"内化说"的观念,认为文化就是将外面设定的一些东西内化为人的心理结构。"文化大革命"时有这样的话:"把最高指示落实在行动上,溶化在血液里","理解的要执行,不理解的也要执行"。这造成的结果是什么呢?是人格的两面性。这种对文化的理解是很有问题的。孔子对文化、教化的理解与此不同。在孔子这里,自然是人存在之所本,也是"文"之合理性的界限。这一点很重要。在现实中,我们常常看到,一些望子成龙的父母做了很多超越孩子自然成长进程的过分的人为设计,结果往往是适得其反。社会生活的其他方面也存在这种情况。在经济生活中，我们也看到，过度理想化的计划经济所造成的弊端，使它不得不让位于市场化的自然运作。所以，从人格的教养到整个社会文明的建设，都存在着文质统一的问题。孔子所开创的儒家学派，特别注重在文明的创制及其前行中贯注一种文质合一的精神。孟子说："大人者，不失其赤子之心者也。"人要长大成人，要经历文明的教化。"赤子"是小孩子，代表人类的自然状态。"大人"而"不失赤子之心"，就是要在"文"的分化中仍保有"赤子"的那份纯真而达成人格的完整性。这种文质合一的人格理念，在今天仍有重要的理论和实践价值。

问：我们应怎样理解孔子的"中庸之道"？

答："中庸"在现代社会人们的心目中似乎是一个不太好的词汇。一提起中庸，人们就会想起调和、折中，这大概和我们过去反传统的宣传有关。其实，"中庸"是我们传统文化中一个很好的东西。

"中庸"是孔子和儒家基本的方法论原则。这个方法体现在方方面面，人格、为政之道、处世之方、为学等等都要合乎中庸的原则。但中庸又不仅仅是一种方法。孔子把中庸看作一种最高的德，他叫"至德"："中庸之为德也，其至矣乎！民鲜久矣。"就是说，"中庸"是一种最高的德，一般人很难达到。

首先我们从概念上来作解释。"中"就是无过无不及，"庸"就是用。"中庸"的涵义从字面上讲就是"用中"。"用中"就是在人的现实行为里，其言动语默，都要合乎"中"的原则。可见，"中庸"的核心，在一个"中"字。

"中"有三个含义。第一是中礼、合道。这个"中"作动词用，即合乎礼，合乎道。"中"是无过无不及，而这个"无过无不及"要有一个标准。这个标准就是"礼"或"道"。所以孔子讲："礼乎礼，夫礼所以制中也。"意思就是说"礼"是确定中与不中的标准。"中"的第二个含义是强调"时",即"时中"。因为所谓"中"并不是死板地确定一个"中"的原则,然后规行矩步地去符合它。事物都是不断变化的。"时中"就是不拘常规,因时而动,能够通权达变,曲尽事物之宜,才能真正合乎"中"的原则。用我们今天的话说,就是要有灵活性,而教条主义是不能真正达到"中"的。"中"的第三个含义是适中,就是不走极端,不偏不倚,恰到好处。这是中礼、合道在人的现实行为和人格风貌上的具体体现。举例说,孔子讲人有狂有狷,狂和狷都有所偏执,最好是"中行"。我们前面讲到"文质彬彬,然后君子",君子在人格表现上是适中的。

总而言之,从概念上讲,"中庸"就是"用中"。中的三个含义中,中礼、合道或合乎内在的道德原则是"中"的标准或尺度;但是中礼、合道不是机械地、教条式地符合那个"礼"、那个"道",中礼、合道的特征是"时中";而"适中"是"中"在人的行为、人格风范上的具体体现。

那么,孔子又以"中庸"为"至德",中庸作为方法,与"德"有什么关系?在孔子看来,中庸不是一种外在的方法,人能够合乎"中"的原则,决非一种技术性的要求,而是人的内在德性自由于现实行为上的体现。孔子特别强调"中庸"之难以做到。《礼记·中庸》引孔子的话说:"天下国家可均也,爵禄可辞也,白刃可蹈也,中庸不可能也。"此极言中庸之难。西方人也讲中庸,讲黄金律,它和孔子所说的中庸之不同,就在于孔子所要求的中庸是一种"德"的表现。如单从方法和技术上讲,要达到那个黄金律、那个无过无不及的"中",实在并不难。我们举例来说。比如说"孝"。什么是孝呢?古人说首先要做到"冬温而夏清,昏定而晨省",就是说冬天要让父母穿得暖,夏天要让他们凉快,早晚要去问安,问寒问暖。那么这种合适、合度就是"孝"德的一个要求。但仅此还不够。你要是雇个保姆,在这种合适、合度上,她能做得比你好,她在这方面经过技术的训练。但这不是"中庸",不是

"孝"。为什么呢？子夏问孝，孔子说"色难"。什么意思呢？就是对父母的爱是自内心达于容色，所以不管父母对自己怎么样，都能和颜悦色地侍奉父母。这种和颜悦色是真正由内达于外，不是装出来的。那"孝"的行为上的合度乃由此而来，这就不很容易做到，所以叫作"色难"。这种行为的合宜、合度才可以称为"中"，也才有"孝"的道德价值。因此我们说，"中"作为"至德"，其不偏不倚的合度适中，乃是人内心的德性自由在现实行为上的表现，不是一种技术上的要求。技术上的要求经过训练可以很容易地达到，就不称其为难了。以内心道德自由为根据的行为上的合宜，才具有其道德的价值。孔子讲"中庸"作为"至德""民鲜久矣"，道理就在于此。

问：孔子很重视"道"，能否解释一下"道"的涵义？

答："道"在中国哲学里最初的涵义是指道路，大家都走，"道行之而成"。但"道"还有另一重涵义，就是标志形上和超越的概念。《易传》里讲："形而上者谓之道，形而下者谓之器。""形而上"，就是超越有形的世界。人有人道，天有天道，道是一个超越性的原则。"道"是人所常行的道路，但这个"道路"却是通向和开显形上与超越之"路"。

我讲的这个超越性可能不太好理解。其实，那个超越性的"道"是无处不在的。我们就举最切近的例子来说。比如我们现代人都讲究追寻"自我"。但是你仔细体会一下，那个"我"是什么？"我"当然首先有许多实存性的表现，比如说我有一米八的个儿，我戴一副眼镜儿，我有相当的财产，我在大学里有一个教职，我有一些爱好，等等。那么这些东西就是"我"吗？人有种种的实存性表现，有精神方面的表现，有肉体方面的表现。离开这些实存性的表现，你找不到"我"；但这些表现的相加并不等于"我"，你停留在任何一种表现里都会错失了那个"我"。这个"我"实在是超越了这些实存性表现而又使之有所归着的东西。有两种相反的人生态度，大约都与对这个"我"的不同理解有关。有一种出世主义，它离开人的实存性去寻求超越的东西。隐士的隐居，就是他把实存的生活看作虚幻，实存是"无常"，他要在这"无常""虚幻"之外去寻求那超越性的"常"和真实。另一种态度与此相反，可以称作是一种物质主义。他无视那个超越性的意义，他或者认为金钱很重要，或者认为美色很重要，或者认为名誉很重要，他停留在这些实存的东西里，以此为"我"。而单纯对实存的追逐实质上是一个真正的"无常"，对它的得到恰恰伴随着需求的匮乏和真"我"的隐去。这导致人在精神上的无家可归。"我"就是这样一个超越性，它是那既在实存中出现又为其超越之归依的东西。就整个存在来说，它的超越性的依归就是"道"。

　　孔子一生所追求的就是那个作为超越性原则的"道"，因此他说："朝闻道，夕死可矣。"这并不是说，闻了道就可以死了，而是说，我有了道，生存就获得了人之作为人的价值和意义。孔子对"道"的寻求，既不走出世主义的路，也不停滞于我们前面所说的物质主义。他要在人所常行的道路上给出那个超越性，这也体现了孔子"中庸"的精神。孔子认为，道不离人伦日用、学问知识、衣食住行。孔子在《易传》里说，"道"是"仁者见之谓之仁，知者见之谓之知，百姓日用而不知"。百姓日用常行亦在道中，所不同者在于人的境界有高下之分，"道"因此亦对人有不同层次的显现。很多人以孔子为一博学多能的人，孔子不同意这个评价，他说："女以予为多学而识之者与？……非也，予一以贯之。""吾道一以贯之。"孔子学问很大，但他不局限于此。这个"吾道一以贯之""予一以贯之"指什么呢？就是指在我们的实际生活和知识技能里面体现一种超越这些实际行为和知识技能的"通"性。离开了它，人的实存行为就只是一种缺乏深度的外在的点积性。这个"通"性就是孔子所追求的"道"。它不在日用常行之外，却又超越日用常行，对其起到点化、提升、赋予价值的作用。我们前面讲到"下学而上达"，那个"上达"，其实就是对"道"的追求。由"下学"而"上达"，这个"上达"并不废"下学"，而只是点化和升华了那个"下学"，使之具有精神的光辉和超越的意义。孔子讲"七十而从心所欲不逾矩","从心所欲"是行为上的自由，但它是动容周旋，莫不合道（不逾矩）。如无道以贯通此行，则"从心所欲"便不免陷于小人之猖狂妄行。儒家严人禽之辨，就是讲，为人而不行人道，便不是人，而是禽兽。"道"正是赋予行为以作为"人"的价值的东西。

孔子所讲的"道"，实质上就是我们前面所说的"仁"。那个"仁"要从切己的情感生活出发来得以实现。因此孔子讲"道不远人，人之为道而远人，不足以为道"。"道"虽为人超越性的依归，却就在人的日常生活中。《中庸》里讲："君子之道，造端乎夫妇；及其至也，察乎天地。""道"是即人心最切近的情感出发推扩而至于人己物我相通的超越境界。在孔子这里，"道"既不拘限于实存的领域，亦非存在于彼岸的天国。"道"就是道路，人人所常行，但它正是通向和开显着超越与形上的"路"。即现实即超越，这是孔子为中国文化所确立的价值实现方式。

问： 请谈一谈孔子的为政之道。

答： 孔子所讲为政之道和我们现代生活的关系很密切。孔子学说的精神是强调入世的，所以对为政方面他讲得很多，我们这里不可能讲太细，只能概括地讲一讲它的精神。

孔子讲为政，其根本的特点就是讲德政。孔子讲："为政以德，譬如北辰，居其所而众星拱之。"行德政，就会像众星围绕北极星那样为众人所拥戴。他又说："听讼，吾犹人也，必也使无讼乎。"就是说我断案子与别人没什么区别，而与别人的区别是我要使治下没有案子发生。这也是讲德治。所以儒家为政，讲"修身、齐家、治国、平天下"，"自天子至于庶人，壹是皆以修身为本"。这是《大学》里讲的，但这个思想来源于孔子。孔子讲君子，说君子首先要"修己以敬"，要诚敬地修德于己，然后"修己以安人"；这还不够，还要"修己以安百姓"。《大学》把这些概括出来成为儒家为政方面的纲领，即"修身、齐家、治国、平天下"。以德为本，这是孔子为政之道最根本的原则。

另外，孔子又十分重视"正名"。这个"正名"，实质上包括两个方面的意思。一方面它体现的仍是德治的原则，另一方面它也体现了孔子的法治精神。我想这后一方面与我们的现实生活联系得更紧密一些。子路问："卫君待子而为政，子将奚先？"孔子回答说："必也正名乎！"为政首先要做的工作，就是"正名"。什么是"正名"？孔子说是"君君、臣臣、父父、子子"。意思是君要做得像君的样子，臣要做得像臣的样子，等等。这话看似简单，其实意义相当深刻，它体现了我们前面所说的德治与法治两层意思。先说德治原则。比如孔子曾告诫当权者说："政者，正也。子帅以正，孰敢不正？"为政之道，先正己而后人正。前引《大学》"自天子至于庶人，壹是皆以修身为本"，说的也是这个道理。"正名"首先要求的，就是人各行其所当行，正其位分，修己以德。另一方面，这个"正名"，强调了一种职责和秩序的观念，这也就是一种法治的精神。君要做得像君，臣要做得像臣，推而广之，社会每一分子都要这样，都有自己的社会角色。孔子还讲："君子思不出其位""不在其位，不谋其政""君子素其位而行"，等等。这是说每个人一方面都要行其所当行，另一方面又都要安于其位，这反映了一种很强的职责观念。我想职责观念在我们现代生活里是很重要的。缺乏职责的观念和制度的约束，正是当前我们社会中一些不正常现象的一个重要根源。例如，在现实生活中，人们往往要靠人的职责以外的因素来获取一个社会的位置。这就是一个很不正常的现象。所以"君君、臣臣、父父、子子"这种"正名"说所包含的职责观念，应该说是很符合现代精神的。

当然，孔子的为政之道最根本的原则还是德治。这个德治原则不是空的抽象的东西，它包含着丰富的思想内容。除了我们这里所讲的职责意识和法治精神，儒家的政治思想还强调"富而后教"的教化思想，"与民同欲、同乐"的王道观念等，这些都具有很重要的现代价值。

一条最合度的道路

——"中庸智慧"再思考[*]

问：中庸的原初含义是什么？

答：庸字，古注都解释为"用"。中庸，也就是"用中"，即在现实行为中贯彻"中"的原则。孔子赞扬舜的大智慧，说舜"执其两端而用其中于民"，就是这个意思。

在儒家文化里，中庸既是一个重要的方法论原则，同时也是"至德"，即最高的德。作为方法论原则，它贯通于儒家思想的方方面面。譬如，在人格方面，强调文质兼备。孔子说："质胜文则野，文胜质则史，文质彬彬，然后君子。"偏胜于质的人会显得朴野，偏胜于文的人会缺乏敦厚，二者的中道才是君子。就学问方法来讲，要学思并重。"学而不思则罔，思而不学则殆"，学思中道，才能获得真知。就人的气质来讲，孔子说："不得中行而与之，必也狂狷乎。狂者进取，狷者有所不为也。"人的性情或激进，或保守，理想状态应是"中行"。

孔子还把中庸作为最高的道德来看待。在他看来，中庸不是一种外在的方法，也不是一种技术层面的要求，而是人的内在德性自由在现实行为上的体现，是一种精神成就。人的情意发出来，当喜则喜，当怒则怒，才称得上是中庸。

---

[*] 编者注：本文原载《光明日报》2012年1月11日第5版，原题《一条最合度的道路——"中庸智慧"再思考之二》，采访人为胡明峰。

问：既然是一种精神成就，那么中庸岂非很难达到？怎样做才算趋近中庸之道呢？

答：中庸难就难在，它不是一种主观、盲目的冲动，而是具有理性的情感，我把它称作一种"中道理性"。它的表现是顺乎自然和社会历史规律的真情实感。

《中庸》第一章讲"中和"："喜怒哀乐之未发，谓之中；发而皆中节，谓之和。中也者，天下之大本也；和也者，天下之达道也。致中和，天地位焉，万物育焉。"讲的就是情感表现合度的问题。人们应对周围的世界，基本方式是"以情应物"，平等、客观地对待他人、他物，参赞天地化育。所以说"中和"是"大本""达道"。人的精神生活、价值观念调适合度，是社会秩序良好的根本前提。现代社会的一些问题，比如东西方矛盾、民族矛盾、社会内部的矛盾、生态不平衡等等不和谐的现象，表明人类价值观念存在很大的问题。我们以自我中心的立场来对待他人，以人类中心论的立场来对待自然世界，情发不正，人类社会、天地万物就不能以本来面目呈现自己，因而不中、不和，导致"天地不位""万物不育"。

问：中庸常被当作折中、调和、油滑的代名词，这其中显然有误解。为什么呢？

答：中庸由相辅相成的两个方面构成：一方面是其灵活性，另一方面是其内在的原则性。这种误解，是因为只看到其灵活性而忽略了其原则性。

"君子之中庸也，君子而时中。"君子能够做到中庸，随时而中，不偏执，不拘泥，因时势和环境随时变通，这也就是孔子所谓的"权"，即灵活性。"权"是秤砣，秤砣要随物的轻重来回移动。知通权变，不墨守成规，才是道的最高境界。孟子也讲到"权"。有人问他，嫂子掉进水里了，要不要伸手救她？孟子回答："男女授受不亲，礼也；嫂溺援之以手者，权也。""嫂溺不援，是豺狼也。"在特定的情况下，只知恪守礼的教条而不知变通，恰恰违反了制礼的精神，有权变才能真正达到"中"。

另一方面就是要坚持其原则性。《礼记·中庸》把君子的时中和小人的肆无忌惮进行比较，孟子则讲到乡愿和中道之士的根本区别。孔子说："君子之于天下也，无适也，无莫也，义之与比。"孟子说："大人者，言不必信，行不必果，惟义所在。"君子在行为上的灵活性，以内在的道义原则为基础，所以是道德自由的现实表现。孔子指出，君子的中庸之德表现出一种"和而不同""和而不流""中立而不倚"的人格特质。这与小人的唯利是图、随波逐流、肆无忌惮根本不同。孔子尤其厌恶乡愿，说："过我门不入我室，我不憾焉者，其唯乡愿乎！""乡愿，德之贼也！""乡愿"最根本的特点，是缺乏内在的价值原则，对流俗社会曲意逢迎，借以获得美誉善名。这正是我们一般所批评的折中调和的老滑头。更令孔子不能容忍的是，乡愿者貌似忠信，似是而非，以假乱真，搅乱是非善恶标准，败坏社会价值，实在比一般的小人、恶人危害更大。所以孔子斥之为"德之贼"。

问：儒家反对乡愿，而现代社会的浮躁似乎更易助长缺乏操守的乡愿式人格的形成。在变化极大的当今社会，中庸还适用吗，能否医治这种风气？

答：礼有仪、义两个方面，仪是外在的表现形式，可以变通，所谓"三王不袭礼，五帝不沿乐"，三王五帝的礼仪都是变化的。我们所把握的原则是"义"，具体的节文仪式都可以变通，因应现实，而在这礼仪、礼俗的革新变易中，却贯通着一个具有普遍意义的"义"。

中庸的自由，具有自身内在的价值尺度。《礼记·中庸》指出，真正的君子人格，表现为"和而不流，中立而不倚"。现代社会物欲横流，人若没有内在的原则，容易受到不良流俗的影响，所以必须养成内在的德性，树立起超越性的价值尺度，才有独立的人格可言。照此来讲，儒家对道德原则和个体人格的理解，是很有现代意义的，中庸也不会过时。

问：儒家对"道"的内在精神追求是否有可能，中庸人格怎样培养？

答：这里有一个道德法则和社会普遍原则怎么建立起来的问题。"道"是形而上的，同时又必须以"天下同归而殊途，一致而百虑"的方式来表现。不同的时代、国家、民族、社会共同体都有不同的境遇，都有特殊性，但这特殊性必须能够普遍化，才能具有现实性和恒久性的存在意义。

所谓国学或儒学复兴，不是要回到过去。历史上每一代的儒学，其首要的任务，都是要通过经典系统的意义重建，形成适合时代需要的新理论、新思想，以应对现实，解决现实问题。现在我们看儒学和经典，只把它当成知识。其实，国学不是摆在那里的四库全书，不是古董和单纯的历史知识。它是经过每一代人的思想创造和经典的意义重建，活在当下和生活中的传统。传统不能割裂，价值系统的建构和个体精神的教养须建基于文化生命的连续。中西方文化都强调个体独立人格的塑成，但其教化的理念和方式各有不同。在超越与个体之间，西方文化讲究两极的互补，中国的教化传统则强调两端的相通。两端相通，体现的就是一种中庸的精神。而中庸精神的培养则需要体制化的经典教育和传统礼仪、礼俗的重建。只有让人们在日常生活中感受到民族传统的文化教养和生命滋润，中庸人格才能从中培养出来。

关于儒学宗教性问题的讨论*

编者说明：在现代中国，儒家在社会生活中的意义和价值，儒家是否是宗教一直是学术界关切的重要问题。在当代中国，因中国社会的迅速变化和全球文明对话的展开，因各种宗教传统呈现出明显的复兴趋势，这一问题又需要我们用新的眼光和视野加以面对和探讨，故中华孔子学会同香港孔教学院协商并得到汤恩佳先生的支持，从今年开始围绕儒家的意义、信仰和宗教举行三次学术论坛。今年的学术论坛定于2015年3月28日至29日在北京金隅凤山温泉度假村举行，主题为"儒家的意义与当代中国的信仰、宗教问题"。

第一场（3月28日下午）致辞、发言和讨论
主持人：干春松

干春松：2014年秋汤一介先生去世，中华孔子学会就面临着一个转折期，2015年10月份学会要进行换届，因为学会需要尽快从汤一介先生去世以后的状态中走出来。学会要通过发展告慰张岱年先生和汤一介先生对学会做出的贡献。我们今天的会议主题是儒教的问题，儒教问

---

* 编者注：本文摘自皮迷迷整理《"儒家的意义与当代中国的信仰、宗教问题"论坛纪要》，原载《中国儒学》第十辑。限于篇幅，仅摘引与作者相关的文字；读者若有兴趣，可以阅读原文。

题现在是学术界一个讨论很多的问题。像汤恩佳先生主持的香港孔教会，一直在践行孔教的实践，这是儒教实践的一种。儒教可以有很多种类型。有时候人们把一贯道，也称之为某种意义上的儒教形态。我觉得这样的一个主题，在这样一个时期，有进一步讨论的空间，所以开这样的会很重要。

……

干春松： 接下来我们请李景林老师先做主题发言。

李景林： 我就简单地说几句。那天聚会说这次会议要讨论儒家或儒学的宗教性问题，我按这个主题想了想。今天来，看到我们会议的标题叫"儒家的意义与当代中国的信仰、宗教问题"，这和儒家宗教性这个问题，其实也还是有关系的。

现在社会上流行很多糊涂的观念。比如有人讲"中国人没有宗教信仰，但有文化信仰"，这个说法，就有点糊涂。为什么这样说呢？一种真实的信仰，必须具有一种超越的指向性。这个超越性，最终会指向一种位格或人格。中国传统文化的天、天命和上帝信仰，就是如此。前一阵子参加吉林大学的博士论文答辩会，我的朋友王天成教授就讲到这个意思。他指出：我们现在总是说要把某种主义确立为自己的信仰，而主义作为一个学说、一种道理，只会引起一种兴趣，或引起一种爱好，而不能引生一种信仰。信仰的对象不能只是一种主义或道理，必有其位格性。但真实的信仰对象，同时又不能是任何一种现实的人格或实存物，而必为一种具有超越意义的位格性存在。在现实生活中，如果我们把某种实存物当作信仰的对象，就会导致拜物教。在政治上，如果我们把一种实存的人格当作一个信仰的对象，则往往会导致偶像崇拜，引发政治上的狂热。所以，真正的信仰应指向一个具有超越性意义的神格，而不能是一种实存物或现存的人格。

中国传统社会的信仰对象是天、天命或上帝，一般老百姓，过去农村的老人，都有这个观念。我的爷爷一辈子生活在农村，他活到90岁，也不识字，但他为人处事，却有很强的原则性。他留给我印象最深的一句话就是："天理良心，那事咱可不能干。"一个朴实的农民，就有这样一种观念、一种信仰。一个超越性的天命、天理，同时也内在于我们自身的良知、良心。这样，我们才能感受到自己对道德法则的一种责任。这就是传统社会的教育。在这个意义上，才能有真正的信仰发生。中国传统社会里面有这样一套，这就涉及儒家的教化理念，因为儒家和传统是紧密联系在一块的。

我们现在讨论儒家，也有很多不同的看法。有人认为儒家是宗教；有人认为儒家不是宗教，但是有宗教性。我认可后一种观点，认可儒家本身不是宗教，但是它有宗教性。但是，怎么去理解儒家这个宗教性，却是一个非常困难的问题。过去有一个很流行的说法：孔子不信神，不讲鬼神，儒家有个无神论的传统。说孔子是无神论者，又说儒家有宗教性，这是一个自相矛盾的说法。那么，我们怎么去理解儒家既不是宗教但是又有宗教性这个观点呢？儒家经典中肯定有上帝、天命、有意志的天的存在，这一点没有问题。孔子对天命的问题有很多讨论，他相信天、天命的存在。但是，儒家又不同于一般的宗教，这里面就有一种吊诡性。我们说它本身是一种哲学，但是它又有宗教性，应当怎么去理解这一点？

我在吉大读书时的老师邹化政先生，他的专业是西方哲学，同时，在儒学研究方面也提出过很多非常有价值的看法。他有一本书，叫《先秦儒家哲学新探》，1990年出版，但这本书的写作时间更早，应该是在"文化大革命"期间。这本书出版以后，在中国哲学史界并未受到应有的关注。邹先生探讨儒家精神的特点，提出了一个很有解释力的观察角度。他肯定儒家哲学源于前孔子时代的宗教观念。他把前孔子时代的这个宗教观念区分为两个方面：一个方面是神道，另一个方面是神的主体。他比较一般的宗教观念和中国殷周之际的宗教观念，指出："在回教、犹太教、基督教的神道观念中，强调和突出的与其说是它的道，毋宁说是它的至高、至上的人格和意志本身，而它的道却是非常抽象的。与此相反,中国人在殷周之际的神道观念,强调和突出的与其说是它的那个主体——至高无上的人格或意志,毋宁说是它的道,是它主宰人伦与自然统一体的规律系统,并且把这规律系统具体化为各种特定的礼义形式。中西方的这种差别,决定了中国人一元化的宗教意识,难以得到充分的、独立的发展,它必为有关这个天道观念的哲学意识所代替,特别是为儒家哲学意识所代替。"(《新探》第73页)

据此来看,宗教的对象,可以概括为相互联系的两个方面,一是其"神格"的方面,一是其"神道"的方面。西方宗教的特点,凸显的是神的主体或者其神格方面的意义,而道或神道这个方面却非常抽象。西方宗教对神道问题的探讨,是围绕着神灵主体或神格来进行的,由此形成的系统是一个神学的系统。其所表述的,是一个超越于现实世界的天国神界。中国前孔子时代的宗教观念,它的情形和这个不同。这个不同就表现在:它所关注的重点在神道,而不在其神格。所以,作为三代宗教核心的天命和上帝的观念,其神格本身的内容并没有得到充分的展开,它的内涵实际上就是统合自然和人伦之道为一体的一个礼义道德系统。在这个地方,神和人是统合为一的,没有抽离为两个独立的世界。

基督教的信仰对象是上帝,它所讨论的一些问题,比如肉身成道、三位一体、十字架、救赎、天堂等神道的问题,都是围绕着神的神格来进行的。所以,它所形成的一套学说,是"神学"。它虽然有哲学的意义,但是它属于神学意义的哲学。你要宣讲这一套意义,就是在布道。儒家论超越性的关怀,实继承了三代宗教的特点,但它以天道为中心,而不以天、帝的神格为中心。正因为如此,其所建构出的学说体系,是一个理性哲理的体系,而非一神学的体系。其有关形上学的讨论,是讲学,而非布道。西方那一套神学是围绕着神的世界、神格展开的。另一方面,西方的哲学是一套以认知为进路的理论学说,它和宗教是两个方向,本身并没有直接的教化意义。而儒家这一套哲理的体系,其所重在存在的实现、价值的完成,而非西方那样单纯的知识体系。儒家以天命之性内在于人心，故此天命的信仰，实又转变为一种对人之内在良知的确信。其最终的指向，是与天、天命的合一。这一点，又与西方的哲学不同。当然，古代的哲学和宗教之间有一种若即若离的关系，但是，近代以来，随着神俗两界的分化，哲学与宗教的分界就越来越清楚了。

中国古代的哲学，从宗教转化而来。前孔子时代宗教的特点，对儒家有很大的影响。如前所说，中国古代社会宗教的重要特点，就是它重视信仰对象的神道方面，而不重在其神格方面。商周时期的天帝信仰，其实已经表现了这一点。古人的天神信仰，与天文历法的观念有紧密的关系。古人讲法天、则天。这法天、则天有两个方面的意义，一个方面就是为政的一套内容，另一方面就是对天、对日月星辰的祭祀仪式和祭祀活动。其实，人对上天和日月星辰的祭祀活动，其意义完全落实在前一个方面。《皋陶谟》里面讲"天工人其代之"，即是说我们所做的一切事情，包括农事安排，设官职，立政长，创制礼法制度，这一套人事伦理的内容都是王者代天行事。这样，天的内容本身实际上就是这些人事、人伦的内容。后来的告朔制度也表现和延续了这一传统。告朔的制度有天文历法的内容，当时农业社会比较重视天文历法。另一方面，只有王者才可以通天，天子按照历法所作对农事、政事的安排与实施被理解为"代天理物"。由此，其政事行为亦被赋予了某种本原于、出自于"天"的神圣性的意义。而在这里，天的神格并非存在于另外一个世界，它的内容就展显于这些农事、政治、人伦的系统中。总之，前孔子时代宗教观念，包括统一的两个方面：一个方面，天的内涵是现实的、自然的法则和伦理的规则、原则；另一方面，这一套人间的伦理秩序和自然的规则作为一个整体的系统，它本身又有个"天"、神圣的根源贯通在里面。

同时，中国原来的宗教也有一套神灵的系统，其中有天神、地祇、人鬼，表现为一种以天帝至上神统摄众神的多神系统。《礼记》所记载的祭祀仪式和对象，内容极其广泛。其制祭的原则是"报""报本复始"，即报恩和追思存在之本原。凡对于人生有"本"和"始"之意义的对象，都可在祭祀之列。天地、山川、社稷、祖庙、五祀等，自不必说。《郊特牲》讲到蜡祭八，所祭不仅有农耕的创始者（先啬），甚至包括猫、虎、堤、渠之神。这"报"的范围非常广泛。为什么要祭猫呢？因为猫可以逮老鼠，让庄稼长得好，所以也属于"报"的对象。不过，这个神灵系统，由于人间的秩序，它本身也被秩序化了。唯天子可以祭天，祭天地，诸侯有方望之事，大夫祭五祀，士祭其先，它是一个上下统合的系统，这个统合的系统最后都归结到一个"天"。而这个天，本身并没有独立的内容，它的内容就是这样一个人间社会从上到下的伦理的体系。而王者之通天、代天理物，则使这个伦理的体系获得了一种天人贯通的神圣超越性的意义。

我们要注意的是，儒家并不否定三代天帝、天命的观念和这一套神灵的系统，这一套以天帝统摄多神的神灵系统，以及与此相关的祭祀礼仪系统，都为原来社会所固有。也就是说，儒家不像基督教那样有自己独具的神灵和仪轨系统，它并没有创制一套属于自己的神灵和礼仪系统，它所做的工作实际上是对三代宗教观念的神道方面做一种理性化的解释，在传统的宗教性礼仪中贯注一种人文的、理性的精神，从而把它加以点化、升华。这就是儒家所谓的"神道设教"。

商周时代的宗教系统，基本上体现了一种功利性的宗教观念。一方面，"皇天无亲，唯德是辅"，天是一个至善的本原；另一方面，人又是一种功利性的存在。人为什么要行德？"王其德之用，祈天永命"，其行德的目的，却是为了得到上天的眷顾。这是个功利性的宗教观念。孔子对这一套宗教观念，做了一种新的、理性和人文的解释，并使之发生了一种内向的转变。孔子所关注的角度，仍然是刚才我们讲的那个神道的方面。我们已经知道，那个神道的内容实质上是一个伦理的、规则的体系。孔子确信，这一套伦理和规则的体系，根源于天，但是又内在于人。我们常说，孔子发现了"人"。通过这个"人"的发现，孔子使三代的宗教观念发生了一个内向的转变，也就是把至善的本源植根于人心和内在的本性。"为仁由己，而由人乎哉？""仁远乎哉？我欲仁，斯仁至矣。""有能一日用其力于仁矣乎？我未见力不足者。"由此，"仁"被理解为人唯一不靠外力，而依靠自己的力量所能得到的东西，是人的本质本性所在。所以，孔子径称："仁者人也。"在这个意义上，善的原则乃转变为人之本有的规定。这是一个人文、理性的解释。

与此相应，孔子对神灵的系统也赋予了一种理性人文的理解，提出了一种新的对待天命鬼神的态度。孔子主张"敬鬼神而远之"，又讲"祭如在，祭神如神在"，"非其鬼而祭之，谄也"。有人认为这些说法表明孔子不信鬼神。其实，孔子这样讲，恰恰是要把神摆到它应有的位置。这一点与我们刚才讲的孔子对"人"的发现有密切的关系。孔子强调的是，人对待神的态度，不应该是一种功利的态度。"敬鬼神而远之"，是反对亵近鬼神。在一般百姓生活里面，人对神的态度是功利性的。三代的天帝信仰，所秉持的实质上就是这种功利的态度。一般百姓到庙里去干什么？就是给神上香，求神保佑。我给神上香、上供，花十万块钱买个高香，目的就是得到神的福佑，而不在敬神。这是和神套近乎，也就是亵近神。这样亵近神，就把神降低为一个爱财利的功利神。就比如说，我给市长送十万块钱，希望他会给我好处一样。其实，如果市长不收这十万块钱，你会觉得这市长值得敬重；要是市长马上把这个钱收了，你回头就会骂他，因为他已经失去了市长应有的分位和价值。所以，从这个意义上讲，你对神的亵近，恰恰把它变成了一个功利的神，神因此失去了它的神圣性。因此，"敬鬼神而远之"，一方面表现了对待鬼神的一种理性的态度，另一方面也表现了孔子对于传统神灵的一种新的理解方式。他强调，人、神之间的沟通，是要通过人躬行人道，而与天和天道相通，而不是离开人道，去外在地祈求天和天道。所以，就神灵系统来讲，事实上，儒家是通过对神道这个方面的理性解释，把传统社会的信仰对象——天、神，摆到它应有的位置，重新去确立其神圣性的意义。这个神格的神圣性，在整个传统社会的历史中有它的信仰的基础，并有它内在的连续性。这与中国传统的礼仪系统尤其是丧祭礼仪有关。《大戴礼记·礼三本》说："天地者，生之本也；先祖者，类之本也；君师者，治之本也。"《礼记·郊特牲》论天子郊天之义说："万物本乎天，人本乎祖，此所以配上帝也。郊之祭也，大报本反始也。"天帝为生物之本，先祖为族类之本。而先祖又来源于天道，来源于天、帝。通过"法祖而敬天"这样一种方式，由近及远地达到人与天、天道的一种内在的贯通，人的现实生活由此获得一种神圣的光照。这可以看作儒家以"神道设教"方式所获得的一种教化之效。

同时我们看到，一般的宗教教化方式，实践这方面非常重要。比如，基督教也有它自己的一套仪轨系统。一般体制化的宗教，它的这套仪式、仪轨系统为一个宗教或教派本身所特有，因而是固定的、不易改变的，同时，又是具有排他性的。儒家行其教化，亦特别注重礼仪的作用。但它的这套礼仪系统，为中国古代社会所本有，并非另起炉灶的自创。儒家的工作，是在每一个时代对它做出一种因时制宜的重建，并对它进行一种理性人文的解释。《仪礼》里面所记载的八种礼："冠、昏、丧、祭、射、乡、朝、聘"，冠、昏，涉及家庭和个人生活；丧、祭，涉及宗教生活；射、乡，涉及社会生活；朝、聘，涉及政治生活。"经礼三百，曲礼三千"。可以说，在孔子之前，这一套礼乐的形式，已经周流充满，渗透到社会生活的各个方面。什么是礼仪？按我的理解，礼仪就是社会生活的样式。它直接关乎我们的生活实践，关乎我们每个人生活的方方面面，如刚才所讲，它关涉我们个人的、社会的、家庭的、家族的、政治的、宗教的生活的各个方面。儒家恰切地运用这样一套礼仪的系统，既在每一时代对它进行因时制宜的调适和重建，同时又对它做出一种理性的解释，以施其教化于社会生活。儒家指出，礼仪既出自天道，又建基于人心、人性与人的情感生活。这个理性的解释，与我们刚才所讲到的儒家对人性问题的看法、对于鬼神问题的态度都是一致的。这样，儒学一方面通过对传统礼仪系统的理性人文诠释，建立起它自己的形上学思想和义理系统；同时，又通过社会生活本身所具有的这一套礼仪形式，或者叫社会生活的样式，关涉于人的社会生活、情感生活及其日常行为，并对其发生一种点化、提升或精神升华的教化作用。

基督教有属于自己的上帝信仰，它的信众群体有限定性，你可以信它，可以不信它。它又有一套属于自己的不易改变的仪轨系统。所以，它的信仰体系，具有很强的排他性。历史上它对异教徒的残酷迫害，明清耶教传入中国以来所发生的"礼仪之争"，都说明了这一点。与此相反，儒家所依循的这一套神灵和礼仪系统，为古代社会所固有，并不专属儒家。"三王不袭礼，五帝不沿乐"。这套礼仪的系统，作为社会生活的普泛样式，既渗透于中国古代社会生活、民众生活的各个方面，同时，又因社会的历史发展不断因革损益，不断地发生着变化。这一套社会的神灵系统，既由天帝所统摄，同时又因社会个体的分位差异，而表现出不同层次的个性和多元性特征。儒家的哲学，根据这一文化传统建立，既提出了自己独立的一套形上学的系统，又因任社会生活所本有的信仰和礼仪系统，而与社会生活密切关联来行其教化。通过这样一种方式，它既为中国社会建立了一个形上学的基础，提升了它的文化品位，赋予了它的信仰以一种人文的精神；同时，又因任着社会生活和时代的变化，不断地调整着这个礼仪的系统，使之日新不已。这使得儒家的这一套教化能够与社会生活密合无间，保持有一种生生不息的、活的生命精神。因此，儒家的教化，既有全社会意义的普遍性，又具有极大的包容性。这是任何一种宗教所不能比拟的。

从这个意义上看，就儒家本身来讲，它是一种哲理；但就它的教化的意义来讲，它又具有宗教性。从神道和神格之间的关系而言，儒家是从三代宗教所注重的"神道"转出、发挥出一套理性人文主义的哲理。它的教化作用就体现在，这套哲理并不否定传统社会的天、帝（及其多神）信仰及其礼仪系统，而是由对后者的内在转变和诠释而成。因而能够因任和切合并不断地升华社会精神生活的作用。我想，儒家的宗教性是不是可以从这个角度来理解？它讲的是一套哲理，而不是一套教理。这个哲理既不同于西方的哲学，也不同于宗教围绕着神格系统所建立起来的那一套神道的哲理。

总之，儒家这套系统是一种哲学，是一种义理，不是宗教；但是它本身又具有宗教性，具有西方宗教那种教化的功能。以上所讲，是我对"儒家不是宗教，但又具有宗教性"这一观点的一种解释。这样理解，是不是能够更切合实际？请大家指正。我就暂时说这么多。

王中江：刚才景林兄的论证，让我感觉儒家不仅具有宗教性，它就是一种宗教。他将神道与神格区分开，实际上这两者难舍难分。没有神如何能有神道。

李景林：神灵系统是社会本身所有的，而不是儒家自己独创的。

王中江：你说神灵是没有人格性的东西，这很困难。神灵系统即使不是儒家创造的，只要它接受了，它就是宗教。

李景林：不是这样。

王中江：上帝、天，各种自然神，特别是祖先神，他不是人格性的神，怎么可能？

李景林：有人格性。

王中江：你说，天、上帝也有人格性？

李景林：对啊。

王中江：那它同时也是神格？

李景林：没有说它不是神格。我是说，它不注重在神格，它的神格的内容表现在天地阴阳这一套自然的规则和社会伦理的规则系统里面。不是像奥林匹斯山那些神，他们是活灵活现的、有喜怒哀乐。但是关于他们的神道，每一个神也有命运在里面，这是一个附着于神灵世界的东西。中国传统社会的这个神，他也是有意志的，他也是要赏善罚恶的。

王中江：比起过去的宗教定义，现在的宗教定义不仅更加多样，而且更加宽泛。在民国时期,大家讨论儒教、孔教的时候,都说它不是宗教,大都是以有神论为标准,认为儒家不是有神论,它主要是教化性的。但儒家真的是无神论吗?现在,景林兄好像不否认儒家有神灵的东西,这些神灵也有人格性。这样的话,在传统中儒家就是一种宗教。

李景林:儒家的教化,实际上就是神道设教。这个神是传统社会本身具有的系统,从我们自己的祖先一直到山神、河神、土地神。

王中江:景林兄,你对宗教这个体系有没有负面性的看法?比如说,过去我们说宗教是迷信和鸦片,这是很强势的一种说法。你有没有一种观念,认为宗教还是一种负面性的存在。

李景林:我认为宗教是高层次的,每个人心里面总是要有个神圣的指向。但是,哲学家所理解的神,和我们一般老百姓理解的神就不一样了,它有不同的层次。儒家这套东西是理性化的。比方说,诚可以通神,至诚可以前知,至诚可以和天道相统一。但是,这个至诚要落实到人伦之道里面,它才是一个可以把握的东西,不至于陷入一种非理性。所以,它既是哲理的,但是它又指向神圣。

王中江:现在人们对宗教有一种广义的理解,一种信仰只要它有终极关怀,它就可以算得上宗教。除了传统的一些宗教外,现在又新生了一些新的宗教,它们是各种各样的新信仰、新信念,形式各异,但一定要有终极关怀,这个终极关怀是最高的信仰。现在大家对上帝的理解也多元了。爱因斯坦说他也信上帝,但是他说,他信仰的上帝不是一个像神那样的东西,他信仰宇宙有理性、有秩序,他就信仰这个。他说,他是带着这个信仰去研究物理学的,他没有像刚才景林兄说的人格神之类的东西。从现在来看,没有神的信仰,如果它是一种信仰的话,它是不是也是一种宗教信仰。另外,教主是不是神?显然,教主原本不是神。佛教原本不是有神论,但是释迦牟尼在中国就变成了神。孔子不是神,其实他也被神化过。道教里面的太上老君,是将老子神化了。人被神化了,就变成了神。信仰这些被神化的人也是一种信神,这也可以说是一种宗教信仰。

在我看来，孔子信神是没有什么问题的。我们看《礼记》，它的祭祀系统非常复杂。从一般的祭祀之礼来看，不信仰神，祭祀什么？儒家的传统当然非常复杂，孟子对神的东西讲得很少，荀子赞成祭祀，但是他不认为有神。对于墨子来说，你不承认神的话，你就不要做祭祀；有了神灵体系，有了人格神信仰，这就是宗教。近代人们不承认儒家、儒教是宗教，除了他们认为孔子不怎么信神外，还有一个原因，那就是认为宗教是负面性的东西。很多人认为，儒家怎么可以跟宗教弄到一起。但我们现在的宗教观变了，从宗教方面认识儒家那是正面的立场，是肯定儒家的一种方式。

李景林：宗教里面，教主也好，先知也好，是直接能够在一个出神状态里面听到上帝的声音。这个东西就很危险。儒家不是这样，它是要落实到一个社会的伦理生活里面去看上帝，这就是一个靠得住的、一个理性的方式，它不会导致邪教的。

唐文明：但是像基督教，也将先知时代作为一段历史接受下来，并逐渐理性化了。

李景林：但是，那个上帝是基督教自己有的。而儒家的神不是自己创造的一套神，这套神是我们社会原来有的这个东西，儒家承认它，但是要把它放到一个合理的位置上，理性地对待它。就是说，要实现出自己的这种道德本性，在这个时候，那个神性就对你显现出来了，是这样的一个理念。这个神灵系统、和神之间的关系，和其他宗教不一样，不是我自己确定的一个东西，是整个社会原来有的一个东西，那一套礼仪也是原来有的，然后我对它做一个解释。这个办法既是一种理性的态度，同时有着宗教的神圣的教化的意义。我觉得儒家的特点在这个地方。

干春松：我觉得李景林老师的思考是十分周密的。他所涉及的一些问题是关键性的。比如说，理性和信仰有什么关系？李景林老师认为，儒教比其他宗教的好处就是，它比较理性。还有一个问题是神灵系统的问题，李老师也举了希腊神话的例子。但是从世界上的情况来看，有神灵系统，并不一定发展出一种宗教，宗教和神灵系统的关系也比较复杂。儒家的礼仪生活和信仰生活的关系，杨庆堃先生也讨论过这些问题。儒教跟日常生活联系得很密切，这有可能是个优点。但是，到底从什么意义上来讲，它还是一种宗教？或者说，礼仪生活和宗教生活之间是个什么关系？李老师立足于神道和神格之间关系所做的辨析，很有启发。我们先放下李景林老师的问题，先听一下存山老师的看法，然后我们再把两个人的观点放到一起来讨论。

李存山：我同意景林的观点。宗教本身是一个翻译名词，实际上中国传统里没有"宗教"这个概念。这个"教"一开始指的就是教化，如《尚书》里说的"敬敷五教"等等。后来所谓"儒释道三教"，虽然里面有儒教，但并不是说这个儒教就是宗教，当时有"方外""方内"或"外教""内教"之别，但是并不区分"宗教"与"教化"。……很多宗教都是要到另一个世界寻求解脱，但是儒家的尊天是要在这个世界解决现世的问题。儒家重视祭祀之礼，这当然也是"终极关怀"，但是"慎终追远"最终为了"民德归厚"。梁启超说，中国的尊天"虽近于宗教，而与他国之宗教自殊科也"。这里的"近于宗教"可以理解为有"宗教性"，"而与他国之宗教自殊科"也可以理解为尊天是一种"特殊的宗教"。

……

唐文明：我觉得，两位李老师考虑得特别深、特别广，内容也特别丰富。我就先谈谈对两位李老师发言的一些感想，提一些问题，再简单谈一下我的一些看法。李景林老师，我觉得很大程度上可以同意他的刻画。我还有点意外，因为我觉得李老师这次的发言其实是给儒教是宗教做出了一个很强的论证。但是，他的结论跟他的论述是不对称的。比如说，神格与神道，神道部分仍然还是神，这是他强调的，而且是人格神，这其实是很强的论证。所以我会这么理解，李老师的意思可能是说，儒教是一种个人性的宗教，而不是体制化的宗教。如果说个人化的宗教是信仰的话，按照宗教学的概念，从个人性的宗教到体制化的宗教，那只差一个组织问题。就是说，如果有三个人有此信仰，就可以组成一个团体，这里面基本上没有任何基本概念上的差异，只在有没有团体而已。比如说，卢梭在《爱弥儿》里面所谓的自然宗教，就是不同于神父的那种个人性宗教，也符合李老师讲的类似于儒教的那种教，那当然是宗教。所以说，李老师的看法是提醒我们要充分考虑儒教跟其他宗教的差异，这里并非是非宗教与宗教的差异，而是不同宗教间的差异。李老师所刻画的那些差异在很多方面我都特别同意，包括制度、落实方式等等。

不过，这里面还是有一个问题。如果我们对儒教的终极性和超越性的理解仅仅止于作为哲学概念的"天道"或"天理"上，而不是将之归诸一种宗教性的信仰的话，那么就可能存在一个合理的指控。李老师前面说到，如果崇拜的对象落到具体的东西上就变成了拜物教。那么可以说，如果崇拜的对象是一个哲学概念，那就难免于落入概念拜物教。从另一个角度来说，如果我们崇拜的是天，那么，天绝对不只是一个概念。所以，从这样一种分析来看，假如李老师的观点要避免流于概念拜物教的指责的话，我觉得最好的办法就是简单、直接地承认儒教是个宗教。

李景林：这个概念拜物教，是谁说的？

唐文明：一些马克思主义者，比如阿多诺，使用过这个词，但当然和我这里使用的语境很不相同。在基督教传统里，我这里阐述的看法也是存在的，就是把哲学家也归为拜偶像的一类。我用另一个概念来阐述李老师的看法，我觉得李老师的意思是想说，儒家其实是一个理性宗教，这个词是康德使用的，在前些年德里达和瓦蒂莫主编的《宗教》一书中也有不少讨论。西方的宗教理论一般认为宗教有一个发展过程，从巫术到自然宗教再到启示宗教。启示宗教崇拜的对象完全是一个纯粹的神灵，或者说就是纯粹的精神，如果能够以纯粹精神来理解所崇拜的绝对者且不需要任何中介，那就是一种非常理性的信仰了。就如李老师所讲的，这种理性的信仰客观上要求信徒不能够将自己的崇拜之心落到某个具体的教主或某些神职人员身上。在德国启蒙主义者那里，这种看法自然隐含着新教对天主教的批评。康有为其实也是要以理性宗教的概念来重构孔教，他用的概念则是"神道教"和"人道教"。

李存山老师的发言，我觉得他的看法其实跟李景林老师的看法差别还是非常大的，尽管他发言时一开始就说，他同意李景林老师的结论。他可能真的不太认为儒教是宗教。

……

赵法生：我刚才听了两位李老师的发言，很受启发。李景林老师对儒教的分析令我想起了近期关于儒教的论争。从上世纪90年代开始，儒家是不是宗教的问题已经争论了几十年，当时我们儒教研究室的几个老师也都参与了，争论是非常激烈的。现在来看，这场争论具有明显的意识形态色彩影响，比如赞成儒家是宗教者，其实是要打倒儒家，在他们眼中，宗教是个坏东西；反对儒家是宗教者，反而是有保护儒家的意思在，儒家既然不全是宗教，不全是吃人的礼教，自然不宜全盘否定。无论是赞成儒教者，还是反对儒教者，都基于当时社会对宗教的基本认知，即宗教是一种愚民的意识形态。这种否定宗教的观念其来有自，它源于五四之前就已经开始的思潮，认为宗教是非理性且落后的观念，五四一代知识分子也深受此影响，所以才有以道德代宗教、以哲学代宗教、以科学代宗教和以美育代宗教之说。从上世纪90年代以来，中国大陆学界对于宗教的看法发生了显著变化，人们逐渐认识到宗教未必一定是坏东西，也不会那么轻易退出历史舞台，不会轻易被其他的文化形式所取代。因为统计发现发达国家的信众比率反而较高，于是，宗教的定位也从愚民工具变为与现代社会相适应的文化形式。其实，港台新儒家已经开始重新反思宗教的功能，他们在1958年宣言中论证了儒学并非一般意义上的哲学，具有安顿中国人精神生命即安身立命的功效，进而肯定了儒家的宗教性。牟宗三将儒家界定为人文宗教。上世纪60年代，他曾有发起人文宗教的倡议。他说：现在看来，一个国家光有哲学不行，只靠哲学不能维系国本、不能维系国民精神，我们要发起一种人文宗教。他为此和唐君毅先生通过一封信，并得到了唐先生的热烈响应。实际上，他说的人文，也就是儒家道德体系。上世纪60年代是牟先生宗教意识较强的时候，他后来就不再致力于此事，一心一意转向哲学建构，这也是他们那一代学者的历史使命。

……

干春松：……刚才法生的讲话里面特别有价值的一个地方，就是他讨论了台湾地区宗教的形式，比如一贯道的现代转型，这也是我想问二李的。你们俩能不能接受民间化的儒家的信仰？因为世界上每天都在产生新的宗教形式，每一个宗教形式的背后都是会依靠某种价值。包括摩门教，也很难说它跟基督教没有关系。那我们说，就在儒家信仰这个大树底下，你们俩能不能接受它突然生产出中华孔教也好、一贯道也好、儒教也好、德教也好，你们俩能接受吗？即使我接受你们俩刚才的观点，它过去不是，它未来可不可以是？

李存山：我认为一部分人是可以把它按照宗教来对待的，但是我不相信它未来真能成为一个典型的宗教。

干春松：打个比方说，如果我们中华孔子学会以后转型为一个民间宗教组织，它不可能像学者那样，把孔子的教义原封不动的保存，肯定是取其一部分来发挥。不会像您所说的那样，翻开《论语》，孔子是这么说，我们就必须这么干。如果这样，它建不成。像一贯道他们用的书是什么呢？是民国初年的那一批地方上读书的人解读四书的著作，这些人把《中庸》《大学》都解读成宗教性很强的文本，转变为有宗教意味的读本。

李存山：我认为，这种解读肯定会是多样性的。若想把儒家做成一个统一的、典型的宗教，那是很困难的。好比说敬天，中国人既有"敬天法祖"的"天"，还有一个"民以食为天"的"天"，这种不同观念是永远不会磨灭的。有一点可以肯定，"民之所欲，天必从之"，你这个"天"再高,也高不过民去。

干春松:我们听听李景林老师的。

李景林:我是觉得可以认可(民间化的儒家信仰)。因为传统的社会原来是政教合一的,所以儒家有地方去贯彻它的思想,包括刚才说家族的祠堂、土地庙,这原来是个系统,但是,现在这个系统被打掉了。原来的官员有自觉的意识,为政一方,要教化一方,但现在这个东西也没有了。就是说,政府要想清楚,你管的就是内政、外交、经济,文化的事就放开,让社会在慢慢自然形成、自然淘汰之后,形成一个体制化的教化系统。我觉得,体制化的、教化的场所或者道场是非常重要的。这个东西呢,我们现在设想是不能周全的,它需要政府把这一刀砍开,让社会自己去发展,然后用法律的手段去监督它就行了。

李存山:我一直认为中国之所以宗教多元,是因为各种宗教能满足一部分人的精神需求。但是一个判断标准是,这个宗教是不是有利于教化。如果它对社会造成了危害,那它就没有合法性了。

……

第二场(3月29日上午)发言和讨论
主持人:李存山

……

任文利:我接着陈壁生的话题谈一下。他刚才讲到两个问题,我觉得第一个问题挺重要,就是儒教跟孔教的分野问题。……

昨天李景林先生提到了一个大家觉得很有悖论性的提法,和这个问题也有一定关联。李先生认为儒家有宗教性,但不是宗教。就他的整个论述而言,我确实比较同意唐文明的看法,就是感觉他一直是在论述儒教是一种宗教。当然,我也注意到一点,李先生之所以回避称其为宗教,他其实讲了一个理由。就是说，孔子作为儒家，作为一个狭义的儒家学派开创者，他没有自己去造一个神灵系统，而只是继承了一些现有的东西，也包括礼仪。因为在我们说儒家的宗教性问题时，它首先是体现在礼仪之中，尤其是祭礼。就这一点而言，李先生确实讲的是一个事实，就是传统上说的，孔子是一个述而不作的圣人。无论是儒家认可的神灵系统，还是礼乐系统，它都不是出于孔子与儒家的创制，而是一种继承、一种绍述，同时彰显其中的儒家道义性内容。但是，我们不能仅仅因为它们存在于孔子之前，而否认它们和儒家、儒教的密切关联。就像"六经"，如《诗》《书》这样的经典，都出现于孔子之前，但是经过孔子删述之后，我们可以毫不犹豫地说，"六经"就是儒家的经典，这一点是毋庸置疑的。所以说，经过孔子的绍述，无论是固有的经典，固有的神灵，还是固有的祀典、礼仪，呈现出了一个新的面向，我们仍然可视之为儒教的核心内容。从这方面讲，孔子可以说是一个宗教改革者的角色。这是我想说的一个问题。

……

李景林：昨天，唐文明对我的发言有个定性。结果，成了一个大家都认可的结论。其实，我是想找出儒家和宗教之间的区别。我想到黑格尔有个说法：宗教和哲学有相同的真理内容。我想是这样，儒家和典型的宗教之间的区别，就像刚才讲到的那一套祭祀系统，是不属于儒家本身的一个创造。另外，儒家本身对它也没有一种去取的决定权力，它是社会的，儒家只是对这样一个东西做出一种义理上的诠释，对它起一个引导的作用，把它的思想内容和精神的内容、教化的理念渗透到这个仪式系统里面，它会起到一个教化作用。再一个，就是儒家没有自己的一个固定的场所。像基督教的教堂，不管是欧洲的还是美国的，规制上基本都是一样的。

李存山：接下来请陈明做发言。

陈　明：景林，咱们是同道，所以争论可能只是技术性的。哲学、宗教都是一些近代引进的西方概念，用它指称儒家文化，都有一些可以对应的所指，也都有一些不能对应的所指。怎么办？显然不能从这些概念出发去裁剪儒家文化，而应从儒家文化与我们生活生命的内在关系出发来决定这些概念使用的范围和限度，同时也借助这些概念范畴对这个文化做一些认知、建构和发展。

……

李存山："君子以为文，百姓以为神"，这个层次就是精英文化与世俗文化的区分，这是儒家的本意。

干春松：李老师，我问你的一个问题恰好在这里，"君子以为文，百姓以为神"，还有一句话叫"称情以立文"，我的意思是这样，你是一位君子，你当然要以为文。但是，如果对待百姓的话，你是要拿神的办法，还是拿文的办法？

李存山：它不可能只建立一种形态，它肯定是有多种形态、多层次的。世俗文化要影响精英文化，精英文化也要引导世俗文化。两者相互作用，但是总有相对的区分，而不能合在一起。

李景林：还有一点，你刚才说是宗教，马上就有人去排斥它。大学里面可以讲儒学，为什么？因为它是哲理。如果你像基督教到大学里面布道是不可以的。还比如说，礼仪之争，核心在什么地方？你是宗教，我就排斥你；你不是宗教，我就可以容忍你。现实是这样的。

唐文明：这个命运不会因为否认儒教是宗教而改变。民国时就这样，开始要把孔子像清除出学校，理由就是说你是宗教，所以不能留在学校。后来在反对立孔教为国教时又说，不能立，因为孔教不是宗教。完全相反的论据，就这么都被利用过了。我相信儒家以后还会面临这个困境。

干春松：我认为，二李的担心是必要的。但是，你要看看民间的情况，其实民间一直有在做儒教实践的人，也没怎么看我们的书。陈壁生有一个有趣的研究就是研究潮汕城市祠堂。我的意思是说：很多的事情的创造性，被逼到那个时候，它自然就会有。

唐文明：而且，还有个结构性的变化，古代那些士大夫、士绅们有教化的权柄与制度。现在比如我们作为大学的学者或教师，你有教化民众的权柄和制度吗？没有。这样就不可能摆脱游魂状态。

……

王中江：……为什么提出"新儒教"，简单讲，一是为了回应儒教原本不是宗教说。我认为即使原来不是，为什么以后它也永远不能是，未来它可以成为一种正式的新宗教。二是为了回应儒教原本是宗教说。儒教原本就是宗教的话，这个宗教在现在也一定要有所转变，要有所转化，要有所转型，也就是应当有它的新发展。应该怎么发展？那就是在现代中国社会中，它如何与社会大众的个人生活密切结合起来。……我提出"新儒教"概念，但我对宗教是非常开放的。开放的目的就是希望，不同的宗教都能在中国发挥出它的作用，儒家也能够跟中国社会大众的精神生活紧密结合在一起。我的看法就讲到这里。

最后，这两天的讨论，大家都很辛苦，贡献了很多高见，特别是二李。谨向大家表示衷心的感谢！

吉大七十·哲林人物专访 *

刘：李老师，您好。您是1978年考入吉林大学哲学系，1985年硕士毕业后留系任教，您能否为我们讲述一下，您是如何与哲学结缘，又是因何机缘考入吉林大学哲学系的呢？

李：我1966年小学毕业，属于在"文革"中长大的一代人。1966年"文革"开始，各级升学考试全部停止。所以严格来说，自己只能算受过小学教育。

我后来上的是一种所谓的"戴帽中学"。在"文革"前，像我所就读的那种农村大队队办小学，考上中学是一件特别难的事，一个年级每年至多能有三四个人升入中学学习。"文革"时期要求普及中学，各个地方的小学要办中学，也就是在小学的基础上再戴一个中学的"帽子"，当时叫作"戴帽中学"，初、高中各两年。我所在生产大队的小学（南阳市十二里河学校）只办了"戴帽初中"。我1966年小学毕业，就遇到"停课闹革命"。1968年"复课闹革命"，我进入初中学习。1970年初中毕业，回到我家所在的生产队干了几年农活。1973年开始到我曾就读过的南阳市十二里河学校当民办老师。1976年转到南阳独山五七中学（一个部队的子弟学校）作代课老师，1978年考入吉林大学哲学系读书。

我之所以选择读哲学专业，与自己所处的环境有很大的关系。当时

---

* 编者注：本文为2016年《吉大七十·哲林人物》栏目对作者的访谈，原载"反思与奠基"公众号，题为《吉大七十·哲林人物 I "守住教师的本分"——访李景林教授》，采访者为刘净。

在农村，没有什么书可看，往往是拿到什么就读什么。记得我当时读到的第一本学术性的书，就是艾思奇的《辩证唯物主义与历史唯物主义》，黄色的封面，已经很破旧的一本书。"文革"期间经常要写大批判文章，我用书中那一套生产力、生产关系，经济基础、上层建筑的理论分析问题，别人觉得理论水平很高。当时还看过范文澜的《中国通史》，从当地的造反派手里得到一本侯外庐的《中国思想通史》第一卷，也硬着头皮去看。通过当时的政治理论学习，自己也读过不少马列和毛主席的哲学著作。看过这些书之后，觉得哲学很有意思。事情都有两面。"十年动乱"，无书可读，但却倡导人人都学哲学。这样的境遇，使自己萌生了一种对理论的渴望。所以，我高考所报的重点大学三个志愿，第一专业都是哲学。

人生往往包涵很多偶然性的因素。我能考取吉林大学，其实也很偶然。在"文革"期间，河南农村学校开门办学，课堂教学无法保障。课程体系也按"革命"的要求进行了改造，如政治、语文课合并成一门"毛泽东思想"课，物理、化学改成了"工业基础知识""农业基础知识"课，数学最后也只学到一元二次方程。这样的基础当然不可能参加高考。好在我的文史基础还可以，"文革"中我买过一套关于数学的《青年自学丛书》，自修了初高中的数学课程，1978年高考，我居然考了很高的分数。当时我们农村的孩子，最大的愿望是从农村出来，所以填报志愿，优先考虑的是能上大学，而不是上哪所大学。当时自己孤陋寡闻，对各个大学也并不了解。那时印象中吉林大学是在一个很边远、很寒冷的地方，大概报考的人不多，作为一个保险系数，我第三志愿填报了吉林大学。而在该年南阳市第一批电话通知重点大学录取的八个考生中，我就名列其中。第三志愿却被第一时间录取，直到今天，我也不了解个中原因。这大概就是人们通常所说的"缘分"吧。

刘：您留校之后师从著名历史学家金景芳先生研读先秦思想史，获历史学博士学位。您曾任吉林大学中国哲学史教研室主任，在吉林大学生活了20余年。您能否为我们讲述一下您在吉大求学和工作的那段岁月里，与老师和同窗好友之间，与吉大哲学系之间发生过的，您至今难忘的事情？

李：我24岁来吉林大学读书，在吉大学习工作了23年，可以说，长春、吉大是我的第二故乡，自己人生中最好的时光都是在母校吉大度过的。这一段学习生活的经历，给我留下了最美好的记忆。其间种种，无法备述。这里，只能简略地谈一点与自己从学经历有关的事情。

我现在的研究领域是中国哲学，但在本科阶段，自己的主要兴趣却是在西方哲学。这其实是当时同学的一个普遍的倾向。吉大哲学系77、78两个年级的西方哲学史课，邹化政先生讲授德国古典哲学，记得当时每逢先生上课，大家都要提前占座，课堂不仅是座无虚席，而且常常连走廊里都站着人，真可谓是盛况空前。我对西方哲学的兴趣，也与听邹老师的课有关。

中国社科院的王树人先生说邹化政老师是一个"怪人""怪杰"。从师生间流传的有关邹老师的一些轶事，也可见他确实是"怪"，确实是与众不同。邹老师1957年被错划成"右派"，直到1980年才得以平反昭雪。他被打成"右派"的理由，今天看起来，是十分荒唐的。当年邹老师参加长春市召开的一个理论联系实际的座谈会，在会上发言说：知识分子理论联系实际，并不一定要上山下乡；德国古典哲学是马克思主义的一个理论来源，我们哲学工作者理论联系实际，就是要好好研究康德、黑格尔。当时吉大打"右派"，有一个党内的指标还没有完成。邹老师既是中共党员，又有过这样一番"奇谈怪论"，那个"右派"的帽子，就顺理成章地戴在了他头上。在长期的劳动改造和艰难的生活条件下，邹老师并未放弃自己的哲学研究和思考。下乡劳动改造期间不允许看书，邹老师就把黑格尔的书一页一页撕下来，在田间休息的时候偷偷地阅读。在二十余年的劳动改造中，先生就是以这样令人难以想象的毅力，克服重重困难，饱览中西哲学原典，凭借自己的天资和努力，在学术上打通中西，形成了自己独特的学术和思想系统，在德国古典哲学、儒家哲学、形上学、认识论、价值论诸哲学领域都有自己独到的建树。"文革"以后，邹老师得到平反昭雪，重登杏坛，长期被压抑的学术激情得以迸发，以极大的热情投入哲学的研究与教学工作。邹老师第一次登台授课，讲到激愤忘情之处，伸拳捶击玻璃黑板，黑板破裂，割破手臂，一时鲜血直流，邹老师乃以手绢包扎伤口，继续讲授不辍。邹师深湛的思想和学术的激情，令在场师生无不感奋和动容。一时间，在我们77、78和79这几届学生中掀起了一股邹化政热。课堂上，有学生给邹师献上鲜花，邹师的茶杯里，也有学生给加上白糖（在那个物资匮乏的时代，这代表着的其实是一种很高的崇敬）。邹师当时为本科生和研究生开设多门哲学和经典研究的课程，如《德国古典哲学》《西方辩证法史》《人学原理》《洛克人类理解论研究》、康德的《纯粹理性批判》《实践理性批判》《判断力批判》、黑格尔的《小逻辑》《大逻辑》《精神现象学》等。邹师的人格精神和思想智慧，对于我们这一代学子思想和人格的养成，有深巨的影响，对吉大哲学系学术传统和西方哲学理论体系的建立，亦具有开创和奠基之功。我自己有幸亲炙于先生，几乎听过他讲授过的所有的课程，由是而得略窥哲学之门墙，真是受益无穷。

我的兴趣后来转向中国哲学，事出"人言可畏"这个偶然的因素。

同学们从全国各地考来吉林大学，刚入校时，大家一个个牛气冲天，都觉得自己很了不起。也确实是这样，当年考生六七百万，只录取二三十万人，能考上来的都是当地的人尖儿。可是过了两个月，大家都不牛了。为什么，因为看到每个人都有两下子，都不白给，都应当尊重。比如我们七舍224寝室的14个人：人家周林全班考分第一，读书过目不忘；人家范学德熟读普列汉诺夫，人称范马列；上海的罗若山博览群书，对法国哲学有丰富的知识；内蒙古的高潮，得过盟摔跤冠军，同学昵称蒙古 horse；黑龙江的杨德军，随口能背诵唐诗宋词；陕北老区来的李丰旺，也能每晚口占一两首打油诗，令同学捧腹不置，等等。可以说是各有千秋。78级学生年龄差距最大，我们班最大年龄差达到13岁。年长同学往往引导舆情，他们的"月旦评"，既能给同学以激励，也无形中会对个体的发展起到"画地为牢"的轨范作用。比如"范马列"的称谓，真会让范学德往马列专家的方向发展。杨德军能熟背唐诗宋词，同学们说他文学好，文学方面的问题都请教他。这促使他博览中外文学名著，真成了一位哲学系里的文学家，还因此娶到了一位学文学并出身文学世家的太太。这既可以说是"人言可畏"，同样也可以解释为"缘分"。我出身农村，见闻不广，又没有什么特点。不过，因我上大学前当过中学语文老师，大学期间下乡劳动锻炼，又瞎凑了几句古体诗登在抒写劳动体会的墙报上，因此我以古文基础好为同学所知，中国哲学方面的问题同学要来问我。这倒逼着我开始阅读中国哲学方面的经典，吉林大学图书馆的古籍部也很好，有很多的线装书，当时的线装古籍还可以外借，我就整函地借出来看。虽然当时也不是很懂，但由此引发了自己对中国哲学尤其是儒学的兴趣。1982年本科毕业，正好吉大哲学系当年招收中国哲学专业的硕士研究生，我报考并有幸被录取，师从乌恩溥老师研读先秦哲学。后来读的书多了，也就有了自己的体会，慢慢地也就喜欢上了中国哲学。

　　读研时，有一件事对自己刺激很大，也印象最深。我本科时对西方哲学下过一点功夫，进入研究生阶段，亦习于用西方哲学的一套概念来分析中国的哲学思想。我曾写过一篇有关《周易》的课程论文，颇有自得之意。乌恩溥老师平时对学生特别客气，师母也会经常请我们吃饭，每次去乌老师家，告辞时老师都要送我们到大门外。但老师这次给我的评语却特别不客气。乌老师的评语只有六个字："给古人穿西装"。这真是一记当头棒喝。冷静下来反思，觉得乌老师的话正点到了我当时学术思考方式的要害之处，因此下决心对中国传统思想学术作内在的、同情融贯性的了解，而非停留于外在皮相的解释。当然，这要经历一个艰苦的"蜕毛"的过程。

我读本科时选过金景芳先生的《先秦诸子》课，这门课是金老和吕绍纲老师合上的。读硕士期间又听了金老的《周易讲座》课。金老因此对我有些印象，同时，我也由此与吕绍刚老师相熟。硕士毕业时，金老有意让我去做他的助手，不过，出于多方面的考虑，我还是选择了留在哲学系任教。但金老仍然没有忘记我。1990年某一天，吕绍刚老师来我家告诉我说，金老看到我发在《社会科学战线》上的文章，觉得不错，希望我能去考他的博士生。像我这样籍籍无名的小辈，能够得到金老这样的史学大家的垂青，真令我感激莫名；同时，师从金老，不正是解决自己"给古人穿西装"这一问题的一个绝佳途径吗？因此，自己下决心复习考试，并于次年考取了金老的博士生。

金老是史家，其治学是"由经入史"。先生对六经有深湛的研究，而对《易》与《春秋》用力尤勤，并据此来理解孔子与儒家。这个路子，虽然与今人研究孔子的方式不同，但却合乎孔子与儒家的实际。孔子于六经，亦特别重视《易》与《春秋》。《春秋》是史，《易》则是周人日常生活之道与生活智慧的表达。孔子之重视《易》《春秋》，乃因其坚信价值的理想不能徒托空言，必见诸史事与行事，方可深切著明。金老治史，特别重视理论，治思想史，亦特别强调《周易》哲学的意义。但是，他讲理论，不是以论带史，而是强调从史实中见出常道或规律。金老曾对学生大量引用西方史学理论，以之套用中国古史史料的研究和著述方式，专门写信提出严肃的批评。金老这种治学的路径，使自己逐渐对中国思想学术之"史"的精神，获得了较为深切的体会。

此外，先生治学，特别体现了一种"唯真理是从"的精神。有两件事使我对此有真切的体会和深刻的印象。我在作博士论文时曾遇到两个问题。我的论文题目是《孔孟心性思想研究》。在写作过程中，有两个观点与金老不一致，论文为此拖了很长时间。我以为孟子的性善论源出于孔子，孔子实亦主性善。金老则认为孔子未讲过性善，不同意我的看法。因先生不同意，论文无法进行下去，自己也很着急。约过了几个月，先生打电话叫我去，很高兴地告诉我，"看来你说孔子讲性善还是对的"，并举《中庸》所引孔子"仁者人也"的话，来证明孔子确认为人性是善的。可见，先生虽不同意我的看法，却能从我的思路设身处地地思考问题。

另一个问题是对《中庸》"率性之谓道"的训解。传统上解"率性"为"循性"。先生则认为郑注、朱注都讲错了，"率"应解作"统率"义，率性的主辞是"道"，道统率性，才能讲得通，讲循性，是唯心论。我写论文，依郑注、朱注的解释，先生当然不同意。后来我只好曲为之解，造成了论文在思想上的一些模糊不清。有一天，按规定我们几个博士生去先生家听课。这天先生讲《中庸》，一开始先生首先讲读古书不易，要反复阅读才能读通。先生以"率性之谓道"为例，讲他以前认为应作道统率性解，近来再读《中庸》，从上下文的联系，看来还是郑玄、朱熹讲的对，应解为"循性"才通。当时我的论文已经打出来，我到打字社对论文临时作了修改。

还有另一件事，我印象特别深。1993年上半年，先生作了一篇论文，题为《古籍考辨四题》，后发表在《历史研究》1994年第1期上。其中有一段不为人知的插曲。先生曾把这篇论文给我看，让我提意见。文章中有一部分是对孟子"夫妇有别"说的考论。记得文章中讲到"夫妇有别"是孟子首先提出，以前无人讲。我查到《礼记·哀公问》中记孔子的话说："夫妇别，父子亲，君臣严"，因对先生提出。先生当时没说什么。过了一段时间，先生找我去，很高兴地告诉我：他寄给杂志社的《古籍考辨四题》的稿子，多亏邮局在邮寄过程中给弄湿，退了回来，使他有机会据我的意见对文章作了修改。

金老从不轻易改变自己的学术主张，其在学术上的自信，有时甚至会给人以固执己见的印象。但是，先生会认真听取不同的意见，一旦认为对方意见是对的，就会毫不犹豫地放弃自己的看法，并不顾忌自己的面子。先生这种从善如流、闻是而止的为学态度和治学精神，对后学和师门良好学风的形成，都有很大的影响。

在吉大学习工作期间，老师、同学、同事、朋友、领导对自己的教诲、关爱、批评、帮助与扶持，规定了自己人生的方向与轨迹，凝聚为自己成长的动力，使我受益终生。这一段经历，是我生命中的宝贵财富，其间点点滴滴，如人饮水，冷暖自知，吾将永志不忘。

刘："师者，传道授业解惑也。"作为我们的前辈、老师，您能否为我们这些以后将走向教学岗位，从事学术研究的学生们提一些读书学习和学术研究方面的建议呢？

李：我的建议，用一句话来概括，就是要"守住教师的本分"。什么是教师的本分？我们可以用您提到的韩愈《师说》中的话来作说明。韩愈讲"师者，所以传道、授业、解惑也"，但这三者并非并列的关系，其中"传道"一条最重要。韩愈解释说：我们尊之为"师"的，不论少长，能"闻道"即可为吾"师"。所以说："吾师，道也……是故无贵无贱，无长无少，道之所存，师之所存也。"有了一个教师的职位，并不表明我就可以做人"师"。闻道、得道，是"师"之所以为师的标准，它也规定了教师的本分之所在。

首先，这个师"道"，是一种人格的要求。今天的教师，是一种负责传授知识的职业化的工作，与古时的"师"有所区别。按钱穆先生的说法，中国古学是一种通人、通儒之学。金岳霖先生也说：中国古代的思想家，他的学问就是他的传记。梁漱溟先生亦因终生笃守其信念而行，而被称作"最后的儒家"。故古来言师道，为人与为学是一体的。我觉得，现代学校教师虽然已成职业，但先儒有关师"道"的教训，仍然有效，它的精神还应该继承。职业虽然分途，但在教师个体身上，做个好人与好的专家、学者应该是一体的。

其次，这个师"道"，对学问也有一种要求，这就是学问要有内在的一贯性和真实性。《礼记·学记》："记问之学不足以为人师。"孔子的学生子贡认为孔子的特点是博学多闻，孔子说："非也，予一以贯之。"又说："吾道一以贯之。"孔子学无常师，他的学问虽博却不驳杂，就是因为有一贯之道贯通其中。今天知识爆炸，学生了解的东西我们教师可能都跟不上。在学问上有一贯之道，面对这信息爆炸的时代，才能应对裕如，具有一种转世而不为世转的能力。我们教师现在压力很大，有很多任务，发表论文有数量、级别要求。这促使很多人为发表文章而发表文章，今天的文字与昨天的文字自相矛盾，自己跟自己打架。这就不行。我们呼吁官方学术评价的体系要逐渐改变，提供一个使学者真正可以做到真积力久、厚积薄发的学术环境，这样我们的学术才能是真实的，才能有扎扎实实的进步。但我们自己亦应首先对自己有这个要求。在这一点上，我们应该向老一代的学者学习。我自己是一个笨人，写东西慢而且少。有两个字，叫作"不敢"。不考虑成熟的话不敢说，不敢发表。不过，这里面也有爱惜自己羽毛的意思。从效果来考虑，应景的文字发出来，对自己不是加分，而是减分。从长远看，做这样的事其实是很傻的。我自己平时看书，注意积累一些问题。对有些问题，从有想法到能够贯通，再把它写成文字发表，有的要间隔二三年，甚至十年。这当然是因为自己资质愚钝，只能做人一己十、人十己百的事。我不否认人的资质差异，有人就是又好又快，那是天才。一般人还是需要下点"慢"的功夫，才能做成像点样的东西。我对自己的学生也提到这样的要求。我讲《中国哲学史方法论》第一讲——绪论，就题为"形成属于你自己的方法"。

其三，从这个师"道"对人格的要求延伸到教学或韩愈所说"授业、解惑"，传统的教育所倡"成德之教"在今天仍有意义。古代教育以成德为本，"行有余力，则以学文"。现代教育则不同。现代大学基本上成了教授知识、技能的场所，而缺乏教化的职能。我研究儒学，常思考这样一个问题：近代以来政教分途，西方在学校知识技能性的教育之外，还有宗教等作为人的精神人格教养的体制保障。当代中国学校教育的完全西方化，导致了整个社会德性人格教化体系的缺失。我们的人文学科应当可以承担或部分承担这样一种责任。

以上是我的一点不成熟的想法，仅供参考。

刘：还有一个多月的时间就到了吉大七十周年的校庆（9月16日），您曾在吉大学习生活了23年，作为资深的吉大校友，请您赠与吉大和吉大学子几句寄语。

李：那我就母校哲学学科说两句话吧：思想的生产是哲学的生命所在。吉大哲学学科以思想创造见长，愿母校哲学学科继续发挥思想的优势，夯实学术的基础，真正成为中国哲学家的摇篮。

序跋

《教养的本原》自序

这本小书名为"教养的本原",可以看作是一次文化寻"根"的尝试。

人们常说,中国文化"源远流长"。何谓中国文化之"源"?外国人一谈到中国,很自然地会想到Confucius(孔子)和Confucian(儒家)。中国传统的思想文化以儒家为主流。从这个角度看,孔孟的思想系统可以说代表了这个"源",至少可以说是这个"源"之一。

一个文化传统,它的"源"和"流"是连为一体的。但是,切断这个"源"和"流",把"传统"与"现代"对峙起来,却是中国近代尤其是五四以来的文化思潮中一个占主导倾向的观念。学者谈中西文化,往往把它等同于古今问题,以西方代表"现代",而以中国文化代表"传统"。不过,人们也总会想到现代与传统的联系,但只是否定意义上的联系:从民初的反复辟伴之以反孔教,到"文革"中"批林"要挂上"批孔",这个思路一直延续了半个多世纪。在这个观念下,"传统"当然地被看作阻碍现代化的包袱。所以,一方面便要"破字当头""与传统观念彻底决裂",另一方面,则要奉行"拿来主义"。显然,"科学(技术)无国界","拿来"较易;文化的观念却只能"植入"和"嫁接",而不能现成拿来。植入和嫁接便要有"土壤",有生命之"根"。没有它,拿来的东西也将枯萎、变质。

从世界文化史来看,文明初创时期所成就的伟大人格及其思想之果,总成为不同阶段历史文化发展所不断反溯回顾的创造源泉和精神动力。怀特海说过:一部西方哲学史不过是对柏拉图的注脚。中国古代的学术文化更是如此。中国先哲本有很真切的历史意识。"欲知大道，必先为史"（龚定庵），在中国学术文化的传统中，哲学家、思想家必首为史家，为古代经典的阐释者。通过经典的阐释以表达思想，成为中国古代学术思想发展的主要方式。解释学是西方当代哲学中最具历史意识的一个哲学流派。按解释学的理解，人是一个历史性的存在，生活于自身的历史和传统中。人总在对历史文本的解释中参与和重新"生产"着这个传统，并在这"传统"的进展中理解着自身。从这个意义讲，"传统"乃是以某种方式活在我们之中的东西。孟子以水喻人的道德生命本原说："原泉混混，不舍昼夜，盈科而后进，放乎四海。有本者如是。"中国文化创造发展的生命之"本""源"正存在于此传统阐释的生命相续中。切断"源"与"流"，则传统仅成为遥远古代的历史陈迹，历史之文本亦抽象为一套"死的语言"，这便失却了其"本""源"的意义，因而自戕了这文化原创性的生命之根。如孟子所言，无"本"之水，"其涸也，可立而待也"。今日我们讲文化重建，其核心的一点，即当以一种真切的历史意识，在对传统同情了解之阐释中重建那个文化生命之"本"、之"源"。这是本书书名"本原"二字的命义之一，也是本书的写作所努力贯彻的一个精神。

文化中这个"本原"的根本意义，在于它的教养作用。

文化最是一个歧义纷呈的领域，世界文献中的文化定义无虑数百种。但从其功能和作用来说，无非有两面：分化与整合。

分化是人类历史发展的必要条件，现代社会尤以分化、分工为前提。分化乃人性内涵及其可能性之展示，但这只有以人的存在和人格的整全性为根据才是可能的。因此，整合乃是文化的核心；而整合却非各种处于分离状态之文化要素的"拼"合，而是落实于人的自然生命整体的教养。

关于文化，有一个很流行的说法："文化即人化。"这是一个来源于西方哲学的观念。它把人等同于"文"，好像人可以站在一个无生命的、机械的自然或"质"（儒学以文、质对举，质即自然）之外任意对自然施之以"文"。其实正相反，文乃以质为根据，或者说，文是自然生命在其精神层面上的开显。《新约》的福音书里记耶稣的话说："你们若不回转，变成小孩的样式，断不得进天国。"老庄亦以"复归于婴儿""复归于朴"为存在之真实。孟子也说："大人者，不失其赤子之心者也。"按耶教的讲法，人的始祖偷吃知识之果，因而有了原始的罪、恶。或者说，人以其"知"分裂了其存在的自然统一。这就是人的"失乐园"。所以，人在"文"的前行中同时便必须有一种向"质"的"回转"和"复归"。当然，这个"回转""复归"，不是说要回到那原初的混沌，把"成人"再变成小孩子，而是孟子所说的"大人"而"不失其赤子之心"。人能在"文"的分化中仍保有那个"婴儿"的淳真而达成人格的完整性。这就是孔夫子所说的"文质彬彬，然后君子"。文化的整合作用，即文质合一的教养。

自然是人存在的界限，亦是"文"之合理性的界限。因而脱离其"质"而"文"之太过，则导致人之生存意义的否定。我们常常看到，一些望子成龙的父母那些超越孩子自然成长进程的过分人为设计，结果往往适得其反。我们也看到，过度理想化的计划经济所造成的种种弊端使它不得不重新让位于市场化的自然运作。超出自然界限的"文"的过度扩张，会使人的存在一无所是。所以，儒家强调"文"的发展应有所"止"。《易传》里说：

> 刚柔交错，天文也；文明以止，人文也。观乎天文，以察时变；观乎人文，以化成天下。

按，《贲·彖传》此文原无"刚柔交错"四字。王弼注与孔颖达疏对此句皆有"刚柔交错成文"的解释，说明原文本有此四字，据补。[①] 老子亦说：

---

① 参见高亨：《周易大传今注》，齐鲁书社，1979年版，第226页—227页。

"始制有名，名亦既有，夫亦将知止，知止可以不殆。"知"止"，不是要止步不前，而是强调"文"的发展，应时时注意保有人那个原初的"精神的自然统一"（黑格尔语）。"文"的分化固然是人存在之必然；但如背离自然的生命进程，这"文"便已远离了人。现代人的"无家可归"之焦虑和冲突，正产生于启蒙时代以来理性之过度膨胀。只有在落实于自然生命存在的整合教养中，人才能安顿了他那个精神的家园。西方哲学注重理智，以理智为人的代名词，代表了对"分化"一极的反省，故其文化的超越价值本原在宗教而不在哲学。孔孟的学说以文质之整合教养为首务，因而能摄宗教之功能而成为中国文化之价值根据，故可以"教养的本原"名之。

孔孟之学是一个古老的话题。但我相信"教养的本原"这一角度，可以使我们在一个新的境界上去解读和领略孔孟和中国传统文化这个文本的深层内蕴和精义。

历来研究孔孟的著作可谓汗牛充栋，但在学术上仍有很多问题（如孔子与《易》的关系，思孟学派等）悬而未决。近年来考古发现的一些新资料（如长沙马王堆出土帛书《周易》《五行》等）以及对这些资料的整理研究，为这些问题的解决提供了可能。这也使我有勇气去面对这个老课题，努力结合传世文献与出土文献，在学术上给孔孟的系统以一个合理的历史定位，为我们的义理阐释提供一个坚实的学术基础。

本书写作计划中原拟有"儒家思想渊源"一部分。我们已发表了数篇论文阐述这一问题。现选择三篇论文作为附录置于正文之后。这样做，既可保持本书内容上的完整，更重要的是可使读者阅读时能直接进入正题，以免繁冗曲折之感。

本书的前身是我的博士论文。业师金景芳先生几年来的谆谆教诲，使我终身受益。尤其在论文写作的最后一年多时间里，先生以九五高龄，从论文的选题到最后定稿，仍一丝不苟，严格把关，逐字逐句审阅，给予悉心指导，本书亦凝聚有先生的心血。吕绍纲教授通读论文，提出不少指导性意见，对论文的完成给予了很大的帮助。师兄廖名春先生、青年学友宋继杰先生为本课题的研究提供过不少资料和有价值的意见。辽宁人民出版社刘杨先生对本书提出过很宝贵的修改建议，为本书的出版提供了极大帮助。此项研究曾得到国家教委"八五"人文社科规划项目的资助。在此一并深致谢忱！

李景林

1997年6月29日

《教化的哲学》绪言

本书是我近十几年对儒学思考的一点结果。取名为《教化的哲学》，顾名思义，就是尝试从"教化"的角度，对作为"哲学"的儒学思想做出自己的诠释，以凸显其异于西方哲学的独特的思想内涵。

一、哲学义的教化

上世纪初以来，中国学术研究引入西方学院化的学术规范，儒家思想学术的研究也基本上被纳入"中国哲学"这一思想框架。不过，近年儒学的研究渐次呈现出一种学术转向的趋势。这个转向，乃表现为对儒学之"教化"意义的关注。

儒学有自己的义理之学和哲理的系统，称其为"哲学"，毫无问题。但是，儒学在中国文化和社会生活中的地位，却与西方的哲学有着根本的区别。余英时教授指出，在中国文化中，精英层面的大传统与民间生活的小传统之间有着密切的交流互动，这使儒学得以大行其"移风易俗"的教化作用。① 西方的哲学是一种单纯理论形态的东西，它与生活没有直接的关系，因而不具有直接的教化作用。儒学是一种"哲学"，但它与社会生活有着密切的关联性，这使它能够成为中国文化的价值基础和

---

① 参阅余英时《汉代循吏与文化传播》一文，收入所著《士与中国文化》，上海人民出版社，2003年版。

教化之本。

儒家以六艺为教，但很显然，它的着重点不在理论和知识。孔子讲：

> 志于道，据于德，依于仁，游于艺。（《论语·述而》）
> 入其国，其教可知也。其为人也，温柔敦厚，诗教也；疏通知远，书教也；广博易良，乐教也；絜静精微，易教也；恭俭庄敬，礼教也；属辞比事，春秋教也。（《礼记·经解》引孔子语）

按照孔子的看法，为学虽要涵泳于知识技艺，但却必须以道德仁义之成就为其本。儒学六艺，亦包涵知识技艺之内容，然其趣归，则要在于其德性教养和敦民化俗之功。

经典的传习，所重在教养教化。而教养教化，更与生活的样式密不可分。凡一文化的教化理念，必落实于某种特定的生活习俗、仪式、礼仪系统方能见其功。宗教之影响信众的精神生活，亦不仅在其教义，更因其显诸实践性的仪轨系统而能与信众的生活相密合。同样，儒学与生活的密切关联，亦表现于它对作为社会生活样式的"礼"或"礼乐"的关切。儒家特别强调礼乐的教化意义：

> 礼之教化也微，其止邪也于未形，使人日徙善远罪而不自知也。是以先王隆之也。（《礼记·经解》）
> 乐也者，圣人之所乐也，而可以善民心，其感人深，其移风易俗，故先王著其教焉。（《礼记·乐记》）

盖礼乐之设，乃本于人内在的情感生活；礼乐之义，要在其"因人之情而为之节文"，故能作为与人伦日用密合无间之生活样式，而化民于无迹。

儒家重视礼乐之教化作用，但是，这个礼乐的系统，乃是由历史传统之延续而形成的一种普泛的社会生活形式，并非儒家自身所专有的仪式系统。这使儒家的"教化"与宗教的教化大异其趣。这一点，应予以特别的注意。

一般的宗教礼仪和仪轨系统，既为特定的宗教乃至派别所专有，具有固定和排他的性质，其在信众群体上亦有相当的局限性。儒学所特别关切的礼乐制度和礼仪礼俗，在这一点上与宗教的仪式仪轨有根本性的区别。孔子极推重"郁郁乎文哉"的周代文明。宗周社会的"郁郁乎文"，即表现为一种"礼乐文明"。[①]"经礼三百，曲礼三千"（《礼记·礼器》），在孔子之前，这一礼乐文明对于现实人生，实已周流充满，构成一种社会生活的普泛形式。

孔子的思想，体现了一种注重历史连续性的文化意识。生当"礼坏乐崩"，诗书礼乐废阙的时代，孔子以其承当中国古初文明延续开新的历史使命感，一方面修旧起废，积极进行礼制仪文的重建，另一方面，又着力于对传统的礼乐文明加以人文的诠释，为之建立一个形上的超越性基础。《礼记·中庸》说：

> 君子之道费而隐，夫妇之愚，可以与知焉，及其至也，虽圣人亦有所不知焉；夫妇之不肖，可以能行焉，及其至也，虽圣人亦有所不能焉。……君子之道，造端乎夫妇；及其至也，察乎天地。

《易·序卦传》说：

> 有天地然后有万物，有万物然后有男女，有男女然后有夫妇，有夫妇然后有父子，有父子然后有君臣，有君臣然后有上

[①] 参阅杨向奎《宗周社会与礼乐文明》，人民出版社，1997年版。

下，有上下然后礼义有所错。

比较这两段话，可以显见，在儒家的视野中，那"察乎天地"的超越性的"道"，与作为生活样式的"礼义"，具有着内在的意义关联和发生学上的一致性。

因此，由孔子所确立的儒学传统，其思想的重心始终专注在生活的世界，而非认知性抽象理论体系的构建。儒学关注礼仪、礼乐的历史连续和重建，因为精神、情感、社会生活世界的丰富内涵总是展开为生生流行的历程；同时，儒学正是通过对这社会生活样式的人文诠释，建立起自己的一套形上学的思想系统。"三王不袭礼，五帝不沿乐。"在中国文化的历史长河中，社会生活样式与时俱新，儒学理论诠释亦因之不断更新，二者总保持一种有活力的互动张力关系。这使儒学能够持续地保有文化的灵魂和内在的生命活力，以因应总处于流行变化中的生活现实。

这里我们可以清楚地看到，儒学施其教化于社会生活的方式是很巧妙的。教化之行，必须切合和影响于人的社会生活和精神生活之样式。儒学于此，并不另起炉灶，独创一套为自身所独有的礼仪、仪轨系统。它所据以建立和安顿其教化理念的礼仪、仪式系统，为中国古代社会所固有。一方面，这种社会生活所固有的礼仪和礼乐系统，作为一种普泛的生活样式，与一般民众之人伦日用水乳交融，因而儒学所行教化，于中国古代社会，最具普遍性的意义。在这一点上，任何宗教形式的教化都无法与之相俦匹。另一方面，那不断经由儒学形上学诠释、点化、提升的礼仪和礼乐系统，亦具有着一种因革连续的历史变动性和对其他宗教生活样式的开放和包容性。这与一般宗教仪式、仪轨系统所特有的固定性和排他性，亦有根本性的区别。一些学者以中国礼乐、礼仪传统中有鬼神、天帝祭祀的内容为据，来论证儒学是宗教，这是一种误解；混淆宗教仪轨与儒家教化所依托之礼乐、礼仪系统的性质，是这种误解发生的一个重要原因。儒家的教化是哲学义的教化，它与宗教义的教化实不可同日而语。

二、教化义的哲学

儒学具有"教化"的功能或作用，这使它在中国文化中的地位不同于西方的哲学。但同时我们亦须注意，对于儒学而言，这"教化"又具有其天道性命之学的基础，不能仅从社会功能和作用性层面来理解它。

小程子尝用"体用一源，显微无间"[①]一语论《易》道精神。借用程子此语，可以说，这天道性命的形上学之"体"与其"教化"之"用"本相须相入、相即互成；儒学的义理系统（体）与其"教化"的社会和文化功能（用）不可剖分为二。质言之，儒学的"教化"功用既建基于其天道性命之学的形上学系统，同时，这"教化"实又贯通于其义理的系统而构成它内在的"本性"。

儒学的"教化"之异于宗教义的教化，其根源就在于，它的天道性命的形上学是理性人文义的"哲理"，而非单纯信仰性的"教理"。儒家对这一点亦有清醒的认识。宋儒自称其学为"实学"，认为熙宁变法的失败，从学术根源上讲，即由王介甫之学"祖虚无而害实用"，把圣学的"外王"事业错置于释老的"性命之理"之上所致。宋儒的"心性义理之学"，就是要为其"外王"之用，建立起一个合理的形上学基础（体）。[②]这个事例，是儒家形上学与其教化作用性之"体用一源"的一个很好佐证。对于儒学这个"教化"境域中的哲学系统，我们实无以名之，姑且强为之名曰"教化的哲学"。我以为，"教化的哲学"这个名称，可以较好地标示出儒学兼具西方哲学与宗教之功能而又迥异于后

[①] 《周易程氏传序》，《二程集》，中华书局，1981年版，第689页。
[②] 参阅余英时《朱熹的历史世界》下篇第八章第一、二节，北京三联书店，2004年版。

两者的独特之处。

本书所用"教化的哲学"这个名称，取自美国当代哲学家理查·罗蒂《哲学和自然之镜》①一书。20世纪90年代初，笔者曾发表过一篇题为《论儒家哲学精神的实质与文化使命》②的文字，即尝试用"教化的哲学"这个概念来揭示儒家的哲学精神。不过，儒学作为"教化的哲学"，与罗蒂所谓"教化的哲学"之命意，既有相通之处，也存在根本的区别，需要对其涵义作一些说明。

罗蒂把西方占主流地位的哲学称作"系统的哲学"。他认为，这"系统的哲学"的特征，就是意图通过认识论的论证方式提供一种"普遍的公度性"，以认知所建立的典范和普遍性模式来规约和改造文化的其他领域。与之相对，罗蒂倡导"教化的哲学"。他所谓"教化"，注重在其可引发人的精神生活之变化的意义。这种"教化的哲学"，旨在以不断更新的描述和可持续的谈话引发人的自我或精神生活的改变，而避免将某种描述制度化、固化为普遍公度性的标准。③

显而易见，这个引发人的自我和精神生活之变化、转移的"教化"义，与儒家哲学的精神颇相契合。但是，罗蒂所谓的"教化"，却同时又是一个"非基础主义""相对主义"的哲学观念。罗蒂说："教化哲学的目的是维持谈话继续进行，而不是发现客观真理。"④他的教化概念，旨在摧毁任何寻求真理、真实、本质、超越性或普遍性"基础"的企图和信念。这一点，又与儒家的哲学精神大相径庭。

儒学的文化意义是"教化"，其在哲学思想上亦特别注重一个"化"字。这个"化"的哲学意义，就是要在人的实存之内在转变、变化的前提下实现存在的"真实"，由此达到德化天下，以至参赞天地之"化"

---

① 李幼蒸译，北京三联书店，1987年版。
② 《齐鲁学刊》1990年第5期。
③ 参阅〔美〕理查·罗蒂《哲学和自然之镜》第八章，北京三联书店，1987年版。
④ 〔美〕理查·罗蒂：《哲学和自然之镜》，第328页。

育的天人合一。可以看出，儒家哲学的目的，是要为人的存在寻求真实，实现和建立超越性的基础。这是一种地道的形上学。很显然，这与罗蒂那种非基础主义和相对主义的"教化"观念，有着根本不同的哲学意义。同时，此形上的超越基础，乃经由"化"，亦即个体实存一系列自我转化的历程展开和实现出来，所以，它又与罗蒂所拒斥的"系统的哲学"那种抽象实体性的形上学观念，存在着根本性的区别。

三、作为"存在性事实"的"自由"

儒家由"化"来建立本体（或存在的形上基础），不是认知性的设定和逻辑上的建构，而是存在"实现"意义上的创生和"转出"。更具体地说，儒学的形上学乃由价值的完成实现存在的真实。牟宗三先生把儒家的哲学系统称作"道德的形上学"；他指出，这个道德的形上学，不是只讲道德，而且必然地关涉到存在。[①]在儒家的思想视野中，实践和存在、自由与自然、应当与事实乃本原一体之事，并非分属漠不相关的两个领域。由道德的完成转出存在的真实，这是儒家建立其形上学的基本理路。

按照康德的理解，道德领域的核心概念是"自由"。康德甚至把自由形象地比喻为其实践理性的形上学系统之整个结构的拱顶石。[②]这一点，和儒学完全一致。但是，二者对于自由的内涵及其在形上学系统中的作用的理解，却有绝大的差别。在康德的系统中，自由作为理性的概

---

① 参阅牟宗三《中国哲学十九讲》第四讲，上海古籍出版社，1997年版。
② 〔德〕康德：《实践理性批判》，商务印书馆，1999年版，第2页。

念（理念），仅仅是一种理论必要性的"公设"①，并没有实在性的意义。②而在儒学的系统中，自由的概念，却被发现是一种事实。这事实，不是认识上的事实，而是为人的实存所本具者，可称之为一种"存在性的事实"。③它构成了儒学整个形上学系统的内在的基石和创生性本原。这一点，正显示出了儒学作为一种"教化的哲学"之区别于西方哲学的根本特质。

在孔子之前，周人的文化价值观是宗教性的。在周人的观念中，至善的本原在天帝，人则被理解为一种功利性的存在。《左传·僖公五年》引《周书》说："皇天无亲，唯德是辅。"《尚书·召诰》说："王其德之用，祈天永命。"这两条材料，即很好地说明了这一点。在这种宗教性的视域中，人的行为动机是功利性的（"祈天永命"）。按康德的话说，其行为乃受着自然因果律的制约，而不能有自由。

---

① 〔德〕康德：《实践理性批判》，第144页。康德对"公设"的定义是："所谓公设，我理解的是一种理论的、但在其本身不可证明的命题，它不可分离地附属于无条件有效的先天实践法则。"（同上书，第134页）

② 康德说："自由诚然是道德法则的存在理由（ratio essendi），道德法则却是自由的认识理由（ratio cognoscendi）。因为如果道德法则不是预先在我们的理性中被明白地思想到，那么我们就决不会认为我们有正当理由去认定某种像自由一样的东西（尽管这并不矛盾）。但是，假使没有自由，那么道德法则就不会在我们内心找到。"（同上书，第2页注①）按照康德的理解，人只能对道德法则有直接的意识，由此而对自由有间接的肯定，所以可以说道德法则"是自由的认识理由"。而人对自由本身却不能有任何直接的意识、经验和直观；但是，如不以自由的存在为前提，则人对道德法则的意识就是不可理解的。所以，康德所谓自由是道德法则的"存在理由"，只是一种理论必要性的假设（"公设"），却不具有实在性的意义。康德亦仅把这种"公设"视作赋予道德法则之"可理解性"需求的一种"理性的信仰"（同上书，第138页）而已。

③ 李明辉教授注意到康德曾经把人对道德法则的意识称作"理性的事实"，并从"智的直觉"的角度，讨论了人对道德法则的意识与自由意识的关系（李明辉：《当代儒学的自我转化》，第38页—41页，中国社会科学出版社，2001年版）。颇有启发意义。不过，康德以人对道德法则的意识为"自由的认识理由"，而认为人对"自由"不能有直接的经验和直观，显然是从认识着眼。儒家则从存在入手来看待自由抉择的问题，借用康德"事实"一辞，可把儒家所揭橥之自由理解为一"存在性事实"。

孔子于周人传统的"天命"中，作"义""命"的区分，孟子更进一步，对此天命作"性""命"的区分，由此发现自由和德性为人之"存在性的事实"，奠定了人的超越性价值实现的内在本原。

《孟子·万章上》孟子驳正有关"孔子于卫主痈疽，于齐主侍人瘠环"的流言，记述并评论孔子的行事原则云：

> 孔子进以礼，退以义，得之不得曰"有命"。而主痈疽与侍人瘠环，是无义无命也。

此言"义""命"，讲的就是一个道德抉择的问题。孔子对"义""命"的这个态度，正表现了他对人的意志自由之本质性的理解。

《论语》有云：

> 为仁由己，而由人乎哉？（《颜渊》）
> 我欲仁，斯仁至矣。（《述而》）
> 求仁而得仁，又何怨？（《述而》）
> 有能一日用其力于仁矣乎，我未见力不足者。（《里仁》）

此引孔子数语，为人所熟知。但人们却很少注意，在孔子这些简单的话语里，包涵了一个石破天惊的，决定了中国文化两千余年发展方向的发现：行仁、行义，为人所唯一可凭其意志的抉择和自力，而不依凭外力所能决定之事。或借用今日哲学家的话说，这是人最本己的可能性。相反，那作为周人行为动机的功利性的"命"，其获得则要受到种种外在条件的限制，而非人所直接可求者。用康德哲学术语来说，这个发源于人自身的决断和能力，就是意志对自己的决定，它打破了自然的因果律，乃是一种自由的决定。由此，德性之善乃被理解为人之天职，或人之所以为人的先天的规定。人的行为之超越性价值，亦因此而转由人自身所决定和赋予。今人所谓中国文化人文的、内在超越的方向，即由孔子这个发现所引领和决定。

孟子更把这个"义""命"的关系，表述为"性""命"的关系。《孟子·尽心下》说：

> 孟子曰：口之于味也，目之于色也，耳之于声也，鼻之于臭也，四肢之于安佚也，性也，有命焉，君子不谓性也；仁之于父子也，义之于君臣也，礼之于宾主也，智之于贤者也，圣人之于天道也，命也，有性焉，君子不谓命也。

那出于肉身实存性的欲求，与"仁义礼智圣"的道德规定，本皆可称为"性"，亦皆可称为"命"。但孟子却又在二者间作"性""命"的区别。这个区别的根据，正源于孔子上述有关人的意志"自由"之发现。我们来看孟子对此的说明。《孟子》有云：

> 求则得之，舍则失之，是求有益于得也，求在我者也。求之有道，得之有命，是求无益于得也，求在外者也。（《尽心上》）
> 仁义礼智，非由外铄我也，我固有之也，弗思耳矣。故曰：求则得之，舍则失之。（《告子上》）

人对其肉身性实存和功利性要求的满足，不具有直接的决定之权（"求无益于得""求在外"），故称之为"命"。与此相反，遵从人道，躬行仁义，却完全可以凭任人心内在的自由抉择，自己来决定自己。其所主在"我"，而不假外求（"求则得之""求有益于得""求在我"）。此为人之存在所"固有"，故称之为"性"。

我们要特别强调，孔子、孟子所发现和诠释出的这个"自由"，对人心而言，是一"存在性的事实"，而非一个理论必要性的假设；唯其如此，其所建立的"性善"，亦不仅仅是一种理论上的可能性，而是具有其先天内容的"本善"。这个发现非常重要，它决定了整个儒家乃至中国文化的精神方向。儒学整个"教化的哲学"的形上学，即建基于此。

四、"圣"与"神"之间

康德的"自由"概念为什么会是一个理论上的假设？因为他把认知的原则推而贯彻于实践的领域。牟宗三先生很敏锐地指出，康德论自由的必然性问题，其思路有一个"滑转"：把自由的问题"滑转"为经验知识的界限问题。① 这个"滑转"，实质上就是把认知的原则推而运用于实践的领域。康德在用理论理性的尺度为实践理性划界，认为人不能对自由、对本体界有任何直观、经验和知识的同时，亦进一步推论出了一个全知、全能的上帝——只有他才拥有对本体界的理智直观。② 本体的世界在其内容的实在性上是一个属于"神"的世界。康德的这个思想，体现了西方哲学与宗教精神互证和互补的关系。

"学以至圣人之道"③，是儒学的目标。这"圣"是"自由"的实现，它要求的是存在实现义的"通"，而不是"全知"。

《荀子·解蔽》说：

> 以可以知人之性，求可以知物之理，而无所疑止之，则没世穷年不能遍也。其所以贯理焉虽亿万，已不足以浃万事之变，与愚者若一。……故学也者，固学止之也。恶乎止之？曰：止

---

① 牟宗三：《心体与性体》上，上海古籍出版社，1999年版，第144页。
② 参阅〔德〕康德《实践理性批判》第一部第二卷第二章的六、七小节。
③ （宋）程颐：《颜子所好何学论》，《二程集》，中华书局，1981年版，第577页。

诸至足。曷谓至足？曰：圣也。

王阳明则说：

> （圣人）心学纯明，而有以全其万物一体之仁，故其精神流贯，志气通达，而无有乎人己之分，物我之间。……圣人之学所以至易至简，易知易从，学易能而才易成者，正以大端惟在复心体之同然，而知识技能非所与论也。①
>
> 圣人无所不知，只是知个天理，无所不能，只是能个天理。圣人本体明白，故事事知个天理所在，便去尽个天理。不是本体明后，却于天下事物都便知得，便做得来也。②

从这几段论述可以显见，儒学对知识的有限性有明确的意识，但它既不以认知作尺度为人的实践理性设限，亦不由之推而对"圣"作"全知"的要求。在儒家看来，"圣"的超越性另有本原，"而知识技能非所与论"，与认知完全属于不同的领域。二者不可混淆。

"心体之同然"，典出《孟子·告子上》③，即指由人的自由抉择所确立的先天道德规定。此为"圣"的超越性之内在本原。"圣"的实现，与认知的达成，不仅其本原不同，其方式途径亦复有异。人在认知的意义上，不能周遍于万物；但却可以当下因应事物之时、宜而与物无不通。这是存在实现意义上的"通"，而非认知意义上"全知"。阳明所谓圣人之"全其万物一体之仁"，"精神流贯，志气通达，而无有乎

---

① （明）王阳明：《传习录中·答顾东桥书》，《王阳明全集》上，上海古籍出版社，1992年版，第55页。
② 《传习录下》，《王阳明全集》上，第97页。
③ 《孟子·告子上》："心之所同然者何也？谓理也，义也。圣人先得我心之所同然耳。故理义之悦我心，犹刍豢之悦我口。"

人己之分，物我之间"，皆指此而言。

《礼记·中庸》说：

> 诚者自成也，而道自道也。诚者物之终始，不诚无物。是故君子诚之为贵。诚者，非自诚己而已也，所以成物也。成己，仁也；成物，知也。性之德也，合外内之道也，故时措之宜也。

《孟子·尽心上》说：

> 孟子曰：万物皆备于我矣，反身而诚，乐莫大焉；强恕而行，求仁莫近焉。

这两段为人所熟知的话，即表现了儒学达到超越的方式。"万物皆备于我"，过去被批评为"主观唯心论"。这是从认知角度看待儒学所产生的误解。若从认知的意义讲"万物皆备于我"，何啻"主观唯心论"，更是康德道德哲学意义上之"神"的"全知全能"。但很显然，儒家所理解的超越性，并非从此一角度立言。实质上，由"诚"所达致的"万物皆备于我"与"合外内之道"，其方式和途径就是忠恕行仁之方。"反身而诚"是"忠"，"强恕而行"是"恕"。成己以成物，亦是忠恕。其义乃由存在的实现达于人己、物我的沟通。而"万物皆备于我"和"合外内之道"的超越，亦不神秘，无非要于行事应物处，能够仁心流行，"时措之宜"而已。随处因任事物，"时措之宜"，乃能与物无不通。古书恒训"圣"为"通"[①]，皆着眼于此。

可见，儒学达致超越的"圣"，要求的不是"全知"，而是存

[①] 如《说文解字》："圣，通也。"见（清）段玉裁《说文解字注》，上海书店，1992年版，第592页。《白虎通·圣人》："圣者，通也，道也，声也。"

在实现义的"通"。这与康德道德哲学所设定的"全知"的神，根本不同。在这个"圣"与"神"之间，亦体现了儒学与西方哲学不同的哲学进路。

五、"教化哲学"的实现论视域

引发人的内在精神生活和情感生活的转变，是"教化"概念的一个根本特征。如前所述，罗蒂所言"教化"，仅是一个功能和作用性的观念，由此，其所谓人的精神生活和情感生活的转化，亦完全是一种相对性和偶然性的东西。所以，这"教化"与任何基础、实体、本质、真理——总之，与任何"普遍公度性"都是无关的。罗蒂对这种"普遍公度性"追求的批评，首先是针对着笛卡儿—康德的哲学传统的。[①] 但吊诡的是，他对人的实存内容的看法，与康德却又殊途同归，根本一致。康德把道德法则规定为一个形式的普遍性原则，而把包括道德感在内的实质的或涉及情感内容的原则，统统看作主观、偶然性的东西完全排拒在外。[②] 二者的哲学观念完全相反，是两个极端；但其对形式与实质关系的看法，则又一脉相通，都表现了一种对人的内在情感生活之相对和偶然性的理解。这一点，与西方文化的宗教观念有着内在的关联性。[③] 而它对于我们理解儒家哲学的观念，则颇具典型性的意义。

---

① 〔美〕理查·罗蒂：《哲学和自然之镜·导论》，北京三联书店，1987年版。
② 参阅《实践理性批判》第一部第一卷第一章第八节定理四及其注释一、二。
③ 《新约圣经·罗马书》里讲："法律是属神的，但我是属血肉的……善不在我内，即不在我的肉性内。"（《圣经》，中国天主教教务委员会印行，1992年版，第1748页）这是说，人的实存性（肉身）是不自足的，其现实存在不具有善的根源性；因此，人的行为不能有自身肯定性的道德价值，其至善的超越性价值只能由人的认罪和对基督的信靠，而不能由人自身的道德实践达致。康德和罗蒂对人的肉身实存性的看法，与基督教在精神上是一致的。

儒学的"教化"观念,则取形式与实质、内在与超越一体的理路,有其自身的特点。在儒家看来,那自己决定自己的"自由"是一种"存在性的事实",它必然在人的实存的内容上,亦即人的精神生活和情感生活的内容上呈显出来。这个呈显,更确切地说,是以转化了人的实存内容的方式为人心所"实有"(实有诸己)。

因此,儒学的教化,首先要使人的精神气质发生转变;而达到这种转变,必经由"工夫"。儒家讲工夫,涉及方法、技术;但其根本点不是方法和技术,而是一贯通和呈显道或本体的实践历程。黄宗羲"工夫所至,即其本体"[①]一语,最能表现此义。儒学所言本体,由工夫而实现,这是儒家教化哲学的一个重要特色。

前引《孟子·尽心下》"口之于味"章讲"性""命"的区分,并非把性、命对峙起来。恰恰相反,儒家言"性",皆从心上说;言心,则从情上说;言情,则必落实于气。性、心、情、气、才,统而为一。儒家讲性、命的区分,把人的肉身实存性的实现归为"命"的范畴,是要强调,性、心、情、气、才非并列的关系;"性"作为"体",必在转化人的肉身实存性的创造历程中动态地实现并呈显出来。

《易·说卦传》:

> 穷理尽性以至于命。

大程子则说:

> "穷理尽性以至于命",三事一时并了,元无次序,不可将穷理作知之事。若实穷得理,即性命亦可了。[②]

---

① (明)黄宗羲:《明儒学案·黄梨洲先生原序》,中华书局,1985年版,第8页。
② 《河南程氏遗书》卷二上,《二程集》,中华书局,1981年版,第15页。

《孟子·尽心上》：

> 尽其心者，知其性也。知其性，则知天矣。存其心，养其性，所以事天也。夭寿不贰，修身以俟之，所以立命也。
>
> 莫非命也，顺受其正，是故知命者不立乎岩墙之下。尽其道而死者，正命也；桎梏死者，非正命也。

此引数语，皆从存在实现的角度言性、命之动态合一。

从广义上说，仁义礼智等道德规定和人的肉身实存性皆本自于天，皆为"性"，亦皆为"命"。但从人的自由决定而言，我们却必须说，仁义礼智诸德为人心内在本具的先天内容，而人的肉身实存性的实现，则受着外在境遇的种种制约。"穷理尽性以至于命"，即言经由工夫的转化历程以实现天人、性命的合一。"穷理"是自觉，但非认知意义上的觉知，穷理实亦"尽性"历程中的自觉。大程子说"穷理"非"知之事"，是对的。故穷理、尽性、至命，实是两事而非"三事"。由尽性而至命，亦即孟子所言存心养性以事天或修身以立命。

这里所论性、命之统合，包涵着两个方面的意义。

1. 转化肉身实存性以实现其本有的性体意义

孟子论性之实现，提出"践形"之说；宋儒言学，强调"变化气质"。形色、气质，即人的肉身实存性。"践形"和"变化气质"，都是指人的实存内在的转化。广义的"性"和"命"，皆包涵仁义礼智的德性内容和人的肉身实存两个方面的整体。但从狭义而言，"性"仅指前者，而"命"则专指人的肉身实存一面。张载《正蒙·诚明》篇关于此点说得很好：

> 性通乎气之外，命行乎气之内……尽其性然后能至

于命。[1]

这样说来，性命或天人的合一，须经由一个形色、气质转化的历程方能得到实现。

关于"践形"，《孟子·尽心上》说：

> 形色天性也，唯圣人然后可以践形。
> 君子所性，仁义礼智根于心，其生色也，睟然见于面，盎于背，施于四体，四体不言而喻。

"形色天性"，是就人的实存言性。但这"形色"作为"性"的本真意义，并非现成的给予，而是要经由一种创造性的转变历程才能实现出来。"践"，其义为显现、实现。"唯圣人然后可以践形"：只有在"圣人"的人格完成形态中，"形色"作为人性的本真意义才能得到完全的实现和显现。"君子所性"，与圣人"践形"的意义相通。"君子所性"，即在君子人格上所体现出之"性"。而这"君子所性"之仁义礼智，并非某种抽象的在认知意义上给定的概念，它要在人的实存的"形色"内容上展现出来；而其"生色"，睟面盎背，著于四体，乃是经由转化人的实存（气质）至于精纯之存在性的实现，而非一种认知义的给予性。这个"践形"，也就是性、命的动态合一。

应注意，在儒学的系统中，这转化个体实存的性命合一与实现，并不局限于个体之存在。毋宁说，这"践形"的实存转化，乃表现为一个诚中形外的敞开性。《大学》所谓"诚于中，形于外"，《中庸》所谓"诚则形，形则著，著则明，明则动，动则变，变则化，唯天下至诚为能化"，《孟子·尽心下》所谓"可欲之谓善，有诸己之谓信，充实之谓美，充

---

[1] 《张载集》，中华书局，1978年版，第21页。

实而有光辉之谓大,大而化之之谓圣,圣而不可知之之谓神",讲的都是这个道理。这敞开性,即我们前文所说的"圣"所达之"通"的境界。

2.性体的创造与赋值作用

这性、命的统合,不仅是转化实存的一个创造性历程,同时亦是一个对存在完成赋予价值的活动。

孔子讲"义""命"关系,孟子讲"立命",又讲"正命"。这"正命",指人的行为和存在完成了他正面的或肯定性的道德价值。而"立命",则是指出,这个肯定性的道德价值,正是由人存心养性、修身的行为和工夫自身所赋予。再进一步说,人经由工夫而"立命",乃本原于其自由的道德抉择。"立命"的根据在内而不在外。"义"与"命",在这个意义上,实构成一因果性关系,孟子讲,人如不从"义"的原则而行,则其行为便"无义无命",讲的就是这个道理。

由此可见,"穷理尽性以至于命",由"尽性"而"至命",所经历的是一个存在转化和实现的过程。"穷理"之"知",亦转而成为一种依止于此存在实现的生命智慧。这尽性、至命,既是个体"性""命"的合一,亦是物我、天人的合一。它是存在实现论意义上的"合一",而非认知意义上的"统一"。唯其如此,"尽性至命",便既是一个创生、创造的活动,同时亦是一个"赋值"的活动。儒学所谓"性与天道"的形上本体,乃是在实存之实现完成历程中所呈现之"通"或"共通性",而非认知意义上的"共同性"。因此,这"通"性,非抽象的实体,而是一种把当下实存引向超越,创造和转化了实存并赋予其存在价值的创生性的本原。儒家论天道,率言"生生""不已""於穆不已";论人性,则每以"成性存存""成之者性""纯亦不已"言之,都表现了这种形上学的精神。而这创生赋值的活动,乃本原于作为人的"存在性事实"的"自由"。中国文化内在超越的精神,即奠基于此。

综上所述，儒学以"教化"为核心观念。但是，儒学教化的形上学基础是理性人文义的"哲理"，而不是单纯信仰义的"教理"。儒学义的教化，可以称作是"哲学的教化"。儒学作为哲学，有其自身的特点。它以"教化"为其旨趣，而不专主于认知性的理论建构，这是它不同于西方哲学之处，可以名之为"教化的哲学"。这一"教化的哲学"，规定了中国文化的基本的精神方向。

以上所述，就是本书对儒学进行诠释的基本原则和思路。

《教化的哲学》后记

本书的主要内容，多已在大陆和台、港的刊物上发表过，收入本书时，做了一些必要的调整和少量的改动。书中各个部分，因最初多独立成篇，资料上免不了有一些重复的地方，但自信它在思想上还是能够一以贯之的。

金师景芳先生以2001年5月辞世，我也于两个月后调来北京师范大学任教，时日匆匆，转眼已历四载。先生音容，宛然在目，谆谆教诲，拳拳在膺。本书收入《金景芳师传学者文库》出版，我也拿它来寄托对先师的一份深长的思念吧！

本书的研究和出版得到了教育部人文社会科学重点研究基地北京师范大学价值与文化研究中心2004年度重大项目（项目名称："儒学及其文化价值论研究"；项目批准号：05JJD720004）的资助。北京师范大学哲学与社会学学院中国哲学专业研究生胡明峰、徐晓宇、毛术芳同学，为书稿的整理、校订付出了辛勤的劳动。黑龙江人民出版社孙国志先生对本书的出版给予了大力的支持。在此一并致以深深的谢意！

同时，我也要对发表过拙文的《中国社会科学》《哲学动态》《孔孟学报》《孔孟月刊》《哲学与文化月刊》《鹅湖月刊》《新亚学术集刊》《国际儒学研究》《国际易学研究》《吉林大学社会科学学报》《清华大学学报》《人文杂志》《北京师范大学学报》《学习与探索》《河北学刊》等刊物，表示衷心的感谢！

李景林
2005年10月于北京师范大学励耘九楼寓所

《中国哲学概论》绪言

北京师范大学出版社规划出版一套"新世纪高等学校教材'哲学'系列",本书就是其中的一部。

中国哲学这个学科从二十世纪初创立以来,已经过了近百年的历程。而在上世纪末到本世纪初短短十余年间,中国传统思想学术研究领域发生了一些带有根本性意义的变化。针对这一变化,中国哲学的教学内容和思路,亦当作出相应的改变和调整。

"哲学"一辞,源自西方。在中国传统学术分类中,本无一门被称为"哲学"的学问。上世纪初叶以来,中国传统思想学术的研究,经历了一个以西方学科分类为模式的现代转型过程。"中国哲学",即在此转型中所形成的一个学科。在现代,西方学术文化处于一种具有话语霸权的优势地位,因此,这一学术转型的基本进路,就是在来自西方的"哲学"范畴和概念框架中,对中国传统思想学术进行现代意义的理论和体系建构。这样,如何在这一转型过程中保持中国思想学术自身的独特性和文化精神,便成为中国哲学研究所面临的一个学术和理论难题。近年来,随着中国经济社会的快速发展,国人文化认同和主体意识的逐渐觉醒,这一问题更凸显为中国传统思想学术研究领域的一个重要话题。近年有关"中国哲学合法性"问题的讨论,即可看作中国哲学界对这一问题的一种理论自觉。强调中国传统哲学、思想的研究应形成自身特有的表述、研究、诠释方式,力求返本开新,以实现其文化主体性的现代建构,成为近年中国哲学界一个新的潮流。

一种思想学术，既有客观的普适性，亦有其历史文化的根源性，二者犹一体之两面，不可偏废。这里用"普适性"而不用"普遍性"，是要强调，学术文化意义上的客观普遍性，是一种差异成就前提下的互通性，它区别于科学、技术、知识意义上的普遍性。一个自身封闭的思想学术体系不能存在；同时，一种思想学术，亦只有在自身独特性和主体性建立的前提下，才能真实地具有其向他者敞开的普适性意义。从这个意义说，以中国哲学学科创立为标志的中国传统思想学术研究的现代转型，必以中国哲学主体性的重建为基础，才能最终实现和完成。《易》曰："不远复，无祗悔。"《老子》曰："夫物芸芸，各复归其根，归根曰静，是谓复命。"不远而复，归根复命，由诠释原则和框架的外在性转向于中国思想学术之内在精神的回归和主体性的重建，应是中国思想学术之现代转型的一个必然的归宿。这一转向的完成，当然是未来中国哲学学术理论研究和教学改革的一个长期的任务，不可能一蹴而就，但是，我们愿意把它作为本书写作的一个努力的方向。

中国哲学的特征，有多方面、多层面的表现，要准确把握，实属不易。中西哲学有着不同的提问方式或问题形式。这提问方式或问题形式的不同，实表现了中西哲学在哲学思考之基本进路和取向上的差异性。从这一角度来看问题，应更能准确地从总体性上把握中西哲学的根本特质。

海德格尔用"是什么"来概括西方传统哲学的提问方式：

> 这是什么……这是由苏格拉底、柏拉图、亚里士多德所发展出来的问题形式。例如，他们问：这是什么——美？这是什么——知识？这是什么——自然？这是什么——运动？

由这个"是什么"的提问方式，哲学被引导到对存在者的实质、所是、本质乃至于其"第一原理和原因"的探讨。[1]

中国哲学提问题的角度及问题域则与此大不相同。儒家讲"学以至圣人之道",学有所止,而止诸成圣。道家以成就"真人"为鹄的,谓"有真人而后有真知"。佛家讲"转识成智",而以解脱、成佛为其旨归。在中国哲学这种问题形式中,成圣、得道、成佛较之"知"和"是"的问题而言更为根本,人的德性的成就和存在的实现对于知识的问题来说是先在的。

成圣、得道、成佛当然要涉及知与其所是的问题,不过,在中国哲学中,"知"既为人的德性成就和存在完成之一内在规定,同时,亦须依止于后者乃能转成为人的生存和生命的真智慧。儒家强调仁智统一,诚明互体,其为学进路,乃在于通过道德践履,变化气质,践形成性,由工夫以证显本体。道家主张致虚守静,知恬交养,而以虚室生白,即真人而成就真知,由是而登假玄同于大道。佛家讲究定慧一体,止观双修,戒、定、慧三学,以禅定为其核心,定其体,慧其用,由此断尽情执染污,伏除烦恼分别,以证悟真如实相。所以,在中国哲学中,"知"或"是"乃被理解为在人的存在和价值实现前提下之实有诸己的自觉,而非以西方哲学所谓"认识你自己"的方式给出。其出发点,是成就人的"为己之学",而非一种知识论的立场。从德性修养和人的存在完成的角度去理解和成就人的生存和生命智慧,并据此以反观人所面对的这个世界,这是中国哲学在哲学思考上的基本进路和思想的透视点。

哲学是从反思的角度来看我们周围的世界。这世界的意义如何,与对此反思主体的理解有密切的关系。前述中国哲学的问题形式和思想进路,规定了其应物方式必是情态性的,循此所建立的心物关系,亦必是一种价值和实现的关系,而非认知性的关系;真实、真理、本体,亦要

---

[1] 孙周兴选编:《海德格尔选集》上,上海三联书店,1996年版,第592页—593页、596页—597页。

经由人的精神生活和肉身实存之一系列的澄汰转变的工夫历程，而为人心所呈显并真实拥有，而非单纯认知对象性的给与。

由此看来，中国哲学有着与西方哲学不同的系统特质，这不同的系统特质间存在某种不可通约性。因此，把西方哲学的一些重要观念和问题——诸如唯物论与唯心论、辩证法与形而上学、唯理论与经验论、唯实论与唯名论、主情论与主知论等等——置入中国哲学的系统以转出其新的思想和理论意义，而不是把它直接拿来作为一种中国哲学现成的理论构成模式，这应成为我们处理中西哲学关系的一种适当方式。

基于上述认识，本教材在内容安排、架构和论述方式等方面，做出了一些相应的调整。

本书对中国哲学各流派和哲学家思想的阐述，主要以命题和问题的系统为主轴来展开。这样做，旨在避免按照诸如自然观、社会观、伦理观、历史观、认识论、方法论（或本体论、宇宙论、知识论等）这种哲学部门划分和以概念范畴分析为主的方式来处理中国哲学的思想系统。

哲学部门的划分和范畴概念的分析，对于中国哲学当然具有重要的意义。但是，以它为主要的体系建构模式，则会偏重在对中国哲学作抽离于其自身思想系统和历史传统的抽象理论分析。一个哲学的命题，具有自身独特和稳定的思想内涵。以诸多相互关联的命题系统及其所构成的问题域为思想架构，其着重点乃在于把中国哲学置于其原有的语境、思想系统及其历史序列中来进行考察。比如，"道"是中国哲学的一个重要范畴，按西方哲学的部门划分，可以把它划入"本体论"来讨论。如果我们不是把"道"这一概念直接归入本体论或宇宙论的框架，而是把它置入"一阴一阳之谓道""刚柔相推而生变化"这样一个命题系统中加以考察，就更易凸显出儒家的"道"这一形上学概念之乾乾精进的创生意义，及其以人道为中心统括三才之道的人文特质。同样，在"即有名而显无名""万物齐一"这一命题系统中来阐述道家的道论，则其作为自然法则的人文批判意义及其差异互通的形上学精神，亦易于得到彰显。所以，本书特别注意从原典中概括出一系列的思想命题和哲学范畴，尝试以思想命题为论述展开的第一序列，而把概念范畴作为第二序列放在命题和话题的系统中，以期更为准确地揭示其具体的思想内涵和文化意义。

在中国传统哲学中，"知"被理解为人在其存在实现历程中的心明其义或自觉作用，而非将它视作第一位的原则。因此，中国哲学单纯知识论的内容较少，而其依于心性、情志、为道、修习、修炼、禅定、工夫而有的致知、为学、直观、直觉、体证、开悟、智照等有关生存或生命智慧的思想，却至为丰富和发达。这是中国哲学的一个显著特色。本书通过前述命题系统，突出了这方面的内容，并在理论的阐述上，对中国哲学心术、心知、心性观念的主体修养意义及其与人的智慧养成的内在关联性予以较多的侧重。与此相关，本书还设置了在这一方面有突出特色的"道教内丹学"一章，与有关道教重玄学的论述相呼应，以形成对道教身心修炼和心性修养理论的较为系统的表述。中国哲学这一层面的思想，对现代人的精神生活、人格养成及生存智慧的培育，都具有重要的意义。本书也期望通过对此一方面内容的提揭，使中国哲学的教学更切近世道人心，能够较多地承载青年学生人文素质培养的功能。

本书按照"新世纪高等学校教材'哲学'系列"的体例要求，题名为《中国哲学概论》。作为"概论"，当然要注重中国哲学理论的逻辑表达；同时，本书又是一部哲学史的教材，要兼顾到对中国哲学历史发展的叙述。本书的论述，首先按大的历史分期来展开。本书分先秦篇、汉唐篇、宋明篇、近现代篇四篇。在每一篇中，又根据各篇内哲学发展的具体历史情况区分出若干时期。在这些分期内，则按照不同的思想流派展开其哲学思想的逻辑内容。通过这样的一个布局，我们希望能够把逻辑和历史的叙述结合起来，对中国哲学的思想内容及其历史发展做出较为合理和清晰的展示。另外，中国哲学的发展，不仅是一个经典诠释的过程，同时亦表现为一个不断的思想重建过程。五四以来的一批哲学家，寻求中西、古今的融通，以建立自己的哲学体系，当代中国思想的重建，滥觞于斯，对我们今日完成这一思想重建的任务，尤有借鉴的价值。因此，本书最后专辟"现代形态的中国哲学"一章，对之作了重点的介绍。

近年来，中国哲学的研究，呈现出一种不远而复，归根复命的学术转向的态势。中国哲学的教材建设，是这一学术转向完成过程的一个重要环节。本书在中国哲学的内容安排和论述方式上作了一些初步的尝试和调整，希望能对此尽一份绵薄的力量。

李景林

2010年1月于北京师大励耘9楼寓所

《教化视域中的儒学》后序

20世纪初以来，包括儒学在内的中国传统思想学术逐渐被纳入到"哲学"这一概念框架下来进行研究和重构。不过，哲学作为一种对存在作整体之思的普遍性的思想，却总是表现为不同层级（如民族、文化、地域、时代、阶层、个体等）的具体个性形态，而从未出现于某种为人所共许的普遍形式中。实质上，哲学乃是一种以个性化的方式表出其普遍性理念的学问。在《教化的哲学》[①]一书中，我尝试以"教化"这一核心观念来提揭儒学作为一种哲学的个性特质。嗣后数年，吾复循此思理，就其中一些相关学术和理论问题作进一步的思考，并进行了一系列专题性的讨论，其成文者多已见诸各种学术刊物，或以学术会议、演讲的方式示之于众。今北京师范大学哲学与社会学学院编辑出版"哲学与文化丛书"，我的这项研究有幸忝列其中，遂将上述专题讨论的文字条列布局，删繁补阙，裒为此帙。本书名为《教化视域中的儒学》，表明它是《教化的哲学》之后续且进一步深化思考的结果。

书分四章，分别讨论儒家以教化为核心的形上学与心性论、德性论与价值观、儒学与中国文化、儒学与哲学研究的方法等问题。其前有《绪论》[②]一篇，是我于2008年5月13日晚在中国政法大学国际儒学院所作演讲的录音整理稿。演讲的时间恰在汶川大地震发生的第二天，当时

[①] 黑龙江人民出版社，2006年版。
[②] 编者注：该文已收入本书，即"讲演"部分《教化观念与儒学的未来发展》。

一腔沉郁悲壮的情绪，使这篇演讲的内容充溢了一种现实和文化关切的格调。演讲题为"教化观念与儒学的未来发展"，从本世纪初以来中国文化意识之反思入手来阐发儒家教化观念的内涵，并立足于"文脉"（思想学术）和"血脉"（文化生命和社会生活）之融汇及其连续与重建来展望儒学的未来发展，特别凸显了儒学作为一种"教化的哲学"的文化意义及其实践的性格。我拿这篇演讲代为本书"绪论"，是因为它恰当地展示了本书的学术取向和思想基调。这一点，从本书的章节篇目上也是看得出来的。

本书的研究和出版得到了"北京市优秀博士学位论文指导教师人文社科项目"（编号：YB20091002701）的资助。中国社会科学出版社和编辑先生对本书的出版给予了大力的支持。在此一并深致谢忱！同时，我也想借此机会，对发表过拙作的《中国社会科学》《哲学研究》《中国哲学史》《哲学动态》《人文杂志》《社会科学战线》《天津社会科学》《江汉论坛》《学海》《北京师范大学学报》《吉林大学社会科学学报》《齐鲁学刊》等学术刊物，表示深深的谢意！

李景林
2012 年 7 月谨识于北师大励耘九楼寓所

《教化儒学论》前言

我的专业是中国哲学，研究的领域则主要是儒学。

近年来，一些学者对于用"哲学"这一范式来研究包括儒学在内的中国思想学术的有效性颇有怀疑。其实，哲学本来就是一种个性化的学问，或者说，是一种以个性化的方式表出其普遍性理念的学问。哲学总是以不同层级的个性形态存在。哲学诞生距今已两千多年，但却从未产生过某种为哲学家所共许的普遍哲学形式。从这个角度说，"哲学"这一范式，并不必然地与儒学的思想义理相排斥，而一种长期形成的学术范式，亦非一朝一夕所能改变。关键在于，我们在来自于西方的"哲学"这一概念模式下，如何凸显出儒学和中国思想学术的精神特质。这也是我长期以来所不断思考的一个问题。

我1966年小学毕业，属于在"文革"中长大的一代人。事情都有两面。十年动乱，无书可读，但却倡导人人都学哲学。这样的境遇，使我萌生了一种对理论的渴望。1978年高考时，我所填报的重点大学的三个志愿，清一色全是哲学。出于对理论的渴求，本科时我的兴趣主要在西方哲学，大学二年级就硬着头皮啃康德、黑格尔的书。当时吉林大学哲学系有一位邹化政教授，是一位"高而不名"的大家，对德国古典哲学有很深湛的研究。我听了邹师所开的所有西方哲学的课程，可以说是受益终身。我的兴趣之转向中国哲学，事出"人言可畏"这个偶然的因素。我上大学前当过中学语文老师，大学期间下乡劳动锻炼，又瞎凑了几句古体诗登在抒写劳动体会的墙报上。因此我以古文基础好为同学所知，中国哲学方面的问题，大家都要来问我。这倒逼着我开始阅读中国哲学方面的经典，由此引发了自己对中国哲学尤其是儒学的兴趣，硕士、博士期间的研究题目，也都选了儒学方向。当时同学受黑格尔等西方哲学家的影响，多认为中国无哲学。西方哲学的课堂，每每座无虚席，而上中国哲学课，逃课者却不在少数。以当时自己对中西方思想的粗浅认知，我坚信中国有自己独特的哲学。探讨儒学的哲学内涵及其特质，构成了我硕、博期间学术研究的一个基本的思想视角。

美国当代哲学家理查·罗蒂在《哲学和自然之镜》一书中，提出"系统的哲学"和"教化的哲学"两个概念。1989年，我受到罗蒂的启发，写出《论儒家哲学精神的实质与文化使命》一文（发表于《齐鲁学刊》1990年5期），开始用"教化的哲学"一语，来表征儒家哲学的精神实质，以标示其与西方哲学的差异性；并对儒学与宗教之"教化"观念的区别性作了初步的讨论，以显示儒家哲学之独特的文化意义。以后陆续出版的《教养的本原》（1998）、《教化的哲学》（2006）、《教化视域中的儒学》（2013）三书，其内容都是沿此思路对儒家哲学精神的诠释与思想系统的建构。

一个好的诠释原则或核心观念，应具有较强的理论解释力、思想穿透力和学术建构力。在我看来，"教化"作为儒学的一个核心观念，其重要意义在于它标示出了儒学之异于西方哲学的一个独特的思想进路。这不是一个认知的进路，而是一个存在或价值实现的进路。西方哲学主张"认识你自己"，凡事要问一个"是什么"，由此引生其对存在之实质、所是、本质及其第一原因的关注。儒学则注重在"实现你自己"，强调学以至圣人之道，谓学当有所止，而止于尽伦至圣。人的智慧，乃被理解为其在自身存在或价值实现前提下的自觉或心明其意；由此，人与周围世界的关系，亦非一种单纯认知的关系，而是一种由成己而成人、成物意义上的价值和存在实现的关系；人对真实、真理、本体的认识，由是亦被理解为一种经由人的情感、精神、实存之转变的工夫历程，而为人心所呈显并真实拥有，而非一种单纯理论性的认知。儒家思想既不同于西方之哲学与宗教，而又能兼具哲学与宗教之功能，具有一种直接关涉世道人心之教化作用者，盖亦由乎是。

最近，孔学堂书局推出《大众儒学书系》，承蒙不弃，邀我参加其中的《说儒》系列，就旧所撰著，抽绎条目，裒辑为一册，而献芹于社会大众。"大众儒学"之设想，与儒学的精神颇相切合。儒家本以为"君子之道，造端乎夫妇"，古来名宿大儒多讲学于民间，传统士人亦并有文化关怀与担当之意识。故关切社会大众生活，本为儒学精神之一重要特点。不过，诚如康德所说，经验永远不能使人满足，形而上学乃是"人类理性的自然趋向"。吾观乎民间社会，大众之于思想与理论的追求与夫终极超越性的关怀，尤炽于吾等自称拥有客观"理性"的所谓知识人。因此，《说儒》系列如欲餍足大众之文化要求，似不能仅以"通俗"为务。其虽系旧著抽绎而成，却应当保持一种相当的思想和学术维度及其体系的自洽性，而避免流为某种学术和思想片段的集合。这也是本书所追求的一个目标。参与《说儒》系列，使我有机会就自己三十多年来对儒学的思考进行一番梳理，作出一种简洁和较为系统的表达。本书题名为《教化儒学论》，就是对我多年有关儒学之研究和思考一种概括。在这里，我要对邀我参与此项计划的舒大刚教授和孔学堂书局表示由衷的谢意！

我的学生程旺、徐冰、邓梦军、郑超、张辉、唐玉洁参与了本书编选的前期工作。我要特别感谢各位同学的辛勤工作！没有他们，本书是无法在短短的一个多月时间内完成的。

李景林

2014年7月9日于北师大励耘9楼寓所

《孔孟大义今诠》自序

孔子据"性与天道"本原一体观念所创仁学学说，经孔子后学至孟子的践行与思想演进，形成了一个大致完备的思想系统。它不仅规定了中华文明的精神方向，而且成为后世儒学之注焉不满、酌焉不竭的天府义海和思想动源。

中国思想学术有一个源远流长的诠释传统，每代的儒者并不像西方哲学那样着力于推翻一个体系以建立一个新的体系，而是着眼于经典意义系统的重建，以面对时代的问题，因应当下的生活，由此形成具有当代意义的思想论域和义理系统。其立言方式，乃表现为一种"述而不作"、不立之立之特点。此"不作""不立"，重在学术、思想、文化之生命整体性和生生的连续性，其诠释原则取自传统而非由外至，故能使孔孟之大义精神生生日新，切中当下生活，构成为每一时代社会精神生活的一种活的思想和文化传统。此"不作""不立"之方，其功亦宏矣！

现代以来，西方学术文化处于话语霸权的强势地位，因此，纳入西方学术的概念框架似乎成了中国传统思想学术现代转型的一个必经之路。民国初年的整理国故运动，即以中国传统学术为一种无系统的客观资料，而用西方现代的学科模式和学术规范对之进行分类研究，以形成现代意义的学科体系，儒学亦被纳入到西方"哲学"的概念框架中来进行研究。这一研究方法，实代表了中国当代学术研究的一个一般倾向。与中国古代学术的立言方式不同，这种研究方法，其立意在"创作"。它对于中国当代学术体系的建立具有很重要的意义，但也产生了很大的问题。此一"创作",乃以古学为无生命之客观资料和过去时意义之知识,其"创作"之原则与概念模式悉由外"拿来"。由此,中国学术、文化既失其主体性,亦无由关联、切合于社会生活。近百年来中国学术文化之建设缺乏原创性因而收效甚微,其原因要在于此。今欲救此失,重振儒学和中华文明为一当代性的活的文化精神,借资先儒先哲"不作""不立"之诠释传统,乃一种可能之途径;且吾也鲁钝,学力不逮,于孔孟大义,无能有"作",唯"述"而已。是本书所为题曰"今诠"者也。

我平日习学旨趣,要在于斯,今乃因以选取平日习作25篇,裒为此集,题其名曰《孔孟大义今诠》。20世纪80年代末,我即拈出"教化"这一观念来诠释孔孟儒家哲学,故取《教化——儒学的精神特质》一文代作本书绪论,以明此义。

孔学堂书局启动《孔学堂文库》出版计划,承蒙不弃,经郭齐勇教授推荐,丁羽先生邀我参加此项计划,责任编辑陈真先生、刘光炎先生辛苦编校,使我的一部分习作能以一种专题的形式芹献于读者,这是我要在此特别表示感谢的。

我因眼疾手术,近期内不便读写。我的学生程旺博士于繁重的工作中抽出时间,帮我整理、编辑此书,并在本书的格局、编目、选题思路等方面提出了不少中肯的建议。在这里,我要向他表达我由衷的谢意!

李景林
2017年冬谨识于北师大励耘九楼寓所

《孟子通释》后序

我研读《孟子》前后三十余年，于孟子之义理精神，每觉有会于心；平日习作，对孟子与《孟子》书，亦时有撰作讨论。近年，四川大学国际儒学研究院、湖南大学岳麓书院启动"中国儒学教材"编撰与出版计划，舒大刚教授邀我参与此项计划，遂发心藉此机会，融贯衷合我多年有关《孟子》研读、教学、思考与习作之所得，对《孟子》全书作一系统的诠解。

2016年岁末至2017年春节期间，我蛰居海南乐东龙栖湾寓所两个多月，写成《梁惠王》《公孙丑》《滕文公》《告子》诸篇之"义释"。开学返校后，又续成《尽心》《离娄》《万章》诸篇"义释"。前后约半年时间，本书初稿大体告竣。去年五月中，我突患眼疾，至年底前，前后经历三次手术，搁置了手头所有的工作。今年暑假，我的学生程旺博士和许家星教授，用假期两个月的时间，帮我把书稿统一体例，校阅一过。暑期以来，我自感眼疾逐渐好转恢复，便尝试着为本书撰写了导言，并对全稿作了最后的修订。《孟子通释》书稿，遂告完成，于十月按时交付出版社。

孔子所创仁学系统，浑沦圆融，道越言筌。其教人，则愤悱启发，示之以行事。故虽夫子入室高弟，亦不免有欲从末由，性与天道不可得闻之慨。孟子处身战国之世，以杨墨之言盈天下，邪说并作，仁义充塞，乃以言距杨墨，发扬孔子之道为己任，不得已而强辩之，遂使孔子学说之义理精微，发越著于言表，条畅达乎人心。其于儒家形上义理系统之创构，具有十字打开、邃密昌大之伟功。本书题为《孟子通释》，所重即在对《孟子》书作一种通贯性的义理诠释，于训诂考辨一面，则求通而止。书前导言，名为"通论孟子"，旨在对《孟子》书及其义理精神，作一番全般提起的概述，以为学者阅读此书之导引。导言顺势写来，不觉已嫌略长，但自信它对学者提挈《孟子》各篇章以对其作通贯之理解，应有所裨益。

我生性疏懒，平日研读授课，尚与孟夫子友，时怀释《孟》之意，然以意志无力，终未克属稿。本书虽因著述体例等缘故不再列入"中国儒学教材"系列而先行单独出版，但"中国儒学教材"编撰与出版计划的支持和大刚教授的邀约，实对本书有催生之功。在此，我要对大刚教授表达我诚挚的谢意！程旺、家星二君，在百忙之中，放下自己的事情，全力帮我校阅全书，并对书稿之体例、修改提出不少中肯的建议。我以病目，仍能如期完稿，端赖二君之力，这是我要特别表示感谢的！在本书付梓之际，我也要对上海古籍出版社和胡文波主任、本书责任编辑张靖伟先生为本书出版所给与的支持与关照，表达我由衷的谢意！

李景林

2018 年秋谨识于北京师范大学励耘九楼寓所

《教化儒学续说》绪言

本书由六编和两个附录构成，汇集了近几年我对教化儒学所作进一步诠解的一些收获。

一

近年我对儒家教化或教化儒学的思考，略重在对儒学作为一种哲学或其义理的系统与社会的信仰系统之间关系的探讨。本书"续说之一"一编，就集中讨论了这一方面的问题。

哲学作为一种密切关联于人的存在的学问，具有鲜明的个性化特征。阳明谓"良知即是独知"，庄子视达道为"见独"，就很好地表现了这一点。而儒学作为一种形上学或哲学，其个性化的精神特质就是"教化"。《汉书·艺文志》论儒家，用"明教化"三字来标识其学说的宗旨与目标，可谓切中肯綮，一语中的。我用"教化的哲学"或"教化儒学"来提揭儒学的精神，道理即在于此。

儒家的教化方式，可以简要地用《易传》"以神道设教"一语来概括。儒家"以神道设教"，就是因任于传统社会所固有的一套信仰系统以行其教化于社会生活。帛书《易传·要》篇记孔子为子贡解释其何以"老而好易"有云：

> 后世之士疑丘者，或以易乎？吾求其德而已，吾与史巫同途而殊归者也。

"吾与史巫同途而殊归"一语，既指点出了儒家义理体系与社会信仰系统之相关性与异质性相统一的关系，亦揭示出了儒家之基本的教化方式。史巫、祝卜之职事，代表了中国古初文明时代普泛行之于社会生活的一种宗教信仰系统。孔子并不排拒史巫祝卜之道，他自称"百占而七十当"，可见其对此亦习之如常且驾轻就熟。在这一方面，他与祝卜史巫及其所代表的那一套行之于社会生活的神灵和信仰的系统，可以说是"同途"。而从另一角度讲，孔子与祝卜史巫之道所追求的目标与意义，却又有根本的不同。孔子之占筮，目的要在"求其德""观其德义"。这个"德"或"德义"，指《周易》所包涵的哲理的内涵与道德的指向。在这个意义上说，孔子与祝卜史巫之道，又可以说是"殊归"。荀子说：

> 卜筮然后决大事，非以为得求也，以文之也。故君子以为文，而百姓以为神。（《荀子·天论》）

这个君子"以为文"与百姓"以为神"，内容相同而意义却迥异。意义不同，是"殊归"，它赋予了儒学作为一种哲学义理体系的独立性特质。内容相同，是"同途"。这个与社会生活中的宗教信仰和神灵系统的"同途"，使得儒家的哲理，同时又能够紧密切合于社会生活，对社会生活起到一种意义转化、思想升华和精神引领的作用。因此，儒学虽是哲学而非宗教，却又具有宗教性与普泛的教化功能。这是儒家落实其教化于社会、人生的一种重要且很巧妙的方式。

二

儒家与社会信仰系统这种"同途而殊归"的关联性，同时亦回馈性地规定了儒学作为一种形上学或哲学的思想内涵。在儒家的形上学系统中，"教化"乃是一个存在实现先行的观念，它所标志的是一种本人的存在实现以证显道体而非认知的哲学进路。因此，人性论或心性论，构成了儒家哲学的形上基础和基本的内容。本书"续说之二"一编，对儒家的人性论或心性论问题，作了一些新角度的理论诠解。

我们讲"人性论或心性论"，并非把人性论与心性论视为平列的两个论题。儒家哲学以人的存在实现为进路，其言人性，乃是落实到"心性"（包括性情）的论域来动态地展示人性的具体内涵，而非像西方哲学那样从人性诸要素与可能性的角度对人性作抽象静态的分析。

儒家论性，必即心而言性，即情而言心。不过，这个"情"或情志的内容，并非西方从认知分解的意义上所言与理性相对的非理性。儒家落实于心性论（包括性情论）的论域以言人性，是以性即心而显诸情，即在情志的活动中以动态地展显人性的内涵。因而，儒家是从内容而非在形式上论性。比如，儒家常从恻隐、辞逊、不忍、亲亲等情态上展显人性之整体内涵。这就产生一个问题，儒家既基于情感实存之内容以言性，则此"性"是否会因此而降格为康德所言实质的偶然性？学者论儒家良心、四端诸说，或视之为天赋道德情感，或视之为实践习成之情操，对之作固化和现成性的理解，多不能得其要领。

其实，儒家所言道德情感，并非如西方非理性派哲学所理解的那种"本能"一类的现成的道德要素。思孟一系学者用"端"这一概念来指称人心之不忍、恻隐、羞恶一类情感表现，很好地凸显了儒家对道德情感之独特的理解方式。孟子有"四端"之说，而其所谓人心之善"端"，乃由子思《五行》而来。孟子据"四端"为例揭橥人性本善之义，然其所谓"端"，却并不局限于"四"。《孟子·告子上》第六、七、八章，我称之为孟子"论才三章"。"论才三章"所言"才",是在"与人相近"的"好、恶"之情上呈现人的"良心"或"仁义之心"。良心以"好、恶"迎拒事物,必缘境而显现为当下性的种种"端"。孟子举"四端"为例说明此"端"的逻辑内涵,认为人心本具一种"能、知"一体的逻辑结构,"端"则是人心作为"能、知"共属一体的原初存在方式,在其具体境域中的一种当场性和缘构性的必然情态表现。因其当场性与境域性,此"端"必呈现各各差异而不可重复之种种样态,决非可为某种或几种现成性的道德情感所范限。细绎思孟文献,诸如不忍、不为、恻隐、羞恶、辞让、恭敬、是非、孝悌、亲亲、敬长、耻、忸怩、无欲害人、无穿踰、无受尔汝、弗受嘑尔、不屑蹴尔之食等,皆可为此"端"之不同样态,并由之推扩而成德。因其"能、知"本原一体之结构,则此"端"之作为"能"之情态表现,又本具"智"的内在规定,而必然具有道德的指向与决断。这个本然的指向,缘其"好、恶"又必包含肯定与否定两个向度。其"好",由"智"之规定与"是"相应,而构成人类之善的存在性与动力性基础(如不忍、恻隐、恭敬、亲亲等);其"恶"亦由"智"之规定与"非"相应,而构成为人性排拒非善的一种自我捍卫机制(如羞恶、不为、耻、忸怩、无受尔汝等)。可见,在思孟一系的心性论中,既不存在现成性天赋道德情感的观念,亦不存在无本然道德指向的所谓"自然情感"的观念。据此,儒家人性本善的观念乃能得以证成。

值得注意的是,在近年的儒学研究中,荀学有渐成显学之势。而有关荀子人性论及其政治伦理学说的理论自洽性问题,迄未见有令人满意的解答。在我看来,解决这一问题的关键,是要从荀子的人性结构论入手,来理解其人性论的思想内涵。荀子论人性的结构,强调人的实存活动及其情欲要求必受制于心知及其抉择之支配,据"心之所可"以规定其实现的途径与行为的原则,由之而获得其正面(善)或负面(非善或恶)的道德价值和意义,而非直接现成地顺自然而行。由此人性的结构来看，荀子之言"性恶"，只是针对孟子性善论的一种权说，其实质是强调人性中本无"现成的善"，而非言人性中具有"实质的恶"。

《荀子·王制》说：

> 始则终，终则始，若环之无端也，舍是而天下以衰矣。天地者，生之始也；礼义者，治之始也；君子者，礼义之始也。为之，贯之，积重之，致好之者，君子之始也。故天地生君子，君子理天地；君子者，天地之参也，万物之总也，民之父母也。

在荀子看来，其理论的体系，乃以君子为中心构成为一个首尾闭合的理论圆环，是完满周洽的。不过，由于荀子所谓情欲"从心之所可"之"可"的内容，须由"伪"或人为的历程来规定，故其人性的结构尚存在向着"善、恶"两端开放的可能性。为此，荀子提出一种目的论善性的观念，以确保前述理论圆环的必然性与自洽性。荀子善言"类"，以为人之类性及理或道规定了其存在之终极的目的，故人作为一个"类"的存在，本内在地具有一种自身趋赴于善的逻辑必然性或目的论意义之善性。是以其在政治上并未导致外在强制之说，在道德上亦主张自力成德，而未导致他力的救赎说。其政治伦理哲学的体系，亦由此而获得了一种终始相扣的理论自洽性。人的实存"从心之所可"的人性结构论与目的论的善性说，共同构成了荀子人性论学说的整体内涵。

如前所述，孟子所言心，本具"能、知"一体的逻辑结构。荀子情欲"从心之所可"的人性结构论，可从与之对立的一面，映射和凸显出孟子心性论这一"能、知"一体结构的逻辑意义。但必须强调的是，荀子对性伪之分立性的理解，使其所建立的人性结构，仅具形式的意义而流为一个"空"的结构，须由此结构之外引入一目的论的原则，以达成其理论的自洽性要求。因此，儒家教化及其伦理的系统，只能回归并建基于思孟一系的人性本善论，才能终成一自身周洽必然的思想体系。

三

儒家以求道、达道为最高的目标。通过追溯圣道的本原，以建立当下性的学术新统，成为每一代儒学思想生产和创造的一个重要的环节。"续说之三"一编，着重探讨了这一方面的内容。

孔子自述其志，曰"朝闻道，夕死可矣"（《论语·里仁》），是"闻道"被孔子视为人生的最高目标。历史上对孔子的"闻道"说解释纷歧。吾意此所谓"闻道"，应据简帛《五行》篇和《孟子·尽心下》末章，解作"闻而知"道。

先秦儒言"知道"，有"闻而知之"和"见而知之"的区别。出土简帛《五行》篇讲"闻而知之者圣""见而知之者智"，孟子继之而提出一种圣道的传承的谱系。这个圣道传承的谱系包括了两类人：一是"闻而知之"者，即尧、舜、汤、文王、孔子一类的圣人；二是"见而知之"者，即禹、皋陶、伊尹、莱朱、太公望、散宜生一类的智者或贤人。按照《礼记·乐记》的说法，一代文化文明之创制，有"作"有"述"：

> 知礼乐之情者，能作；识礼乐之文者，能述。作者之谓圣，述者之谓明；明圣者，述作之谓也。

从文字学上说，"圣"与"听"本一字之分化。圣者之谓圣，在于其能直接倾听天帝的声音，其心对越上帝，无所依傍，独与天道相通，故能独标新统，开启一个新的时代或思想传统，此之谓"作"。文化之初创，出自圣人之"作"而直承于"天道"。"礼乐之文"，指有形的制度、形式、仪节、器物，即今所谓文明一面言。圣人本于天道之创作，必施之于有形之制度或文明，方能形成一种传统，此即智者贤人之所"述"。然一种思想、文化，当其形诸文明，历久必有滞著僵化之积弊发生，故又将有后圣起而革新革命，以开创新局。是以思想、文化、文明之演进，必有因革损益,乃能有生生不息、日进无疆之发展。思孟的圣道传承论,区分"闻而知之"与"见而知之"两类"知道"方式与"道"的担当者,讲的就是这个道理。

需要指出的是,思孟这一圣道传承论,特别凸显了"闻而知之"的圣者直接倾听天或上帝声音,独与天地精神往来的超越性和原创性的作用。孔子生当春秋季世,礼坏乐崩,道术为天下裂,因之祖述尧舜,宪章文武,起而担当斯文之再建。孔子溯源其道于尧舜,以为尧舜之道,首在"则天"、法天。其自述求道行历,乃言"五十而知天命",又自称人莫我知,而独得相知于天。可知孔子所终生追求的"闻道",实即"闻而知"道、得道。思孟一系的圣道传承论,实出自于孔子。

儒学并非现成摆在某处的一种客观的知识系统,而是因应时代变化而不断自身创造着的活的思想和文化精神。孔子之后的儒学发展,孟子与朱子可以说是两位最具思想原创力的哲学家。二者的思想创造有一个共同的特点,即具有强烈的学术根源性与学术新统建构的意识。孟子的思想学术创造,首先注重圣道传承谱系的建构,此点已如前述。另一方面,又特别提出一套孔曾思孟学脉系统的论述。孟子的圣道传承论,乃基于一种思想学术之根源性的意识。其有关孔曾思孟学脉系统的论说,则着眼于当下学术新统的建构。朱子建立圣道传承和思想学术的谱系,亦有两个方面,一是古代的圣道思想学术传承谱系,简称"道统";二是北宋以降以周敦颐、二程为开端的思想学术传承谱系,简称"道学之传"。前者意在为道学之创构寻根求源,后者意在建立一个当代性的学术新统。孟子与朱子的区别在于,孟子的根源性意识,着重在天道形上性的本体层面;朱子所论道统,似更着重于圣道之"心传"的历史性层面。孟子、朱子这种道统与学统意识,对于中国思想和哲学的当代性重建,具有重要的借鉴意义。

四

儒家言教化,是要经由人的实存之内在的转变及德性的养成,以实现其存在的真实。而人的德性及存在的实现,则必展开为一个诚中形外的合外内之道。故儒家之言教化,特别关注个体独立人格与合理性伦理政治秩序这两端之互通与互成。本书"续说之四",即着重讨论这一方面的问题。

儒家的德性论与工夫论,目的在于君子人格之养成。其论君子,特别强调君子人格之转世而不为世转的独立性和独特性的意义。《易传》以"遯世无闷"喻"龙德"或君子之德:

> 不易乎世,不成乎名,遯世无闷,不见是而无闷,乐则行之,忧则违之,确乎其不可拔,潜龙也。(《乾·文言传》)

> 泽灭木,大过。君子以独立不惧,遯世无闷。(《大过·大象传》)

《礼记·中庸》亦引孔子说:

> 君子依乎中庸,遯世不见知而不悔,唯圣者能之。

孟子则称"居天下之广居,立天下之正位,行天下之大道,得志与民由之,不得志独行其道,富贵不能淫,贫贱不能移,威武不能屈"者为"大丈夫"(《孟子·滕文公下》)。都表现了这一君子人格的理念。《论语·宪问》:

> 子曰:莫我知也夫!子贡曰:何为其莫知子也?子曰:不怨天,不尤人,下学而上达,知我者其天乎!

儒家常用"独"或"慎独"这一概念，来表征君子人格这种独立性的特征。因其"独"，故人莫我知。人莫我知，而又能不知不愠，不怨不尤，遯世无闷，独立不惧，确乎其不可拔，斯可谓之君子。君子臻此境界，乃取径于"下学而上达"之路。孔子所展示的这一"下学而上达"的培养君子独立人格的途径，揭示出了儒家君子人格一个重要的特征："独"与"通"的内在统一。最高的德，必为独得于心的"独"或"独知"；独得、独知，乃能达天人之相通，拥有充分而完全的、关涉于他人世界的共通性与敞开性。这样一种君子的人格成就，虽"独"而不碍其为"通"，虽特立独行，却并不孤独。人不知而不愠，不怨不尤，遯世无闷，唯圣者能之，正是人生修养所至最高境界的表现。

此独与通之互成，其"通"的一端，乃展现为一社会化与普遍化的历程。因此，一个合理的伦理政治秩序的建构，对于人的存在之实现，具有重要的意义。儒家伦理政治之最高理念，则为王道。儒家的王道论，体现了一种"道义至上"的精神。儒家区分"王""霸"，既强调二者在内在价值原则层面上的根本区别，亦特别注重二者在惠及社会及其功业成就层面所存在的意义相关性和重叠性。儒家强调，作为伦理共同体的最高原则，必须是"仁义"或道义，而绝不能是"利"。唯以道义为终极目的和最高原则，功利事功乃能被点化、升华而真正作为"人"的价值被实现出来，从而构成为这"王道"的本真内涵和内在要素。儒家的王道论可以概括为：一种在道义原则基础上的道义—功利一体论。

在社会教化方面，儒家特别强调为政当以德教为先务。为政者之爱民，不仅要表现于物质方面，尤当"爱人以德""爱民以德"。孔子"民可使由之，不可使知之"之说，最能体现儒家这种政治的理念和人道的精神。近年出土的郭店简《尊德义》等相关文献，对我们理解这一点，具有一种重要的意义激活的作用。"民可使由之"这一使令动词后加兼语、加谓词性词组构成的兼语句子，表现了儒家独特的教化方式。通过对这一句式的分析可以看到，"民可使由之"之"之"，既非指"民"，亦非指"王",而是指"王教"、礼乐或"道"。此礼乐或"道",是为政者和天下百姓所应遵循的最高原则,而王与民当共由之。"民可使由之"这种为政、教化的方式,其精神本质就是要把"民"先天所本有的"道"在民自身中实现出来,而其实现的途径,则是"德教"。在这里,君与民、教与学之双方,皆被视为循"道"之主体,而王道教化之目标,则不仅是要成就其君为"王者之君",同时亦要成就其民为"王者之民"。儒家反对使民"知之",其所拒斥的乃是人主以强力推行其政令那种愚民的暴政,孔子"民可使由之"之说,绝非一种单纯为人君谋的统治之术。其将人先天固有之道"还"给人自身,导民由乎其道以实现其自身价值的政治理念,体现出了一种高远的政治理想和切实的人道精神。

五

"续说之五"包括有关教化儒学理论的一组专题性短论。如:与一般哲学家所言真善美不同,《德、艺、知简说》一文把中国哲学的形态理解为一个以德为本而统摄德、艺、知为一整体的结构系统。《人唯求旧　器唯求新》一文,则从"人"与"器"之趋向于"求旧"与"求新"的特点,来理解人文、信仰与科学理性、现代性的关系;认为"人唯求旧"表现了一种文明回向于历史源头之差异化以建立信仰的活动,而所谓普世性的价值须由此奠基,科学义的"器"世界之不断趋新,亦将由此而获得其合宜的方向性及原创性之动力。《文化焦虑浅议》一文旨在论述文化认同,认为:文化焦虑并非认同的对立面,而是认同这一过程中个体自身差异甚至分裂之自我意识的情态性表现;认同并非个体在共同体中的消失,个体差异与共在性始终存在张力的关系,其情态的表现即是焦虑;焦虑作为自我认同与精神价值之可望而不可即所生之生存情态，内在于认同意识，因此，这种焦虑通过教化过程的化解与升华，将赋予认同自身以立体性的深度，具有积极和正面的价值。

"续说之六"论哲学方法。认为哲学作为密切关联于人的生命存在的学问，其方法必是内在于其思想内容的方法。中国当代哲学研究所面临的一个重要问题，就是它的方法与内容的分离；与之相应，解决这一问题的途径，亦在于将此方法收归于其自身的内容。我们主张"将方法收归内容"，是说现代中国哲学的方法须于中国思想学术传统中整体性和创造性地转出，由此找到属于中国哲学自身的方法，建立真正属于中国文化自己的当代中国哲学。

本书另有"附录"两编。"附录一"由我近年所作书评、书序、人物评论及有关我的个人访谈等数篇文字组成。其中涉及对教化儒学的思考者，亦有可观之处。"附录二"收录了许家星、程旺两位青年学者研究教化儒学的两篇论文，也可作为参考。

六

我是一个笨人，只能沿一条道走到黑。本书名为《教化儒学续说》，表明我近年的所思所述并没有离开自己原来走的那条道。当然，既然要思考，总要有些进展和变化，上述有关本书内容的粗略勾勒，已经表现了这一点。

本书的内容，大多已在报刊上发表过。近两年，我的学生程旺博士多次提醒、督促我把这些文字整理成书。我生性疏懒，一拖再拖，直到戊戌岁末，才将此事提上日程，动手把上述内容条列布局，裒为此编，列入"哲学与文化"丛书，交由中国社会科学出版社出版。此书之编定，多有赖于程旺博士的敦促推动和辛勤付出。我于2017年罹患眼疾，做了三次手术，一年多时间不能读写。我的学生云龙、马晓慧、王宇丰几位博士帮我记录、整理由我口授的数篇文字，也收入了本书。在此期间，程旺和许家星博士也曾帮我完成了另外两本书稿。他们的帮助，使我在那段艰难的日子，仍能延续学术的思考而不致就此沉沦不返。借此机会，我要对他们表达我由衷的感谢！同时，我也要对资助本书出版的"哲学与文化"丛书出版计划、给予本书出版以大力支持的中国社会科学出版社和冯春凤编辑，致以诚挚的谢意！

本书为国家社科基金重大项目"中国传统价值观变迁史"（编号14ZDB003）的阶段性成果。

李景林
己亥仲秋谨识于北师大励耘九楼寓所

《教化的观念》自序

近年，外语教学与研究出版社推出"中华思想文化术语传播工程"，承蒙不弃，邀我参与其中的"中华思想文化术语研究丛书"计划，承担"教化"这一"术语"的研究和诠释工作。

从20世纪80年代末开始，我即借用美国当代哲学家理查·罗蒂"教化的哲学"一语，来表征儒家哲学的精神特质。儒家哲学注重人的存在的实现，比照希腊哲学"认识你自己"的说法，儒家哲学的核心，可以说就是"实现你自己"。《礼记·中庸》说：

> 自诚明，谓之性；自明诚，谓之教。诚则明矣，明则诚矣。

"诚"是人或人性的实现，"明"则是自我觉解意义上的认识和智慧，二者是一体互成的两个方面。教化这一观念所呈显的，就是人的存在实现的过程。顾名思义，"中华思想文化术语研究丛书"的任务，是研究"术语"。不过，在儒家的哲学系统中，我们却不能简单地把"教化"这一观念视作与其他观念相并列的一个"术语"。教化是儒学的核心观念，它规定了儒学作为一种哲学的本质所在，具有牵一发而动全身的系统性意义。因此，既据"教化"来理解儒家哲学的精神本质，同时又借由儒学义理系统的展开来揭示儒家教化观念的思想内涵，乃构成为本书在论述方式上的一种"解释学循环"，而这也是我愿意推荐给读者阅读本书的一种方法。

小程子晚年曾说：

> 某年二十时解释经义与今无异，然思今日，觉得意味与少时自别。（《二程遗书》卷十八）

这次对"中华思想文化术语研究丛书"计划的参与，既使我有机会就自己多年来对儒家教化思想的思考，作一种较为系统的梳理和表述，同时，也使我借以再度亲近儒家经典，享受一番精神生命的历练与升华。在此，我要对推荐和邀约我参加此项计划的韩震教授、王琳编辑，致以诚挚的谢意！

李景林

庚子季冬 谨识于海南龙栖湾寓所

《朱子论"曾点气象"研究》序

今年5月、6月间，香港浸会大学举行了一个名为"当代语境下的儒耶对谈：思想与实践"的学术会议。与会的大陆和台港儒学研究学者不少，但对儒学的现状和前景，却弥漫着一种缺乏底气的、悲观的情绪，以致有基督教学者公开提出质疑：你们所谓儒学，观点、论域不一，并未形成一个统一的、稳定的观念和价值系统；现在讲对谈，我们实不知与谁来对谈。这个质疑，虽嫌尖刻，却颇切中要害。但据我个人近年来对儒学发展状况的观察，觉得对儒学的未来，应持一种适度乐观的态度。我在大会的闭幕会上就此作了一点回应，主要是提请大家注意近四五年来大陆儒学发展中所出现的一个重要动向——民间儒学和学术的兴起，并对之加以反思。

的确，现代以来，由于太过长期的"革命"、充斥整个社会的反传统思潮和西方文化的冲击，中国社会生活样式的历史连续性发生断裂，儒学既失其制度性依托，亦逐渐失去了它与社会生活的联系。在学术层面上，现代的儒学研究乃退居学院化一端，被纳入现代西方的学术规范和思想框架。这样，作为中国文化学术之整合基础和人伦教化之超越性本原的传统儒学，乃转而成为现代学术分科中之一"科"，成为一种无关乎社会生活的"理论"和析出于历史连续性之外的"知识"，使之难以构成为中国现代文化重建的一个活的文化生命动力。儒学似乎失去了它在现代社会的立身之所。有学者把儒学在现代中国的存在状况形象地比喻为博物馆之陈列品①或无体之"游魂"②,这似乎并不为过。

但是,一支延续了数千年的文化血脉,不可能被轻易斩断。近几年,中国大陆儒学的状况发生了令人意想不到的变化,其最显著的表现,就是民间儒学、学术的兴起与快速发展。各地种种民间性的儒学和学术组织,如书院、精舍、学堂、学塾、学会、讲堂等纷纷恢复或建立;各类民间性学术文化活动,诸如读经、会讲、讲学、读书会、沙龙、法会等,亦日趋活跃。中国的民间儒学和学术经过一段时间的孕育,已渐有复兴和蔚成风气之趋势。从更深一层来看,这种状况乃表现了一种民众文化意识的转变和觉醒。20世纪80年代的文化热,是反传统意义上的"热",就连一般具有自由意识的知识精英,也难以摆脱当时政治现实和流行思潮的束缚,而将中国现实社会的种种弊端和问题简单地归咎于儒学和历史传统。90年代的儒学热,其实亦只是少数学院知识分子所关注和讨论的事情。值得注意的是,本世纪初以来的儒学和文化热,却不仅限于学院学者和学术研究,同时亦根于民间,逐渐深入民众意识。这两年,大陆出现了一些在大众中受到普遍认可,具有轰动性效应的"学术明星"。近来所谓"于丹现象",就是一个突出的例子。每一时代都有属于自己的"明星",在这个意义上,"明星"乃标志一个时代的价值和精神企向。战争年代的明星是"英雄","文革"时代的明星是"造反派"。在我们这个穷奢极欲和消费至上的时代,为大众所广泛认可的儒学和学术明星的出现,正表现了社会民众之儒学和传统文化认同意识的觉醒。

民间儒学和学术的兴起,其意义并不限于一般民众生活,它也在推

---

① 这是美国汉学家列文森对儒学在现代中国状况的一个基本的判断:儒学已成"博物馆"中的存在,正因为它已退出了历史,不足以影响现实生活,因而才得以被"收藏"。参阅列文森《儒教中国及其现代命运》第三卷第二部分和"结束语",中国社会科学出版社,2000年版。

② "游魂"说是余英时先生关于现代儒学的困境的一个形象说法。参阅余英时《现代儒学的困境》一文,收入所著《现代儒学的回顾与展望》(北京三联书店,2004年版,第53页—58页)一书。

动着学院儒学的转变。民间的儒学和学术，其特点是自由的选择、自由的讲学、自由的思考，总之，体现着一种自由的精神。因其起于民间，与民众生活密切相关，故更具移风易俗的教化作用。在这个意义上，目前的学院儒学和学术，亦可以说已经开始逐渐民间化并已具有了相当的民间性。学院儒学和传统思想学术的研究，其诠释的原则，已经由一元趋于多元。这为学者的自由选择提供了条件，使其研究工作可以与自己的志趣乃至其价值的认同逐渐达致合一。知行合一，本是儒学和中国传统思想学术的根本精神。在这种情势下，学者已逐渐有可能秉承传统"为己之学"之宗旨，无所依傍，说自己的话，走自己的路，这使学院的儒学和学术渐具教化之功能，亦具有了切合于一般社会和民众生活的可能性。考虑到大学招生的历年扩大，现在，约近半数的青年要从各类高校毕业走向社会，学院儒学的教化作用已具有不可忽视的重要性。借用余英时先生的譬喻，这是否意味着，儒学可能有机会在当代中国的社会生活中"借尸还魂"，而不再做无体之"游魂"了呢？

对中国当前儒学发展的现状和趋势，我的评估是：有喜有忧，而喜大于忧。

《礼记·中庸》说："君子之道，造端乎夫妇；及其至也，察乎天地。"从历史来看，儒学作为中国传统社会核心的教化理念，既植根于社会人伦和民众日常生活，又能以其超越性的价值理念对之加以诠释、点化和提升，二者之间总保持一种有活力的互动张力关系。这是儒学能够持续地保有其活的文化灵魂和生命原创力的原因所在。因此，重建儒学与社会和民众生活的内在联系，乃是儒学未来获得健康发展的根本途径。近年民间儒学和学术的兴起，以及民众传统文化认同意识的觉醒，已逐步为此建立起一个现实的基础。此吾人所可以为之"喜"者。

"历史性"与"当代性"，乃是文化自身之共属一体的两个方面。由乎其历史性，文化乃保有其民族的个性和其原创性的动力；由乎其当代性的建构，文化乃具有其当下生命的活力和因应现实及其持续展开的普世性价值。就作为中国文化主流的儒学而言，不同时代各有自己时代的儒学。这本身就显示了文化之历史性与其当代性的统一性。在中国两千多年的历史上，儒学之所以能够与民众生活密切关联而具有普世性的教化作用，这是其根本所在，而不仅仅因儒学的政治制度化使然。学者已普遍意识到，在现代的儒学研究中，长期存在着一种理论诠释原则（尤其是政治意识形态化了的理论原则）与历史传统相互外在的状况，这不仅已经导致了现代儒学研究之"历史性"的缺失，同时亦使我们未能真正建立起当代形态的儒学系统。由于缺乏独立的社会生活空间，我国民间儒学和学术长期付诸阙如。近年来，民间儒学和学术迅速兴起，面对这种情势，我们却突然发现我们的研究与之相距甚远，难与切合和因应。在我们为民间儒学和学术的兴起感到鼓舞的同时，也应看到，时下民间传统也表现出一种沉沦和堕落的趋向，如民间宗教常常流于荒诞迷信和巫蛊小道，传统宗族亲亲关系在很多地方衍生为族长专制势力等等。中国传统儒学对包括祭祀、卜筮、神灵崇拜等民间宗教并不排斥，而是采取"神道设教"的方式，以"察乎天地"的"君子之文"，对百姓生活之"神"加以澄汰、点化和提升，而赋予其超越性的精神意义。[①] 这一点在当代中国仍有重要的借鉴意义。一般社会民众生活和民间宗教具有很强的功利性和迷信巫化的倾向，需要有合宜的礼仪、礼俗形式，以及与之相切合的形上理念系统对之加以教化和提升，方不至趋于腐化和巫蛊化，由之保持其健康的发展。未能建立起与民众社会生活相切合的、具有当代性意义的教化理念和价值系统，这是目前社会生活趋于沉沦和堕落的根本原因所在。此吾人所当以为"忧"者。

因此，逐步建构起能够与社会和民众精神生活相切合的儒学现代形

[①] 《易·观·彖传》："圣人以神道设教而天下服矣。"《荀子·天论》："君子以为文，而百姓以为神。""神道设教"，是对民间宗教信仰的因任；但因任非放任，故须导之以"君子之文"，以使其具有超越性的精神价值。这是儒家对社会民众生活行其教化的一种重要方式。

态，应是当前儒学研究的一个当务之急，且亦是一个长期的任务。从精神层面而言，当前学院的儒学研究已经具有了相当的"民间性"，这是其能够再度获致其生命原创力的一个前提。但要注意的是，这个"民间性"，是指着它摆脱外在的意识形态束缚，而真正表现出价值上的自由选择、学术上的自由思考、自由讲学这种自由的精神，从而真正属于社会，关乎世道人心而言，并非要从现实上使之成为民间的书院。从现实层面而言，学院的儒学研究与民间的儒学和学术仍是有区别的。在现代分工的条件下，学院儒学在学术力量和资源的掌握上无疑都处于主导和优势的地位。因此，学院儒学理应成为儒学和中国文化当代形态理论建构的核心力量，学院儒学应承担起这份历史的责任和使命。

学院儒学要能够承担起这份责任和使命，就需要反思自己的研究方法和理论视角。简单说来，现代儒学研究之所以不能很好地切合民众生活和世道人心，乃由于其"历史性"的缺失；这"历史性"的缺失，则由于儒学本体的未能重建和挺立。

就应对外来文化和思想的冲击而言，现代儒学所面临的处境颇与宋明儒相似。毫无疑问，宋明儒学受到佛学很大的影响。但是，这个影响所产生的结果，是儒学作为心性义理之学之形上本体的重建，而非一些学者所谓的"阳儒阴释"。宋明儒学虽以心性义理之学的建构为要务，然其学说的根本，实在于世道人心之教化与人伦秩序之安顿，而非专主于空谈性命。宋儒秉持"体用一源，显微无间"[1]的信念，坚信儒学的外王和教化不能建基于释老的性命之理。故其心性义理之学，乃旨在应对释老对儒家传统价值理念的冲击，以重建圣学教化和外王事业之形上学的基础。余英时先生大著《朱熹的历史世界》，对此已有充分的说明。[2]自上世纪初叶起，儒学既面临学术现代转型的问题，其社会生活的基础

---

[1] 《周易程氏传序》，《二程集》，中华书局，1981年版，第689页。
[2] 参阅余英时《朱熹的历史世界》下篇第八章第一、二节，北京三联书店，2004年版。

亦逐渐遭致削弱。中国哲学学科的建立，标志着包括儒学在内的中国传统学术思想研究初步完成了它的现代转型。此一转型，实势所必然。它对于实现儒学及中国传统学术思想与西方哲学、学术思想在现代学术层面上的交流与对话，无疑具有划时代的意义。但从根本上讲，这一转型，并未实现建基于儒学和中国传统学术思想的、新的诠释原则的生成及其文化主体性的现代重构，而是据西方哲学的概念框架，对之作外在的规划。就儒学而言，这一转型，实质上已使其性质发生了一种我们可以称之为"阳儒阴西"的嬗变。这与宋明儒学所受佛学的影响，不可同日而语。近年民间儒学和学术的兴起，标志着社会精神生活之历史记忆和文化主体意识的逐渐复苏，同时也愈益凸显出这种"阳儒阴西"型儒学对社会和民众精神生活的不相干性。

从历史上看，那些具有划时代意义的文化巨擘——孔子、孟子、董子、朱子等，其在思想、文化上的成就，乃皆经数百年之文化积累孕育而成者。现代形态的儒学建构，亦需要长时期的人文积累和孕育。而长期以来理论诠释原则与历史传统的相互外在，造成了我们的儒学研究在思想学术上人文积累的缺失和思想原创力的不足。近年来，与民间儒学和学术的渐趋活跃相呼应，学院儒学也在悄然发生着一种学术上的转向。儒学学者民族和文化关怀的意识增强，儒学哲理系统所蕴涵的教化或宗教性义涵受到关注。尤其令人感到欣喜的是，一批青年儒学学者在学术上逐渐成熟。这一代学人的学术成长经历伴随着中国经济崛起，国力渐强和文化主体意识觉醒的过程，因而具有对历史传统强烈的认同感，思想上较少政治意识形态的束缚。其学术训练系统，外语功底扎实，对中西学术能够融会贯通。他们的研究较之前一代学者，表现出一种独特的问题意识、历史眼光和创造精神。他们的加入，已逐渐使儒学的研究由单向度的西方哲学和思想学术标准转向对儒学自身学术思想独特性及其历史文化内涵的揭示。这对于儒学现代形态的重建所需的人文积累和孕育，具有重要的作用。

据我的观察，近年青年学者的儒学研究，在研究方法和诠释视角上的一个重要转变，就是从注重概念范畴的分类辨析转向由问题的考察切入儒学的历史传统。此点看似简单，但关系重大。概念范畴的分类辨析，是注重在外部对儒学做抽离于其历史和精神传统的理论分析，而问题的考察则着眼于揭示问题在原有历史序列中的意义，其方式表现为回归儒学大传统之整体性的意义重构。我们手头这部田智忠博士所著《朱子论"曾点气象"研究》，就是在这个方面有突出表现的一部儒学研究著作。

一个时代的思想建构，首先表现为一些核心话题的孕育和凝炼。"曾点气象"之形成为宋代儒学的流行话语之一，亦有着某种历史和思想的必然性。宋明儒有关"曾点气象"的讨论和思想的历史性展开，其中各种复杂观点的交错与交锋，徘徊于所谓"敬畏与洒落"之两极互通的张力关系中。这表现出宋儒凸显道德心性和超越境界而又拒斥佛老，以达儒学心性本体和形上学重建的精神追求。朱子的"曾点气象"论，既有对曾点得见天理流行之悠然"胸次"的褒扬，亦有对片面强调和乐而易流于释老蹈空蹈虚之弊的警觉与排拒，在其一身之中，已表现出上述思想的复杂性，而这同时也折射出有宋一代儒学应对释老，实现其"当代性"重建的时代课题。因此，"曾点气象"论，看似一小问题，但却具有贯穿、透视并切中整个时代精神，并由此上接儒学大传统的重要意义。本书通过对朱子"曾点气象"论的形成、发展过程的细致考察，揭示了"曾点气象"成为理学流行话语的思想与历史必然性。作者将曾点气象的研究范围从《论语集注》扩展到朱子全部文本，作全面系统的分疏，由《论语集注》稿本的发展及相关书信的考辨对朱子的"曾点气象"论作历史性的分析；并由此契入，直探朱子思想中有无、虚实、本体、功夫、境界等重要哲学范畴，将之聚焦于一点加以透视，重新赋予了哲学概念的研究以历史的连续和文化生命的意义。这种研究视角的转变和突出的问题意识，是本书的一个重要的特点。

在本书中，作者给自己的研究提出的一个目标和努力的方向，就是希望能够从认识历史的、具体的、现实的朱子出发，来思考朱子本人所关注、所思考的问题，进而引出朱子所思及其所给出的答案、对策对于现代儒学重建所能带来的启示。本书指出，对朱子的研究首先涉及对朱子的定位问题。作者认同余英时先生的观点，认为应该把朱子看作一位具有坚定儒学信仰，以重建社会道德秩序为己任的传统士大夫，而非纯粹以构建知识化的理论体系为归宿的思辨哲学家。作者强调，单纯从概念范畴分类辨析的角度来研究朱子，就很容易导致对其理解的片面化，乃至于使我们的朱子思想研究有脱离儒学发展大传统的危险。当然，作者这样说，并不是完全排斥对传统的哲学化解读，而是意在强调我们应该透过古人对道德心性诸概念的辨析，契会其所思考的问题之内在的历史文化内涵，进而把握其思想的活的生命精神，强调我们对朱子的理解，应该有一个从知识化到生活化的转变。因此，研究的重心应在问题而非范畴，或者说，应由问题而透视范畴，而不是相反。在这里，所谓问题不是细枝末节的问题，而是围绕儒学主题而展开的"关键"问题、整体性问题，是朱子本人终身都在思考的问题。这些问题紧紧关联着朱子的现实生活，也是大多数对儒学抱有坚定信仰的儒者都在思考的问题。由此，我们的研究才能就切中儒学的根本，切中儒学在数千年的发展中日新而又恒久的精神。应该说，本书在方法论的自觉上，也有自己的独到之处。

基于此，本书在对朱子著述的文本诠释上，亦颇能避免外在解释、隔靴搔痒之病，而较能给予同情的了解。其在文献的考辨、资料的梳理和有关朱子道德心性、境界、工夫、教化等理论的诠释上，都能提出新解，给人以耳目一新之感。

我们这个时代是一个大时代。一个民族的复兴有其因缘时会，现代中国在经济发展和国力上的逐渐强大，为中华民族的伟大复兴提供了基础和契机。但民族复兴的内在灵魂乃是文化的复兴。目前，民间儒学和学术的兴起，民众传统文化主体意识的觉醒，既逐渐为儒学和中国文化凝聚着其还"魂"之"体",亦在呼唤着一个儒学和中国文化现代形态的孕育成型。从历史上看,一个时代文化和学术新形态的创造,需经长时期的积累、凝聚和孕育乃能竟其功。近年学院儒学和学术的民间化转向,和由新一代学人所代表的新的诠释视角和研究方法的变化,已使学院的儒学和学术研究逐渐找到了它契会传统的历史切合点。这亦使现代形态儒学和学术建构所需之人文积累和孕育,成为可能并加速其进行。学院儒学的学术理论创造和民众生活之文化认同意识的复苏与孕育,二者合力并功,相持而长,中华民族的真正复兴似已可期之于不太遥远的将来。这是我对儒学和中国文化的未来秉持着一种乐观态度的依据所在。

田智忠君于2003年考来北京师范大学,跟我攻读中国哲学专业的博士学位。这部《朱子论"曾点气象"研究》,即是他的博士学位论文。论文在答辩时受到答辩委员会诸位先生的一致好评,并获得北京师范大学2006年优秀博士论文的奖励。本书即将由巴蜀书社收入《儒道释博士论文丛书》出版,智忠君希望我为此书写一篇序,于是谈了以上这些感想,以为本书序言。

李景林
2007年7月于北京师大励耘9楼寓所

《教化与工夫：工夫论视域中的阳明心学系统》序

儒学在中国传统社会有不同方面的表现，其中有两个主要的方面，用今日学界习惯的说法，一个叫作"心性儒学"，一个叫作"制度儒学"。在政教分途的现代社会，"制度儒学"已经属于历史，而对于中国现代社会的人文教养及文化和价值的重建来说，"心性儒学"则具有更为重要的意义。在中国当代的学科体制中，"心性儒学"或儒家心性义理之学这一层面，基本上属于"中国哲学"的研究范围。在西方学术文化居于话语霸权之优势地位的情势下，这种学术和学科体制在未来很长时期中，似难有根本性的改变。因此，如何在取自于西方的"哲学"这一概念框架下，凸显出传统儒家"心性义理之学"的个性特质和固有的精神，成为现代儒学的研究者所面临的一个共同的困惑和必须加以解决的问题。

黑格尔在《哲学史讲演录》导言中说：

> 哲学以思想、普遍者为内容，而内容就是整个的存在。①

显然，哲学乃以寻求存在的普遍性为其宗趣。但同时，就具体的形态而言，哲学又必须被理解为一种个性化的学问。哲学已经历两千多年的发

---

① 〔德〕黑格尔：《哲学史讲演录》第一卷，商务印书馆，1981年版，第93页。

展过程，我们从中所能见到的，只有各种不同层级的具体个性形态的哲学，而从未达成某种为哲学家所共许的具有实质内容的"普遍哲学"。实质上，哲学乃是一种于其个性化中表现出普遍性理念的学问。①一方面，只有经由充分的个性化，哲学才真正具有可以相互通达的可理解性；同时，各种具体形态的哲学系统，亦只有充分地向他者敞开以达成自身的普遍化，才能获得其作为哲学的本真意义。哲学的普遍性，实一建基于差异互通的"通性"，而非一种抽象的共同性。

哲学的个性差异缘于其致思进路的不同。《礼记·中庸》首章云：

> 喜怒哀乐之未发，谓之中；发而皆中节，谓之和。中也者，天下之大本也；和也者，天下之达道也。致中和，天地位焉，万物育焉。

《中庸》此一"中和"论，集中体现了儒家哲学反思人生、社会、宇宙的进路及其方式。"天下之大本""达道"，关乎人类社会形上价值基础的建立；"天地位""万物育"，关乎宇宙生命和存在的完成。此两者悉建基于人的情意生活的真实和实现。按照黑格尔的说法，"哲学可以定义为对于事物的思维着的考察"②。这里所说的"思维"，实即一种反思的活动。《中庸》的中和论表明，儒学由以反思人生和宇宙的进路和方式，是"情意"的而非认知的。以后朱子主"心统性情"之说，以"情"为心的实质内容；阳明论为学进路，亦谓："天下事虽万变，吾所以应之不出乎喜怒哀乐四者，此为学之要。"③在儒家哲学中，"心"的反思活动以"情意"为其首出的原则，"知"则被理解为依止于此情意活动的一种智照作用，而非一独立的原则。宋明儒论"心"，以主宰

---

① 参阅李景林《教化的哲学》第一章、一，黑龙江人民出版社，2006年版。
② 〔德〕黑格尔《小逻辑》，商务印书馆，1980年版，第38页。
③ 《王阳明全集》，上海古籍出版社，1992年版，第154页—155页。

为心的根本义而内涵虚明灵觉的自觉作用，亦表明了这一点。

基于此，儒学由反思观物所建立起来的心物关系，便非一种对象性的认知关系，而是一种本"以情应物"、成己成物以达物我一体的存在实现的关系。孟子云：

> 万物皆备于我矣。反身而诚，乐莫大焉；强恕而行，求仁莫近焉。（《孟子·尽心上》）

《中庸》亦云：

> 诚者物之终始，不诚无物。是故君子诚之为贵。诚者非自成己而已也，所以成物也。成己，仁也；成物，知也。性之德也，合外内之道也，故时措之宜也。

此言物我之合一，所循途径，就是"忠恕之道"。忠恕以成己成物，即一工夫的历程。由此所达成的，乃是物我各依其"宜"的平等性的成就和物我之一体贯通。真实、真理、道（本体）乃在此物我的贯通及我对世界的真实拥有中得以呈显。西方哲学讲"本体"，乃对应着"现象"而言；儒学的"本体"，则对应着"工夫"来讲。黄宗羲"心无本体，工夫所至，即其本体"[①]的说法，最能体现这个精神。本体对应工夫，与本体对应现象（或实体对应属性），这两种讲法体现了两种不同的哲学进路和思考方式。本体对应现象，实体对应属性，采取的是一种认知和知识论的进路。儒家哲学则注重通过人的情意、情感、精神生活，包括肉身实存的一系列内在转变，在生命存在的完成和实现历程中呈现出

---

① （明）黄宗羲：《明儒学案·自序》，见沈善洪主编《黄宗羲全集》第七册，浙江古籍出版社，1992版，前言第3页。

并真实拥有那个本体。这个实存内在转变的活动,儒家叫作"教化"。通过这个教化的过程,人能够真实地拥有那超越的道或本体并对之有觉解,而非仅仅认知它。儒家哲学以本体对应工夫,经由工夫的历程以实现和呈现本体,所采取的乃是一种不同于西方哲学的存在实现论的进路。

陈多旭博士所著《教化与工夫:工夫论视域中的阳明心学系统》一书,从教化和工夫这一视角,对阳明的心学思想作了新的理论诠释和系统重构。所谓"教化与工夫",其着眼点即在于存在的实现。这一诠释角度,对于我们理解儒家心性义理之学之作为"哲学"的精神特质,是有重要的启发意义的。

先秦儒以道合外内,其内圣外王的理想建基于个体德性的成就,故特别重视个体的修养工夫。其所提出的忠恕、修身、慎独、正心、诚意、养气、诚敬、存养、解蔽诸工夫名目和修养方法,实已规定了后世儒学工夫论的基本内涵和精神方向。汉唐以降,儒学略偏重于社会政治层面,社会生活之修心养生的精神皈依一面,乃渐次为佛家、道教所操持。宋明儒学以"心性义理之学"名,其为学宗旨,既在应对释老对儒家传统价值理念的冲击,以接续儒学固有的人文传统;同时,宋明诸大儒又多有泛滥于释老而后反求诸六经之经历,故能借鉴佛家、道教心性学之成果并上契孔孟精神,成就一种本体化的心性论,[1]以重建其圣学教化和外王事业之形上学的基础。宋明诸儒尤重民间教化,通过书院讲学、制订乡约、重建礼乐等形式以敦民化俗,影响世道人心,将其心性之学贯注于社会生活。不过,这种人文的重建,须经历一个长期的过程,方能真正有教化民间社会之效。南宋淳熙间,理学之兴已逾百年,孝宗《原道辨》犹用"以佛修心,以道养生,以儒治世"[2]论三教之功用,由此

---

[1] 参见邹化政《先秦儒家哲学新探》第七章第六节,黑龙江人民出版社,1990年版。
[2] 见(宋)史浩撰《鄮峰真隐漫录》卷十,《四库全书》本。

亦可见这一人文重建历程之艰难。较之宋儒得君行道的取向，明儒更注重从个人受用的角度，探讨性、命修养的"内圣"之学，奉行民间教化的下行路线，使儒家教化和人文精神，逐渐落实于民众社会生活。王阳明作为明代儒者的最杰出代表，从学朱子入手，经过自身的工夫修养体验，证得"心学"之旨，其学远绍孟子、周、程等先儒之说，在哲理上又有新的贡献，在工夫论上尤能别树一帜。其"心外无物""知行合一""致良知"之教，简易直截，直指本心，特重践行工夫，对儒家学术的平民化及其教化之大行于民间社会生活，有推波助澜之功。阳明心学为当时学者所宗，开其后百余年儒学新风。本书选择阳明心学为研究对象，应该说是了解儒家心性义理之学独有精神特质的一个很好的切入点。

在本书中，作者在对原始资料作详细梳理的基础上，从教化与工夫的角度解读阳明心学，对其中心即理、心外无物、心外无理、四句教、本体与工夫、动与静等命题和理论，做出了有新意的诠释。其中以下几个方面，我认为是比较突出的。

在儒学的系统中，人的成就对于知识的问题来说是先在的，成圣较之求知具有更根本的意义，而其所谓知，亦非现今通常理解的对象性知识，而是依于人的德性成就所开显出的一种生命智慧。阳明心学的形成，即是这种生命智慧开显的一个典型例证。本书梳理了王阳明一生学行两方面的经历，着重阐明其学行所得实来源于阳明本人的工夫体验。读者可以通过这一个案的分析，对儒学以工夫实现和呈现圣学本体的进路，有较为直观的了解，并由此较切实地理解阳明心学乃至整个儒学体系的构建方式，即它是本工夫体验之所得以为说，而不是通过单纯的逻辑推理、概念思辨建立起一个知识的体系。理解这一点，有助于我们消除多年来套用西方思辨哲学模式解读儒学所引生的一些误会。

工夫的直接意义，是要由之实现德性教养、证显心性本体，这是被称作儒学"内圣"方面的内容，但儒学还有"外王"方面的抱负。"外王"必然有学习知识技能的要求，那么心性工夫修养与外在的知识学习之间的关系如何处理？由"内圣"如何能推致"外王"？儒学需要解决这个问题。王阳明对该问题的回答，可以帮助我们进一步理解儒学作为"心性义理之学"的独特思考方式。本书认为，阳明心学本自朱子格物之教中转出。朱子主格物致知，将外在的知识、事功之学亦纳入作圣工夫的范畴。王阳明基于自身的工夫体验，对朱子之说提出异议，而主张圣功之本惟在本心性体的澄澈，知识技能无关乎作圣之功，故而以"心学"为教，将作圣工夫收归心体的涵养。但王阳明并不因此就排斥知识，他所反对的其实是知识的误置，即以知识来评判圣人、以认知的方式来求证本体的错误。他认为人只要成就自家心体，则知识之用即在其中，所以力主以德性修养引领知识事为。王阳明这一观念实是对先儒修己安人、成己成物精神的阐扬。本书对阳明心学工夫论之旨趣的把握，对心性儒学之独特的应事接物方式的阐释，是准确的。

儒家讲"学以至圣人之道"①，这圣人人格的成就，不是要千人一面，而是要在保留个性的同时，于差异性成就中显出"圣"德之通性。《易》所谓"乾道变化，各正性命，保合太和，乃利贞"，即是说万物品类各殊，性命不同，只有各得其性命之正，才能合乎天道。学作圣人实质上也是一各正性命、成就圣道的过程。作者在本书中提出，宋儒程、朱以气质为人性恶的根源，故而强调变化气质，这未免偏重于"圣"之通性，而忽视了个性之差异。与程、朱不同，王阳明肯定人的才气各异，主张"人要随才成就"。基于这种认识，他提出"因人而施之教"，在其心学理论中即内蕴着针对上根人和中根以下人的两种不同工夫进路。而作为其"晚年定见"的致良知说，则是对这两种进路之高度凝练的提升和概括。本书从王阳明对才性气质的理解入手来讨论工夫进路问题，并由此彰显出儒学圣人人格论之依于个性差异而成就的精神，这是以前论者很少提及的。

---

① 《二程集》，中华书局，1981年版，第577页。

因应于人之个性差异，所采用的具体修养工夫也有不同。正如《易》所说："天下一致而百虑，同归而殊途。"儒家论具体的修养工夫，林林总总，不一而足，但无论何种形式的工夫，都必须建基于圣人之道或圣学本体，否则便有乖违儒学价值立场的危险。在本书的第四章，作者在分析阳明心学中的静坐、事上磨练等具体工夫节目的时候，便注意到了这一问题。王阳明论修养工夫，始终强调"主意头脑"的统率作用。"主意头脑"不同，即便是同一种工夫，应用起来也会产生不同的效果。比如静坐工夫为儒、佛、道所共用，但三家由以证悟的结果却各不相同。所以王阳明说：

> 合着本体的，是工夫；做得工夫的，方识本体。（《传习录拾遗》）

由工夫方能证显本体，但工夫必须是合着圣学本体的，才是儒家主张的工夫。本体与工夫之间这种互证一体的关系，确是我们在理解儒学工夫论的时候需要注意的。此外，作者强调，王阳明以"致良知"等为主意头脑，而不偏执于某一具体工夫，这便能趋于无间动静、动静合一的道德自由境界。又指出，在王阳明的理论中，本体与工夫是互证于生命无限的活动过程中，体悟之境随工夫日进而日见不同，无有穷极。以上这些解读，颇能得阳明工夫论的精髓，对我们理解包括王阳明在内的儒家学者的精神世界，是有助益的。

德国哲学家雅斯贝尔斯说：

> 把历史变为我们自己的，我们遂从历史进入永恒。[1]

---

[1] 田汝康，金重远选编：《现代西方史学流派文选》，上海人民出版社，1982年版，第46页。

文化的历史继承与现代诠释是相辅相成的两个方面。对历史和经典作同情了解前提下的新诠，乃是使历史传统活在现在，并为当下人生提供文化认同和赋义基础之一种恰当的方式。本书在这一方面做出了自己的努力，我期待着有更多这样的研究成果出现。

陈多旭君于 2004 年考入北京师范大学哲学与社会学学院，跟我攻读中国哲学专业的博士学位。这本《教化与工夫——工夫论视域中的阳明心学系统》，就是他的博士学位论文。本书现在被列入《儒道释博士论文丛书》，即将由巴蜀书社出版，邀序于我，于是谈了上面的这些想法。多旭君为人谨厚，讷言敏行，学术功底亦好。祝愿他在学行两方面更上层楼，取得更大的成绩！

李景林
2010 年 6 月于北京师大励耘 9 楼寓所

《性情与礼教：先秦儒学立人思想研究》序

我曾用"教化的哲学"一语来称谓儒学。世界上并没有一种一般性的、为所有哲学家所共许的哲学系统。哲学，其实是一种以个性化的方式表出其普遍性理念的学问。《易》云："形而上者谓之道"。儒家有自己独特的义理系统和形而上之道，称之为"哲学"，没有任何问题；而"教化"这一观念，则正标识出了儒学之异于其他哲学的个性特质。

"教化"作为儒学的一个核心观念，其首要的意义，是表现了儒家哲学的一种独特的思想进路。这不是一个认知的进路，而是一个存在或价值实现的进路。参取西方哲学"认识你自己"的说法，儒学哲学这一思想进路的特点，可以用"实现你自己"一命题来概括。儒家在心之明觉的意义上规定人的理性的意义。人心之内容，乃通体表显为"情"；"知"，则被理解为一种"心"在其情感表现中的心明其意或自觉作用。因此，"知"在儒家的哲学系统中，并非一个首出的、独立的原则。同时，人心之情态表现，亦因其内在所具有的"知"的规定，而成为一种本具自身本然决断和定向的活动，而不流于西方哲学所谓的"非理性"。这个本然决断与定向的作用，即儒家所谓的"意"和"志"。我曾用"中道理性"一语来标识儒家这个迥异于西方哲学之"理性"观念的特点。从这个角度看，儒学"教化"的哲学意义，就是要在人的实存及其内在精神生活转变升华的前提下实现生命的真智慧和存在的真实，以达于德化天下，以至参赞天地化育的天人合一之境；由此，人对真实、真理、本体的认识，亦被理解为一种经由人的情感、精神、实存之转变的工夫历程，而为人心所呈显并真实拥有，而非一种单纯理论性的认知。

与此相应，"教化"这一观念，凸显了一种内在关系论、整体论的思想理路和实践性的哲学精神。

儒家既从情态性和存在实现的角度理解人，则人与周围世界以及自然的关系，亦非一种单纯认知的关系，而是一种由成己而成人、成物意义上的价值和存在实现的关系。由此，人与人、人与物以及人与天地、自然之间，乃具有着一种内在生命的连续性。这种思想理路，源自于商周以来的宗教伦理观念。中国古初时代的文明，与其所从出的自然之间保持着一种内在的连续性，学者称之为"连续性"的文明形态。① 文明与自然之间的这种内在连续性，表现为一种整体性并具有内在动力性的宇宙观念，它不能允诺一个在宇宙和人的存在之外的创世和造物主观念。② 造物与创世的观念，分神人为两界，中国古初文明时代的宗教观念，则以神性内在于人。《诗·大雅·烝民》："天生烝民，有物有则，民之秉彝，好是懿德。"这个天帝神性内在于其中的"民彝物则"，就是普泛运行于从个体以至于整个社会生活的一套礼乐系统。（冠昏、丧祭、乡射、朝聘，不仅丧祭之礼关涉人的宗教生活，古时凡行礼，亦皆必具祭仪。而祭仪所对应的，乃是以天帝至上神统摄众神的一个多神的神灵系统。故古代社会的礼仪，与人的宗教生活有着密切的关系。）礼或礼乐，是中国古代社会的生活样式，具有直接关涉人的心灵、情感和行为的实践意义。儒家并不否定古代社会所本有的这一套礼乐及其所指向的神灵世界和信仰系统，其形上学的体系，实由对古代社会的信仰系统及其礼乐传统的反思与义理的建构而成，其据商周神性内在观念所建构的

---

① 说参张光直《连续与破裂：一个文明起源新说的草稿》《从商周青铜器谈文明与国家的起源》两文，收入所著《中国青铜时代（二集）》，北京三联书店，1999年版。
② 说参杜维明《杜维明文集》第三卷，武汉出版社，2002年版，第222页以下。

以人性本善为前提的形上学系统,奠立了此礼乐和信仰系统之道德自律的基础,儒家乃由此密切关联并落实其教化的理念于社会生活。这种"神道设教"的方式,构成了儒家引领中国社会精神生活以实现其终极关怀的一个重要途径。

儒家以人的存在实现为进路而达致超越,因此,儒学首先表现为一种成德之教;而通过对礼乐的义理和仪文重构以密切关联于社会生活,则成为儒家引领社会人生以接引神圣世界的教化方式。孔子的思想系统,就集中体现了这一精神。孔子既言"仁者人也","人而不仁如礼何,人而不仁如乐何",又言"克己复礼为仁"。是孔子既以礼规定仁,又以仁说明礼的意义。孔子的思想,就是这样一个仁、礼平衡的系统。仁与礼的相互规定,正表达了孔子对人及人文世界的独特理解。儒家于诸礼中又特别重视丧祭礼仪。曾子所谓"慎终追远,民德归厚",就表现了这一点。这是因为,丧祭礼仪乃集中体现了儒家由亲情、法祖而敬天这一返本复始,追思生命本原,以建立其终极关怀的独特方式。因此,从仁、礼互涵的整体性上,才能较全面地了解儒家哲学的精神实质。

现代以来的儒家哲学研究,多注重在其心性义理的层面,有关儒家礼学的研究亦多偏重在古制之学术和知识性的考释,已失去了其与社会生活的关联性及其教化意义。华军博士近著《性情与礼教:先秦儒学立人思想研究》一书,取《易·说卦传》"立人之道曰仁与义"之义,从性情与礼教两端互成的角度,围绕"立人之道"这一中心问题,对先秦儒家的思想系统做出了通贯性的考察和新的诠释。书分上下两篇。上篇论性命,围绕人性、心性、性情、身心、性命等问题对儒家的思想进行了系统的解析,揭示了儒家思想之性情一体、身心一体的生存意蕴和教化意义。下篇论礼教,围绕儒学的情感内涵、情理层次、中道理念、情礼关系等论题,从情理互证的角度,对儒家礼乐教化的路径,作了深入的讨论。本书以生存论或存在实现论为视角,强调"通情"与"达理"、性情与礼教的相生互成,这一诠释思路,对全面地了解儒家哲学的精神,有重要的启发意义，亦有很好的发展空间。

华军博士于2002年考入北京师范大学哲学院，随我攻读中国哲学专业的博士学位，博士论文主要研究"孟子的性命思想"。博士毕业后，又到吉林大学王天成教授门下做博士后研究，在康德哲学方面下过一番功夫。本书就是华军博士近十几年来结合中西哲学进行学术探讨的一项研究成果，也为自己未来的儒学研究开辟了一个很有发展前景的学术方向。我期待华军博士在这个方向上做出更大的成绩。

本书即将由中国社会科学出版社出版，华军博士希望我写一篇书序，于是谈了上面这些感想，就作为本书的序言吧。

李景林

2016年夏于北京宏福苑寓所

《二程道学异同研究》序

近年学界讨论儒学的当代建构问题，有所谓"心性儒学"与"政治儒学"的分野和争拗。一般说来，儒学作为一种"内圣外王"之学，心性人性与伦理政治，实构成其内外之两端而不可或缺者。不过，儒学在不同的时代，面临着不同的问题，其所关注的重心，亦必有所不同。如汉唐儒以周、孔并称，于经典则重视五经的系统，其在思想理论上虽不无心性的维度，然其所关注者，却略偏重在政治和历史哲学的层面。宋儒乃以孔、孟并称，其所重经典，则由汉唐儒的五经转向以四书为中心而辅以五经的经典系统，由之而凸显了孔、曾、思、孟的道统传承系统。程子以《大学》为圣学入德之门，朱子亦谓读经当先四书后经史，四书则宜先《大学》，次《论》《孟》，最后《中庸》。朱子又作《近思录》，选取周张二程四子之书，以显明宋代理学之学统内涵。《大学》三纲八目，概括了儒家由心性内圣工夫外显于治平外王事业的一个总的纲领，《近思录》十四卷的篇目布局，亦与《大学》格致诚正、修齐治平的学说规模相一致，是宋代儒学在总体上并未佚出儒家传统内圣外王的思想结构。不过，宋代儒学的重心，却由外转向于内，较专注于教育、心性及个体人格的养成。后人以"心性义理之学"概括宋明儒学的特点，是有道理的。

人性和心性的理论是儒学系统的思想基石，历来为儒家所重视。今人研究儒家哲学，既讲人性论，又讲心性论（也包括性情论），但对二者的关系，却鲜少论及。其实，儒家人性论的特点，恰恰就表现为即"心

"性"（包括性情）的论域来揭示人性的具体内涵。西方哲学的人性论，主要是从认知和理论分析的角度，揭示出人性所可能有的诸种要素及其趋向，其所采取的，乃是一种要素分析的和形式的讲法，而非整体的和内涵的讲法。儒学论人性，则是要在人的情感生活的教养完成历程中敞开其意义。故儒家论"性"，乃即"心"而言"性"，即"情"而言"心"；其论"情"，则又落实在"才"上说。性、心、情、才，统合为一个整体。这样的人性论，是在人的存在的整体性上来展示人性的具体内涵，而非仅从认知的角度对人性作抽象要素的分析。

《礼记·中庸》：

> 喜怒哀乐之未发，谓之中；发而皆中节，谓之和。中也者，天下之大本也；和也者，天下之达道也。致中和，天地位焉，万物育焉。

是人心之发，及其关联于周围世界的方式（"大本""达道"），皆是从情感层面上来讲的，或者说，是依据情感生活的真实和完成而建立起来的。而宇宙生命和存在的完成（"天地位""万物育"），也与"情"的真实和实现相关联。《中庸》这一以"喜怒哀乐"之"发"与"未发"为内容的"中和"说，构成了宋明儒人性、心性学说的一个重要经典依据。朱子谓：

> 伊川"性即理也"，横渠"心统性情"二句，颠扑不破。
> 在天为命，禀于人为性，既发为情。此其脉理甚实，仍更分明易晓。唯心乃虚明洞彻，统前后而为言耳。据性上说"寂然不动"处是心，亦得；据情上说"感而遂通"处是心，亦得。
> （《朱子语类》卷五）

此乃统"性情"而言"心"。以"心"之"体"为"性",而以"心"之发用为"情"。在这样一个心性论的论域中,"知"并非一个脱离了人的存在性的实现而独立的认知原则,而是依止人的存在之实现而转出的生命之智慧和光照作用。儒家在此基础上所建立的心物关系,亦必是一种"以情应物"的存在实现的关系,而非一种单纯认知的关系。阳明谓:

> 天下事虽万变,吾所以应之不出乎喜怒哀乐四者,此为学之要,而为政亦在其中矣。(《明儒学案》卷十《姚江学案》一)

就很典型地表现了这一点。从这个意义上,我把儒学理解为一种关乎人的生命存在,经由人的实存之转变实现存在的真实以达致超越的"教化的哲学"。

孔子言教化,虽有智愚之分[①]和"中人"上下[②]的针对性,但先秦儒论人性、心性,乃要就人之作为一个"类"的类性之本原处入手,才性和气质之差异性,并非其所关注之重点。此为先秦儒学教化之形上的基础。汉唐儒言人性,则转从人的现成自然素质之差异性立言,其所关注者,则在人的才性、素质之类分。汉唐儒论人性,率言"性三品",又有性善情恶之说,就表明了这一点。由是,汉唐儒学在学术上偏重于外在的政治层面,其教化之内在的价值本原既失,东汉至于隋唐,佛道(教)复逐渐盛行,社会精神生活与人生超越层之寄托,遂渐次转入释老之途辙。中唐以降所兴起的古文运动和道统观念,孕育着一种学风和文化精神上的转变,即拒斥佛道(教)以恢复儒家固有的人文精神和教化传统。宋明新儒学的创立,则是这一学风与文化精神转变之一大创造

---

① 《论语·阳货》:"子曰:唯上知与下愚不移。"
② 《论语·雍也》:"子曰:中人以上,可以语上也;中人以下,不可以语上也。"

性的成就。宋儒自称其学为"实学",强调"体用一源",认为儒家的外王事业不能建基于释老的"虚无"之理。宋儒的"心性义理之学",就是要上承孔孟,回归先秦儒学的人文教化传统,重新为儒家教化及其外王事业奠立内在的心性论和形上学的基础。

朱子作《伊洛渊源录》,将宋儒所创新的学统谱系,追踪到周子、二程。作为宋明新儒学之开端与奠基,伊洛之学既规定了宋明新儒学的思想方向,亦内涵和孕育着其发展的丰富的可能性。深入研究二程的学说,对于理解宋明新儒学的思想内涵,具有重要的学术和理论意义。彭耀光博士所著《二程道学异同研究》一书,就是近年二程思想研究的一项重要成果。

该书对二程道学思想的研究,采取了一个很好的角度。"尊德性"与"道问学",标志不同的治学入路。自朱陆之争出,心学与理学分途,学者乃以之为"千古不可合之同异"(章学诚语)。学界多将心学、理学之分途,溯及于二程。当代学者讲究创新,须言人所未言。于是各种分别迭出,由心学、理学之分,衍生三系、四系之别,于各宗后学,亦详分派系,愈分愈细,不免有治丝益棼而失其宗要之虞。儒家学说,学本一原,朱陆之辨,亦不能视同水火。本书研究二程道学,以二程异同为思考角度,特别注重从异中见同,来诠释二程思想与道学之精神。这个思想理路,别开生面,是很有新意的。

该书从天理论、心性论、工夫论、境界论四个方面分别考察二程异同,在每章又就一些核心问题深入辨析二程异同关系,指出程颐是如何拓展和发挥了程颢的思想。如书中指出,程颐用"理一分殊"揭示"天理"的创造性内涵,通过区分"天命之性"与"气质之性"疏解程颢"生之谓性"的内涵,用"以公论仁""性体情用"揭示"仁"的内涵,用"主一无适""格物致知"揭示诚敬工夫的内涵,用"体用一源,显微无间"及"化境"揭示"仁者浑然与物同体"内涵,都是程颐在程颢思想基础上对道学思想的拓展与发挥。作者通过深入辨析表明,这些拓展与发挥不但是道学思想内在的逻辑要求，而且是与佛教思想区别开来、回应佛教挑战所必需。这些辨析和论述，不但对系统理解二程学术关系具有重要价值，而且对于理解儒学精神也具有启发意义。

耀光君为人好学勤思。他在北京师范大学哲学与社会学学院攻读硕士期间，即常就有关学术理论问题与我讨论，2004年又跟我攻读中国哲学专业的博士学位。这本《二程道学异同研究》，就是他的博士学位论文。耀光君毕业之后，对诸如宋明儒学与先秦儒学的关系、儒佛关系等问题，续有深入的探讨。这些后续研究，使本书内容在原有基础上又有进一步的丰富和扩展。本书即将由山东人民出版社出版，耀光君希望我写一篇书序，于是谈了以上这些感想，以为本书序言。

李景林
2016年冬于北师大励耘九楼寓所

《德性、政治与礼乐教化:〈礼记〉礼乐释义研究》序

儒学之主旨在教化。此教化以人的德性人格与社会伦理之动态互成为特征,其中实涵蕴儒家"内圣外王"之价值追求,希望人之精神生命向上超拔以达致"立人极""与天地参"的天人合一之人格境界,向外展开为社会政治层面"兼济天下"乃至"参赞化育"的事功。历史上,儒家用以行其教化的重要方式是礼乐,因此,对作为教化之根本方式的礼乐系统之建构,一直是历代儒者理论探索和躬行实践的重要方向。

儒家之所以将礼乐作为教化的根本方式,乃因为一文化的教化理念,必须落实到具体的仪式、习俗之中,方能对人产生更直接的影响,并由此培育价值认同,养成德性。礼乐是中国人最古老、最根本的生活样式,儒家在承袭其仪轨的同时,又对之予以提升和转化。在此之前,礼乐文化之精神价值处于一种非自觉状态,其中蕴含的对人类生活之真切理解与合理规划未能充分彰显,反而容易被现实中各类特殊的政治需求或流俗观念所扭曲。

譬如被现代学术界普遍视为"礼乐文化"之标准形态的盛周礼乐,便因其与周代制度的密合而呈现为一种宗法封建形态,这又几乎成为后世对礼乐之特性和精神的标准定位。实则礼乐作为一种生活样式,并非起源于周朝,亦未随周衰而亡失,足见礼乐与周制之关系乃是历史性的,而非本质性的。儒家言礼制虽主要以周礼为基本参照,但并不如流俗所

言，意在倡导复归于历史性的周礼。

因儒者所言周礼，本身已经是以德性的回复为进路的价值重建后的理想化之"周礼"，此其一。自孔子开始，儒家就注意到并强调礼乃是在"因"和"损益"中变化着的历史性存在，认为礼乐之重构必须因时制宜，从不固执于某种特殊的历史性制度、仪轨，此其二。

儒家并不试图在民众现有礼乐生活方式之外刻意人为建构一个新的仪轨体系，而主张即此现存之礼乐系统而对其进行精神价值的点化和提升，同时又强调必须根据社会生活的变化而对礼乐系统进行必要的改变甚至重建。

更重要的是，儒家在对"礼坏乐崩"的反思中，通过对"礼之本"的追问和"达礼乐之原"的思想努力，给予礼乐以形上的理论支持，揭示出礼乐的精神价值内蕴，即其作为一种"达天道而顺人情"的生活样式所包含的人性理解和终极关切。对礼乐的释义行动构成早期儒家哲学最基本的理论生长点。

先秦儒家的礼乐释义文献，最初以礼之"记"的形式被收藏、记录，《礼记》之编选，即以此类文献为中心。"三礼"主题各有侧重，《礼记》正以阐释礼乐之精神价值和政教意义为其特征。特别是其中大量的礼仪释义文献，与《仪礼》相关内容形成明确的"仪""义"对应关系，故朱子以为《仪礼》是"经"而《礼记》是"传"。而《礼记》地位在历史上被不断提升，不但获得"经"的地位，其实际影响也超过《仪礼》《周礼》。

之所以如此，实因随着时间推移和情势变迁，众多古老的制度、仪式必将渐趋消亡或变得不合时宜，唯有超越于特定时空而具有一贯性的礼之义才是礼乐系统得以重构并获得持久生命力的根本所系，如《礼记·郊特牲》所言：

> 礼之所尊，尊其义也。失其义，陈其数，祝史之事也。故

> 其数可陈也，其义难知也。知其义而敬守之，王者之所以治天下也。

在社会生活发生根本改变之际，通过阐明礼义而重整礼乐，使之能够应对生活变化并再度为教养—教化生活奠基，便显得十分必要。就此而言，《礼记》研究在礼学和经学领域实具有更强的必要性和紧迫性。

然而，近代以来学界对《礼记》的研究主要集中于文献学和历史学领域，鲜少针对其思想内容进行系统的哲理研讨，这与其礼乐释义理论主题颇不相称。之所以如此，乃因长期以来中国哲学研究中，对"哲学"之内涵与研究方式的理解本质上被西方学术话语霸权所笼罩，致使儒家礼乐释义理论根本无法找到自己在一种西式"哲学体系"中的研究定位。

《礼记》在现代学术分科体系中变得支离破碎，被分割为哲学、政治学、社会学、宗教学、人类学等不同学科的研究对象，这与礼乐作为一种生活样式本具的整体性、弥散性和浑融性实相矛盾。

儒家礼乐释义理论乃建基于对人类生活之"通"性本质的把握之上，基于分析式学科定位的"哲学"研究恰恰遮蔽了"通"达这一整体性精神的道路，这也是近代以来学者们对如何界定"礼"或"礼乐"深感困惑的原因所在。一些学者提倡回归传统的礼学和经学研究模式，对《礼记》和儒家礼乐释义理论研究而言，的确是一个极有价值的进路。

经学在20世纪曾遭到否定，认为其不具备"科学"性，且内涵对思想"权威"的"屈从"。今天看来，用以否定经学的"科学"性研究诉求，实源于对西方话语霸权的认同，也是对西方学术传统缺乏深入了解的表现。至于所谓经学的"权威"观念，则需稍作分疏。历史地看，经学之发生、延续与演变，与中国历史上经典系统的建构和传衍相关。

从经典系统的发展看，由"六经"系统的确立，到"四书五经"以及"十三经"系统的定型，中间经历了很长的历史时期。与之相应，经学也并非一成不变，而是一个发展、衍化着的思想系统。笔者在《教化视域中的儒学》一书中曾说：

> 就其表现形式而言，整个中国思想和哲学发展的历史可以说就是一部经典诠释史。①

经典诠释的历史包含了经典系统的重建和经典意义系统的重建两个方面。

《礼记》由传记之书而升格为礼经正典，即是经典系统重建的典型例子；据经典诠释以形成一时代的思想视域，并赋予经典以新的思想史意义，则为经典意义系统的重建。笔者认为：

> 儒学在每一个历史时期都有其当代性的形态，表现为一种历史性和当代性的统一。一时代学术的重心，乃在于其面对经典，继承传统，因任现实的思想性创造。②

民国以降，学者盛言经学终结。然经学之衰，实非中华文化之福。盖中国虽非本无宗教，社会教化亦非全赖经学，然经典教育在中国社会中仍起着关键的维系世道人心的作用。经学之经，乃是中华文化传统的"神圣经典"，或更准确地说是"圣典"。此处所言"神圣"，是在中国传统语境和观念系统中的"神圣"，而非西方语境中纯然宗教性的"神圣"。

在儒家看来，经之为经，乃因为其体现圣人之道，而所谓圣人之道，不过是一个"常道"，此常道并非某一神灵本于其"自由意志"所创而对人颁布的神圣"律法"，更非少数人奋其私智而设，而是古初圣贤基

---

① 李景林：《教化视域中的儒学》，中国社会科学出版社，2013版，第257页。
② 同上书，第270页。

于"仰观俯察,近取诸身,远取诸物"的努力而达成的对天道自然秩序和人之性情的体察与理解。

因此,古人之尊经,并非以经典为绝对权威而不敢稍持异议,此绝非中国经学传统之真貌。对古人而言,经固为传道之书,为古圣贤垂世立教之作,然道不赖经而存,经亦不能尽道,因而经典权威并非绝对,经中文字亦可怀疑,经中义理亦可辩驳。尊经者,非尊经典之文字,非尊经典之具体论断,而尊经典之根本精神之谓。此根本精神既超越古今而一以贯之,又不泥故常而与日俱新。

经学的存在,并不意味着压制思想的独立和创造,古典学问体系中经学与子学并行,即其明证。然若无经典教育和经学(或曰"经典诠释")以涵养社会的整体性价值本原,而一任"天下各得其一察焉以自好",则不足以维持文化共同体之存续。从这个意义上讲,经典和经学绝非本出于儒家,亦非为儒家所私有,而是中国传统社会共通思想观念和价值体系——即上文所谓常道——的体现。换言之,儒家之所以能成为中国文化和思想之主流,正因为其所传述者乃一常道,而非一家之言。将儒学仅仅视为一家之言,是对儒学之根本精神缺乏了解的表现。

今日经学研究所应具之对经典义理的确信,乃在于对中华文化根本精神价值原理的体认与认同,同时也是对人类生活之"常道"的理解和确信。经典文本作为一种"文化基因",对一民族的精神气质、价值信念和思想学术都有强大的形塑效应。一时代之思想文化形势亦影响经典诠释思路,转变诠释重点和诠释方法,并赋予经典以新的时代精神内涵。

向经学诠释的回归,并非意在回归某种"权威主义",而是作为中华文化复兴前提的价值体系之重建的重要方式。通过这种方式,现代中国的思想创造方能获得来自我们历史文化本原处的活水源头,只有复归于"自我"而达到"自主",方能通向"自由"和"创造"。

张树业博士《德性、政治与礼乐教化:〈礼记〉礼乐释义理论研究》

一书对《礼记》的研究，正显示出一种回归传统经学诠释方式的努力。作者并未基于现代学术分科体系而预设某种理论框架和思想方法，将《礼记》拆解为散碎的"原始材料"并予取予求地进行重组，而是最大程度地保留《礼记》诸礼乐释义文献之文本独立性与完整性，努力按古人理解自身的方式诠释经典，强调依循经典文献本身篇章结构和语脉思理的指引，探析其独具匠心的谋篇布局、文体、修辞与义理宗旨间的内在联系。这样做既合乎《礼记》本身的文献学特质，更有助于凸显经典文本内涵的独特问题意识和致思路向。

该书将《礼记》礼乐释义文献分为礼乐综论、礼仪释义专论和乐论三大类，其第三、四、五章细致疏解《礼记》礼乐综论文献，并将儒家礼乐释义理论之要旨概括为本原天人、协调文质、崇尚中和三点，指出儒家礼乐政教传统所追求的政治理想乃是"教化政治"，即以礼乐教化为基础的无为政治。

第七、八章考察《礼记》之礼仪释义专论，探究冠、昏、丧、祭、乡、射、朝、聘等礼仪的象征意义、价值内蕴和教化功能，由此推阐儒家的婚姻、家庭观念与社会、政治理想。着重发挥儒家礼仪释义中情为礼本之旨，对丧礼之哀、祭礼之"齐"与敬进行抽丝剥茧般的细致阐释与辨析，颇能有所发明。

第九章专论《乐记》。乐是儒家政教理想实现的根本途径，又是儒家德性人格和精神境界之最高成就形态的象征。作者详细考察了《礼记》所言乐之本原与特质、乐教之内容与方法，着力分析作为儒家成德之象征的"乐境"。对《乐记》之礼乐通论，则着重探析其本于天人一体视野的礼乐政教理想。全书由此勾勒出儒家礼乐释义理论的完整图景。

该书继承传统经学诠释模式，将章句、义疏等解经体裁融会贯通，在分析章句、疏解经文中阐发义理，哲理探研与文本解析深入贴合。同时，充分参考历代《礼记》注疏文献，化用传统集注之法，对汉唐儒之经传注疏、宋明儒之义理发挥、清人之朴学考据及今人研究成果多有采摭、辨正，展现了作者深厚的经学工夫。

如前文所言，回归传统经学诠释模式的意义，不在于复古，而在于以此方式深入经典的精神世界，领会经典之义理宗旨，并针对各类现实问题予以切实的理论回应，展现经典之"常道"所应有的当下思想活力，也使经典思想获得新的具有时代特性的理论形态。

本书在疏解《礼记》文本，阐释其思想主旨的同时，也力求本之儒家哲学精神和经典理论视野，对当代社会的一些思想和文化课题进行反思，特别针对诸多长期广泛流行的对儒家思想和礼乐文化传统之批评与质疑，给予学理辨析和理论回应。这些努力虽未必成熟，然实构成恢复经典面对现实之思想活力的一个尝试，显示经典诠释中经典义理系统自我更新的一种可能性。

张树业君自2006年跟我攻读中国哲学专业博士学位，选择《礼记》作为自己的研究方向，博士毕业论文偏重在《礼记》之礼义学的研究。树业君2009年获得哲学博士学位，旋任教于河南师范大学，转眼已历十载。十年间，树业君一直究心于《礼记》学的研究，由《礼记》礼义学进一步拓展到礼乐学的研究，其间，又发表相关论文多篇，本书即是由他的博士学位论文增补、充实和深化而成。树业君为人诚悫笃实，勤学好思，祝愿他在《礼记》学及中国思想文化研究领域取得更大的成绩。

李景林

己亥仲秋序于北师大励耘九楼寓所

《经学与实理：朱子四书学研究》序

中国思想学术有一个源远流长的经典诠释传统。通过经典的诠释，赋旧典以新义，以面对时代的问题，因应当下的生活，形成切合现实、具有当代性意义的新的思想论域和义理系统，成为中国古代思想和哲学家之"立言"或思想创造的基本途径和方式。钱穆先生论中国传统思想学术，特标举孔子、朱子为其精神之象征，而谓中国思想文化"前古有孔子，近古有朱子"，"孔子集前古学术思想之大成"，朱子"乃集孔子以下学术思想之大成"，其对儒学乃至整个中国思想文化发展之创辟与发展之功，彪炳史册，"无第三人堪与伦比"。[①] 孔子与朱子的思想学说，乃集中体现了这一思想创造的方式和经典诠释的传统。

孔子自称"述而不作，信而好古"。按照朱子的解释，述是"传旧"，作是"创始"（《论语集注》卷四）。"作"为圣人之事，"述"则贤人之业。古人讲"述而不作"是孔子的谦辞，这当然没有问题。不过，更深一层说，孔子这个"述、作"之义，实开创了中国文化和思想学术创造与发展的一种独特的路径和方式。

孔子言"士志于道"，自谓"朝闻道，夕死可矣"，乃终生以求道、达道为职志。又自称"不怨天，不尤人，下学而上达，知我者其天乎"，

[①] 钱穆：《朱子新学案》第一册，九州出版社，2011年版，第1页—2页。

其心已达人不知不愠,遯世无闷,诚独对越在天的"闻道"之境。①是孔子所谓"述而不作",并非无所创作。特其所谓"作",乃寄寓于经典系统的建构与诠释,而非独成一套形上学的理论体系以立言。西周学在官府,经籍典章掌于官司,官守学业出于一源。②孔子生当周室衰微,诗书礼乐废缺的春秋季世,乃起而论次《诗》《书》,修起《礼》《乐》,赞《易》,修《春秋》,删定六经以为教典,开私学以教化于民间。然孔子所定六经,并非一般意义上的几种教材,而是一个具有内在思想整体性的经典系统。孔子于六经,最重《易》与《春秋》。三代之《易》,曰《连山》《归藏》《周易》,本皆卜筮之书。孔子晚而好《易》,作《易大传》,"与史巫同途殊归"而归本于"德义"③(哲学),转变《周易》为一展显天地阴阳之道的哲理系统,以寄托其"性与天道"的形上学理念。《孟子·离娄下》:

> 王者之迹熄而《诗》亡,《诗》亡然后《春秋》作。晋之《乘》、楚之《梼杌》、鲁之《春秋》,一也。其事则齐桓、晋文,其文则史。孔子曰:"其义则丘窃取之矣。"

孔子据鲁史而作《春秋》,其所重在"义",以寓褒贬、别善恶、正名

---

① 孔子"朝闻道"之"闻道",即简帛《五行》和《孟子》所说的"闻而知之者圣"意义上的"闻道"。这闻而知之的圣人,所知者为"天道",是各种文明或思想文化新局的"作"者亦即开创者。见李景林《孔子"闻道"说新解》,载《哲学研究》2014年第6期。
② 章学诚《校雠通义·原道》:"圣人为之立官分守,而文字亦从而纪焉。有官斯有法,故法具于官;有法斯有书,故官守其书;有书斯有学,故师传其学;有学斯有业,故弟子习其业;官守学业皆出于一。"
③ 《帛书易传·要》:"《易》,我后其祝卜矣,我观其德义耳也。……吾与史巫同途而殊归者也。"

分，寄托其伦理和价值的理念。① 孔子以此贯通六艺，将其形上学与教化的理念寓诸一套以六经为中心的经典系统。孔子所开创的这个寓述以为作的立言方式和经典诠释传统，凸显了一种历史连续性与现实关怀相统一的哲学精神，规定了中国思想学术创造的一种根本的思想进路。朱子集北宋以来理学之大成，构成了影响嗣后中国思想学术达数百年之久的一个宏大精深的思想系统，其思想创造之路径，亦不外乎上述孔子所开创的这一寓作于述的精神传统。

汉唐儒略偏重于治道与经训，东汉佛教传入中土，经魏晋以迄隋唐，社会人生之心性与精神皈依一面，积渐入于释老之途辙。宋儒兴起，旨在为儒家的外王事业建立其自身的形上价值根据，以接续原始儒学固有的人文传统，"重兴儒学来代替佛教作为人生之指导"②，逐渐形成了一种以"心性义理之学"为其精神特质的儒学系统。宋儒的经典诠释，由是一改汉唐儒因循师说，偏重章句训诂与经义疏解的传统，而注重于悟道、传道，据经典以抒发心得，创标新义。一时学者率以己意说经，疑经弃传之风盛行，理学诸儒疏于著述，类藉"语录"以说经论道。宋代经学，遂进入皮锡瑞所谓"经学变古"的时代。儒家依经典诠释以立言，其在经典与新说之间，常保有一种内在的平衡与张力的关系。历代学术，所重不同，亦各有利弊，如偏执一端而不知返，不能保持此两端之互摄平衡，则其学亦将流宕失据，而趋于衰歇。汉唐儒偏于经训，长于因循而失之浅陋。北宋以来，理学家则重在证道，长于创说却不免流于空疏。朱子早年亦受此种学风之影响，后则对此舍经谈空，"自作一片文字"的学风之弊，有深刻的反思：

---

① 《史记·太史公自序》："周道衰废，孔子……是非二百四十二年之中，以为天下仪表。贬天子，退诸侯，讨大夫，以达王事而已矣。……夫《春秋》，上明三王之道，下辨人事之纪，别嫌疑，明是非，定犹豫，善善恶恶，贤贤贱不肖，存亡国，继绝世，补敝起废，王道之大者也。"
② 钱穆：《宋明理学概述》，九州出版社，2010年版，第26页。

某旧日理会道理，亦有此病。后来李先生说，令去圣经中求义。某后刻意经学，推见实理，始信前日诸人之误也。①

因此，朱子之学，乃自觉地兼综融贯汉唐经学与北宋以来的理学新传统，以极宏大的思想格局，通过对古代圣道传承、宋代学术新统、新经典系统、心性义理思想、社会礼仪系统的重建，以及对民间学术与经典传习的关注与推动，构建出了一个宏伟的思想蓝图和学术系统。②其在经学方面，则因任时代及儒学思想视域的转变，着力构建出一个以四书为重心而辅以五经的经典系统。其对经典的诠释，亦特别重视吸收汉唐经学之所长，本汉唐注疏以别章句、通训诂、正音读、考制度，在此基础上来阐发心性义理之精微。在这里，经典与思想之间，乃显现为一个缘生互动的动态过程：一方面，诠释原则和思想重心的转变引发与之相应的经典系统重构；同时，经典的诠释又使如太极、理气、理欲、性命、心性、性情、性气、格致、本体工夫等观念凸显出来，构成为一新的话题系统和理论视域，经典由此乃以一种意义重构的方式显现为活在当下的思想。"绾经学、理学为一途"③而集汉唐经学与宋代理学之大成，成为朱子思想学术的一个重要特点。朱子穷毕生之力所著《四书集注》，便是凸显此一经典诠释方法的典范之作。它把孔子所开创的寓作于述的经典诠释和立言方式发挥至极致，而其所确立的"四书学"体系，亦成为影响嗣后数百年中国思想、学术、文化、教育及价值观念的核心经典系统，其在当今社会，仍然发挥着重要的思想和教化作用。

　　现代以来，中国传统思想学术的研究经历了一个现代转型的过程。儒家这种经由经典及其意义系统的重建以"生产"思想的立言方式，为

---

① 《朱子语类》卷一百四"自论为学工夫"，第3434页。
② 参阅李景林、王宇丰《朱子的思想蓝图与当代中国思想的建构》，载《中原文化研究》2018年第2期。
③ 钱穆：《朱子新学案》第一册，第28页。

源自西方的学科化模式所代替，包括儒学在内的中国传统思想学术，基本上被纳入到西方哲学的概念框架中来进行研究。百年来，在这种模式下，中国传统思想学术的研究实现了现代的学术转型，取得了很大的进步，但也出现了很多的问题。其中一个根本性的问题，就是"方法与内容的疏离"，即研究的诠释框架和原则对于儒学及中国思想学术的外在化。这种"方法与内容的疏离"，造成了中国传统思想学术精神特质与生命整体性的意义缺失。因此，我提出"将方法收归内容"这一途径来对治此弊。① 近年来，亦颇有学者强调经学对于中国思想学术研究的基础性意义，探讨宋代四书学、经学与理学关系等，亦成为一个值得注意的研究动向。许家星教授的这部《经学与实理——朱子四书学研究》，就是近年这一研究方向上的一项重要成果。此书对朱子四书经典诠释与义理建构之关系等问题作了深入的探讨，不仅对推进朱子学和宋明理学研究的深化具有重要的作用，对我们理解中国传统经学诠释方法，调整中国哲学的研究方法和思路，也有很好的启发意义。

书稿以"经学与实理"为题，乃是取自朱子深切反思之语。朱子早年亦习染于二程学派率以己意解经，脱离文本以敷衍自家义理之风气。后来渐认识到此诠释风格空疏、近禅之病，而逐渐扭转之，终走上合经学与义理为一、汉学与宋学并重的道路。书稿在朱子辨张无垢《中庸解》、辨南轩《癸巳论语说》两节中，给我们生动呈现了朱子在诠释理念上的具体转变之路。朱子晚年对弟子言：

> 某后刻意经学，推见实理，始信前日诸人之误也。②

故全篇书稿紧扣朱子如何实现"学与理合一"这一主旨展开。一方面，

---

① 参阅李景林、马晓慧《将方法收归内容》，载《天津社会科学》2019年第2期。
② 《朱子语类》卷一百四，第3434页。

书稿不少章节看似是纯粹的学术考辨问题，如第一章第三节"朱子四书学形成新考"重新考证朱子四书学的形成，第六章辨正通行本《四书集注》的校勘、探究《论孟要义》的复原、考察朱子《四书》书信的年代。此等工作其实皆非一般意义上的考辨之举，而是融贯着著者对朱子"以义理定训诂"精神的遵循。兹举一例为证。在"《四书集注》点校献疑"一节的"行文句读"部分，作者质疑《论语·公冶长》中夫子关于令尹子文、陈文子"未知，焉得仁"的断句违背朱子本意，此一断句乃是主张"知仁"的胡五峰之解，将此"知"当作与"仁"并列的名词，朱子则是以"知"为"知道"意，故当删去此句的逗号。此非一无关紧要之问题。现代著名学者亦有主张此"知"为认识论意义上的"知"，是仁的必要条件，体现了夫子仁与智统一的思想。[①]另一方面，书稿将对朱子之理的揭示融入朱子之学中，如对朱子道统这一习见的理学论题，书稿非泛泛而论，而是紧扣朱子对克己复礼、忠恕一贯这些《论语》中具体而重要章节的细致入微的解读，得出了颇为新颖可信的认识，确有发前人所未发处。此外，书稿对朱子理学思想、工夫论、诠释思想的论述等，亦皆融入于朱子对具体经典的解释中，体现了很强的"学、理"结合的特色。

著者秉持朱子"不用某许多工夫，亦看某底不出；不用圣贤许多工夫，亦看圣贤底不出"[②]的理念，采用融文本分析与义理解释于一体的手法，使得书稿呈现出文献扎实、分析细密、视角新颖的特点，体现了论者既善于学习已有成果，又勇于独立思考的学术精神。著者将本书定位为一哲学史的叙述，力求客观呈现朱子四书学本来面目，应该说，在相当程度上体现了著者对于朱子学的亲切体会。

本书原稿，是家星随我攻读博士的学位论文（原名《朱子四书学研

---

① 冯契：《中国古代哲学的逻辑发展》上，《冯契文集》四，华东师范大学出版社，2016年版，第76页。
② 《朱子语类》卷十四，第428页。

究》),该文曾获评北京市优秀博士论文。家星于 2008 年 6 月毕业,获得哲学博士学位,回到家乡江西南昌大学任教,转眼已是十一年过去了。去年初,他作为引进人才从南昌大学调回北京师范大学任教,回到了我的身边。在这十多年间,家星心无旁骛,始终专注于朱子四书学与宋明理学的研究,陆续有相关研究见诸杂志。他将这些研究成果增补入本书,使其更加完善和厚重。今日,他的这部书稿终于杀青,付梓之际,索序于我,我亦颇感欣慰,略述数语于上,并希望家星戒骄戒躁,继续努力,争取更好的学术成绩。

李景林
2019 年 8 月序于南戴河之海岸别苑

书评

中国儒学和文化精神的新阐释
——读《先秦儒家哲学新探》*

邹化政教授新著《先秦儒家哲学新探》（以下简称《新探》），是近年儒学研究的一项重要成果。

该书并不仅仅是一部先秦儒家哲学史。全书共七章，包括"导论"在内可以分为四大部分。首先，为了纠正长期以来中国哲学研究中将中国哲学西方哲学化的倾向，以及由此所导致的对中国哲学特别是儒学的种种误解，《新探》的长篇导论从中西比较和融合的角度，集中论述了自己独特的哲学观，阐明了儒学精神与马克思主义哲学原则的内在一致性，以确立全书的研究方法和指导原则。其次，《新探》以对中国哲学传统特殊的历史背景的深入探讨为基础，揭示了中国古代迥异于西方的道德传统，以及由此所决定的中国哲学的基本原则——以天人关系为出发点的"人道即天道"的哲学原理。复次，《新探》以五章的篇幅，详细论证了这一哲学原理在先秦儒家哲学中的开创、逻辑展开及其历史发展。最后，《新探》对先秦儒学在汉唐至宋明理学的逻辑发展，给以鸟瞰式的统观，并通过关于超验辩证法的论述，对如何扬弃儒学进而把马克思主义哲学中国化的问题，给予了合乎逻辑的回答。《新探》对儒家哲学及中国文化的精神既能发其幽微，探其玄致，又能够统观宏览，明其大义，给以系统的、与众不同的全新

---

* 编者注：原载《社会科学战线》1994 年第 2 期，署名"京林"。《先秦儒家哲学新探》于 1990 年 5 月由黑龙江人民出版社出版。

阐释。

儒家思想博大精深，何者为其旨归？《新探》把它归结为一个"人道即天道"的哲学原理，提纲挈领，明其宗趣。在此前提下，对儒学的天道观、人性论、天人合一等思想的逻辑内涵及其文化精神进行了深入的、全面的探讨。全书体大思精，内容宏富，且因视角独特，新解迭出。以下只能撮其大要，谈几点感想。

哲学是有关人的"智慧之学"。但是，从单纯抽象认知的立场出发所理解的"智慧"，与从人的整体存在角度所理解的"智慧"，却有着很大区别。《新探》特别强调这种区别的意义。它指出，儒学一贯以探讨人的整体存在的人学原理为基础来理解人的理性和智慧，因而与西方哲学传统的"智慧学"存在着根本的差异。如果我们把人的理性单纯看作抽离开其意志、情感、肉体活动的抽象"思""知"，那么，这"思""知"便是无关乎人的存在的"空有"，因为这"思""知"要由对象性的经验内容来规定其内涵。这正是康德转向实践理性以显示人的道德形上本体的原因。另一方面，如果我们把人的情志抽离理智的、逻辑的内容，则又势必将心灵状态的个体性和不可交通性绝对化，走向心理主义和神秘主义。这正是西方现代人本主义一些哲学家强调个体有限性和多元论的理论根源。《新探》指出，儒学历来把人看作一个身与心、思维与感性、理智与意志、理与情内在统一的整体。因此，它所理解的人的"智慧"，便不单纯是涉及认知、知识的抽象认识论问题，而是一个关涉到人的"存在"的整体内容，即人性的实现问题。这就使《新探》能够很好地解释这样一个现象：儒学的认识论和知识论，总是与人的教化和修养相联系。

从人的存在或本体论的立场来理解"智慧"，这是儒学哲学的一个根本特色。儒学历来强调"诚"与"明"的相互涵蕴和统一。"诚"所标明的是人在"天人合一的无为之境"中对自身存在的确证和完成，"明"

则是由此天人合一所显发的真智慧。《新探》把这种境界，称作"理性的情欲化，情欲的理性化""理性与情欲的统一"。这个统一，就是我们一般所说的真善美的统一，其中尤以真善的统一为核心内容，用儒家的话说，就是"仁且智"而至于"圣"的境界。

以人性的完成来确证存在，以天人合一来理解思维与存在的同一性，使儒家哲学的形上学亦即本体论具有与西方哲学明显不同的特色。按《新探》的说法，这个特色可以概括为："人道即天道"。

本体论或形上学是一个关于存在的问题。这包括两个方面的内容：存在的原理，存在的实质即质料内容。但是，哲学的原则和出发点不同，对这两个方面及其关系的理解也就不同，因而产生不同的形上学和本体观念。《新探》强调，人的存在的整体性和天人相通，是儒学乃至整个中国哲学的根本出发点。在此前提下所形成的儒家哲学的本体论，有三个方面的特点值得充分注意。

（一）实体观念

《新探》指出，在儒学的本体论中，与西方哲学物质实体和质料概念相当的是"气"这一概念。但是，二者之间却存在着一种根本的差别。在西方哲学中，占主导地位的是一种机械的物质观，质料被看作被动的、惰性的东西，能动的原则是在它之外的形式和精神性原则。与此相反，"中国哲学所谓气的实体，不是一种死物，而是一种能伸缩自如的活动体"。儒家哲学把宇宙看作一个生生的"气化"过程。但是，"气化"概念，并非被看作机械的物质作用，"气化"本身即是内涵精神生命的创造活动。所以，《新探》结论说，儒家哲学，无论是唯物论，还是唯心论，其"所谓气，就其性能而言，一向都是物质性与精神性的统一"。"气化"表现着精神生命创造的能动性，而此创造活动的统一性、整体性和能动性，就是所谓"天道""天理"的规律系统。儒家讲"即用即体""由体达用""体用一源"，根据即在于此。

（二）形上观念

天道、本体是形而上。但是，与中国哲学史前的宗教"神道"观念相一致，儒学的形上本体观念突出的不是形式化主体或实体性一面，而是它的"化生万物的规律一面"。儒学凡论天道，强调的都是道体之"流行"的意义。这个"流行"，由于是构成万事万物之"气化"过程本身的能动性原则，因而，这种形上本体观念，便是将"气化"的现实存在过程扬弃包含其中的一个整体性或具体概念。儒家哲学历来强调"时中""物来顺应""上下与天地同流"，在一种动态的整体性中直观和亲证道体，皆与上述对本体的理解有关。《新探》对儒学形上观念的新阐释，是有重大的理论意义的。

（三）人性观念

人性关涉人的存在的整体，因而也是一个本体论的问题。《新探》对儒家人性论的研究，特别强调"理性本能"这一概念。它指出，儒家的人性观念，不仅是一种思维规律，而且表现为具有当下直接实践能力的"理性本能"，这就是儒学所说的"良知""良能""良心"。它显示了人与自然、理知与情意的原始统一。由此言之，人并无"原罪"，人性本善。《新探》强调，"忠恕之道"在儒学的人学原理中具有十分重要的意义。"己所不欲，勿施于人"，"己欲立而立人，己欲达而达人"，"亲亲而仁民，仁民而爱物"，依照这种自然的等级，推己及人地拓展出与天地一体的天人合一境界，这正是人那种"浑然与物同体"的"良心""良知"在现实生活中高度自觉的全体朗现。所以，这种"天人合一"作为一种形上超越境界，并不与个体的情欲和内心生活相冲突，它包含了个体人性全部自然和社会内容。"正因为儒家哲学从哲学高度上实现出了这样一个具有普遍意义的天人合一原理的真理性，所以它能成为中国哲学发展的正宗，并代替了宗教，成了团聚中国几千年的社会伦理生活的意识形态的核心。"（《新探》第118页）在这种意义上，我们可以说，儒家哲学充分表现并塑造了中国文化独特的价值观念及其实现方式。

《新探》并不满足于对先秦儒家哲学作孤立的逻辑考察，而是把它放在中国历史、文化史的广阔背景和整个中国哲学的发展中进行历史性的研究。它不仅在儒学义理和中国文化精神的研究方面为我们展示了一个全新的视野，而且在有关儒家与道家及其他诸流派的关系、有关三教合流对宋明儒学的影响、有关中国哲学的发展规律、有关马克思主义哲学中国化问题等方面，都提出了许多很有学术价值的新见。总之，《新探》堪称近年来儒学和中国文化研究中的一部力作，其中立论，多有独创，发人深思。

《周易》研究的新进展

——读《周易——古代中国的世界图式》[*]

乌恩溥先生所著《周易——古代中国的世界图式》一书，自 1988 年出版以来，已经引起了易学及中国哲学史界的广泛关注。

本书的核心内容是对《周易》内在结构及其六十四卦所构筑的世界图式的研究，而这一研究的根本立足点，则是对卦爻辞星象基础的揭示。这是乌先生对易学研究的一个新贡献。

历来对《周易》的研究，多以《传》解《经》，在其历史发展中，形成了象数和义理两大派。解放以后的易学研究，以马克思主义哲学为指导，取得了一些成果。但又往往用西方哲学的观念理解《周易》，造成对《周易》固有思想逻辑的割裂。乌恩溥先生在本书中立足于中国传统思维方式，在孟康"五星之精散为六十四变"的论断及近人闻一多以东宫苍龙理解乾卦思想的启发下，依据《春秋左传》《史记·天官书》《石氏星经》等大量文献资料中对古代天文历法的有关记述，对《周易》卦爻辞进行了认真的研究、考证，以确凿的证据，揭示了《周易》卦爻辞中一个带有普遍规律性的现象——日、月、五星和二十八宿的星象，乃是《周易》卦爻辞的基石，并构成《周易》六十四卦的骨架。以往对卦爻辞的阐释，或立足于文字训解，或取证于历史事实，或求助于分类统计，或着眼于卦象的搜集，等等，难以找到六十四卦的统一基础，结

---

[*] 编者注：原载《哲学研究》1989 年第 5 期，署名"京林"。《周易——古代中国的世界图式》于 1988 年 5 月由吉林文史出版社出版。

果使《周易》的哲学意义隐而难明。众所周知,黑格尔否定《易经》哲学意义的根据就是,《易经》六十四卦的卦爻辞,除乾坤两卦以外,都是一些找不到统一根据和内在逻辑秩序的感性经验的罗列。本书的上述发现,就使过去看起来凌乱无序、莫知其所归的六十四卦、三百八十四爻的卦爻辞,骤然成为一个具有统一根据的意义系统。同时,大量先秦文献中所表现的天道观念起源于古代天文历法的轨迹,也在此得到了印证。因此,它对系统地理解和准确地把握《周易》哲学,对理解中国传统哲学的思维方式及其起源,都提供了一个新的视角。由此,作者指出,《周易》的卦爻辞,主要包括星象、人事两方面内容。它是人事其表,星象其里,星象采取人事的面目出现,人事则以星象为依托和内在的根据,从而形成了《周易》天、地、人三位一体,天人合一的严整理论体系,这一天人合一体系,正是中国古代哲学天人合一整体思维方式的渊源所在。

把日、月、五星、二十八宿作为《周易》卦爻辞的统一基础,这是本书的中心观点。围绕这一观点,作者展开了对《周易》思想多方面的论述,形成了一个自成体系的完整系统。

首先,在此基础上,易学史上各家各派的意见,被展示为一个具有统一根据的历史发展过程。清人如胡渭、惠栋等,对宋儒河图、洛书、先天、太极等理论,予以全盘否定。本书则以上述对《周易》内在结构、星象基础的理解出发,用客观的历史观点,把"太极""两仪""河图""洛书"的《周易》起源理论,后天图、先天图的八卦、六十四卦的世界图式论,看作一个易学自身发展的历史过程。认为它们都有其自身的意义,不能全盘加以否定。以《周易》的星象、人事的内在结构为基础来理解易学史,无论宋儒的河图、洛书、先天图、后天图,还是汉人的纳甲、爻辰,无非都是《周易》天道、人道相统一观念的表现,都是在四时运行、斗换星移、阴阳消长的过程中去把握天道、地道和人道相统一的规律性。既然六十四卦的卦爻辞以星象、人事为其内在结构,那么,以后依据《周易》所构建的各种宇宙图式，也就表现为对《易经》潜在哲学意义的揭示。如就所谓后天的"文王八卦图"和所谓先天的"伏羲八卦图"的关系而言，它不仅反映了从战国时代到东汉以后易学在时间历程中的发展；同时就伏羲八卦和文王八卦所涵蕴的哲学意义说，则又表现了自然与人事、宇宙本体与阴阳消息之间的共时性逻辑关系。因此，可以说，对《周易》卦爻辞星象基础的揭示，为理解易学本身的发展及其与《周易》本文的关系，提供了一个贯通古今的一贯之道。因而，《周易》与易学史的发展，在此基础上形成了本文与解释、潜在意义与其逐步展开的一个历史和逻辑统一的过程。

其次，作者根据以上对《周易》本文与易学史统一关系的理解，从历史发展的角度，对《周易》与中国科学、文化的关系，作了较全面的论述。作者指出，中国历史上科学、文化的发展，不仅渊源于《周易》自身的结构体系，而且与作为《周易》本文潜在性展开的易学发展过程也是同步进行的。例如中国古代数学的发展，它不仅与《周易》本身太极、两仪、四象的二分法具有渊源关系，而且与以后河图、洛书、伏羲六十四卦图的出现以及卜筮形式的发展，具有着同步发展的关系。其他如天文、历法、律吕、医学、社会政治生活、民俗等，也都与《易经》和易学史的发展具有渊源和同步发展的关系。从《周易》与易学史的统一去理解《周易》与中国文化传统的关系，就更深刻地和全面地揭示了《周易》对中国文化发展的深远影响。

此外，本书对《易传》本身的研究也提出了一些独到的看法。在第十二章中，作者把《彖》《象》《文言》的思想概括表述为"气阴阳论"，把《系辞》的思想概括表述为"太极阴阳论"等，却是颇具新意的论断。

总之，本书以对《周易》内在结构的探讨为核心和指导思想，把《周易》与易学史统一起来理解《周易》的思想，并把它放在中国古代科学文化发展的广阔背景上来加以阐述，思想清晰，结构严谨，自成体系。从体例上讲，本书不同于以往的《周易》研究论著，它不落于本体论、认识论、辩证法三分的俗套，而是力图从《周易》的本来面目出发来展开论述。就内容而言，本书把对易学史上的问题的一般介绍与对《周易》本身结构的探讨紧密结合，既可使初学者对《易》的概貌有一个整体的了解，同时，又因它把易学史建基于一个新的"一贯之道"，从而赋予易学史以新的意义，因此又具有较高的学术价值。就文字风格而论，本书通俗易读，行文流畅，文风朴实，言简意赅，但又容量很大。

总之，《周易——古代中国的世界图式》，是研究《周易》的一部不可多得的论著。目前，乌恩溥先生正在撰写本书的姊妹篇《周易象数——古代中国的世界机制》。我们预祝乌先生在易学研究中取得更多的成果。

《周易》哲学精神的新诠释

——读《周易阐微》[*]

《周易》是一部在中国古代文化史上具有独特地位的著作。从某种意义说，中华古文明的诸多要素大都可以在《周易》中找到其渊源所自。因此，近年来的文化反思很自然地重新引起了人们对《周易》的关注，推动了《周易》研究的深入。由吉林大学出版社出版的吕绍纲先生新著《周易阐微》（以下简称《阐微》），就是其中一项重要成果。

《阐微》以10章35万言的篇幅，对《周易》一书的性质，《周易》之筮占、象数，《周易》的历史学意义，《周易》的作者，《周易》与道家的关系，《周易》经传的哲学思想诸问题，探赜索隐、辨微勾玄，作了全面的、深湛的研究。《阐微》内容宏富，创获颇丰，以下仅能择其大要，谈几点感想。

首先，《阐微》一书的重点在于分析、诠释《周易》经传的哲学思想，而这种分析、诠释，则以人生论为其核心。这是《阐微》的一个根本特色。《易经》以卜筮形式阐发思想，故即"天道"而言人事。《大传》发明其大义，认为《易经》之要乃在于"明于天之道而察于民（人）之故，是兴神物，以前民（人）用"。由于《周易》的这个特点，加之长期以来中国哲学研究中以西方那种特殊的哲学形态为标准模式套用中国传统哲学的方法论偏向，以往论者，往往只注重其"天之道"，却忽

---

[*] 编者注：原载《周易研究》1992年第3期。《周易阐微》于1990年8月由吉林大学出版社出版，后于2005年12月由上海古籍出版社再版。

视了其"人之故"的内容。这就抹杀了中西古代哲学思想的差异性。《周易阐微》从《周易》思想的内在逻辑出发,明确指出,《周易》哲学的核心是人,是人生哲学。从结构而言,《周易》哲学的内容可以概括为天、地、人"三才之道"。"三才",乃以人为中心。《阐微》强调,《周易》所言人,非一抽象概念,人只有在仁知为一、阴阳合体的"成性"过程中实现与其所从出的自然、文明、环境的合一,才能最终达成人性的完整性。《周易》的"天地之道"包括"天之道"和"天下之道"两重含义。前者是一个自然规律的概念,后者则为人伦之道。故《周易》所论天道,乃一真善统一之道,《周易》言天道,终以"继善成性",即此义。因此,"三才"之中的"天地之道",其涵义决非脱离人道的自然之道,因而不能混同于西方古代自然哲学时期的宇宙论。由此,《阐微》指出,《周易》哲学的三才之道,实质上就是以人为核心的天人关系学说,它开创性地规定了儒学乃至整个中国哲学的主题及其理论内容。《阐微》此说,对于理解《周易》哲学思想的理论实质及中国与西方古代哲学的差异性,是很有启示意义的。

关于《周易》的人生哲学,《阐微》提出了一个重要的思想。《易·说卦》传说:"立人之道曰仁与义"。《阐微》指出,"仁"表现人血缘的或自然的关系方面,"义"则表现人的社会或文明关系的方面。《周易》和以后的儒学,都强调"夫妇之义"。正是在"夫妇"血缘亲情这种自然的关系和情态中,包含和发展着人伦、社会、文明关系的全部内容和丰富性。《周易》的中道、中和观,在人生哲学上表现的正是这种自然与文明、质与文的原初统一性。由此我们可以理解,《周易》哲学既不像西方哲学那样,单纯强调智化和文明的内容,发展出一种功利、个人主义的人格精神;又不像西方的基督教,单纯强调"返归小孩的样式"那种原始自然浑一状态,斥智化为"原罪",发展出一种禁欲的、救赎的价值实现方式。文质和仁智统一的中道观,使《周易》和以后的儒家哲学能够把西方的宗教和哲学精神统一起来,它的人生观既是积极入世的，又即现实而超越之，在个体与人伦、自然合一的境界中，达成个体作为整体的实现。因而，《周易》和儒家哲学能够以神道设教为手段，表现一种非宗教而又涵盖宗教的理性精神。这对于理解中国古文明的特点，具有深刻的理论意义。

其次，《阐微》对《周易》哲学的研究，既有逻辑的结构的分析，同时，又有很强的历史感。吕绍纲先生专攻先秦史，又兼治思想史，因而，《阐微》在其理论探讨中，能够时时表现一种史家笔法。《阐微》不仅把《周易》的哲学思想置于中国古代社会历史的广阔背景中加以考察，而且，对《周易》一书中哲学概念的形成，也作了令人信服的历史性研究。例如，对"天道"这个重要概念，《阐微》从中国原始社会天文与农业社会关系的角度，对"天"的概念由天文历法意义到哲学本体意义的转变，作了详尽的考察，从而揭示了中国古代文化中阳尊阴卑、尚刚抑柔等观念的历史背景。读来令人耳目一新，豁然开朗。此外，《阐微》还对《周易》一书中所反映的古代中国社会的政治、法律、婚姻家庭制度等历史情况，作了深入、独到的研究，匡正和厘清了很多古代史研究中的重要问题。"六经皆史"这一古老命题，在《阐微》中进一步得到印证。可以说，历时性与结构性，历史性与逻辑性的结合，是《阐微》的又一大特点。

其三，《周易》一书在时代、作者、史料等方面存在着很多使人感到扑朔迷离的问题，《阐微》在此诸问题的考证上，亦表现了一种科学的、严谨的态度。把文献资料与地下考古资料结合起来，互相参证，得出结论，这是《阐微》在考辨方面的一个特点。例如，关于《易传》的作者问题，《阐微》不仅旁征博引，从思想逻辑和文献资料两个方面进行了严密的论证，而且大量引用1973年马王堆汉墓出土的帛书《周易》，与文献资料互相对照印证，有说服力地论证了孔子作《易传》这一结论。

此外，《阐微》在论述上也很有特色。《周易》表现形式独特，文字古奥，是中国古代最难读的著作之一。但《阐微》把关于《周易》的一般性知识与学术性的探讨融为一体，深入浅出，语言朴实无华，通俗晓畅，使之具有很强的可读性。当然，作为一部全面探讨《周易》的论著，不能不存在一些尚待探讨的问题。如强调义理性研究，但对象数贬斥太过等。但总的说来，《阐微》是一部有很高学术价值的易学专著，读来确能给人很多有益的启示。

玄学研究的一部力作

——读《王弼评传》*

宗白华说：

> 汉末魏晋六朝是中国政治上最混乱，社会上最痛苦的时代，然而却是精神史上极自由，极解放，最富于智慧，最浓于热情的一个时代。①

以王弼为代表的魏晋玄学，在这场思想解放运动中起了理论启蒙作用。因此，魏晋玄学，尤其是王弼的哲学思想，历来为学术界所重视。但对其中许多重要问题，尚未作出令人信服的解答。王晓毅教授所著《王弼评传》②一书，以翔实的史料，独到的视角，把王弼的玄学思想放在汉魏之际广阔的历史文化背景中，探赜索隐，显幽阐微，对其形成的学术脉络、理论结构、文化蕴涵及其意义，作出了深入、系统、独到的研究，新见迭出，建树颇多。

首先，一个时代之学术，一种思想系统之形成，有赖于方法学上的转变和成熟。因此，把握王弼的学术方法，对准确理解王弼哲学思想至关重要，而这恰恰是《评传》的重要特色之一。《评传》将王弼的学术方法具体分解为"形名之辩""言意之辩"和"本末体用之辩"三个方

---

* 编者注：原载《烟台大学学报》1997年第2期，署名"京林"。
① 宗白华：《论〈世说新语〉和晋人的美》，载《艺境》，北京大学出版社，1981年版。
② 南京大学出版社，1996年2月版，以下简称《评传》。

面，在分门别类剖析各自理论结构的基础上，进而揭示了这三种方法之间的内在联系，以及它们在王弼哲学体系建构中的作用。精辟之论，俯拾皆是，无法一一备述，仅以"形名学"为例。

《评传》对王弼哲学构建体系使用的逻辑思维方法——"形名学"，作了详尽考察。"形名学"又称"名理学"，是中国古代的逻辑学；"名理"一词是"循名究理"治国之术的简称。"形名学"自产生以来一直没有脱离政治哲学，成为一个独立学科，而汉魏之际的形名学则主要通过人物品鉴，作为人才学的逻辑思路而存在。由于魏晋时期的人才学著作除《人物志》外全部佚失，故学界对形名学的整体逻辑思路很少专门研究，偶有论及，亦语焉不详。《评传》通过对《人物志》人才学研究方法的考察，揭示了魏晋"形名学"的内在结构，填补了学术研究的空白。

作者认为，人才学研究，可以简单归纳为两个方面：其一，人才的鉴别，需要研究如何透过人的外在表象切入其内在本质，即通过辨别形体与行为（校实），研究其人才性质（定名）；其二，人才的使用，需要研究各种人才之间的关系，即通过比较各种人才名号内涵与外延之间错综复杂的关系（辨名），分析出人才使用的规律（析理），使之发挥最大能力。因此，相应的魏晋形名学可分为两个逻辑层次："校实定名"法和"辨名析理"法。"校实定名"法涉及三个主要范畴："形""名""实"。"名"指事物的名称，"形"指事物的现象，"实"指事物的真实状况。其关系为"实"以"形"显，"名"以"形"定。"辨名析理"的方法，就是指通过比较"名"（概念）之间的关系，以达到分析事物规律的目的。从内容上看，"校实定名"方法侧重解决概念与事物本质之间的关系问题，而"辨名析理"方法则在此基础上进一步探求事物的规律及与其他事物的关系问题。由于这一方法的特点是反复从不同的角度比较概念内涵，并且研究概念外延之间逻辑关系，所以史书常常称之为"校练名理"或"精练名理"。王弼则将"形名学"方法从人才学领域提升到哲学高度，研究宇宙万物的内在本质规律，以本体论建构为归宿。

汉魏之际，社会动荡不安，经学寖衰而道家复兴，儒道异同之辩成为最重要的时代课题，具体表现为从宇宙观到政治伦理学说等一系列矛盾范畴："无"与"有"、"无为"与"有为"、"无情"与"有情"、"名教"与"自然"等等。在传统"天命论"动摇的条件下，解决矛盾的关键，是如何以理性态度，为儒家政治伦理学说寻找新的宇宙哲学依据。王弼顺时应势，以"辨名析理"法扫除了象数学的非理性主义迷雾，并使理性主义思想方法成为玄学的本质特征；以"校实定名"法转换了传统哲学的概念，即运用形名逻辑把"道"抽象为"无"，把"万物"抽象为"有"，进而提出"以无为本""以无为用"的哲学命题，完成了本体论的时代转变，为"有为""有情"的儒家政治伦理思想，找到了新的哲学基础。由于"形名学"的新视角，《评传》对王弼哲学中诸如"以无为本"与"以无为用"、"崇本举末"与"崇本息末"等较难理解的命题作了超越前人的透彻解释。

其次，佛教与玄学的关系问题，是魏晋玄学研究中的一个重大问题，但也是一个悬而未决的难题。佛教缘起性空思想对玄学本体论的形成是否产生过影响，对此，学界一般持否定态度。尽管也有不同意见，但因无有力证据而难以立论。正始玄学诞生的魏晋时期，恰恰处于汉魏佛教发展史上的低潮时期，所以关于玄、佛人物的交往，史籍缺乏明确记载。另外现存正始玄学的史料以王弼为主，而王弼"贵无论"明显有别于佛教的"缘起性空"理论。由此，似乎很难找到有关的证据，其理论上的联系已隐微难辨。

为解决这一问题，《评传》独辟蹊径，以史家的眼光，追本溯源，转从何晏思想这个玄学的原始形态入手去发掘玄佛思想的内在关联。一种学术上的发现，往往仅在视角的一转之间。这一转果然产生了柳暗花明的效果。作者在对何晏作为曹操养子的经历和曹氏家族佛教文化背景的仔细分析中，有力论证了佛教对何晏思想的影响。同时《评传》具体分析了何晏《无名论》中的核心概念——"无所有"与佛教《道行经》

和《佛说大安般守意经》中"无所有"概念的异同,指出何晏《无名论》中的"无所有"这一概念,虽然不同于佛教空观中作为宇宙真相的"空无"概念,但亦不同于中国传统哲学中无形而全有的宇宙本根——"无",这是传统哲学同化印度佛教空观思想的一个理论成果。这一观念削弱了中国传统哲学中本体的那种实体和本根的意义,而赋予了本体作为宇宙万有自我完善内在决定力量的内涵。王弼秉承山阳王氏家族的文化传统,吸取了何晏的本体论思维形式,将何晏的无形本体"无所有"赋予了全有而中和的内涵。既承认无形本体生成万有,又把理论重心放在讨论有形事物与内在无形本体的关系,提出了"以无为本"和"以无为用"的命题,这既符合传统思维方式,又完成了中国哲学本体论的变革。王弼的思想反过来又影响了何晏,这使他因服膺王弼的本无思想而放弃了自己《老子注》的写作。《评传》对这一思想史细节所作的动态研究,使其在早期玄、佛关系问题上,创立了新说。

另外,该书的结构布局颇具特色:由正传《王弼评传》和副传《何晏评传》组成,实为何、王合传。写何晏,作者多借社会历史背景和何晏的个人生活经历,展示早期玄学思潮发展的历程,并藉此为写王弼作铺陈,读来逸趣横生,引人入胜;写王弼则把重心转向辨析概念,研究义理,务使深入浅出,明白晓畅。

总之,《评传》视角新颖,陈言务去,是一部近年来玄学研究中有很高学术价值的力作,读来确能使人耳口一新,获得很多有益启示。以上所言,仅是其中几点。当然,作为一部专著,不可避免地会存在一些有待商榷之处,如存在着某些提法尚欠审慎等不足。

玄学与理学研究的一个新视界
——读朱汉民教授新著《玄学与理学的学术思想理路研究》[*]

魏晋玄学和宋明理学是中国思想学术发展的两个重要阶段，也是中国哲学研究中的两大热点领域。学界对玄学和理学的研究，成果颇丰，但有关二者之间的关系，却鲜少系统的论著。朱汉民教授最近完成并由中国社会科学出版社出版的《玄学与理学的学术思想理路研究》一书（下文简称《玄学与理学》），填补了这项空白。本书以宏观和专题性的形式著论，然其着眼点，却是从思想学术发展内在理路的角度对玄学与理学关系作内在连续性和演成关系的探讨。故其所论，既能通观宏览，著见玄学、理学之精神要旨，又能发幽探微，对玄学与理学两种学术形态之间的思想差异及其关联性、玄学转型为理学的内在机理、理学何以能涵容转化玄学并取而代之，成为中国社会主流思想等一系列重大学术和理论问题，作鞭辟入里的理论分析，给出自己深刻独到的解答。本书展开了玄学与理学研究的一个新的视界，在学术和理论上创获颇多，以下择其大要，就《玄学与理学》一书的特点，谈几点感想。

一

以人的德性完成和人格学说为中心来展开对玄学与理学关系之"内

---

[*] 编者注：原载《船山学刊》2013年第4期。《玄学与理学的学术思想理路研究》于2012年3月由中国社会科学出版社出版。

在理路"的探讨,这是《玄学与理学》一书的一个重要特点。

本人格的完成以成就人的生命智慧,是中国哲学之异于西方哲学的基本思想进路。儒家讲"学以至圣人之道",道家讲"有真人然后有真知",佛家亦讲"转识成智",而以解脱成佛为其旨归,都表现了这一点。魏晋玄学与宋明理学,其核心的问题亦是人的成就及其存在之实现的问题。《玄学与理学》一书,紧紧抓住这一点来阐述玄学与理学的关系。本书首章题为《从名士风度到圣贤气象》,开宗明义,提出魏晋名士和宋明儒家的精神境界与人格理想的思想理路这一核心问题来做深入的探讨。指出,玄学家的名士风度和宋明儒的圣贤气象,其精神特质有显著的差异。魏晋名士的风格,往往与不拘礼法、率性纵情的生活方式联系在一起;而宋明理学家的圣贤气象则总是体现出一种恪守礼教、兼济天下的人生追求。但二者所追求的人格理想和超越性的精神价值,却又有思想和理论上的共同点。魏晋玄学家重视个体存在的价值和人的内在精神境界的提升,追求一种潇洒飘逸、优游自得、超然脱俗的名士风度。宋明理学家亦特标举"寻孔颜乐处"的精神境界,力求成就一种自由自在、恬淡自适,"胸次悠然,上下与天地同流"的圣人气象,这显然受到了魏晋风度的影响。理学立足于日用常行的社会伦理关系对魏晋风度进行了改造与继承,在提升精神境界、追求圣贤气象的工夫方面,提出了一套自己独特的思想学说。《玄学与理学》一书认为,玄学和理学是中国古代最具哲学思辨、最有系统义理的学说体系,这个体系,可以概括为一种"身心性命之学"。作者指出,这一"身心性命之学"的哲学系统,乃是一种关乎个体生命实现及其终极存在的学说。《玄学与理学》一书对这个"身心性命之学"系统的论述,亦皆围绕上述人格的实现及其存在的完成这一中心来展开,并非仅对之作抽象的知识和理论性论说。以往论者,或依西方哲学宇宙论、本体论、伦理学、人生论一类框架系统来轨画有关玄学、理学的哲学论述,所论与玄学理学之旨趣多相乖违;或为免此,而仅对之作"历史世界"一类实证性的论说,与其哲理精神似亦难以相应。《玄学与理学》紧紧围绕人的实现这一核心话题展开对玄学和理学哲理系统的阐述，颇能切中其内在的学术理路和义理精神。可以说，这对未来中国哲学的研究，有着一种开辟新路径的方法论意义。

二

着重从经典诠释学及其义理重构的角度，展示玄学与理学身心义理之学的思想内涵和内在理路，是《玄学与理学》一书的又一重要特点。

《玄学与理学》一书略分六章，三十余万言。第一章主要讨论玄学家、理学家在生活世界、精神境界与人格理想层面的思想理路；第二、第三章要在探讨玄学家、理学家的生活世界及其理想人格实现所蕴涵的哲理系统，亦即身心之学、性理之学的思想理路；后三章所阐述的则是玄学家、理学家思想系统的经典依据，亦即其《论语》学、《周易》学义理建构的内在理路。要言之，本书的结构布局，可概括为"人格、义理、经典"三个内在相互关联的方面。通过这样一个结构布局，从内容方面，本书对玄学和理学"身心性命之学"的解读，紧紧围绕人的德性人格及其存在实现这一主题展开，此点已如上述；从立言方式而言，本书对这个"身心义理之学"，并未像一般玄学和理学论著那样对其做抽象范畴概念体系的推演，而是转从经典诠释的角度来具体展示其思想的内涵。

一部学术著作的结构布局，与其思想内容是密切相关的。因此，一个合理的著述结构，常标示出一种重要的学术见识。我们注意到，在上述《玄学与理学》一书"人格、义理、经典"三大部分中，仅"经典"这一部分就占了一半以上的篇幅。本书除第四章总论"玄学、理学的经典诠释方法及其联系"外，又专辟两章（第五章、第六章），就玄学、理学的"《论语》学"和"《周易》学"来展开讨论。但这并不意味着玄学、理学的"身心义理之学"在《玄学与理学》一书中所占比重少。正如作者在本书《结论》中所说：

> 玄学家、理学家通过重新阅读、解释经典《论语》《周易》，发现并建立了新的思想体系，玄学、理学的身心之学、性理之学就是他们通过经典诠释而建立起来的；他们又以其身心之学、性理之学的思想去指导自己的行为方式、生活世界，故而才有魏晋名士风度和宋明圣贤气象。

"身心义理之学"作为玄学家、理学家生活世界之哲理基础，是《玄学与理学》一书的主体内容。不过，在《玄学与理学》的上述著述结构中，我们所熟悉的言意、本末、体用、有无、性情、天理人欲、道心人心、自然名教、内圣外王、道德性命等玄学和理学的思想观念，乃被具体地展示为一种经由经典诠释活动所建构的意义系统，而非像我们通常所见那样一种抽象的概念范畴体系。哲学是一种历史性的学问。中国哲学家尤其具有突出的历史意识，中国哲学的历史，可以说就是一部经典的诠释史。中国哲学家"立言垂教"，乃通过经典及其意义系统重建的方式来达成。这与西方哲学那种"载之空言"的单纯逻辑推演方式，有很大的不同。《玄学与理学》一书寓哲理的表述于玄学和理学的经典诠释系统，切实地表现了中国哲学传统的"立言"方式，读来颇觉元元本本，亲切有味，而无时下一些中国哲学论著那种皮相外在的隔膜疏离之感。

三

从玄学与理学思想义理的同源、同构性揭示出二者的内在转变和演成关系，这是《玄学与理学》一书的另一个重要特点。

以往有关魏晋玄学和宋明理学的研究，多各自单独著论，故其所见要在二者思想形态上的差异性，而对玄学与理学的内在关联性重视不够。《玄学与理学》一书讨论二者的关系，则注重于玄学与理学思想的同一性和内在关联性。本书主要从思想义理的同源性和同构性这两个相互关联的方面，来揭示玄学与理学思想的内在关系。作者指出，玄学以道家为主兼容儒家，被称为"新道家"；理学则以儒家为主体而兼容道家（亦包括佛学），被称为"新儒家"。先秦儒道学说的会通，构成了二者共同的思想渊源及其思想的共同点。因此，玄学和理学在差异性中能够涵具一种思想义理上的"同构性"。以《玄学与理学》一书对"身心之学"的讨论为例。本书认为，特殊的历史原因使魏晋成为一个个性自我之自觉和凸显的时代，它表现于思想学术层面，构成了魏晋玄学以个体生命价值为本位的身心之学。但是，以儒道会通为基本路径的玄学，并不排拒名教作为社会普遍性价值和天道性命作为个体存在超越性根据的意义。一般批评宋明儒学"以理杀人"者，常把其描述为一种贬抑个体性的意识形态学说。作者有针对性地指出，宋明儒学虽以社会担当和强调超越性的普遍性价值为其显性的特征，但面对佛老的挑战，经过魏晋玄学个体自我的哲学自觉，个体生命的安顿和实现，已必然地成为宋明儒学一个内在的思想主题。中国传统社会的结构决定理学必然会取代玄学成为中国占主流地位的思想；但同时，魏晋玄学凸显个体价值的身心之学，亦为宋儒解决个体生命价值实现的问题提供了重要的思想资源。宋儒的身心之学以身心一体的思想为基础，包涵着个体存在与道德修身双重涵义。由此可见，玄学、理学的身心之学存在着一种一脉相承、前后发展的"内在理路"。循此思理，本书对玄学与理学在人格、性理及经典诠释诸方面的内在关联性，也都做出了深入系统的阐明。

近代以来，学者或以"阳儒阴释""以理杀人"为口实，在思想的创造性和价值观念上对宋明儒多有曲解和贬斥，其中一个重要的原因，就是未能从思想发展的内在理路上全面本质性地把握其义理精神。《玄学与理学》一书对玄学与理学的思想义理同源同构性的深入探讨，揭示出二者之间差异互通的关系及其转型的内在义理基础，这对于全面理解玄学和理学之义理精神，澄清长期以来加于宋明理学乃至整个传统儒学的一些误读和曲解，确有一种解结发覆、去蔽起疾的意义。

总而言之，《玄学与理学》确是近年来玄学、理学研究中一部具有开新意义的力作。此书不仅为玄学和理学的研究提供了一个新的视界，其所提揭的思想学术内在理路的研究路径，亦足为中国思想文化研究一种重要的方法论借鉴。以上仅就此书的几个特点谈了些粗浅的读后感，其义理学术殊胜精彩之处，所在多有，不能备举。当然，《玄学与理学》作为一部有开拓性的论著，难免还存在一些需进一步完善的地方。比如本书讨论玄学、理学的《周易》诠释学，只举王弼与程氏易为例，似宜作再进一步的拓展。我们期待朱汉民教授循《玄学与理学》内在理路的学术路径，在中国思想文化的研究中取得更丰硕的成果。

读《钱穆评传》*

钱穆（宾四）先生学贯四部，著作等身，以今日学科分类，广涉文、史、哲、政、经等诸领域。其在先秦诸子、两汉经学、中国古代史、儒家学说、中国政治史、中国文化史、近代学术史诸领域均作出了令世人瞩目之成就，使之可当之无愧地位就现代中国屈指可数的几位硕学通儒、国学大师之列。由于海峡两岸四十余年的隔绝，大陆学者，尤其青年一代，对宾四先生的学术思想十分陌生。近年来，大陆与台湾学术交流渐多，钱先生的思想也越来越为大陆学界所关注，但迄今却无一部全面研究和系统介绍钱先生及其学术思想的专著，这不可不谓学界一桩憾事。郭齐勇、汪学群二先生所撰《钱穆评传》①的出版，填补了这项空白。《评传》以史学为重心，以中华民族精神的弘扬与重建为主线，对钱宾四先生的生平事业，学术成就，哲学、文化、学术思想，作了全面深湛的研究和评价。钱宾四先生以其全副身心和民族关怀之悲情贯注于其一生之学术事业，故其学术、著作有光辉，有精神。《评传》不仅能敷陈其事，尤能写此精神，堪称佳作。下面，我们择其大要，就《评传》一书的特点，谈几点感想。

---

* 编者注：原载《中国哲学史》1997年01期。《钱穆评传》于1995年1月由百花洲文艺出版社出版，后于2010年3月再版。
① 以下简称《评传》。凡引《评传》文，只注页码。

一

结构布局巧妙，是《评传》一书的特色之一。

结构布局，说来平常。但为钱先生作《评传》，此点却绝非容易。这里要处理的关系有两重：一是纵横关系，二是学科分类的横向关系。宾四先生一生成就，要在学术，故《评传》对宾四先生的评介，亦以学术、思想为主。《评传》首先专列一章介绍先生生平事业，尤其对先生学术思想、主要著作的形成背景、成因，按时间流程，要言不烦，作出清晰而有条理的介绍。然后以八章的篇幅，对其学术成就、学术思想、学说系统作横剖式的分析和综论，书末又附以钱先生的年谱简编。这是其纵横关系的处理。

这里最难处理的问题是学科分类。宾四先生身处新旧转变之时代，其学亦呈新旧交融之特征。其学贯通四部，于传统旧学可谓无所不窥，然先生又是新时代的学者，常能以其远见卓识，察时变而立新说。其长于考据辞章之学，又特尚贯通而由考据发明义理，其卓绝的识见和新思想常表现于旧学之形式。如其学术史、思想史著作往往采用革新了的学案体，即其一例。这就使其学术越出学科分类的常规，难于以传统旧学或现代学科予以分类。

《评传》对这一点的处理十分灵活。《评传》第三、第四、第五章采旧学分类方法，以《平章今古　推故致新（经学论）》《疏理百家　自成系统（子学论）》《培养史心　求取史识（史学论）》为题，缕述钱宾四先生在西汉经学、先秦诸子以及史学方面的学术成就和理论建树。应该指出，此一分类虽据旧学却不限于旧学分类法，其子目中又包含现代新的学科分类。如《史学论》一章就包含史学理论、史学方法、通史、部门史、文化史诸项内容。其第二、第六、第七、第八章则按新的学科分类，分别论述钱宾四先生的文化理论、近代学术史、人生哲学及中西文化比较研究的学术和理论创获。这种安排布局，便很巧妙地解决了对钱先生学术、思想在学科分类上的困难，既能统观宏览，纲维群书，同时又能不受所谓新学、旧学之限制，灵活地进入各门之细部以探其玄致。

以往读钱先生书，因其博大精深，卷帙浩繁，洋洋千余万言，常有难窥堂奥之叹。今见《评传》宏构，顿有登高望远、了然于胸之感。

二

以史学为重心贯穿全书，随处体现钱先生之史学精神，是《评传》一书的特色之二。

宾四先生是一大史家。其学虽极广博，然其根基要在史学，其为学亦时时体现一史家之眼光。所以他把历史学看作"研究人文科学一种最基本的学问"（《中国历史精神》）。古来中国学术，本以文、史、哲不分家为特征。然史家之关怀，毕竟不同于哲学家。史家主即通变而达经世。司马光著《资治通鉴》，"资治"一语，已见史家之关怀。哲学家则关注形上理想之挺立。张横渠言"为天地立心，为生民立命，为往圣继绝学，为万世开太平"，由此可见道学家之关怀。钱先生不同于传统的史家，亦不同于传统之哲人。钱先生是哲人，他谈文化、人生，乃归本于"心"和"精神"。他又以"天人合一"为其终极关怀。直至生前最后一篇口述文章（《中国文化对人类未来可有之贡献》），仍以"天人合一"为中国文化之"归宿处"与对人类未来生存之主要贡献。钱先生又是史家，他的哲理，非抽象的理论。他不赞成抽象概括地、凿空理论性地谈中国传统文化。他视人生、文化、历史、民族为一体，必即历史变迁之具体过程而显中国传统文化之精神和民族之个性，必见诸行事，即通变而见真常。故其哲理乃就史学而显。这大概就是钱先生不愿称自己为新儒家的原因所在。

《评传》紧紧地抓住钱先生学说的这一特征,除专辟《史学论》一章详细评价钱先生的史学理论和学术成就外,又特别注重揭示其各学科部门中所蕴涵之史学精神。如在《经学论》一章中,作者专列"以史学立场为经学显真是"一节,以显此义。作者举钱先生早年名作《刘向歆父子年谱》为例,深入分析了钱先生以史学立场治经学的史家特点。指出,钱先生破所谓刘歆遍伪诸经疑案,息今古文之争,本诸史实以破经学虚说,即完全以史家的立场和眼光来治经学:

> 现代一般治经学的,通常不讲史学;治史学的,通常不讲经学。钱穆认为,经学上的问题,也即是史学上的问题。《刘向歆父子年谱》依据《汉书》谈《周官》《左传》,他所持的就是这个观点。(第107页)

作者强调:"钱穆最后的归宿在史学"(第110页)。又如在《子学论》一章中,作者通过对钱先生诸子学的深入分析,揭示了他"以史证子","子学也是史学的基本精神"(第127页)。指出:

> 钱穆子学研究的最大特点是把先秦学术与当时的社会政治历史联系起来加以考察。他以史学的眼光考研诸子学及其特质,是非常有独创性的。(第117页)

《评传》进一步结论说:

> 他无论是研究子学、文学、理学,也都是站在"史学立场上"。(第110页)

现代中国思想史研究中有一桩至今仍在继续争论的"公案"：是否把钱先生列为现代新儒家？当然，无论从为学还是为人看，粹然一代大儒，先生当之无愧。其实，此项争论的关键并不在于钱先生是否是现代的"儒家"，而在于是否可以抽象一般性地来谈"新儒家"。即史学以显其超越性的终极关怀，其实正表现了钱先生作为现代"儒家"的卓然之处。《评传》所凸显的这一"历史精神"，是否足可泯息此争？

三

以文化关怀为纲维理解钱先生的学术精神，是《评传》的又一特色。

钱先生学术之根柢在史学。然而钱先生治史，非是作不相干的客观研究。他以史学为生命之学，而生命精神之显发，即为民族之文化、民族之历史。因此，无此种生命之契合，则断无历史精神可言，因之亦无史学可言。所以，钱先生治史意在求致"国家民族永久生命之泉源"，振起民族文化原创之精神，以为"民族国家复兴前途之所托命"（《国史大纲·引论》）。钱先生之学，倡性道一体、天人合一，本史学以打通四部诸科而成一大系统，是以今人称钱先生为"通儒"。扬子《法言》云："通天地人曰儒。"钱先生之学，穷天人、通古今，悉本诸此一番民族文化生命之关怀。《评传》作者对此一旨趣深有所会，因此自始至终以文化关怀为主线来评介钱先生的学术思想。《评传》首列《文化生命与学术生命》一章，开宗明义，指点出贯穿于钱先生一生全部为学、为人历程中的此一精神：

> 钱穆是一个有强烈的国家民族意识和历史文化责任感的地道的中国人……他把自己的毕生精力都倾注于中国历史文化的研究中，深入到经、史、子、集各个知识领域，并成为无

与伦比的通儒。他有匡时救世的热忱，又有综贯百家的能力，断之于心，笔之于书。他以中国文化的兴衰为己任，在一千数百万字的著述中，集中弘扬我们民族的精华。（第41页）

正是这种强烈的历史文化责任感，使钱先生坚信"中国文化和历史自有其独特的精神，并从客观具体的历史研究中去发掘这一精神"（第25页），进而把它贯注于其全部的学术研究中。

《评传》专辟三章探讨钱先生的文化和人生哲学理论。指出，钱先生的"历史观是生命哲学的史观"，"他把历史当作民族精神生命的大流"（第155页）。这是他的史学乃至整个学术的哲理基础。而这种哲学的观念，恰恰是由先生对传统文化生命的契合体认中得来。钱先生的人生哲学，乃"专从文化角度谈人生，追求一种精神上的、心灵上的真境界和文化人生，使心生命与文化生命结合起来"（第228页）。在这种"历史心与文化心"的一体相通中，人乃能面对历史精神之"神化"、天命而成就一贯通古今之"民族大心""大生命"，使"各人的心生命永存不朽于天地之间"而有以达合天人、通古今之超越境界（见第155页—156页，第259页）。钱先生复以此种义理境界，在文化的大视野中去看经学、史学、学术史。这样，钱先生之学术、史学便非仅是一种僵化了的知识、事件描述，而且透显着一种精神的光辉和生命的意义。因此，钱先生的著作和演讲，能具有一种震撼灵魂的力量，使人们从中可感受到"一个人痛，一个热爱中国民族历史文化的心灵"（第41页），故能于知识之上而寓教化之功。

四

最后，笔者还有一点想法在这里提一提。人物评传，一个很重要的内容就是"评"，评价要有参照系。一代人有一代人之学术，对学术人物的评价要以他所处的时代之学术背景为参照。《评传》的作者多年来专攻中国现代思想史，对现代学术、思想史有很深造诣。故《评传》一书对钱先生的学术和思想，都能放在现代学术的广阔背景中予以深刻的分析和确切的评价。例如，《评传》第九章研究钱先生的文化学理论，即通过对五四以来中国思想界流行的文化观念的概括比较，以及钱先生文化学理论对当代文化研究的影响，令人信服地对其文化学理论的意义和价值作出了适当评价，指出钱先生的文化学观念的两个重要特点是：第一，既坚持文化涵盖的人类的生活之广义的文化界说，又以史家的立场而注重文化的动态包容性、复杂性、客观性、完整性和传统性；第二，不同意科学主义一派的文化学立场，坚持文化学的核心是对人生意义与价值的探究，从而使它能够提揭文化之精髓。同时指出，钱先生的文化结构论在今天仍具有启发意义。

总之，《评传》是关于钱宾四先生学、行研究的一部颇有特色和学术价值的著作，其精彩之处，不能一一备举。当然，作为大陆第一部全面评述钱宾四先生生平、学术、思想的论著，不可能不存在一些尚待进一步探讨的问题。例如，钱先生作为一位现实感很强的学者，其不同时期的思想是有变化发展的。《评传》较注重于横断面的分类研究，对其思想纵向的变化似还注意不够。我们期待作者在研究钱先生学术和现代学术、思想、文化的研究中取得更丰硕的成果。

儒家讲学传统的复兴

——在郭齐勇教授《中国文化精神的特质》新书研讨会上的发言*

刚才齐勇教授的发言,对中国文化的精神特质作了很全面也很到位的概括和阐述。我觉得,齐勇教授《中国文化精神的特质》一书的出版,有一种特殊的意义。这个意义,可能要超出该书本身。

20世纪七八十年代,美国学者艾恺出版了一部梁漱溟评传,书名叫作《最后的儒家》。"最后的儒家"这个头衔,也被梁漱溟所欣然接受。艾恺是从知行合一,能够力行其思想学说的角度来理解"儒家"的。在他看来,现代中国的知识分子,只是"坐而论道",知行已经分作两截。像梁漱溟那样知行合一,能够力行其思想学说的"儒家",已经不复存在。

艾恺对于儒者的界定是大体准确的,但"最后的儒家"这个判断,却使人感到有些悲观。在20世纪七八十年代,我们还看不到艾恺所理解的那种传统的儒者存在再世的可能性。但是,令人欣慰的是,本世纪初以来,情况却发生了很大的变化:这就是儒家讲学传统在民间的逐渐复兴。

近年来,民间社会独立空间的扩大,民间儒学有一种兴起的趋势,民间性的教化与学术的兴起与进一步孕育发展,乃蔚成一种趋势。教堂、佛寺、道观香火隆盛,各系宗教信徒信众剧增;各种民间书院、精舍、学塾、学会、讲堂遍地开花;读经、会讲、讲学、法会,各种民间学术文化活动蓬勃开展。大学学者的研究工作也逐渐与自己的志趣乃至其价

---

* 编者注:《中国文化精神的特质》于2018年5月由三联书店出版,后于2018年7月18日举办了新书发布会暨研讨会。

值的认同达致合一。大学里的一些儒学研究和讲学的活动，也逐渐具有了民间的性质。这样民间性质的儒学，与社会生活息息相关。近年所谓大陆新儒家的出现，虽然还存在不少的争议，但当代中国学者的民族传统和文化关怀在逐渐地增强，一批能够力行儒家价值观念的学者正在涌现，却是一个不争的事实。郭齐勇教授就是这样一个突出的代表。郭齐勇教授不仅是儒学和中国传统文化研究领域一位杰出的学者，更重要的是，他同时也是一位深具社会和文化担当意识的儒者。近年来除了学术研究之外，他花了很大的精力来从事和推动民间的讲学活动。《中国文化精神的特质》一书的出版，实质上也有一种标志性的意义，那就是儒家传统讲学精神的复兴。

《论语·述而》：

> 子曰：德之不修，学之不讲，闻义不能徙，不善不能改，是吾忧也。

孔子开始私人讲学，使周代官学下行于民间，各代儒者多在民间讲学，逐渐形成一种传统。中国古代的讲学传统，其特点可以用两个字来概括："自由"，表现为一种价值上的自由选择，学术上的自由思考和自由讲学的精神。知行合一，本是中国传统思想学术的一种根本的精神。学者的学术思想，本就能够成为其"传记"。中国现代学院的儒学研究与社会生活脱节，而失去了教化的作用。近年民间学术逐渐兴起，但是，由于传统在民间社会长期的断裂，造成民间学术水准的低下。这就需要学院学术与民间学术的结合。恢复儒学的讲学传统，中国学院学术可以逐渐恢复其教化功能，具有切合于一般民众生活的可能性。这样，儒学的传统才能逐渐成为一种活在当下的文化精神，中国文化的当代建设，才能具有一个美好的前景。

本书出版就提点出了这样一种趋势，我觉得，这是它的意义之所在。

"草根"之学：重建开放的儒学观 *

儒学作为中国文化之精神核心和价值基础，在历史上一直有一种生活化的存在形态，这是其之所以能不断自我调整、垂两千余年而不坠的活力源泉。近代以来，儒学既失其固有的制度性依托，又逐渐被学院化、知识化，被迫困守书斋，寄身学院之一隅，失去了它与社会生活的关联性，于是，它似乎已沦为一些学者所谓的无体之"游魂"或博物馆中的古董。而近年来，民间各种儒学机构和组织逐渐兴起，各种儒学讲学活动日益频繁；在一些大学里，儒学的研究和讲学活动也因其思想的自由而渐能切合世道人心，具有了相当的民间性。顺应此历史潮流，把儒学与社会民众生活重新绾合为一体，将成为儒学当代重建并推动未来中国文化发展的一个重要契机和精神动源。郭齐勇教授的《中国儒学之精神》一书，正是学界因应并推动这种文化意识和精神转向的一项重要成果。

此书系由作者二十余年来向大学生和社会公众介绍儒学精神的讲演汇集整理而成的。它以沉潜涵咏之学养发而为面向大众的普及性文字，既保留了其语言形式的明白晓畅和形象生动，又不失极高明的思想旨趣和精辟独到的义理阐述。书中涉及中国儒学的历史发展概况、人文精神实质、"五经四书"的内容及特点、仁爱为本的核心价值体系、人性学说、宗教意涵、生命境界等儒学常识和基本问题。

---

* 编者注：原载《中国社会科学报》2009年7月14日第010版。《中国儒学之精神》于2009年1月由复旦大学出版社出版。

本书的宗旨，意在揭示"中国儒学之精神"。这一精神融贯显现于中华民族的历史生活，越两千五百年而至今未尝或熄。作者指出，儒学是中华民族精神形态的重要构成因素，它直接产生于中国社会历史，最能反映和体现中国社会历史的实际和中国人的生活方式、行为方式及思维方式。同时，儒家精神的根本特性在于其平民性。儒学是王官之学下移民间而形成，一直贯彻于中国文化最底层的伦常日用之中。作者常用当下流行的"草根性"一词，来标示儒家的平民性特征，认为儒家精神已扎根于百姓的生活和生命之中，其价值理想一直是中国人安身立命、中华民族可大可久的生命依据。

正是本于这一识度，作者反对把儒家思想视为一种全然与当代人生活状况及其现实关切不相干的历史事物，而是把它理解为一种活的传统和应对现实问题的重要思想资源，努力使之对当代人关心的热点问题作出积极回应。如书中第五讲"公私观与正义论"，就特别强调，孔孟之道的关怀在于公共性的伦理，其所倡导的君子人格，正是一种从事公共事务的品格、具有公共性的道德人格。第十一讲"管理智慧"，对儒家政治文化传统在现代社会中转化为一种管理智慧的可能性及其方案进行了细致的考察。这一诠释角度，表现了作者以传统儒学为思想支点反思当代生活中亟待解决的现实问题，并对之进行现代重建的自觉和努力。

近代以来，在激烈否定中国文化传统的思想氛围中，人们对古典文化特别是儒家精神形成了许多轻率而又偏激的指责。而后由于长期以来的文化断裂，这类指责乃逐渐演变为各类道听途说的轻浮论断，使儒学精神在各类人为曲解和误读中受到扭曲。有人尤其乐于将儒家思想与某些现代性价值作二元对立性的比照，对儒学的价值作出完全负面的理解和评价。如认为儒家思想压制了中国科学精神的发展；儒家鼓吹君主专制，现代政治追求民主自由；儒家传统主私德，现代社会重公德；儒家宣传以公灭私，扼杀个性，现代人重个体权利，等等。本书在各讲中对此类皮相之见进行了多方驳正。作者指出，儒学并不像许多人想象的那样，因为产生于农业文明时代而在今天已丧失作用。事实上，儒家是华夏族群的精神形态，是中国乃至东亚社会文化的结晶，具有超时空的价值与意义。儒家所代表的许多古代文化理念，如连续性的宇宙观，自强不息、厚德载物的精神气质和希圣希天的理想人格追求，有助于克服当代社会的困境，有利于当代的伦理重建。这些理念经过创造性的转化，可以成为中国现代文化的重要精神资源，同时也可以成为现代化和全球化的必要补充。没有人文精神的调治，当下与未来社会的发展只可能是畸形的、单向度的、平面的，而所谓"经济全球化"，亦不可能有健康的发展。儒家所表示的中国人文精神的核心，便是作为人之内在道德自觉和道德主体性之显现的"仁"。这一精神与自然、宗教、科学都并不矛盾，具有极大的包容性。书中还特辟"亲亲相隐"一讲，从学术界近期激烈争论的古典思想案例出发，阐释儒者面对公私义利等问题时的实际选择，指出儒家的立场旨在维护人性之本。

尤其值得一提的是，作者虽然认同儒家思想传统，但却始终坚持一种开放的儒学观，认为儒学应随时变化，积极参与中国现代化进程和新的时代精神的塑造。主张儒学与马克思主义、西方学术、诸子学术之间的互相包容、相辅相成，希望儒家与各家各派思想在对话中彼此理解、沟通、融汇、丰富。从这一开放的儒学观出发，本书提出了儒学发展的"五期说"：先秦是儒学的创立期；汉至唐是儒学的扩大期；宋至清是儒学的重建与再扩大期；清末鸦片战争以降直到今天是儒家的蛰伏期，也是进一步重建与扩大的准备期；作者还预言，儒学即将迎来第五期，即现代之大发展期。这一新的儒学分期说，与过去港台新儒家基于宋明道统意识的"儒学第三期发展"的提法颇有不同。应该说，本书作者对儒学所秉持的这一开放和兼容的态度，代表了儒学在现代中国重建和发展的一个正确的方向。

儒家本有深厚的民间讲学传统。在历史上，民间儒学和学术，以其自由讲学的精神，密切关联于民众社会生活。传统社会知识阶层，具有

"以身体道"的意识，宿学大儒亦常讲学于民间。儒学由此成为一种基于社会生活的活的传统。近年民间儒学和学术的兴起，对于儒学和中国文化之现代形态的孕育成型，有着重要的意义。但应当看到，民间儒学因长期中绝，其学术水平显然亟待提高。学院儒学亦当在与民间儒学的交流中增益其民间性，以真正关涉于世道人心，获得其现实的基础和文化生命的内涵。用一种合理的方式把儒学与社会生活的联系重建起来，儒学之魂乃能附其体；同时，中国文化亦才能有其魂，从而真正实现它的现代转化。

历史精神与文化复兴*

在舒大刚教授的带领下，四川大学古籍研究所诸同仁历经18年卧薪尝胆，一部承载中华文化内在精神价值，汇集两千余年儒家典籍文献，涵括经、论、史三藏24目5000余种经籍的《儒藏》，已经编纂完成，其中《史藏》之部274册已于2014年初出齐，整体展现于学者和世人面前。民族复兴之魂在文化，而一时代之文化复兴，则必由学术之重建导其先路。川大《儒藏》之编成出版，不仅与佛、道二"藏"势成鼎足，结束和弥补了儒家无"藏"之缺憾，亦为儒学的当代重建奠定了坚实的学术和文献基础，必将成为中华文化当代复兴之一重要的标志性事件。

川大《儒藏》作为迄今儒家典籍文献最全面、最完整的结集，并非一种史料的简单汇编，它有着自身严整的编纂体系和内在的一贯之道。四川大学古籍所充分发挥其历史文献学专业团队的学术优势，以其深植的蜀学传统、儒学史和儒学文献史研究的深厚基础，为《儒藏》的编纂体系内在地贯注了一种"辨章学术，考镜源流"的原则精神。川大《儒藏》的编纂，特别注重通过一种独特的著录体系来凸显儒学发展的历史过程。经、律、论三藏的排列，已表现了这一点。同时，在三藏24目的总体分类体系下，《儒藏》既以历史顺序和学术发展的脉络铺排群籍，更以《总序》《分序》《小序》《提要》冠诸全藏、各部、各目及群书，以备述两千余年儒学之学术演进、文献源流及各书之作者与内容要义，

---

* 编者注：原载《孔子研究》2015年第01期。

构成了一个文献全备,而又条理秩然、历史脉络清晰,以书为单元的"儒学史"体系。相较于佛道二"藏",川大《儒藏》编纂体系的突出特点,就是体现了一种很强的历史精神和历史意识。

儒家特别注重思想文化发展的历史连续性,经典的诠释成为两千多年以来儒家思想和学术创造的基本方式。在不同的时代,儒学因其诠释原则的转换与所重经典之不同而表现出不同的思想学术形态。这种经典的诠释,表现为一种"历史性"与"当代性"之共属一体的活动:思想家既在有关经典史籍的传习讲论中构成着当下的思想世界,而经史的研究亦在这种不断当下化了的思想视域中参与着思想的创造进程。这种建基于文化生命历史连续性的思想创造方式,使儒家思想学术既能持续地保有其内在创造的生命活力,又具有切合于社会生活和个体精神生命之教化的作用。但是,现代以来的儒学研究,受制于西方学术的学科分类模式和意识形态的影响,造成了其"历史性"一面的严重缺失。一方面,儒学研究的诠释原则和理论框架,多是从西方现成"拿来",而与儒学固有的精神传统相脱节;与此同时,学术和思想的历史亦仅被理解为过去时意义上的知识和资料,而失去了思想创造的文化生命意义。这样一种僵化为单纯属于过去之知识和古董的"传统",既与世道人心无涉,而从西方现成"拿来"的种种概念和理论,亦因其在中国历史传统中的无根而无法切合社会生活。中国当代社会这种价值与精神失据的状态,既因中国文化之历史性的断裂所致,则中国文化之当代复兴,亦非从乎儒家传统历史精神之觉醒而莫由。

就此而论,目前已经全部出齐的《史藏》特别值得注意。川大《儒藏》虽于《大藏经》经、律、论三藏和《道藏》真、玄、神三洞之编纂体例有所借鉴,而其与佛、道二"藏"之一重要区别,却正在于史部之创设。这一点,尤其凸显了上述儒家思想学术这一历史性的精神。《儒藏》史部(以下简称《史藏》)在三藏中所占分量最大,其所列八目:《孔孟史志》《历代学案》《儒林碑传》《儒林年谱》《儒林史传》《学校史志》《礼乐》《杂史》，既有关于儒家思想流派、学术发展的文献，同时亦包涵了儒学关联于民众精神生活和社会教化方面的文献。此《史藏》之"史"，不是一般性的历史，它所表现的，乃是儒家学术、思想、文化、教化方式之创造、演进、发展的历史。这一历史精神和历史意识的凸显，对儒学及中国文化、哲学于当代的重建，具有重要的借鉴意义。

史部首列《孔孟史志》，以明儒学本源及初期儒家的发展。《学案》一类文献为儒家思想学术史的著作，其特点是依学派建立学案，因人立传，言行并载，并辅案语以提要钩玄，明一派学术之宗旨，特别注重学派的传授谱系与师承渊源。此类文献，最能体现《儒藏》"辨章学术，考镜源流"的学术宗旨。《史传》一类文献，包括辑录新编正史之《儒林传》和其他儒林传记，其要亦在通论儒家人物之学术传承与宗旨，可与《学案》类文献相表里。《碑传》一目系《儒藏》编纂者广泛搜罗史志、文集、总集、金石碑刻及考古文献首次编辑而成的，涉及古今三千余名儒者学行事迹的文献史料，结合相关《年谱》类文献，正可体现儒家传统"论世知人"，"尚友"古圣先贤的历史精神。上述儒家思想学术史的文献，既属于儒家思想学术史本身，同时又表现了儒家对自身思想和学术文化之反省与自觉。它凸显了儒家思想学术尚"通"而不重"分"，重文化生命之历史连续而排拒断裂的"通人通儒"精神。研究借鉴此类文献，对于对治现代以来儒学研究中以西方概念范畴为框架、破碎大道、割裂传统之弊，无疑具有重要的启发作用和学术价值。

史部所列《学校》《礼乐》等目之文献，体现了儒家历史精神的另一重要方面，即它与社会生活的内在关联及其教化的方式。礼是社会生活的样式，直接关涉人的精神生活和人生实践。儒家的教化，一方面通过对古初以来社会所固有的礼仪礼俗作人文和理论的解释，以形成自己的教化理念；另一方面又注重因应每一时代的社会现实，不断对此礼仪的系统加以适当的变通和重建，由是落实其教化理念于社会和民众生活。《儒藏》把关涉古今礼乐的大量文献列入《史藏》，可谓独具只眼，它对于我们思考和研究儒学的教化传统，有重要的学术意义。同时，儒家又特别重视教育。史部《学校史志》一目，收入包括有关中国古代官、私教育的文献。儒家教育的根基本在民间。孔子首开创私人讲学传统，即奠定了儒家教育这一精神方向。汉武帝以后"独尊儒术"，儒学由私学转变为官学，但其基础仍在民间。传统士人多有文化担当之意识，古来名宿大儒，亦多讲学于民间。民间儒学的特点是自由讲学和价值观念的自由选择，其所关注者，在于人的内在心灵生活和个体人格之养成。故古来官私教育和学术，乃是儒家影响社会生活，构成中国传统社会价值基础和教养之本原的重要载体。

儒学是一种思想、一种哲学，但不仅仅是一种思想和哲学，它同时亦作为一种教化的理念构成为每一时代中国社会之活的文化灵魂。这一点，根源于它所本具的历史意识和历史精神。把这两面——思想与生活——绾合为统一的生命整体，吾人于儒家之真精神，儒学之当代重建与中国文化之复兴，庶几其可言乎！川大《儒藏》史部的出版，已为此提供了思想的路径和全备的文献基础。我们更翘首以待，切望《儒藏》能早日以其三藏之全貌展示于国人面前！

阴阳哲学与情感主义

——斯洛特阴阳哲学平议

一

20世纪初以来中国哲学的系统建构，其思想的架构和概念的模式基本上来源于西方。西方哲学观念及其学术架构的植入，一方面引生了中国传统思想学术研究的现代转型，大大改变了其旧有的学术面貌和思想格局。另一方面，中国学者在运用西方哲学的学术和观念系统重构中国思想的同时，也在不断地思考这样一个问题：当经由现代诠释了的中国思想构成为当代哲学的一种思想要素时，它对未来世界哲学的思想进程将会产生怎样的影响，甚或可以具有哪些积极的贡献？现代以来西方哲学对于中国哲学研究的影响，基本上是单向的，上述这种中国哲学对西方哲学的"回馈性"思考，亦多发生于中国哲学学者的著述中。

不过，这种"回馈性"的研究，却构成了美国当代著名哲学家、伦理学家迈克尔·斯洛特《阴阳的哲学——一种当代的路径》[①]一书主要的理论向度和思想目标。这在西方哲学家的著作中，确属罕见。

近十余年来，斯洛特以极大的热情致力于对中国传统哲学阴阳思想

---

① 〔美〕迈克尔·斯洛特著，王江伟、牛纪凤译，廖申白校：《阴阳的哲学——一种当代的路径》，商务印书馆，2018年版。以下引该书，只注页码。斯洛特，美国迈阿密大学教授。

的现代诠释。在他看来，西方哲学在理论上存在着一些自身无法解决的理论缺陷，而一种经过现代诠释的阴阳概念，则能够弥补这些缺陷，使西方和世界哲学的未来发展，获得一种方向性的调适。

斯洛特曾在2015年发表过一篇"重启世界哲学的宣言"①。"宣言"指出，西方哲学习于从概念上区分认知与情感，坚持一种贬低情感的过度的理性主义进路，在一些哲学的基本预设和进路上存在根本性的错误，这导致了其在处理各种重要哲学问题上的自身限制和平衡性的缺失。而中国哲学（尤其是儒家哲学）则肯定情感对于诸哲学核心问题的重要地位，坚守一种阴阳相分相济的思想进路，正可成为西方哲学突破其自身限制，寻求哲学的平衡性，以开启未来世界哲学新方向的思想动力和资源。斯洛特甚至把中国哲学的阴阳观念视为能够使哲学中一些重要的"永恒问题"转变出其自身本有价值的一块"点金石"（第7页、469页）。因此，他热情地鼓励中国哲学家"无需心生怯意"，"要自信满满地"去按下未来"哲学的重启之键"，以对未来世界哲学的发展做出自己应有的贡献。

2015年初夏，斯洛特教授应廖申白教授之邀莅临北京师范大学，以"阴阳的哲学"为题，为哲学与社会学学院伦理学专业的研究生作了为期一周的系列讲座。之后，斯洛特教授对这次讲座所表述的"阴阳哲学"的思想作了进一步深入系统的阐发，并于2018年出版了《阴阳的哲学——一种当代的路径》一书。②该书致力于将"中国思想和西方思想这两种伟大的世界性传统从根本上合为一体"（第13页），可以看

---

① 见〔美〕斯洛特《重启世界哲学的宣言：中国哲学的意义》，《学术月刊》2015年5期。
② 我虽未能亲聆斯洛特教授的讲座，却仔细拜读了他的讲座论文，并有幸参加了由廖申白教授在讲座期间所组织的一次有关"阴阳的哲学"的学术研讨会，这使我有机会就一些相关的哲学问题请益于斯洛特教授。《阴阳的哲学》出版以后，斯洛特教授又第一时间赠书予我。通读此书，我对斯洛克教授的阴阳哲学思想，有了更深切的体会。

作是对上述"重启世界哲学的宣言"之思想内容的展开和理论的论证。

斯洛特教授所表述的阴阳哲学思想，与我长期以来有关中国哲学尤其是儒家哲学的思考颇相契合。我从中领受到了一种哲学精神的激励和不少思想的启迪，油然心生一种"夫子言之于我心有戚戚焉"（孟子语）之感。

《阴阳的哲学》一书以阴/阳作为思想的架构，而其内容则表现为一种情感主义的哲学系统。以下我想仅就作为此书核心思想的阴阳观念及其伦理意义，谈一点自己的粗浅看法。

二

斯洛特认为，中国哲学中包含着一些重要的概念，如阴/阳、心（heart-mind）、道（the Way）、天（Heaven）等。而阴/阳概念在其中则具有着基础性的地位，因为它"能够帮助我们更深刻、更好地理解西方哲学一直必须应对并且至今仍在面对的一些重要的论题和问题"（第11页）。因此，对阴/阳概念的解释，在本书中具有一种诠释原则和思想图式的基础性意义。

在斯洛特看来，"理想的成人生活"或好生活应体现出一种阴/阳的平衡。需要指出的是，斯洛特所主张的这种阴阳平衡的观念，主要取自儒家或那些属于儒家传统的哲学家，更确切地说，它实质上"是一种从伦理学的角度重新解释后的儒学版本"（第81页）。《阴阳的哲学》一书对阴/阳观念及其互补和平衡关系的探讨，实可以看作经由斯洛特独特诠释视角所展现的一场西方哲学与儒家哲学的深刻思想对话。①

《阴阳的哲学》一书的思想架构虽借助于中国哲学传统的阴阳观念，

---

① 在这里，道家是被排除在外的，因为道家被理解为一种完全拒绝理性控制这一维度的、"以牺牲阳为代价的""重视阴的哲学"（第77页—81页）。

却并非对这一传统观念的现成运用，而是意图通过对阴阳概念及其互补关系的重新诠释，使之具有对当代哲学尤其是伦理学思考的相关性或切合性，从而能够将其运用于对当代伦理学、认识论及心智哲学的分析和重构。

《阴阳的哲学》第一章对阴/阳这一对概念作了新的诠释。它把"阴"诠释为"接受性"，把"阳"诠释为"主动的、理性的控制"。认为生活的理想状态，就是要达到"一种在接受性与理性的控制之间的阴/阳平衡"（第15页）。

依照斯洛特的看法，阴/阳的观念既相对区别，又相互关联。《阴阳的哲学》经常用"相互联系""相互包含""互补""平衡""融合"这样的辞语来表述阴阳的统一关系。而在我看来，斯洛特阴/阳平衡思想的一个突出特点，就是强调"阴"与"阳"在其自身中即包涵其与对方的内在关联性，而非把"阴""阳"理解为两个分离或独立要素之间的相互关联。斯洛特说：

> 被理解为接受性的阴在其自身之中为一定量的理性的控制留出了空间，而被理解为理性的控制的阳在其自身之中也为一定量的接受性留出了空间。（第83页）

讲的就是这个道理。该书第一章用整整一节（第五节，即最后一节）的篇幅来总结和论证此义，突出地表现了斯洛特阴/阳互涵观念的这一思想特点。而斯洛特阐述阴/阳互涵的思想，则又以提出"接受性"来规定"阴"的概念内涵为其理论的切入点。

《阴阳的哲学》一书分析西方哲学和儒家哲学的特点，认为西方哲学过于重视"阳"即理性的控制，而忽略了"阴"即"接受性"一面；同时，儒家哲学虽然区分阴与阳，但却缺乏"自主性"的观念，而其所理解的"阴"，则常与"温顺、顺从等性质"，亦即"被动性"联系在一起（第57页），因而儒家哲学的阴阳思想，亦不能明确持有"接受性"这一观念，并且，在中文中也找不到能够与"接受性（receptivity）"准确对应的词汇。因此，用"接受性"这一观念来诠释"阴"，便成为《阴阳的哲学》一书借以论证上述阴/阳互涵平衡思想的核心一环，斯洛特亦特别强调这一点：

> 用"接受性"这一术语所能做的工作不仅对中国思想，而且对世界哲学，都具有重要的意义。如果我们以一种与我们这里对阴的阐释不同的方式来阐释阴，我想，我们关于阴和阳的解释的这些成果就不可能取得了。（第463页）

而这一点，对于理解斯洛特阴/阳平衡的思想，亦具有特殊的理论意义。

斯洛特写作《阴阳的哲学》，是要为"西方的哲学问题提供一种阴/阳的中国式解答"[①]，其问题意识和表述的方式都是西方的。他提出"接受性"概念来解释"阴"，其理论的目的，就是要在西方哲学和伦理学之理性、"主动性"的指向中，涵容一种对他者的开放、宽容和接受的维度。

斯洛特强调，"接受性"是一个内涵"主动性"意义的概念。一个具有"接受性"的行为，必然包含着对其所接受者的积极的回应。而儒家并未在"被动性"与"接受性"之间作出明确的区分。儒学所谓"阴"，具有一种单纯温顺、顺从的，纯粹被动、消极性的价值和思想取向，因而缺乏对他人他物之积极"回应性"的维度，这使它无法将对他人他物需求的感受和反应转变为某种积极的具有目的性的行为。从阴/阳的关系来说，这种消极被动性的"阴"的观念，就无法在其自身之中建立一

---

① 见《阴阳的哲学·结论》注①，第471页。

种与"阳"的内在关联性（第 67 页）。书中说：

> 一个具有接受性的人能够以某种方式对他们所领会或接受的东西作出回应，而一个被动性的人顾名思义则不会如此。（第 83 页）
>
> 因此，当我们接受并领会其他人的态度和动机时，就有某种目的性的或目标导向的以及某种程度上的主动控制被运用到……领会的热情以及领会的指向性或目标导向性完全是接受性而非被动性的典型特性（人们可以说接受性类似于倾听，而被动性类似于听到）。因此，我想你们可以看到，接受性含有或者涉及一定量的理性控制。（第 85 页）

斯洛特提出"接受性"这一概念以解释"阴"，就是要突出"阴"这一观念自身中必然包涵"阳"，包涵理性的控制和力量这一思想要义。

当然，"理性控制也必定涉及或包含一定量的接受性。"（第 85 页）人们认识对象，应对环境，处理人际关系，进行归纳、演绎、计划、选择、思考、决断的活动，必定要对其所关涉的人、物、情势、事态保持一定程度的开放与接受的态度，才能达到理想的效果。这表明，"阳"或理性的控制在其自身中亦包涵"阴"或接受性的内容。

阴阳各在其自身中的相互包涵，表明阴阳并非某种可以相互分离的抽象要素，任何一种合理的存在，包括我们的伦理、认识、心智的活动，也都必然包涵阴阳两面的互涵统一。书中说：

> 我们的讨论清晰地表明：阴与阳、接受性与理性控制不是以某种方式偶然地聚合在常常包含阴和阳要素的某些整体性状态之中的分离的个别要素。相反，无论人们将这些区分切割得多么精细，或者无论将解释的脉络延伸得多么深远，阴与阳似乎都一定

是被包含在一起的并且一定是相互联系在一起的。(第87页)

《阴阳的哲学》第一章最后一节特举中国古代太极图所表现的阴中有阳、阳中有阴的观念为例来印证这一点。斯洛特自信,上述以"接受性"与"理性控制"之互补互动的平衡所重新解释了的阴/阳概念,不仅与中国古代这种常见的阴/阳符号的特点相一致,而且能够揭示其潜在的理论意义,赋予其"更为宽广的伦理学/认识论的视域"(第65页),因而使其对于当代伦理学乃至整个哲学的思考具有充分的相关性和基础性的意义。

总而言之,斯洛特以"接受性"来诠释"阴",并以之为切入点,揭示出"阴/阳"在其自身中包涵与对方的内在关联性,据此证成了阴/阳的互涵平衡对于人的德性、行为、生活、认知、心智之普遍性、必然性的意义。这为古来西方哲学从认知或理性主义传统所提出的,我们当下仍须面对的种种哲学问题,开出了一种新的思考和解决的路径,或者按斯洛特教授的说法,为世界未来的哲学,提供了一个"重启之键"。这一点,应是《阴阳的哲学》一书在哲学的理论建构方面真正深刻和有创意之处。同时,斯洛特对阴阳观念所作的理论解释,亦多能切中儒家阴阳思想的精神本质,给中国儒家学者以深刻的思想启迪。考虑到斯洛特教授只是在最近十余年才开始接近中国哲学,我不禁对他作为哲学家的敏锐的理论直觉和深刻的思想洞察力心生一种惊叹和敬佩之情。

三

不过,我们也应看到,斯洛特作为一位西方哲学家,是在用"分析哲学的技巧"来解释儒家的阴阳思想,因此,这种解释与儒家哲学本身的思想理路还是有相当的距离的。如前所述,《阴阳的哲学》用"接受性"来解释"阴",认为在其中包涵有"自主性"、主动性、开放性的思想内涵,这一解释颇能切合儒家阴阳学说的精神。不过,这种切合,却又是在一种否定意义上的切合,因为在斯洛特看来,儒家"阴"的概念,虽可归属于"接受性",却只有一种消极的"被动性"的取向(往往又把这种被动性的温顺归于女性)。这一解释,与儒家的阴阳学说又是不能相应的。

儒家的阴阳思想在《易传》中有系统的表达,通过《易传》,我们可以对其有确切的了解。

《易传》的阴阳思想,可以从"道"和实存两个角度来看,它所体现的乃是一种"刚"和"通"的哲学精神。

在《易传》的哲学系统中,阴阳是"道"自身内在而不可分割的两方面规定。《易传》有云:

> 一阴一阳之谓道,继之者善也,成之者性也。(《周易·系辞传上》)

> 乾坤其《易》之门邪?乾,阳物也;坤,阴物也,阴阳合德而刚柔有体,以体天地之撰,以通神明之德。(《周易·系辞传下》)

讲的就是这个道理。具体言之,乾阳之德为刚动,主创始;坤阴之德为柔静,主成就。刚动作为乾阳之性,其特质为流动、弥漫和连续,《易传》称之为"辟",意谓一种创生开辟之势能;柔静为坤阴之性,其特质为静止、收敛和凝聚,《易传》称之为"翕",意谓一种柔止收聚以成形质之势能。① "道"因其乾阳刚动之势能而能生物,因其坤静柔止之势能而能成

---

① 见《周易·系辞传上》:"阖户谓之坤,辟户谓之乾,一阖一辟谓之变,往来不穷谓之通。"

物。易道以刚动、连续、开辟而内涵柔止、分化、收聚，因而具有个体化的生成原则，而展开为一品物流形的生生历程。应当注意的是，"道"虽涵具阴阳，然乾阳始终是其主导性的原则，坤阴则处于辅助性的地位。《周易》卦序首乾次坤，表明其首出的原则为乾阳，这与殷易《归藏》首坤次乾的精神指向是不同的。易道"生生"[①]，所表现的哲学精神，首先是一种"刚"或乾阳刚健的精神。因此，儒家所言阴阳，不仅是一种互补的关系，更是一种以"刚"为本质的互涵一体的关系。同时，易道以乾阳为主而辅之以坤阴，动而有止，开而有阖，辟而能翕，故能容受且与宇宙万有相感通，又表现了一种"通"的精神。《系辞传上》：

　　易无思也，无为也，寂然不动，感而遂通天下之故。

这个"感而遂通"，是易道所具有的一种对于他者的感通、容受、敞开性的维度。这个维度，就是斯洛特教授所说的"接受性"，不过，此"通"乃依于"刚"而有者，它表现为一种创造性的感应和敞开活动，并非一种消极的"被动性"。在这一点上，儒家哲学与斯洛特所称西方哲学的"主动性"指向，并无不同。

　　个体事物的存在亦如此。易道落实于万物之实存，个体事物亦内在地涵具阴阳两个方面。实存之物作为某种定在，当然相对而有其或阴或阳的显性特征。如男女相对，男为阳，女为阴；夫妻相对，夫为阳，妻为阴；父母相对，父为阳，母为阴；君臣相对，君为阳，臣为阴；等等。不过，人与万物皆源出于"道"，故亦各涵具阴阳。因此，在儒家的伦理系统中，个体于社会生活虽相对而有阴或阳某一方面之显性特征，但每一个体存在自身又各具阴阳，并以阳刚为其主导性原则，依各自不同

---

① 如《周易·系辞传上》："生生之谓易。"《周易·系辞传下》："天地之大德曰生。"《乾·大象传》："天行健，君子以自强不息。"《乾·文言传》："大哉乾乎，刚健中正，纯粹精也。"

的社会分位而表现出其"阳刚"之性。在《东西文化及其哲学》一书中，梁漱溟先生便使用"刚"这一观念来概括孔子和儒家的哲学精神，认为儒家的文化态度是"阳刚乾动""情感充实""奋发向前"的，"刚之一义也可以概括了孔子全部哲学"。①梁先生对儒家哲学和文化精神的概括，是准确的。同时，由于坤阴之柔止收聚乃从属于道之刚动的一个个体化成物原则，因而儒家所理解的个体性，亦非一种相互封闭性的单子或原子式存在②，而具有相互感应、感通的敞开性，并由之而共成一"太和"的存在境域③。其伦理和价值观念亦表现出一种"刚"和"通"的精神。

儒家这种以"刚"涵"通"的哲学和伦理精神，亦以不同的方式表现在处于不同社会分位的个体存在及其实践中。斯洛特的伦理观念，强调情感对于理性、理由的基础性地位，认为：

> 情感为阴/阳提供了一个非常清晰的立足点。所有情感都具有一种阴/阳特性，这种特性构成了一种情感之所以成为情感的本质所在。（第149页）

这一点，亦颇适用于理解儒家的道德伦理观念。儒家仁、义、礼、智、忠、信等伦理价值、接人待物的处世之道及其人格的实现方式，皆建基于人的情感之真实。

《礼记·大学》论"止于至善"说：

> 为人君，止于仁；为人臣，止于敬；为人子，止于孝；为人父，

---

① 见梁漱溟《东西文化及其哲学》（修订版），商务印书馆，1999年，第213页、214页、215页。
② 如莱布尼兹的单子论，以单子间无交通之窗口，须以上帝为最高单子构成众多单子的预定和谐。
③ 《易·乾·象传》："乾道变化，各正性命，保合大和，乃利贞。"

止于慈；与国人交，止于信。

儒家所谓"至善"，并非抽象的原则，而是一种落实于人伦关系之分位规定的具体概念。此言君臣、父子的伦常分位，从阴阳的角度说，君、父一位，其显性特征为阳；臣、子一位，其显性特征为阴。但儒家处理君、父与臣、子之伦常关系，皆要从真诚的情感出发，由情而显其义，通情而达其理。孔子以忠恕为行仁达道之方。忠恕实为儒家处理人我、物我关系之基本的方法和原则。所谓忠恕，即要从切己的意愿与真诚的情感出发，将心比心，推己及人，成己成物，以达人己物我之一体相通。儒家又讲絜矩，絜矩即忠恕在政治上的表现。此皆以情志感通为处理人伦和物我关系之首出的原则。如君、父相对于臣、子，其显性特征为"阳"，当然要有理性，能决断，有权威，有力量，但其最高的价值与目标，却是要成"仁君"，为"慈父"。中国古代所要求于"仁君"者，在其能视民如伤，如保赤子，以一种修文德，来远人，德风德草的柔性力量，[①]感通天下，润物无声，化民于无迹。其理性的决断、权威的力量，乃建基于此。中国传统社会习以"严父"与"慈母"并称。相对而言，父尊严，属"阳"；母慈爱，属"阴"。但《孝经》有云：

> 资于事父以事母而爱同；资于事父以事君而敬同。故母取其爱，而君取其敬，兼之者父也。

父之于家族，所重在其尊严，然亦兼具亲亲之爱，由之而能亲和九族，睦于乡里，融入并构成一种和谐的伦理秩序。另一方面，臣、子虽视君、父而显现为"阴"，然就其自身而言，同样是涵具阴阳并以"刚"为其主导性的原则。儒家主张"从道不从君，从义不从父"（《荀子·臣道》），

---

① 《论语·颜渊》："君子之德，风；小人之德，草。草上之风必偃。"

以德、道高于势、位，士人君子当具有一种以德抗位，"说大人则藐之"（《孟子·尽心下》），"乐道而忘势"[①]的抗议精神。特别强调个体"和而不同"（《论语·子路》）、"和而不流""独立而不倚"（《礼记·中庸》）、"特立独行"（《礼记·儒行》）的人格独立性。中国传统女性承担家庭的责任，以其温良贤淑、水滴石穿的方式呈显了一种独特的坚韧刚强，亦表现了这一精神。

当然，儒家这种以"刚"涵"通"的阴阳观念和伦理精神，并未能在中国古代生活中得到完全的实现，但其作为一种形上学和价值的理想，却始终在规约和引领着中国文化与社会生活的精神方向，并构成为一种中国文化走向现代的形上价值基础。

综上所论，斯洛特的阴阳哲学，以"接受性"来重新定义"阴"这一概念，赋予其现代哲学和伦理学的意义，强调"理性控制"与"接受性"之平衡和融合，以对治西方哲学过于偏重理性控制所产生的种种哲学问题，为未来世界哲学的重新出发提出了一种新的理解方式和思想视界。同时，它对儒家阴阳观念的现代诠释，不仅为中国儒家学者提供了重要的思想启示，也提醒中国哲学家要重视传统阴阳学说的哲学诠释与现代转化，以参与当代世界哲学创造的思想进程。当然，作为一位西方哲学家，其对儒家阴阳思想的分析性解读和评价，仍存在颇多需要进一步切磋商榷之处。从上述分析可见，儒家哲学以"刚"涵"通"哲学、伦理精神，与西方哲学注重理性和主动性的精神方向，并无本质上的冲突。从儒家哲学自身的思想脉络来切实了解儒家这一哲学、伦理精神，似乎能够更好地找到中西哲学的切合点。我们期望斯洛特教授所开辟的这一统合中西方思想传统，"重启世界哲学"的思想道路，能够开出更加丰硕的哲学果实。

[①] 《孟子·尽心上》："孟子曰：古之贤王好善而忘势，古之贤士何独不然？乐其道而忘人之势，故王公不致敬尽礼，则不得亟见之。"

琐语

居仁堂宗谱序

夫礼有三本，天地者生之本，先祖者类之本，君师者治之本。奉先圣之典常，寻慎终以追远，本法祖而敬天，吾华夏先民生命之本，由斯涂而得奠立焉。

周姓源出后稷，及太王邑于周，文王遂以国为氏。至赧王，周亡于秦，宗亲废为庶人，因家惮狐（今河南临汝县西北），虽间有外族外姓之入，本枝百世，固宗周焉。

周氏孝先君，吾兄行也，而义兼师友。君有俊才，工书法，善属文，有著述行世。夙为宛署幕，三任书记倚为文胆焉。吾家宛西双石碑村。"文革"中农业学大寨，君以驻队干部主吾家。时物匮食乏，礼废书阙，吾啖君以蔬食粗粝，君乃飨我以中西典藏，诲我以为文之法。吾今亦多勤纸笔，惟此诱掖之恩、切琢之谊，虽多历年所，毫未或有忘也。

孝先君家镇平周堂。周堂周氏出山西洪洞，明洪武间，其始祖兄弟三人挈家千里来此，谨身节用，族业日蕃；六百五十余年，间历战乱饥馑，及今时和岁丰，文教武备，世守其规；尊祖睦宗，家与其事。四民百业，兰桂迭生，其先祖之厚泽也。

孝先君之先严，讳化纯，幼以失怙，早勤家事，稼穑称能。聪明正直，博闻强记。为官三十余年，公忠廉洁，孚于上下。就塾唯四载，而好学不辍，行道犹以指书其衣裳。楹联柬帖，有求必应，不取酬劳，乡邻感之。曾亲拟其先妣碑文，情文具彰，孝德昭著。化纯公在时，每题"居仁堂"于器什，念为本支族人之号。故今孝先君及其二弟承先、崇先，共议奉其为镇平周堂周氏"居仁堂"始祖，俾世崇其祀、继其德焉。

"居恶在？仁是也。"夫仁者人心之全德，万善百行之本原。居此安宅，而成大人君子之能事，以号斯堂，盖愿族嗣德崇业广，永世无斁也。天地之化，生民之藩、政教之本，莫不在中。又礼以行之，以致述事继志之诚，枝繁实遂，其自此乎？

孝先君嗣其先严，敏学勤政，尤笃于孝。既往洪洞寻根，复蒐周堂旧事，山川屋宇、礼俗人情，曲致其详；追惟其先祖母、先严、先慈嘉言懿行，恳款竭衷，尤于所以慎终追远、崇德敦俗，三致意焉。今属吾序居仁堂宗谱，吾不敢辞，谨志其始末云。

己亥冬李景林
拜手谨序于北京师范大学励耘九楼寓所

双石碑纪念苑记

双石碑村在南阳西一十五里，尝有古庙，庙左途侧，两碑并峙，村由是而名焉。村民可三百余户，世居于斯而安于斯，越五百有余祀矣。村据丘陵，山溪半隈，原泉自西，混混而南，汇村东十二里河，注淯白，灌汉、江，而归东海。村分南北，夹南邓公路，下襄楚，指巴蜀，扼宛城西向之冲要。村之东陂，国道斜亘，乃贯八省以为一线，超万里而衔沪疆。虽处丘陵郊野，而得通衢之便，造化所钟，文明以止，是以民智通达且有古风焉。壬辰岁，双石碑村作新农村改造；越三年，村民回迁田源新城。乡党乔迁之余，举目高楼，不见桑梓；黄鸟归止、狐正首丘之意，罔知攸寄，不禁凄怆！于是乡老诸贤共议，勒石东冈，创为斯苑，悠悠故园悲怀，爰是而踵焉云尔。

乙未仲夏李景林撰文

中国哲学学术研究与理论创造的内在关联性*

张先生、各位前辈，各位同仁：

上午好！

今年，张立文先生寿登八秩，同时也已执教 55 周年，这是人生一个非常重要的节点，可喜可贺！我作为晚生后辈，要对张先生表示热烈的祝贺，同时也要对张先生在中国哲学研究和教学领域做出的杰出贡献表达一份敬意！

"文革"期间有一句流行的话：榜样的力量是无穷的。这话说得很好。张先生就是我们中国哲学领域的一个榜样和一面旗帜。我 2001 年调到北师大工作后和张先生有很多接触，张先生旗下有很多学术活动，也都邀我参加。他在为学和为人方面让我受益良多。面对张先生，我会想到很多常用的词汇，并对这些词汇有一种直观的、更深切的了解。在学术方面，我能想到"著作等身""学富五车""学贯古今"；在教学方面，我能想到"桃李不言，下自成蹊"；在为人、接人待物方面，我能想到"平易近人""慈眉善目""如沐春风"，等等。总而言之，张先生很多方面都值得我们学习。

张先生的成就很多、很高，在座有很多张先生的高足，在这方面比

---

* 编者注：本文为作者于 2014 年 10 月 25 日在"张立文教授执教 55 周年暨'和合学与中国哲学创新'学术研讨会"上的致辞。

我更有发言权。在这里，我只想强调一点。我觉得给我印象最深、值得我们借鉴的，就是张先生的学术，为我们指出了一个研究中国哲学的非常合理的、切实的治学门径和方法。这个治学门径和方法，就是哲学学术研究与理论创造之间的一种内在关联性。

我的一个学生问我一个问题：最近一段时间，在中国哲学研究领域中，大家比较注重经学，但自己感觉经学的研究和中国哲学似乎没有什么关系？我的回答是：这是因为我们当前中国哲学中的经学研究，讲的只是经学史，而缺乏当代的、属于自己的经学。我们看董仲舒《春秋繁露》中的经学，他就不只是在讲"史"，而是讲自己的经学。这个经学，就是他的哲学理论。朱子也是如此。中国传统思想本身在每一个时代都有自身的理论创造，这才能引领时代，与当时的社会生活密切相关，成为一种"活"的东西。

但是，现代以来，我们的学术研究方式发生了变化。首先的变化就是中国传统学术研究的"学科化"。在学科化的初期，学术研究与思想理论创造这两个方面并没有分离。比如，冯友兰先生既有《中国哲学史》，又有他的"贞元六书"。张岱年先生既是哲学史家，同时也有他的"天人五论"，这是他自己的哲学理论。但是，在50年代以后，情况变得复杂。由于意识形态对学术的干预，中国哲学的研究在很长一段时期内实质上已蜕化为一种资料的研究、史料的研究，而不允许有理论的创造。张岱老在他的自述中讲到：1957年以来，自己基本上埋首故纸堆，完全放弃了对哲学理论问题的思考，这让他"深感痛惜"。从中我们可以感受到老一辈哲学家当时的的处境和心境。

我要强调的是，张立文先生虽然也是50年代以后成长起来的中国哲学学者，但是他却能够独辟蹊径，上接中国哲学学术和理论创造内在统一的思想路径、研究路径，独立地提出一套自己的哲学理论和学术系统。这既需要有学术的胆魄，也需要有理论和思想的见识。张先生早在80年代末就提出了"和合学"的构想，并逐步建构起一套"和合学"

的哲学理论体系。

值得注意的是，近年来中国哲学的研究有一个变化，就是很多学者开始重视思想理论的建构，如牟钟鉴先生讲"新仁学"，陈来教授提出"仁学本体论"。这是一个好的势头。中国哲学思想的当代重建需要一个哲学家群体的生成，需要每一位哲学学者都沿着张先生所坚持的这种思路路径，来建构属于自己的学术系统。这样，当代中国哲学才能逐渐建立起自身的当代形态，成为活在当下的思想和文化精神，担当起引领社会生活的作用。张先生所坚持的学术路径，在今天的中国哲学研究中，起到了一种继往古、开来学的作用。我觉得这是张先生的学术最值得重视的一点。

张先生已经顺利地进入到了"80后"，我们期待在他进入到"90后"的时候，再来为他祝寿庆生！

在中国计量大学国学院揭牌仪式上的致辞*

各位上午好。这两天我们价值观的会在璟园召开；开会期间，我对璟园的美有了深切的感受。这个美，我觉得就是能够化人文于自然，人文与自然之间融合为一体。今天在这样一个天人合一的所在，举行中国计量大学国学院揭牌仪式，我觉得非常合适。我代表中华孔子学会，对中国计量大学国学院的成立表示热烈的祝贺。

对国学的概念有不同的看法，我们一般说国学是对传统学术进行研究的学问。有些人说国学是四部之学；有些人说是六艺之学；也有一些人说这样讲国学，范围太小了，要讲一种大国学，甚至把边疆史地之学、西夏学都纳入到国学研究领域。这样的大，实际上只是范围广，而非包罗万象的大。我们看《老子》里怎样讲的大小。老子讲：

道常无名，朴虽小，天下莫能臣也。

有物混成，先天地生。寂兮寥兮，独立而不改，周行而不殆，可以为天下母。吾不知其名，字之曰道，强为之名曰大。大曰逝，逝曰远，远曰反。故道大，天大，地大，王亦大。域中有四大，而王居其一焉。

---

* 编者注：中国计量大学国学院于2016年11月27日在浙江省金华市武义县璟园举行揭牌仪式，本文为作者在仪式上的致辞。

老子讲的"大"是性质上的大。道包罗万有，抚孕、成就万物，无远弗届，因而老子"强为之名曰大"。这里讲的大，是精神的大，这个精神贯穿到万事万物里面。以此来解释国学的大小，我觉得国学的大实际上也是一种精神的大。举例来讲，比如佛学，发源于印度，传入中国后，成为中国之国学的一部分。为什么这样讲？因为中国文化的精神贯通在里面。大家看黑格尔的《小逻辑》《精神现象学》，看海德格尔的《存在与时间》，一看就知道是德国的作品，因为有德国文化的精神贯通在里面，属于德国的国学。因此，国学这个概念，应当是一个内在的辐射源、一个精神的染色体，具有穿透力，只有这样，它才有普遍性。只从范围上说大小，只能导致"恶无限"；从精神上讲"大"，包罗万有，这才是"真无限"。这里的"大"其实是一种"通"性。钱穆先生曾说，中国传统学术是一个通人通儒之学。我的太老师——我的老师金景芳先生的老师马一浮先生，是咱们浙江的大儒，也是当代中国的大儒。他认为：国学就是六艺之学，其精神的是"通"；讲国学，应当有判教而无分科，贯通我们所有的学术。以此理解国学的精神，它就能够作为一个精神的辐射点，能够辐射到学术所有领域，甚至于中国化的马克思主义也是国学的一部分。

但是，这样一个精神的通性，不是现成在那里摆着。譬如说四库全书在那里摆着，就是国学么？不是，它只是国学的材料。每一个时代的国学要在两个方面重建。首先是理论的重建、思想的重建。先秦有诸子百家，汉代有经学，魏晋有玄学，宋明有理学，理学的经典也是四书五经，但是它有一个时代精神的重建，因而能够适合当时的社会。另一方面，是要把国学落实到我们的社会生活里面。我在农村长大，我的爷爷是一位不识字的农民。小时候，他会给我们讲一些故事，谈一些道理。其中，我记忆最深刻的一句话是："娃儿，天理良心，那事儿咱可不能干。"我是河南人，河南把小孩叫娃儿。"天理良心"扎根于普通民众的内心，这就是国学精神在社会生活中的落实。

我们现在的文化建设，在这两方面都存在一些问题。一方面，学术研究局限在学院的狭小圈子里，而且是用西方的学术框架来套用中国传统文化，使传统文化成为死的知识——博物馆里的藏品。有鉴于此，我们需要重建中国文化的当代理论和思想。我们呼唤一批哲学家、国学家能够站出来，从事这项事业。当然，这并不是轻易的工作，需要长期的孕育。另一方面，要有普及的工作，把国学的精神落实到我们当代生活里面。有些学者说：过去是西学东渐，现在应当东学西进。这句话让人鼓舞，也看似有理，但存在一定的问题。东学西进，拿什么去进？我们本身没有理论建构，我们的生活里面也没有体现这种理论，怎么拿这个东西去向世界传播？我认为，我们应当对国学有一个理论的重建，并把它落实于社会生活；只有这样，才能影响世界。

有鉴于此，我真心希望，也衷心祝愿，中国计量大学国学院在这两方面做出自己的成绩，进而为我们当代中国文化的建设，做出自己应有的贡献。谢谢大家。

以情应物的心物观[*]

我在这里一个是向蒙先生表示祝贺,另一方面也表一种羡慕的心情。(笑)算起来,我的大学同班同学,已经有四个不在了,其中有三个没能活到五十岁。所以说,活到七十岁还是要有一个过程的。(笑)因此,我们首先应该争取活到七十岁,向蒙先生看齐,然后再进一步努力。当然,这也不是我们自己说了算的事,锻炼也没用,这也许就是"天命"吧!但是,我们还是要往好的方向努力啊。(笑)

我觉得,今天这个会议的主题非常好。蒙先生在这方面的确做出了很大的贡献。

刚才几位先生也讲到,现代中国哲学的研究,正面临这样一个困境:我们现在阐释中国哲学,无法摆脱西方哲学的概念框架;在这个前提下,能否凸显出中国哲学的固有精神呢?前一阵子讨论"中国哲学的合法性问题",也与这一点相关。对此当然有很多不同的看法。我个人觉得,西方的东西现在我们不能不用,但要看怎么用。

哲学是一种反思的活动。黑格尔把哲学界定为"对事物的思维着的考察"。所以,把握思维、理性、精神这些观念的内涵,对中国哲学的现代诠释,有很重要的意义。在中国哲学中,虽有心、性、情、意、知、神、良知、良能等概念与上述观念相关相应,但它们在内涵上却有很大

---

[*] 编者注:原载《儒学中的情感与理性——蒙培元先生七十寿辰学术研讨会》,现代教育出版社,2008年12月版。

差异。二者之间的关系是很难处理的。我们注意到梁漱溟先生讲儒学，讲孔家的学问，借用西方"直觉"和"理性"的概念来作诠释，用得很巧妙。他早期用"直觉"，后期则改用"理性"这一概念。不过，他用"理性"这一概念，是要排除掉"直觉"这一概念与本能混同的偏弊，其前后期的思想在精神上还是一致的。梁先生后期讲"理性"，特别强调儒学的心、知论与西方哲学基于知、情对峙立场而有的理性和本能概念之间的区别。他一方面提出"直觉"和"理性"的概念，来对传统儒学的良知本心思想作现代诠释，另一方面又对它作了新的界定。梁先生把儒家的"理性"概念界定为一种"情意之知""有情味的知""无私的情感"，或以"情意"活动为主体的体证和自觉作用。因此，我觉得老一辈学者其实很早就在关注"理与情"的关系这个问题了，而且他们所做的工作对现在来讲也是很有意义的。从梁漱溟先生的诠释方法中我们可以看出，他虽然使用了西方哲学"理性"这一概念，但是却对它做出了符合中国哲学精神的界定。我觉得这样讲才能真正克服刚才我们所提到的那种困境。

情感与理性之间的关系问题，大家刚才也提到了。情、理是一本的。既然哲学是一种反思的活动，那么，中西哲学的差别主要就在于如何看待人的存在这一问题。蒙先生刚才讲了，在西方哲学中，情与知是分开的，而中国哲学是情、理一本的。这个"一本"，应该落实到哪一个上面去呢？我觉得还是应该落实到"情"上面去。

《中庸》第一章讲"喜怒哀乐之未发谓之中，发而皆中节谓之和"，然后又讲"中""和"是"天下之大本""天下之达道"，能达到中和，则可实现"天地位""万物育"。可见，这"大本"和"达道"就是从情感层面上来谈的，或者说，是依据情感生活的真实和完成而建立起来的。而宇宙生命和存在的完成（"天地位""万物育"），也与"情"的真实和实现相关联。"情"就是人的存在的一个主体。后来《孟子》里边讲：

> 仁之实，事亲是也；义之实，从兄是也；知之实，知斯二者弗去是也；礼之实，节文斯二者是也；乐之实，乐斯二者，乐则生矣；生则恶可已也，恶可已，则不知足之蹈之、手之舞之。

可见，仁、义、知、礼、乐这些社会、德性、伦理的规定，也是落实到"情"这个实存的基础上来讲的。以后，宋明儒学也继承了这个传统。不管是理学，还是心学，在讲"心"的时候，都认为从"体"来讲心就是"性"，从发用上来讲心就是"情"，"心"的实存内容和活动全部都落实到"情"上来讲。这样一来，"知"便不能是一个独立的原则，独立的存在。"知"被理解为一种心在其情感表现中的心明其义或自觉作用。所以《中庸》里说：

> 自诚明，谓之性；自明诚，谓之教。诚则明矣，明则诚矣。

人性或人的存在的真正完成，一定有智慧的实现，反之亦然。在中国哲学里，不能脱离开存在的整体内容去抽象地讨论"知"的问题。而"情"也因有"知"作为其内在的规定，便成为有本然决断和定向的活动，而不流于西方人讲的"非理性"。这个决断、定向的作用，就是"意""志"，我们今天连起来叫意志。这个意志，在西方哲学中，常常把它看作非理性，叔本华、尼采所理解的意志，即是如此。中国哲学讲的意、志或意志，是情、知内在贯通的主体，所以既是冲动、力量、活动和生命义的，又不是盲目的、非理性的。

哲学是从反思的角度来看我们周围的世界，这个世界的意义如何，便与对这反思的主体的理解有关。我们可以把中国哲学观物的方式概括为一种"以情应物"的方式。儒学后来讲人与周围世界的关系时，都是

讲"以情应物"的。"以情应物",是而是之,非而非之,随感而应,曲中事物之理,心与物的关系,即由此而建立。王阳明有句话:

> 天下事虽万变,吾所以应之不出乎喜怒哀乐四者,此为学之要。

讲的就是这个道理。为学之要就是以情来应物,而不是把物作为认识的对象。在此前提下建立起来的心物关系,就不单纯是一种反映与被反映的认知关系,而是一种价值和存在实现的关系。所以,我们现在讲中国哲学,已经都不讲唯物、唯心了,这是中国哲学研究在理论和诠释原则上的一个整体性的进步。因为中国哲学中的心物关系,从根本上讲不是一种单纯的认知关系,它是另外一种系统。

基于此,中国哲学观察和思考问题的透视点,便与西方哲学不同。人与人、人与世界的关系是一种平等性实现的关系。我们看孟子里的说法:

> 万物皆备于我矣。反身而诚,乐莫大焉;强恕而行,求仁莫近焉。

《中庸》里也有相似的说法:

> 诚者物之终始,不诚无物。是故君子诚之为贵。诚者非自成己而已也,所以成物也。成己,仁也;成物,知也。性之德也,合外内之道也,故时措之宜也。

这里都讲到物我的合一。这个合一所遵循的途径,就是"忠恕之道"。忠恕作为一种工夫,就是一个"成己以成物"的历程。在物我各依其"宜"

而达到平等性的成就中，物我乃贯通为一而"皆备于我"；真实、真理、本体（道），就在这物我的贯通和我对世界的真实拥有中呈显出来。在中国哲学里，人与世界的关系就是这种"成己成物"的实现的关系。西方哲学讲"本体"，乃对应着"现象"而言；中国哲学的"本体"，则对应着"工夫"来讲。这种不同，即根源于其对人存在的理解的差异。因为中国哲学注重通过情感生活、精神生活，包括肉身实存的一系列内在转变，而呈现出并把握和拥有那个本体。这个内在的转变，我把它称为"教化"。通过"教化"，我们拥有真实、本体，而非仅仅认知它。这是儒学的，也是中国哲学的真精神所在。我觉得，人在应对周围世界时，人在一念之间所展现出来的首先是一种"情"的方式，而不是一个单纯的"知"的方式。中国哲学牢牢地把握住了这一点。这可能正是中国哲学之异于西方哲学的根本之点。

　　蒙先生的书，我以前读过一些，但读得不是那么仔细。蒙先生今天讲了以后呢，对他的思想的逻辑，我基本上算是搞清楚了。我觉得蒙先生的工作是非常有意义的。

　　我就简单讲这么多吧，谢谢大家！

坚持儒学作为哲学或形上学的研究方向[*]

蒙先生是我们尊敬的学术前辈。原来我是在吉林大学工作,所以和蒙先生接触并不太多。不过,上世纪八十年代读研究生的时候,我就读过蒙先生的书,感到蒙先生的思想很深邃,也很严谨。后来我调到北京师范大学来任教,与蒙先生交往逐渐多起来,感到不仅蒙先生的思想学术值得尊重,而且人也特别亲切。有一次,我们一起到南京去开会,他在南京的学生送他两瓶好酒(我忘记是什么酒了,反正是特别贵的酒)。在回程的火车上,蒙先生非要我们大家一起享用这两瓶酒不可,大家把酒言欢,其乐融融。蒙先生和我们这些晚辈在一起,无拘无束,毫无架子,使人感到非常亲切。

蒙先生70寿辰时在北大那个研讨会,我也参加了。去年玉顺兄给我打电话,说蒙先生80寿辰,要出一册纪念文集,约我写篇文章。但是,去年我患眼疾,做了手术,很长时间不能读写,遗憾未能成稿。最近要召开"蒙培元先生80寿辰学术座谈会",玉顺兄再次约我来参加。我想,我虽然没写出论文,但是一定要来参加会议,主要是想来看看蒙先生。

蒙先生的书,我虽然读过,但还缺乏深入研究。这里有很多蒙门弟子,蒙先生思想学术的具体内容,他们可以去阐发。我这里有一点感想,

---

[*] 编者注:原载《"情感儒学"研究——蒙培元先生八十寿辰全国学术研讨会实录》,四川人民出版社,2018年版。

就是觉得蒙先生所坚持的一些学术和思想方向，和我自己有些灵犀相通的地方，而且觉得特别重要。其中一点，就是蒙先生特别坚持对儒学的哲学和形上学的研究，并且一直在对儒学作为一种哲学和形上学的特点进行不懈的探索。蒙先生所坚持的这一思想和学术方向值得我们继续坚持并予以发扬。

近年，儒学的研究发生了一些变化，出现了国学热、儒学热的现象，这使得过去以哲学来研究儒学的方式被逐渐淡化，大家对儒学在哲学层面的研究比较放松了。一些学者对用哲学的方式和概念来研究儒学表示一种质疑的态度，强调儒学研究应以经学、经学史的研究为主。我觉得，经学这个角度对儒学的研究当然是非常重要的，我们过去的儒学研究以西方的哲学概念和理论框架来现成地套用儒学，可能有一些偏蔽的地方；但是，我们不能因此否认哲学或形上的思考在儒学中的核心地位。

如果我们把哲学理解为一种对人的存在及其周围世界的形上思考，那么儒学的核心就是哲学。儒学的目标是求道，孔子讲"朝闻道，夕死可矣"（《论语·里仁》），又讲"志于道，据于德，依于仁，游于艺"（《论语·述而》），表明孔子一生都在求道，以道为最高的目标。《易·系辞上》："形而上者谓之道"，由此看来，儒学的核心内容就是形上学和哲学。近年有学者特别强调经学对于儒学研究的核心地位，这是有道理的。也有学者认为我们现在研究经学，只需要研究经学史而不需要经学。这是一个自相矛盾的说法。其实，所谓经学史，正是由每一个时代的经学所构成的历史，在中国思想史上，每一个时代的思想总是要经由经典和义理的双重建构而构成这一时代的经学，而这一时代的哲学或形上学，亦蕴含于其中而构成其核心的内容。这是儒学在每一时代形成其哲学的一种基本方式。

哲学是一种非常个性化的学问。其实，凡是与人的生命存在密切相关的学问或文化部门，比如文学、艺术、宗教，都具有个性化的特征，哲学也是这样。哲学从来没有一个为所有哲学家共同认可的普遍原理体系，我们过去讲"哲学原理"，并拿它来规范中国以及西方哲学的研究，这是有问题的。每一个思想家，都有自己独特的学问之道。黄宗羲以"殊途百虑之学""一本而万殊"来概括为学之道，认为学者必"穷此心之万殊"，成一家之言，才能展现"理一"和那个同归一致之"道体"，这很好地表现了哲学作为一种个性化学问的存在方式。哲学是以个性化的方式来表现出普遍性理念的，西方的哲学有它自身的特点，中国哲学也有它自身的特点。

由此看来，我们用哲学来研究儒学，是毫无问题的，而且是必须的。这里关键的问题是，我们要找到儒学作为哲学或形上学的个性化特质，而非用一种外在的框架来规范它。蒙先生的学术研究特别凸显儒学的哲学、形上学层面，并着力探索儒学作为哲学和形上学之自身的特点，这一研究方向具有非常重要的意义。在这一点上，蒙先生"于我心有戚戚焉"。

刚才陈来老师、李存山老师也讲，蒙先生研究儒学，特别重视情感问题的研究，所以有"情感儒学"这么一个称谓。蒙先生讲儒学的特点，就是特别凸显、强调心性论，最后落到"情"上来讲。我觉得这个路子是很对的。我们讲儒学是哲学或形上学，但它和西方哲学不同，我觉得抓住心性、情感这个重点，就比较容易把儒学作为哲学与西方哲学区分开来。儒学讲人性论，西方哲学也讲人性论，中国的人性论和西方的人性论，区别究竟在什么地方？西方哲学讲人性的问题，是一种抽象的理论分析的讲法，比如康德论人性，是在设定自由意志和道德法则的前提下，去分析善恶在理性中的起源，由此分析出人性里面有一种趋向于善或趋向于恶的癖性。这种人性论只是一种形式的讲法，缺乏人性之实质和内容的揭示，因此在人性与现实的道德之间缺乏一种必然性。儒学的人性论则是落实到心性的论域来动态展示人性的具体内涵，儒学讲人性的问题一定要落到"心"上来讲。其典型的说法，就是"心统性情"。张载这么讲，朱子也这么讲。"心统性情"，是进一步把"性"落到"情"上来讲。

刚才陈来老师讲到蒙先生所说的情感，是一种"理性的情感"。"理性的情感"这个提法凸显了儒学"情"论的一个重要特点。西方哲学传统上把情感划归到非理性，当然也有例外，但主流是这样，因为他们采取的是一种分析的方法。儒家言"性"，落到"心"上来讲，言"心"则落到"情"上来讲，"情"是"心"的现行和实存内容。因此，儒家所理解的人，"情"是实存的主体，"知"并非一个独立的原则，"知"是在"心"的情感表现活动中的一种心明其义或是自觉作用。所以，这个"知"，便是依情而有的"良知"，它既是存在性的、有力量的，同时又具有一种本然的决断和定向作用。儒家讲人性善，有些人把它理解为人性向善，有些人把它理解为人性本善。我是主张人性本善论的。为什么是人性本善？因为人性之善，不仅是一种逻辑的必然性，而且具有先天的内容。孟子讲"四端"，主体是"恻隐"，同时内在地具有是非之心。这个是非之心，按照阳明的说法，就是"良知"，它既具有情感的实存内容，又具有内在的灵明智照作用。所以，这个"情"，不是非理性的盲目冲动，它具有本然指向于善的方向性，并具有内在的主宰性。从这个意义上讲，人性善的涵义，就是人性本善。

正因为如此，儒学就与西方哲学有很大的不同。这个不同就表现在，它是从这种"理性的情感"出发，来规定人与周围世界的关系。这样，人与人、人与周围世界的关系便被理解为一种价值或存在实现的关系，而不是一种单纯思维和认知的关系。不是说那个对象在那里现成地存在着，我去认知它，而是说人要在存在实现的前提下达到物我的合一。刚才王钧林老师引《中庸》论中和的话说："喜怒哀乐之未发，谓之中；发而皆中节谓之和。中也者，天下之大本也。和也者，天下之达道也。致中和，天地位焉，万物育焉。"就很典型地表现了这一思理。儒学从人的情感、人的存在的实现出发，去达成人己内外的一体相通，因此特别体现出一种就事物自身来理解其存在价值、敬畏自然、尊重生命的平等精神。这一点，就与西方哲学的人类中心观念有很大的不同了。所以，讲儒学的特点，要落到心性上，落到情感上，才能看清其人性论及其形上学的特点。儒学以人的生命存在为自己理论的出发点，所以才讲从工夫上见本体。我自己把儒学界定为一种"教化的哲学"，也是这个意思。因此，我读蒙先生的书，特别觉得自己能够与他灵犀相通，颇相契合。

政教分离是现代社会的一个进步。在这样一个政教分离的情势下，教化、教养、人格的养成成为社会和个体内在心灵的事务。传统的心性儒学，关注人的情感生活，注重个体的教化教养。这一点，应该成为当代儒学发展的一个重要生长点。我觉得，从这个意义上讲，蒙先生的"情感儒学"坚持的这个研究方向和学术路径，对于儒学未来的发展具有非常重要的意义。

今天在会上见到蒙先生，看到他身体违和，觉得很心疼。不过我觉着，以蒙先生的乐观、豁达，相信他一定能够早日康复。现在80岁不算什么，80岁还是年轻人。蒙先生现在已经进入"80后"，希望到他"90后"的时候，我们还可以来为他祝寿，向他请教哲学和学术问题。祝愿蒙先生学术青春常驻，思想之树长青！

名士为表　儒士为里
——我领教过余敦康式话语[*]

刚才听了几位先生的发言，内心深受感动。前面发言的先生，多是余敦康先生的旧友故交，与余先生有很深的交谊。我是晚生后辈，得识先生时间不长。早在上世纪八十年代，余先生与业师金景芳先生及吕绍刚师就有密切的学术联系，最近我还在网上看到余先生任职南京大学时写给金老的讨论易学的书信。金老和绍刚师对余先生的学问人品赞扬有加，我在吉林大学时，对此亦颇有耳闻，虽未谋面，已隐然对先生有一分内心的景慕。来北京工作后，我开始在一些学术会议、博士生论文答辩一类的场合，得以当面向余先生请益，也曾有幸得到过几次与先生一起开怀畅饮的机会。自己与余先生交往虽不多，但却受到很多教益，在情感上也与余先生颇相契合，感到很亲近。

于我而言，余先生在学问上是师辈，年岁上也是父辈，但自己与先生接触，却从未觉得有代沟和距离感。先生特别奖掖后进，对我们这些晚生后辈从不拿架子，常以开玩笑的方式引出严肃的话题，循循善诱，如春风化雨，寓教于无形。

记得2010年12月某日参加中国人民大学姜日天教授的博士生学位论文答辩会，会后席间，余先生跟我开玩笑说：李景林，你是"禽兽之乡"来的人哪。我一时有点摸不着头脑，因问先生何以如此说。余先生解释说：你们南阳最早出名的人是谁？是范蠡，做了西施老公的那个人。

---

[*] 编者注：原载《博览群书》2019年第9期，发表时题为《我领教过余敦康式话语》。

范蠡有一句高明的话："吾犹禽兽也"（《国语·越语下》）。禽兽不是骂人，禽兽就是真人、真自由。范蠡是道家的始祖。孔子是道德的典范，老子是智慧的典范。我崇尚智慧的人生，是死不悔改的乐天派。苏东坡就是死不悔改的乐天派。他一生倒了不少霉，但还做出东坡肉，来享受人生。由此又谈及儒、释、道三教。余先生用"提得起，放得下，看得开"三句话来概括儒、释、道三教的精神。他说：儒家是提得起，道家是放得下，佛家是看得开。搞中国学术的人，就应有这三种精神。当年毛泽东对红卫兵说：要知道什么是帝王将相，你们去找翦伯赞；要知道什么是唯心主义，你们去找冯友兰。翦伯赞听到这个话，觉得自己过不了关了，夫妻双双自杀。冯友兰听了哈哈一笑，说我自由了。又讲到当年社科院开会，上面讲批胡适，下面侯外庐先生就站不起来，中风了。冯先生搞中国哲学，能提得起，放得下，就能过得了关。

这是一种典型的余敦康式话语方式。余先生常用这种论学的方式，纵谈哲学、政治、宇宙、人生，亦庄亦谐，耐人寻味，真能达到一种寓教于乐的效果。

余敦康先生喜酒，时与学者把酒放言，纵论今古。他曾开玩笑说，不喝酒的人，不配研究魏晋玄学。一般人喝酒，往往借酒纵情，"始乎治常卒乎乱"。余先生则不同，他喝酒，是越喝越清楚，严肃的话题常在酒意正浓时提出。饮酒开始时，他谈笑风生，指挥倜傥；酒酣脑热时，必又是慷慨激昂，指点江山，先天下之忧而忧的精神溢于言表。余先生研究魏晋玄学，似乎有名士之风，但他骨子里其实是儒家，内心充满着深切的现实关怀。魏晋人喜欢品评人物，我由此想到一句对余先生的品题，叫作"名士为表，儒士为里"。我以此品题质诸先生，得到他的回答："知我者，景林也。"

对余先生的思想学术，我没有研究。有关余先生思想学术的论评，要听他的亲学生来讲。在这一方面，我只能谈一点个人的感受。我听余先生论学，读余先生的文字，在内心深处总会引发一种感奋、一种激动。

我想，这大概是根源于余先生做学问的态度和精神。

说余先生是"名士为表，儒士为里"，这是我对先生为人为学的一种亲切体会，并非酒桌上一句随便的玩笑话。非常珍贵的是，这一品题，得到了先生的当面印可。余先生率真谐趣，其言谈文字，嬉笑怒骂，皆成文章，此其表；但他又常于嬉戏谐趣中见出严肃，透显一种道义担当的精神，此其里。这个担当的精神，就是体现在其对中国文化学术的一种"文化理念、价值关怀"，一种对学术人生"自我"的追寻。这种文化理念和价值关怀及其对"自我"的追寻，运行在其言谈与论著里，使他所做的工作，超越了时下一般纯学术甚而技术性意义上的所谓著述与学问。

听余先生论学，一方面，可以感受到他有很强的学术自信；另一方面，他又经常表现出对自己的不满和困惑。近些年，他回顾自己的学术道路，常讲到自己一辈子总是在"画逗号"，而总没能画上一个"句号"，只在做哲学史家、思想史家的事，而没有成为一个哲学家、思想家，认为这是一个悲哀。从中可以感受到余先生对自己的思想和学术事业，有非常高的自我期许和要求。

余先生把诠释学看作哲学和哲学史研究的唯一进路。但他既不满意一些学者要建立中国的诠释学的提法，更不满意顾颉刚先生对中国历史文化那种实证主义的态度。因为在他看来，中国思想文化本有自身的诠释传统，接续这个传统，就是要通过与经典的对话，重新找回中国当下的文化"自我"或主体性。在《诠释学是哲学和哲学史的唯一的进路》（《北京青年政治学院学报》2005年第2期）一文中，他指出：

> 解释就是对话，就是理解……一个民族，一个伟大的民族，她必有自己的经典，而经典的形成也就是那个文化的形成……经学就是中华民族从远古一直到近代的精神现象学、精神发展史，精神由开辟、发展，到壮大，支持着我们这个伟大的民族，

这是精神的支柱。

又说：

> 经学思想史就是要写出中华民族的精神现象学、精神发展史……要寻找中国人在西方强势文化的冲击之下失去的自我……一个民族到现在都不敢有自我，非常可怕的一件事！

近年颇有学者强调经学对中国哲学研究的基础性地位，这是一个很好的学术动向。不过，一些学者却主张，我们当代只需要经学史，而不需要经学，认为经学是过时的东西。余先生对经学研究的理解却正与此相反。他强调经学的研究重点不在经学史。经学史其实就是每一代的经学所构筑的历史。所以，我们今天研究的对象，都是经学家，而非经学史家。经学家所关注的并非是所谓经典的"本义"，他有现实的关怀，常常是"借他人酒杯，浇自家块垒"，通过经典的解释，与经典的对话，将经典融入自己的生命存在，从而发现和挺立起"自我"，成为"时代的代言人"。我们今天来研究经典，诠释经典，就要接续这个传统，"通过经典的解释做一个经学家"，必须要有做经学家的气魄，而非只做经学史家。

由此，我们可以看到一个学者对自身民族文化的强烈的担当意识。强调哲学史和思想学术的研究要贯穿"自己的价值关怀和文化理念"，要有自己的"自我"或主体性，这是余先生中国哲学研究所秉持的一贯的思想宗旨和学术精神。他之研究玄学、《周易》，并非只是在做哲学史、经学史，而是通过经典的诠释，去建立那个"自我"，去画那个"句号"。在《魏晋玄学史》的后记中，他对自己的这一学术宗旨做了一个非常深刻精到的说明：

由于历史的偶然的因素，五十年代以后，北大的传统和北大的学风受到更为严重的破坏，几乎是荡然无存了。我也被迫中断了学业，离开了北大，到社会的底层去承受生存的考验。在这个漫长的时段，关于玄学的基本性质，关于玄学的抽象思辨，关于郭象是否剽窃了向秀的《庄子注》，这些纯粹属于高深学术的问题与我的生存困境毫无关联，值不得去用心细想了，但是对于玄学之所以为玄学的文化底蕴，对于"魏晋之际，天下多故，名士少有全者"的玄学家们的悲惨的命运，对于阮籍、嵇康诗文中所表现的深沉的时代忧患感以及痛苦矛盾彷徨无依的心态，却有着一种切身的感受和强烈的共鸣。金岳霖先生有一句名言："知识论底裁判者是理智，而元学底裁判者是整个的人。"汤用彤先生把玄学的方法论的原则归结为"得意忘言"。"言"是属于知识论层面的理智分析，玄学家普遍认为，如果不能忘言，仅仅停留于知识论的表层，就不能得意。而"意"则是把整个的人投身于其中的主客合一的对象，是玄学家在承受着生存困境和悲惨命运的情况下仍然苦心孤诣去进行探索的天人新义，这才是玄学的本质所在。这么说来，我被打入另册作为一个时代的弃儿，凭借着在特殊的历史条件下所获得的特殊的历史经验，竟然意想不到地发现了我作为整个的人的本体性的存在，找到了一条不从知识论入手而以整个的人为裁判者来解读玄学的新途径，对金岳霖、汤用彤先生的那些早年的论述增添了一层新的体会，这也许是一件不幸中的幸事。

贫贱忧戚，玉汝于成。余先生带着他对自身所亲历的痛苦人生和生存困境的深刻反思，以一种生存整体性全身心投入的方式，尚友古圣先贤，与经典相遇和对话，达到一种面对当下的视界的融合，由此而成就了他的一家之言。

有了这个学术的态度、精神和识度，我们作哲学"史"，也就是在作"哲学"。在这里，哲学史与哲学、思想史与思想、经学史与经学，乃构成为思想学术整体的一体之两面。孔子自称"述而不作"，其实是寓述以为作。孔子所开创的这个不作之作，或以述为作的立言方式和思想传统，凸显了一种历史连续性与现实关怀相统一的文化精神。余先生的学术，不正是这种文化精神和学术传统的当代体现吗？近年常听先生说，自己只是"一个哲学工作者"，而不是哲学家，他也隐隐地引此以为憾事。不过，余先生同时又说过，他自己对于刻意地去建立一个人为的体系，"非不能也，不为也"。因为缺乏这个精神，这个识度，尽管你在刻意地作一种"体系"，那也不过是无根的过眼烟云。余先生对于那种单纯技术性而无"整个的人"全身心投入的功利之事，是不屑于去做的。

我们要继承的，正应是余先生这种学术的精神。

祝贺《儒家邮报》创刊百期

任重先生：

《儒家邮报》在两年多的时间里，已发行百期，《邮报》用网络这一现代的形式，在学院儒学与民间儒学、儒家学术与社会大众日常生活之间，架起了一座高速、便捷的沟通桥梁，对儒学在当代中国社会精神生活中的觉醒和民族文化的复兴，起到了强力的助推作用。我个人也从中得到了很多文化和学术的信息，尤其是精神上的激励。在这里，我要对《儒家邮报》的成功，表示热烈的祝贺！对《邮报》同仁所表现出来的强烈的社会、文化担当精神，表达由衷的感谢和敬意！

从历史上看，儒学每一时代的重建，都是文化的"文脉"与"血脉"两个方面统合的产物。我所谓"文脉"，指儒学在每一时代的思想和学术的重建；我所谓"血脉"，指儒家的精神价值在社会生活和个体精神生活中生生不息的延续。当代中国在很长一段时期内，这两个方面都发生了断裂，在这两个方面之间，亦产生了一种分裂。20世纪下半叶以来，社会生活彻底政治意识形态化，一方面，儒学退居学院化、知识化一端而失其生活的根基；另一方面，民众生活亦受制于政治意识形态而失却其真正的灵魂和形上基础。近年民间儒学和学术的兴起，对于儒学和中国文化现代形态的孕育成型，有着重要的意义。但应当看到，民间儒学因长期中绝，其学术水平显然亟待提高；学院儒学亦当在与民间儒学的交流中增益其民间性，以真正关涉于世道人心，获得其现实的基础和文化生命的内涵。民间儒学以其自由讲学的精神，与社会生活密切相关。

把学院儒学与民间儒学很好地结合起来，才能使儒学在当代真正具有生活的意义，从而完成它的现代转化，建成它的现代形态。这是一项艰苦的事业，需要一大批有识、有志之士在学术和践行两方面长期努力，才能见出成效。

《儒家邮报》诸位同仁是这一事业的先觉者和先行者。衷心祝愿《儒家邮报》越办越好，为推动学院儒学与民间儒学的融通提供更大的话语空间，为儒学和中华文化的复兴做出更大的贡献。

随信发去我最近的一篇小文。

敬颂
夏祺！

北京师范大学
李景林
2009 年 6 月

儒家网创办十周年贺词

恭贺儒家网创办十周年：

继往圣之绝学，续传统之慧命，十年如一日；
弘先儒之教化，著天地之正气，九州共此心。

冬日偶成（二首）*

晨游元大都公园

元都濠畔秋垂柳，堪似项上二毛头。
履霜已觉坚冰近，唯得老骥志空留。

冬日晨北师闲步

鸦阵西掠声遮云，曦微幽幽临黉门。
无边朔气不速至，一夜北风满地金。

---

* 编者注：两首诗均作于 2017 年 11 月。

碑铭、挽辞、唁函

悼吕绍纲先生

吕绍纲先生千古：

莫逆忘年三十春，恩师训，慈亲育，义友诤，痛泰山崩，巨梁摧；

治学穷经五十秋，阐易道，研尚书，究孔学，仰鸿文传，懿德驻。

莫逆忘年三十春，情如父子，义兼师友，泣血无言巨擘折；

治学穷经五十秋，妙解大易，精研尚书，山高水长流芳存。

悼邹化政先生

邹化政教授治丧委员会：

惊悉邹化政教授不幸逝世，不胜悲悼！

邹化政教授学贯中西，博通今古，为今世一代大哲。他在德国古典哲学、儒家哲学、形上学、认识论、价值论诸哲学领域皆有独到建树，成就卓著；其哲思宏深，高屋建瓴，在思想理论上尤富原创力，晚年提出并建构了"第一哲学原理的科学体系"。哲人其萎，泰山其颓——邹先生仙逝，中国哲学界痛失一巨擘，损失无可挽回！我们对邹先生的辞世表示深切哀悼！并对其家属致以诚挚的慰问！

北京师范大学哲学与社会学学院
2008年2月17日

邹化政先生碑铭

  邹化政教授（1925年3月5日—2008年2月15日），山东省海阳县儒林庄人。1946年起就读于东北行政学院，1954年中国人民大学研究生班毕业，任教于吉林大学哲学专业，曾任西方哲学史教研室主任等职。

  先生为人，诚悫率真，刚正不阿，毕生追求真理，虽蒙受冤屈而矢志不渝。先生为学，贯中西，博今古，诚今世一代大哲。在德国古典哲学、儒家哲学、形上学、认识论、价值论诸哲学领域皆有独到建树，成就卓著。其哲思宏深，高屋建瓴，在思想理论上尤富原创力，晚年提出并建构了"第一哲学原理的科学体系"。先生传道杏坛垂五十年，遍讲中西哲学经典，其思想智慧，嘉惠后学，泽被士林，吉林大学哲学学术传统和西方哲学理论体系之建立，先生筚路蓝缕，与有开创之功焉。哲人其萎，泰山其颓，先生仙逝，吾辈痛失思想精神导师，必以一生追随先生之学问人品，不敢有忘。愿先生在天之灵安宁。

李景林恭撰

悼萧萐父先生

齐勇教授：

惊悉萧萐父先生不幸逝世，不胜悲悼！

萧萐父先生思想深湛，学贯中西，博通古今，在中国哲学研究的诸多领域，都有独到建树，成就卓著。萧先生的道德文章，为中国哲学界留下了丰富的精神财富。哲人其萎，泰山其颓——萧先生仙逝，中国哲学界痛失巨匠，损失无可挽回！

作为晚辈，我对萧先生的辞世表示深切哀悼！并对萧先生家属致以诚挚的慰问！

李景林敬拜

2008年9月18日

悼李德永先生

齐勇教授：

李德永先生仙逝，惊悉讣闻，悲悼莫名！李德永先生是著名的中国哲学史家，吾侪所景仰的学术前辈。记得1984年岁末，我以一个在读硕士研究生的身份到武汉大学访学，竟能得到德永先生和萧萐父先生、唐明邦先生的共同亲切接待。德永先生是荀学名家，我的硕士学位论文则以荀子伦理思想为题，得先生卑身垂教，开蒙启智，获益良多。先生的奖掖后学，诲人不倦，宽仁谦下，循循善诱，铭感至今，不能忘怀。德永先生既是学者，又是文人、诗人，学术会议上先生的即席赋诗，每令哲学学术的沉思，绽出生命的激情与光彩。哲人云逝，典范在兹。德永先生的哲思智慧、道德文章，永为吾辈楷模！作为晚辈，我对李德永先生的逝世表示深切的哀悼！并对先生家人致以诚挚的慰问！

李景林敬拜
2009年7月23日

悼崔大华先生

崔大华先生治丧委员会：

  崔大华先生仙逝，惊闻讣告，不胜悲悼！大华先生是我国著名的中国哲学史家，在儒学、庄学、宋学诸多学术领域，都有独到建树，成就卓著。哲人其萎，典范在兹。先生之为人为学和道德文章，堪称学界楷模。作为晚辈，我对先生的逝世表示深切的哀悼！并对先生家人致以诚挚的慰问！

北京师范大学哲学与社会学学院
李景林敬拜

悼李学勤先生

李学勤先生治丧办公室：

  李学勤先生仙逝，惊悉讣告，震悼莫名！李先生少业师金景芳先生三十余岁，其在学术上却道合神契，有忘年之谊。先师弟子博士论文答辩，多请李先生作主席。我的博士学位论文，亦有幸得李先生主持答辩，亲聆教诲，获益终生。去岁闻先生身体违和，奈医院探视不便，终至阴阳两隔，缘悭一叩，痛何如之！先生之学，专精博通，学兼中西，道贯古今，洵为古学正脉、一代宗师。哲人云逝，典范在兹。先生德业智慧，永垂千古。作为晚辈，我对李学勤先生的逝世表示深切哀悼！并对先生亲属致以诚挚的慰问！

北京师范大学哲学学院
李景林敬拜

悼舅父 ①

表哥、表姐：

　　今晨表哥电话告知舅父仙逝消息，虽预有心理准备，然讣闻甫至，仍感惊悼莫名。前年踵门拜谒，趋席长谈，慈音谆谆，言犹在耳，不意竟成永诀。舅父资禀聪慧，幼承庭训，后离家求学，虽经战乱，羁旅宝岛，仍矢志不移，一心向学，终能学通中西而贯古今，学问事业，卓然成就，垂范后辈。舅父关爱吾等晚辈，多方鼓励，冀有所成。母亲也经常与我等兄弟姐妹讲起舅父早年故事，以励吾志。舅父云逝，典范犹存，谆谆教诲，不敢或忘。愿舅父在天之灵安宁！舅父寿将期颐，享有一个完满幸福的人生，实有赖表哥、姐、弟等之奉养与至孝，愿节哀顺变！吾母性情豁达，对舅父之事亦有心理准备，虽悲伤而不致哀毁，亦请放心！请代我们向舅父致以深深的哀悼！

景林 泣血 叩

---

① 舅父王相运（1924—2016），河南镇平晁陂镇人，早年毕业于黄埔军校（十八期），曾留学美国，2016 年 10 月 20 日病逝于台南市家中。

悼王刚义同学[1]

膺豪侠志节，穷南溟，超北海，极地冰湖，等闲越之，铸英雄壮举，前无古人；

具菩萨悲怀，为童村，创学园，孤幼茕独，匍匐救之，兴慈善伟业，后期来者。

---

[1] 2018年4月29日受吉林大学1978级哲学系同学委托，谨撰挽联一副，悼王刚义同学。王刚义（1956—2018），法学博士，大连理工大学教授。他在人生的中段，搏击冰海，挑战极限，留下了多项世界纪录；在人生的后段，建儿童村，救助服刑人员未成年特困子女。

图书在版编目（CIP）数据

下学集腋：李景林学思小集 / 李景林著 . —北京：北京联合出版公司, 2021.11
　　ISBN 978-7-5596-5553-0

　　Ⅰ.①下… Ⅱ.①李… Ⅲ.①哲学—中国—文集 Ⅳ.① B2-53

中国版本图书馆 CIP 数据核字（2021）第 189456 号

下学集腋：李景林学思小集

作　　者：李景林
出 品 人：赵红仕
责任编辑：张永奇
封面设计：刘　洋
出版发行：北京联合出版有限责任公司
　　　　　北京联合天畅文化传播有限公司
社　　址：北京市西城区德外大街 83 号楼 9 层
邮　　编：100088
电　　话：（010）64243832
印　　刷：北京天宇万达印刷有限公司
开　　本：710mm×1000mm　1/16
字　　数：435 千字
印　　张：33.25
版　　次：2021 年 11 月第 1 版
印　　次：2021 年 11 月第 1 次印刷
ISBN 978-7-5596-5553-0
定　　价：78.00 元

文献分社出品
未经许可，不得以任何方式复制或抄袭本书部分或全部内容
版权所有，侵权必究